Inhaltsverzeichnis

1 Basiswissen Sexualpädagogik

1.1 Warum ein Lehrbuch zur Sexualpädagogik?

Sich mit der sexuellen Entwicklung von Heranwachsenden auseinanderzusetzen, sollte für alle, die mit Kindern und Jugendlichen zu tun haben, eine Selbstverständlichkeit sein. Dies aber ist gar nicht so einfach, denn schließlich ist oftmals nicht ganz klar, wie eine solche Auseinandersetzung auszusehen hat: Geht es nur darum, sich selbst zu informieren, welche Bedeutung das Thema für Fünf-, Zehn- oder Fünfzehnjährige hat? Oder darum, sich selbst auch einzumischen, Kindern und Jugendlichen für Gespräche zur Verfügung zu stehen, ihnen Ratschläge zu geben? Ist offensives Vorgehen gefragt oder ist es besser zu warten, bis Mädchen und Jungen mit ihren Fragen kommen? „Erziehungsprofis" reagieren in entsprechenden Situationen meist spontan und intuitiv – und oftmals ist das auch das Richtige. Schließlich lässt sich der Umgang mit dem Thema „Sexualität" nicht bis in jede Einzelheit vorplanen – und doch ist eine systematische Auseinandersetzung sinnvoll. Nicht weil dadurch alle Fragen zu klären wären, aber immerhin können Unsicherheiten abgebaut und die Wahrnehmung kann geschärft werden, auch für Probleme, die sich für Kinder und Jugendliche bei der Entwicklung der Sexualität ergeben können. Dazu soll dieses Buch beitragen.

Aufgabe

Doch bevor Sie dieses einführende Kapitel weiterlesen, möchten wir Sie bitten, sich zusammen mit anderen oder auch allein mit der folgenden, häufig vorgebrachten Aussage zu beschäftigen:

„Heute können doch die meisten Jugendlichen mit ihren Eltern über Sexualität reden. Mit anderen Erwachsenen wollen sie das auch gar nicht. Wenn Jugendliche tatsächlich niemand haben, dann können sie sich anders informieren."

Auch als sexuelles Wesen lernt der Mensch ein Leben lang, wenngleich die Bedeutung, die der Sexualität in den verschiedenen Lebensphasen zukommt, natürlich unterschiedlich ist. Von sehr großer Relevanz aber sind sicher die Erfahrungen, die im Kindes- und Jugendalter gemacht werden. Sexualität ist somit ein Thema, mit dem alle, die am Erziehungsgeschehen beteiligt sind, sich auseinandersetzen sollten. Schließlich basiert gerade für Kinder und Jugendliche Sexualerziehung theoretisch und praktisch auch auf systematischen Zugriffen, geht es doch darum, den Heranwachsenden dabei zu helfen, ihre (sexuellen) Biografien so zu gestalten, dass diese individuell und auch sozial gelingen mögen.

Es mag zwar übertrieben sein, Sexualität als ein Thema zu betrachten, an dem die Pädagogik sich mehr oder weniger erfolgreich „vorbeimogelt" – aber eine *systematische* Thematisierung von Sexualität ist in der Ausbildung derjenigen, die professionell mit Kindern und Jugendlichen zu tun haben, meist nicht vorgesehen. Im günstigsten Fall wird in der allgemeinen Pädagogik am Rande auch einmal auf Sexualität eingegangen, wobei kein Zweifel daran gelassen wird, dass diese Sexualität biologisch bestimmt und durch soziale Erfahrungen beeinflusst wird. Vielleicht wird auch einmal das auf Sigmund Freud beruhende Phasenmodell der Entwicklung der kindlichen Sexualität, wonach die sexuelle Entwicklung von Kindern bis zur Pubertät in vier Phasen abläuft, diskutiert. (Wobei gerade dies mit den Praxiserfahrungen von Erziehenden nicht so viel zu tun hat: Denn Freud stellt zwar grundsätzlich wachsendes und sich unterschiedlich zeigendes Interesse von Kindern fest, meint aber auch, die letzte, die Latenzphase, sei dadurch gekennzeichnet, dass das Interesse an Sexualität zurückgehe und erst beim Eintritt der Pubertät wieder zunähme (vgl. Freud, 1991, S. 79–82).) Doch die meisten Erzieherinnen und Erzieher, Sozialpädagogen und -pädagoginnen und auch Lehrkräfte an Schulen werden in ihrem Alltag durchaus mit Fragen zu Sexualität konfrontiert. Gleichzeitig müssen sie die Frage „Haben Sie sich im Rahmen Ihrer Ausbildung ausführlich mit der Entwicklung der menschlichen Sexualität beschäftigt?" meist verneinen. Dabei ist – darauf deuten auch aktuelle empirische Studien hin – Sexualität ein enorm wichtiges Thema für Kinder und Jugendliche in allen Lebensphasen.

Themeninteressen Jugendlicher

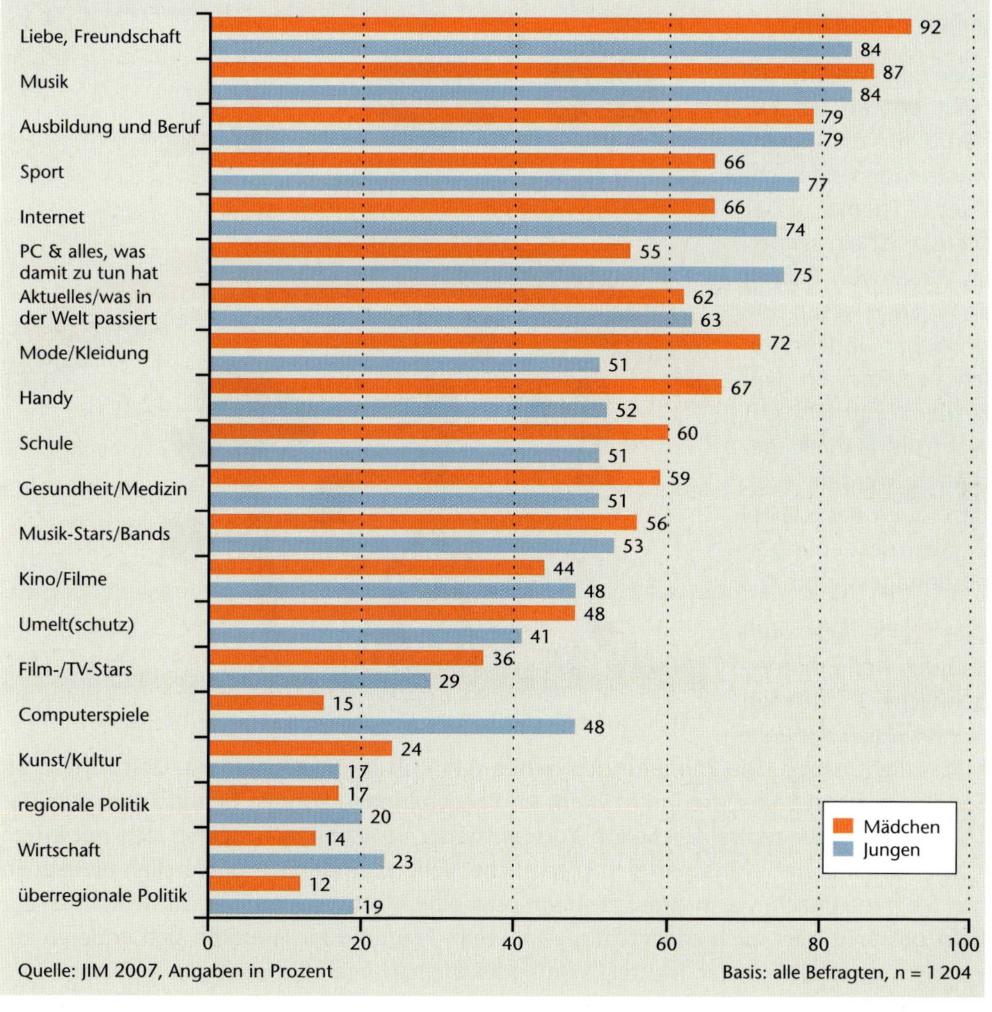

Liebe und Freundschaft ist das wichtigste Thema für die 12–19-Jährigen und selbst für Jungen wichtiger als „alles, was mit dem PC zu tun hat" (JIM-Studie, 2007, S. 159)

Auch die meisten Erwachsenen werden sich, wenn sie einen Blick in die eigene Vergangenheit werfen, daran erinnern, dass dieses Thema bisweilen wichtiger als alles andere war. Natürlich gab und gibt es große Unterschiede. Es kommt sicher vor, dass 15-jährige Jungen oder Mädchen sich für Sexualität (noch) gar nicht interessieren, bei anderen hat die Beschäftigung damit schon im Alter von 13 Jahren große Bedeutung. Und natürlich gibt es auch beim Verhalten große Unterschiede. Dies z. B. zeigt eine Untersuchung der Bundeszentrale für gesundheitliche Aufklärung (auf die in diesem Buch noch ausführlicher einzugehen sein wird, z. B. im Kapitel 3 „Sexualerziehung im Jugendalter") aus dem Jahr 2010, und hier wird auch deutlich, dass Jugendliche deutscher Herkunft sich sehr stark von Gleichaltrigen mit Migrationshintergrund unterscheiden. Dennoch: Ein relevantes Thema ist Sexualität für alle. Und sicherlich ist es gerade in multikulturell zusammengesetzten Gruppen sehr wichtig, über Sexualität zu sprechen, auch um gegenseitiges Verständnis für unterschiedliche Positionen zu fördern.

Aber Sexualität ist nicht erst ab der Pubertät für die Heranwachsenden ein wichtiges Thema. Der Mensch ist ein sexuelles Wesen von Anfang an – auch wenn die sinnlichen und lustvollen Äußerungen von Kindern oftmals gar nicht als sexuelle gedeutet werden (vgl. dazu auch das Kapitel 2 „Sexualerziehung in Kindertagesstätten").

Verliebtheit ist für viele Kinder schon im Vorschulalter ein Thema.

Dies zeigt sich zum Beispiel, wenn man Jugendliche befragt, wann sie sich das erste Mal verliebt haben. Die Erinnerungen gehen dann oft in die Kindergartenzeit zurück, an Sandkastenfreund oder -freundin. Eltern und Erzieherinnen können beobachten, dass das Thema für Kinder zentral ist. Schon Vorschulkinder verlieben sich, setzen sich mit ihrem Körper auseinander, wünschen sich körperliche Nähe zu anderen – und stellen diese auch her. Sie fragen nach, wenn eine Erzieherin oder eine Mutter schwanger ist, sie können zutiefst gekränkt oder auch eifersüchtig sein, wenn Freund oder Freundin sich anderen zuwenden, sie spielen „Vater, Mutter, Kind" oder thematisieren Beziehungen in Bildern.

Das Interesse am Thema ist also offensichtlich, und dies ist auch nicht verwunderlich. Schließlich hat das Thema „Sexualität" für jedes Alter eine Bedeutung. Und in jedem

Alter brauchen Menschen auch Unterstützung bei der Entwicklung ihrer Sexualität, bei Problemen, die sich daraus ergeben können – mal mehr, mal weniger. Denn Sexualität entwickelt sich eben nicht von selbst. Dabei sieht die pädagogische Begleitung sicherlich ganz unterschiedlich aus. Denn:

„Während es in Kindergarten und Grundschule vor allem darum geht, den Körper und damit verbundene Gefühle zu entdecken sowie eine angemessene Sprache und grundlegendes Wissen über Sexualität zu vermitteln, stehen vor und in der Pubertät körperliche und seelische Veränderungen sowie die Einordnung und das Verstehen bestimmter Verhaltensweisen und Praktiken im Vordergrund."
(Timmermanns/Tuider, 2008, S. 20)

Sicher sind erst einmal die Eltern gefordert, wenn Kinder und Jugendliche Fragen zum Thema „Sexualität" haben. Aber weil diese ihre sexuellen Bedürfnisse, ihre Sexualität und auch ihre Fragen dazu nicht zu Hause lassen, ist es eben nicht ausschließlich Aufgabe der Eltern, solche Fragen zu beantworten und die sexuelle Entwicklung zu fördern, sondern eben auch all derjenigen, die professionell mit Heranwachsenden zu tun haben.

Sexualität ist ein wichtiges Thema für Kinder und Jugendliche. Deshalb ist es auch für diejenigen, die mit ihnen zu tun haben, wichtig, sich damit auseinanderzusetzen. Denn auch wenn der Mensch von Anfang ein sexuelles Wesen ist, so entwickelt sich die Sexualität nicht von allein.

In diesem Kapitel wird zunächst auf das diesem Lehrbuch zugrunde liegende Verständnis von Sexualität einzugehen sein. Denn diese dient nicht nur der Reproduktion, sondern ihre Funktion geht vielmehr weit darüber hinaus, sie ist sozusagen als positive Lebensenergie zu fassen. Dennoch ist Sexualität natürlich auch etwas sehr Körperliches. Deshalb wird, wenn in dieser Einleitung auf die sexuelle Entwicklung und sexuelle Identitäten eingegangen wird, zunächst einmal auch die Bedeutung von Sexualaufklärung als Körperaufklärung hervorgehoben. Geklärt werden soll zudem, was unter Sexualität, sexueller Entwicklung und sexueller Identität zu verstehen ist. Und weil sich Sexualität in ganz unterschiedlichen „Formen" darstellt, wird hierbei auch auf unterschiedliche sexuelle Orientierungen und ganz allgemein auf die Vielfalt von Sexualität einzugehen sein.

Sexualaufklärung, Sexualerziehung, Sexualpädagogik – diese Begriffe werden oftmals nicht genau voneinander abgegrenzt. Deshalb sind einige Definitionen voranzustellen, da sonst viele Begriffe durcheinandergehen und niemand so recht weiß, was jeweils gemeint ist:

Definitionen

Sexualpädagogik
ist eine Aspektdisziplin der Pädagogik, welche sowohl die sexuelle Sozialisation als auch die zielgerichtete erzieherische Einflussnahme auf die Sexualität von Menschen erforscht und wissenschaftlich reflektiert. Da sich Pädagogik in neuerem Verständnis auf alle Lebensbereiche bezieht, kann auch die Lebenswelt von Erwachsenen und alten Menschen zum Gegenstandsbereich der Sexualpädagogik gerechnet werden.

Sexualerziehung
als Praxis meint die kontinuierliche, intendierte Einflussnahme auf die Entwicklung sexueller Motivationen, Ausdrucks- und Verhaltensformen sowie von Einstellungs- und Sinnaspekten der Sexualität von Kindern, Jugendlichen und Erwachsenen.

Sexualaufklärung
Damit wird in der Regel die Information über Fakten und Zusammenhänge zu allen Themen menschlicher Sexualität bezeichnet, oft als einmaliges Geschehen, mehr oder weniger zielgruppenorientiert. Sexualaufklärung ist damit ein Teil der Sexualerziehung.

Sexualpädagogische Beratung
kann auch in die Sexualerziehung integriert werden, wenn sie – meist punktuell, ausgelöst durch Konflikte und Krisen – Lern- und Entwicklungsprozesse im Gespräch mit Einzelnen oder Gruppen unterstützt.

Im Mittelpunkt der Sexualerziehung stehen intentional gelenkte Lernprozesse, während **sexuelle Sozialisation oder Sexualisation** auch unabhängig von Sexualerziehung stattfindet, so z. B. durch unbedachte alltägliche Selbstverständlichkeiten, mediale Einflüsse und positiv oder negativ empfundene Irritationen der sexuellen Identität im Laufe der persönlichen Entwicklung.

Mit der Aktualisierung des Bildungsbegriffs im gesellschaftlichen und erziehungswissenschaftlichen Diskurs ist in den letzten Jahren vermehrt vom neuen Paradigma der sexuellen Bildung die Rede.

Sexuelle Bildung
Gemeint ist damit ein lebenslanger Prozess der Selbstaneignung sexueller Identität in Auseinandersetzung des Menschen mit seiner Welt, den die Pädagogik nur noch freundlich begleiten kann (vgl. Sielert, 2008, S. 39).

Aber worum geht es der Sexualpädagogik denn eigentlich? Welcher Themen nimmt sie sich an, welche Ziele und Prinzipien verfolgt sie? Auf diese Fragen, und auch darauf, dass die interkulturell zusammengesetzten Lerngruppen eine Herausforderung für sexualpädagogisches Arbeiten darstellen, wird einzugehen sein. Und da Sexualpädagogik nun einmal auch, vielleicht sogar in erster Linie, eine Aufgabe der Eltern ist, geht es auch darum zu klären, welche Rolle denn die „Erziehungsprofis" für die Sexualerziehung haben – in Eigenregie, aber auch in der Kooperation mit den Eltern und inwiefern ethische, aber auch rechtliche Fragen berührt werden. Dies wird im Einleitungskapitel angeschnitten und zum Teil in den folgenden Kapiteln noch einmal vertieft.

Erzieherinnen und Erzieher sind heute in ganz unterschiedlichen Handlungsfeldern tätig. Deshalb sind natürlich auch ihre Aufgaben ganz unterschiedlich. Das „klassische" Arbeitsfeld von Erziehern und Erzieherinnen sind sicher Kindertagesstätten. Welche Aufgaben und Probleme, aber auch welche positiven Möglichkeiten sich für die sexualpädagogische Arbeit daraus ergeben, dass Kinder von Anfang an sexuelle Wesen sind (wie es die Autorin Christa Wanzeck-Sielert ausführt), ist Gegenstand des zweiten Kapitels.

Im dritten Kapitel (verfasst von Christina Vetter und Renate-Berenike Schmidt), das sich mit Sexualerziehung im Jugendalter auseinandersetzt, wird stärker als an anderer Stelle darauf verwiesen, dass Sexualpädagogik heute als Teil einer „Pädagogik der Vielfalt" (vgl. Prengel, 2006) zu verstehen ist, und es ihr immer auch darum gehen muss, vielfältige Optionen für die sexuelle Lebensgestaltung aufzuzeigen.

Tanja Groh-Mers setzt sich im vierten Kapitel mit einem Handlungsfeld auseinander, das an Erzieherinnen und Erzieher besondere Herausforderungen stellt: Es sind zweifellos verschärfte Bedingungen, mit denen sich die Sexualpädagogik in (der ambulanten und stationären) Erziehungshilfe auseinandersetzen muss.

Besondere Bedingungen sind auch Gegenstand des fünften Kapitels. Dort führt Tobias Dirks aus, welchen Aufgaben sich eine Sexualpädagogik für Menschen mit Behinderung stellen muss. Dabei wird der Schwerpunkt auf Menschen mit sogenannten „geistigen Behinderungen" gelegt. Welche besondere Herausforderung die Arbeit mit Menschen mit körperlicher Behinderung bedeutet, wird hingegen nicht in einem Extrakapitel thematisiert. Das ist allerdings kein weißer Fleck dieses Lehrbuchs, denn der Autor geht verschiedentlich auf die besonderen Herausforderungen der Körperbehindertenpädagogik ein. Zudem unterscheidet sich sexualpädagogische Arbeit mit Menschen, die ein körperliches Handicap haben, in vielem nicht sehr von genereller sexualpädagogischer Arbeit – und vermutlich erzeugt auch das Thema „Sexualität von Menschen mit körperlicher Behinderung" nicht so viele Irritationen.

Im sechsten und siebten Kapitel geht es dann um Querschnittsthemen, die aber gleichzeitig von besonderer Brisanz und Aktualität sind: Zunächst setzt Michael Hummert sich mit Sexualpädagogik, Medien und Pornografie auseinander. Sozialisation und insbesondere die „Sexualisation" erfolgt heute auch durch Medien und die aktuellen Diskussionen über (vermeintliche) schädliche Wirkungen von Medien können durchaus verunsichern. (Ein Hinweis: Einige Autoren, die in diesem Kapitel zitiert werden, schreiben „Pornographie". Auch diese Schreibweise ist laut Duden zulässig. Wir haben uns entschieden, hier zu vereinheitlichen und schreiben daher durchgängig, auch in diesen Zitaten „Pornografie".)

Im siebten und letzten Kapitel wird ein unangenehmes, aber wichtiges Thema der Sexualpädagogik bearbeitet: Marlene Kruck-Homann gibt einen Überblick zum Thema „Sexuelle Gewalt: Prävention und Intervention" – ein solch erster Überblick ist sicherlich hilfreich für alle, die sich eingehender mit diesem Thema auseinandersetzen wollen oder müssen. Und vermutlich ist es in der Tat ein „Muss" für Erzieherinnen und Erzieher, sich mit diesem Thema zu beschäftigen.

Die theoretische Auseinandersetzung mit dem Thema „Sexualität" ist aber nur eine Voraussetzung für sexualpädagogisches Arbeiten. In allen Kapiteln diese Buchs werden deshalb neben allgemeinen Ausführungen dazu, auch Vorschläge gemacht, wie man sich mit dem Thema auseinandersetzen kann, und gelegentlich werden auch konkrete Anregungen für die Arbeit gegeben. Eine Grundüberzeugung, die alle Autorinnen und Autoren diese Buches teilen, betrifft die Notwendigkeit, sich als sexualpädagogisch Tätige/-r, auch über die eigene Sexualbiografie Gedanken zu machen, die eigenen Wünsche und Ziele zu kennen und sich damit auch kritisch auseinanderzusetzen. Deshalb ist dieses erste Kapitel auch als Motivation für eine Selbstreflexion gedacht. Die folgende Übung ist dafür als ein Einstieg zu verstehen.

Aufgaben

1. *Bilden Sie einen inneren und einen äußeren Stuhlkreis und tauschen Sie sich mit der Person, die Ihnen gegenübersitzt, darüber aus, welche Erinnerung Sie an die erste Sexualaufklärung haben. (fünf Minuten)*
2. *Wer im inneren Stuhlkreis sitzt, verabschiedet sich vom Gegenüber und rückt drei Plätze weiter. Mit der Ihnen jetzt gegenübersitzenden Person tauschen Sie sich darüber aus, wann Sie das erste Mal verliebt waren – und wie das gewesen ist. Haben Sie anderen (Gleichaltrigen oder Erwachsenen) davon erzählt oder sie um Rat gefragt? Und wenn ja, wie haben diese darauf reagiert? (noch einmal fünf Minuten)*
3. *Dieses Mal rücken diejenigen, die im äußeren Stuhlkreis sitzen, zwei Plätze weiter (in die andere Richtung) und diskutieren (erneut fünf Minuten) mit dem neuen Partner oder der Partnerin: Gab es in meiner Kindheit und Jugend sexuelle Themen, die auf mein jetziges Leben Einfluss genommen haben, die mich noch immer beschäftigen?*

Von der Vertrautheit in der Gruppe, aber auch der Erfahrung von Leiterin oder Leiter hängt es sicher ab, wie weit eine solche Reflexion gehen kann, welche Fragen man diskutieren möchte. (Für sich selbst sollten Sie sich diesen Fragen aber unbedingt stellen!) Im Anschluss an die Übung sollte noch einmal darüber gesprochen werden, inwieweit diese Fragen Sie unterschiedlich bewegt haben, ob sie jeweils gleich leicht oder schwer zu diskutieren waren.

Bei der Diskussion der Fragen ist zu beachten, dass niemand gegen seinen Willen zu einer Beantwortung gezwungen oder zu einer Teilnahme gebracht werden darf. Denkbar ist z. B. auch, dass die Gruppenmitglieder sich im Raum bewegen und sich auf ein Zeichen der Leiterin oder des Leiters mit einer Person über eine der Fragen austauschen und selbst entscheiden, worüber sie sprechen wollen.

1.2 Was ist Sexualität?

Was ist Sex?
Sex ist Englisch und bedeutet Geschlecht.
Stimmt nicht. Sechs ist die Zahl nach fünf und vor sieben …

Beide Antworten auf die oben gestellte Frage sind wohl nicht so ganz richtig. Tatsächlich ist es keine leichte Aufgabe, Sexualität zu definieren. Geht man erst einmal von ihrer Bedeutung für die Aufrechterhaltung der Art aus? Oder stellt man in den Vordergrund, dass sie noch ganz andere Funktionen hat? Dass Sexualität einen Kommunikations- und auch einen Lustaspekt hat – und natürlich Menschen emotional sehr tief verbinden kann? Oder geht man erst einmal gar nicht auf diese Funktionen ein, sondern hebt hervor, dass

Sexualität sozial bestimmt ist, sodass sie sich demnach in unterschiedlichen Gesellschaften auch anders darstellt? Eine umfassende Definition von Sexualität sollte sicher beides berücksichtigen: ihre Funktionen, aber auch ihre Gebundenheit an einen gesellschaftlichen Kontext. Doch zunächst einmal soll hier eine Definition angeboten werden, die diesen zweiten Aspekt vernachlässigt:

> ***Definition***
> ***„Sexualität ist ein existenzielles Grundbedürfnis des Menschen und ein zentraler Bestandteil seiner Identität und Persönlichkeitsentwicklung. Sexualität umfasst sowohl biologische als auch psychosoziale und emotionale Tatbestände und Vorgänge. Die Ausgestaltung von Sexualität deckt ein breites Spektrum von positiven bis zu negativen Aspekten ab, von Zärtlichkeit, Geborgenheit, Lustempfinden, Befriedigung, bis hin zu Gewaltanwendung und Machtausübung. Menschen leben und erleben Sexualität unterschiedlich. Sie ist ein wichtiges Element der individuellen Lebensweise." (Bundeszentrale für gesundheitliche Aufklärung (BZgA), 1994, S. 3)***

Die Abhängigkeit der Sexualität von gesellschaftlichen Rahmenbedingungen wird hier nicht deutlich. Doch weil ein Blick in die Geschichte, aber auch in andere Kulturen zeigt, dass in unterschiedlichen Gesellschaften Sexualität auch unterschiedliche Erscheinungsformen aufweist, ist es schon sinvoll, diese Abhängigkeit zu berücksichtigen. Denn Sexualität ist eben auch eine soziale Tatsache, der kulturelle Hintergrund und dessen sozialisierende Einflüsse, zielgerichtete Erziehung und eigenbestimmtes Lernen hinterlassen ihre Spuren. Doch bedeutet das nicht, dass Sexualität keine biologischen Grundlagen hätte. Sicher erfährt der Mensch als sexuelles Wesen sich auch durch seinen Körper. Und natürlich sind diese körperlichen Erfahrungen äußerst bedeutsam für uns Menschen. So ist es biologisch vorbestimmt, dass Menschen sexuelle Lust empfinden und sie sich fortpflanzen können. Aber das Handeln ist von solchen biologischen Vorgaben abgekoppelt. Die Fortpflanzung z. B. braucht nicht mehr notwendigerweise den Geschlechtsakt – und umgekehrt dient nicht jeder sexuelle Akt auch der Fortpflanzung –, das Lustempfinden der Menschen ist durchaus unterschiedlich, und auch wodurch diese Lust Befriedigung erfährt, worauf das sexuelle Begehren sich richtet, ist nicht nur biologisch bestimmt, sondern wird von gesellschaftlichen Rahmenbedingungen beeinflusst. Und ob Sexualität tatsächlich dafür „genutzt" wird, Menschen aneinander zu binden –, auch das gilt als wesentliche Funktion von Sexualität –, ist abhängig von den in der Gesellschaft herrschenden Vorstellungen, nach denen das Zusammenleben der Menschen gestaltet wird.

So beschreibt die Schriftstellerin Margaret Atwood in ihrem utopischen Roman „Der Report der Magd" eine Gesellschaft, in der nur noch wenige Frauen gebärfähig sind, und so werden diese zu Geburtsmaschinen degradiert, sie müssen sich mit den Männern der „Eliten" vereinigen und den Nachwuchs gebären. Dass zwischen diesen Müttern und Vätern auch Bindungen entstehen, ist nicht vorgesehen – und wird gegebenenfalls negativ sanktioniert.

Demnach entfaltet sich sexuelles Begehren und Handeln zwar auf der Grundlage biologischer Gegebenheiten, mitbestimmend sind aber die Moralvorstellungen, Normen und Deutungsmuster der konkreten Gesellschaft. Aber diese sind immer auch von den Wünschen, Plänen und dem Handeln der Menschen abhängig. Wie Menschen als sexuelle Wesen handeln, ist also nicht nur von den äußeren Bedingungen abhängig, sondern auch von den eigenen Vorstellungen. Diese können durchaus in Widerspruch zu den in der Gesellschaft dominierenden stehen – und sich natürlich auch weiterentwickeln, denn es ist nicht ein für alle Mal festgelegt, wie Menschen als sexuelle Wesen handeln. Indem sie sich der sozialen Kontexte und Restriktionen sowie der Wechselwirkungen, die diese mit der biologischen „Grundausstattung" haben, bewusst sind, haben Menschen prinzipiell nicht nur die Möglichkeit, sexuell normkonform oder normnegierend zu handeln – sie können sich auch als Sexualwesen durchaus verändern.

Menschliche Sexualität hat ganz unterschiedliche Funktionen, sie entwickelt sich auf der Grundlage biologischer Gegebenheiten, wird aber auch von gesellschaftlichen Rahmenbedingungen mitbestimmt.

Sexuelle Vielfalt

Eine solche Bestimmung macht deutlich, dass Sexualität nicht nur in einer Form gelebt werden kann. In einer demokratisch organisierten Gesellschaft kann den Menschen nicht vorgeschrieben werden, wie sie ihr sexuelles Leben gestalten sollen. Sexualpädagogik hat also auch aufzuzeigen, dass Sexualität nicht nur in einer Form gelebt werden kann, sondern dass das Begehren sich in vielfältiger Hinsicht äußern kann: eben nicht nur heterosexuell, sondern gleichfalls schwul bzw. lesbisch oder auch bi oder queer.

Natürlich zeigt sich diese Vielfalt auch auf anderer Ebene – es gibt nicht nur den einen richtigen Weg, sich als sexuelles Wesen zu erleben: Es gibt Menschen, die der Sexualität nur einen kleinen Platz in ihrem Leben einräumen oder auf sie sogar bewusst ganz verzichten, für andere ist sie das zentrale Thema. Für einige ist die langfristige Bindung an Partner oder Partnerin die Voraussetzung dafür, dass der Sexualakt auch emotional befriedigend erlebt wird, andere erleben Sexualität viel lustvoller, wenn das Gegenüber noch gar nicht so genau bekannt ist, wieder andere lieben und begehren verschiedene Partnerinnen oder Partner gleichzeitig. Manche Menschen gestalten ihre Beziehungen wiederum so, dass sie Sexualität und Partnerschaft voneinander trennen. Zur gelebten Vielfalt in unserer Gesellschaft gehört auch, dass sich das Zusammenleben nicht nur ehe- bzw. familienförmig darstellt. Auch solche verschiedenen Lebensweisen zu thematisieren und auf Ängste und Unsicherheiten einzugehen, die eine Thematisierung dieser Vielfalt sicher mit sich bringt, ist die Aufgabe von Sexualpädagogik.

Detailliert wird im Kapitel „Sexualerziehung im Jugendalter" darauf eingegangen, welche Bedeutung dieses Thema für die Arbeit mit Jugendlichen hat. Wichtig ist, dass alle Pädagoginnen und Pädagogen, auch wenn sie es eher mit Kindern zu tun haben, ihre eigene Haltung in dieser Frage reflektieren. Denn schon Kindern ist zu vermitteln, dass es nicht nur eine (sexuelle) Lebensform gibt, sondern dass vielmehr auch andere, ungewohntere Konstellationen ihre Berechtigung haben.

Aufgabe

Vor diesem Hintergrund möchten wir Sie bitten, die folgende Situation zu diskutieren:

Beispiel: *Paola ist neu in der Gruppe. Die Vierjährige ist mit ihren Eltern neu in den Stadtteil gezogen. Gebracht wird sie von Katharina, abgeholt von Maren. Sie erzählt den anderen Kindern, dass sie eben zwei Mamas hätte und das finde sie auch völlig normal. Die anderen Kinder teilen diese Ansicht offensichtlich nicht. Zwar wissen sie, dass nicht alle von ihnen mit Mutter und Vater zusammenleben, aber auch die, die bei ihrer Mama leben, haben doch einen Papa. Bei Paola ist dies aber offensichtlich nicht der Fall. Deshalb beginnen die Kinder, sich über Paola und ihre Mütter lustig zu machen. Eines Tages hören Sie, dass Josi den anderen erzählt, Paola sei auch schwul, und besser wäre es, nicht mit ihr zu spielen, weil das ansteckend sei …*

Regenbogenfamilie – nicht immer gehören zu einer Familie Mutter und Vater.

1.3 Sexuelle Entwicklung und sexuelle Identitäten

Aufgabe

In dem Roman „Hardboiled Wonderland" lässt der japanische Schriftsteller Haruki Murakami einen erwachsenen Mann zu einem jungen Mädchen sagen: „Sex kann man nicht lernen, man muss ihn entdecken. Wenn du einen Freund findest und mit ihm schläfst, ergibt sich alles von allein" (Murakami, 2007, S. 242).

Was halten Sie von dieser Aussage?

Die Bedeutung des Körpers

Trotz des weitreichenden Verständnisses von Sexualität und obwohl sie sich nicht nur rein biologisch bestimmen lässt, ist Sexualität auch etwas Körperliches, Menschen erleben sie als elementare Körpererfahrung. Und wenngleich Sexualerziehung sich nicht darauf beschränken sollte, über körperliche Vorgänge aufzuklären, so ist doch eine solche Aufklärung von großer Bedeutung. Aufklärung bedeutet erst einmal Vermittlung von Wissen zum Thema „Körper". Wenn Haare an bisher unbehaarten Stellen zu sprießen beginnen, wenn sich der eigene Geruch verändert, wenn Heranwachsende medial oder auch von den Peers vermittelt bekommen, dass ihr Körper nicht den gängigen Standards entspricht, wenn Mädchen ihre erste Menstruation, Jungen nächtliche Samenergüsse haben – kurz: Wenn sich Jungen und Mädchen mit körperlichen Veränderungen auseinandersetzen müssen, ohne zu wissen, was mit ihnen „passiert", dann kann das schon zu Verwirrungen führen. Wissen über den eigenen Körper hingegen kann zum Wohlfühlen beitragen. Und darüber hinaus gilt Folgendes:

„Nur wer sich selber mag, den Körper so annehmen kann, wie er ist, kann sich im Beisein einer anderen Person öffnen, kann ihr Vertrauen, (körperliche) Nähe und Liebe schenken. Das ‚Sich-im-Körper-wohl-fühlen' ist eine entscheidende Voraussetzung für das Erleben einer befriedigenden Sexualität."
(Martin, 2008, S. 643)

Denn auch wenn Sexualerziehung gewiss auch Raum zur Reflexion für Themen wie z. B. „Beziehungen" oder „Geschlechterverhältnis" geben muss, so ist doch die Vermittlung von Wissen über den Körper die Basis jeglicher Sexualerziehung. Dabei ist diese Wissensvermittlung durchaus mit anderen Inhalten zu koppeln: Auf das Geschlechterverhältnis z. B. kann man auch eingehen, indem das unterschiedliche Körperempfinden von Mädchen und Jungen thematisiert wird. Unsicherheiten der Jugendlichen und Unzufriedenheit mit dem eigenen Körper können vielleicht schon durch das Wissen abgebaut werden, dass es eine hundertprozentige Zufriedenheit mit dem eigenen Körper kaum gibt und dass ein Mensch auch nicht perfekt sein muss, um geliebt zu werden.

Ein positives Verhältnis zum eigenen Körper ist Voraussetzung dafür, Sexualität auch bereichernd empfinden zu können. Deshalb ist Sexualaufklärung als Aufklärung über den Körper ein notwendiger Bestandteil von Sexualpädagogik.

Eine solche, den Körper in den Mittelpunkt rückende Sexualerziehung kann daran anknüpfen, dass Kinder den eigenen Körper erst einmal als positive Ressource wahrnehmen. Die ersten Steh- und Gehversuche sind hochbedeutsam für die Identitätsentwicklung. Für Grundschulkinder, besonders für die jüngeren und ganz allgemein für die Jungen, ist die körperliche Betätigung zentral für die Selbsterfahrung (vgl. dazu Milhoffer 2000, S. 47–50). Und auch aus den schon erwähnten Jugendstudien geht hervor, dass Sport und damit verbunden die eigene Fitness wichtig ist.

Mit zunehmendem Alter wird der Körper aber auch in anderer Hinsicht wahrgenommen: Das eigene Erscheinungsbild, das Aussehen wird wichtiger. Und dem wird mehr Beachtung geschenkt. Mehr als die Hälfte der Jungen und drei Viertel der von der BZgA-Studie befragten Mädchen stimmten der Aussage „Ich style mich gern" zu (vgl. BZgA 2010, Jugendsexualität, S. 92 f.).

Und noch etwas macht diese Studie deutlich – über die Hälfte der Mädchen fühlt sich nicht richtig wohl im eigenen Körper. Dabei ist dieses Wohlfühlen im eigenen Körper offensichtlich auch von äußeren Bedingungen abhängig: Wenn sich Jungen und Mädchen im Elternhaus ernst genommen fühlen, haben sie ein positiveres Empfinden ihrem Körper gegenüber, als wenn dies nicht der Fall ist (vgl. BZgA 2010, Jugendsexualität,

S. 92–97). Das wiederum zeigt: Durch Kommunikation lassen sich auch die Einstellungen zum Körper beeinflussen. Dies gilt sicher nicht nur für das Verhältnis zwischen Eltern und Kindern. Für Übungen, die Kindern und Jugendlichen die eigenen körperlichen Stärken und Schwächen bewusst machen, aber auch für Diskussionen über Körperideale bietet die Arbeit in Gruppen sogar viele Vorteile.

Als Körperaufklärung ist Sexualerziehung aber auch elementar, um Kinder vor Grenzverletzungen zu schützen. Denn Kindern Wissen um die eigene Körperlichkeit zu vermitteln und gleichzeitig ihre Ausdrucksfähigkeit auch zum Thema „Sexualität" zu fördern, ist auch Prävention von Missbrauch. Darauf wird in Kapitel 7 noch ausführlich eingegangen.

Sexuelle Sozialisation

Sexualerziehung ist die ganz bewusste und kontinuierliche Einflussnahme auf die sexuelle Entwicklung des Menschen, wobei die Sexualaufklärung sicherlich ein wichtiger Teil davon ist. (Die an den Anfang gestellte Aussage „Sex kann man nicht lernen" ist also nicht ganz zutreffend.) Aber es gibt auch Nichtintentionales bei der Sexualerziehung: Ob Erzieher/-innen, Sozialpädagogen und Sozialpädagoginnen, Lehrkräfte es wollen oder ob ihnen das gar nicht bewusst ist – wer mit Kindern und Jugendlichen zu tun hat, übt Einfluss auf deren sexuelle Entwicklung aus. Diese von der bewussten Sexualerziehung auch unabhängig stattfindende sexuelle Sozialisation geschieht vielfach beiläufig (z. B. indem die Oma kommentarlos einen anderen Fernsehsender sucht, wenn Sexszenen gezeigt werden oder wenn Menschen, die dem gleichen Geschlecht angehören, Zärtlichkeiten austauschen) und sehr viel auch durch mediale Einflüsse. Wenngleich aktuelle Studien zeigen, dass die direkte Interaktion und Kommunikation als vergleichsweise bedeutsamer für diese Sozialisation anzusehen ist, so spielen Medien schon eine wichtige Rolle im Sozialisationsprozess. Der Sexualpädagogik sollte es auch deshalb ein Ziel sein, einen reflektierten Umgang mit Medien und Medieninhalten anzuleiten. Darauf wird im Kapitel 6 „Sexualpädagogik, Medien und Pornografie" noch ausführlicher einzugehen sein.

Ganz grundsätzlich meint Sozialisation, wie der Mensch in der Gesellschaft handlungsfähig wird. Die Zusammenhänge zwischen gesellschaftlichen und individuellen Faktoren macht die folgende Definition deutlich:

> ***Definition***
> ***„Sozialisation ist ein Prozess, durch den in wechselseitiger Interdependenz zwischen der biopsychischen Grundstruktur individueller Akteure und ihrer sozialen und psychischen Umwelt relativ dauerhafte Wahrnehmungs-, Bewertungs- und Handlungsdispositionen auf persönlicher ebenso wie auf kollektiver Ebene entstehen." (Hurrelmann u. a., 2008, S. 24)***

Und dies ist auch auf die Entwicklung des Menschen als Sexualwesen zu übertragen. Im Wechselspiel zwischen individuellen Bestrebungen und Wünschen sowie den körperlichen Voraussetzungen einerseits und den gesellschaftlichen Rahmungen (und auch dem

Wissen darüber, was in der Gesellschaft gewünscht ist) andererseits, muss gelernt werden, sexuell zu denken, zu fühlen und zu handeln – ohne Ängste, aber auch ohne sich selbst oder andere zu schädigen. Dies geschieht aber eben nicht nur von selbst, sondern muss angeleitet und begleitet werden, gerade weil in einer (auch in sexueller Hinsicht) zunehmend unübersichtlich werdenden Welt Heranwachsende Orientierungen brauchen. Aufgabe der professionell erziehenden Personen ist es dabei, den Kindern und Jugendlichen bei eben diesem Orientierungsprozess zu helfen. Denn noch einmal: Die Sexualität des Menschen entwickelt sich nicht von selbst. Dabei ist zwar – und das ist gut so – die Legitimität und die Wirksamkeit sexualpädagogischer Eingriffe begrenzt. Zum einen weil sexuelles Lernen ein Leben lang erfolgt, aber nur über einen verhältnismäßig kurzen Zeitraum systematisch auf diese Entwicklung des Menschen als Sexualwesen Einfluss genommen werden kann, zum andern aber auch, weil selbst in dieser Zeit Sexualität einen Eigensinn hat – und nicht unbegrenzt formbar ist. Dirigistische Einflussnahme verspricht daher wenig Erfolg. Und die Pädagogik tut gut daran, sich hier bescheiden zu geben. Die Aufgabe von Pädagoginnen und Pädagogen liegt wohl eher darin, Kinder und Jugendliche bei diesem Prozess zu begleiten, ihnen zu zeigen, dass es im Sexuellen oftmals kein klares Richtig oder Falsch gibt, als darin, detaillierte Vorgaben zu machen. Es geht letztlich darum, Jugendliche zu ermutigen und zu befähigen, selbstbestimmt über ihre Sexualität zu entscheiden. Und auch, wenn – wie in der obigen allgemeinen Definition von Sozialisation erläutert – durch den Sozialisationsprozess Einstellungen und Handlungsweisen „relativ dauerhaft" geformt werden, so ist die Sexualität doch nichts, was absolut dauerhaft festgelegt ist. Von daher ist Sexualpädagogik sicherlich nicht darauf beschränkt, Kinder und Jugendliche in ihrer Entwicklung zu bestärken, aber im Kinder- und Jugendalter werden eben die Grundlagen dafür gelegt, ob Sexualität als positive Lebensenergie oder eher als Last empfunden wird. Aufgabe von Sexualpädagogik ist es daher, über die anlass- und situationsbezogene Aufklärung hinausgehend, Kinder und Jugendliche mit den verschiedenen Handlungsoptionen, die ihnen als Erwachsene auf sexuellem Gebiet begegnen werden, vertraut zu machen. Damit sie, eben als Erwachsene, selbstbewusst und an den eigenen Interessen orientierte Entscheidungen treffen können.

Sexuelle Identität und sexuelle Orientierungen

Die Sexualität trägt wesentlich zur Identität eines Menschen bei.

„Die sexuelle Identität ist das grundlegende Selbstverständnis der Menschen davon, wer sie als geschlechtliche Wesen sind – wie sie sich selbst wahrnehmen und von anderen wahrgenommen werden (wollen)."
(Timmermanns, 2008, S. 26)

Sexuelle Identität und sexuelle Orientierung sind Begriffe, die oft synonym gebraucht werden. Dies aber ist nicht ganz korrekt, denn sexuelle Identität ist dabei sicherlich der weitergehende Begriff. Natürlich hängt beides zusammen, doch der Begriff „sexuelle Identität" vermag besser als der der sexuellen Orientierung, Polarisierungen und ein Festschreiben aufzuheben. Denn die sexuelle Orientierung ist nur einer der die sexuelle Identität bestimmenden Faktoren. Tatsächlich ist für die sexuelle Identität auch die Frage der Geschlechtsidentität von großer Bedeutung, und wenn es auch biologisch bestimmte Unterschiede zwischen den Geschlechtern gibt, so ist doch das Geschlecht eben nicht nur biologisch vorgegeben, sondern eben *auch* sozial bestimmt – und die Geschlechtsrollen werden zunehmend pluraler gestaltet. Mithilfe des Begriffs „sexuelle Identität" können Zusammenhänge zwischen den Geschlechtsrollen und den sexuellen Präferenzen und Orientierungen umschrieben und zudem mit anderen Teilidentitäten in Verbindung gebracht werden.

Um eine sexuelle Identität auszubilden, wären die folgenden Aufgaben zu bewältigen (vgl. dazu ausführlich Sielert, 2005, S. 79f.):

- Präsentiere körperlich, psychisch und sozial dein Geschlecht und deine dominante sexuelle Orientierung – doch mach dir auch bewusst, dass Geschlechtsrollen und auch sexuelle Orientierungen nicht rigide sind und es durchaus fließende Übergänge gibt.
- Positioniere dich nicht extrem in den Koordinaten männlich – weiblich und gleichgeschlechtlich gegengeschlechtlich, sondern gib auch den dazwischenliegenden „Nuancen", deinen androgynen Anteilen, eine Chance.
- Präsentiere dich individuell und bewusst. Bei einer solchen Positionierung können Geschlecht und sexuelle Orientierung ihre herausragende Bedeutung verlieren, aber auch sehr bedeutsam bleiben. Entscheidend ist, dass ein Rückgriff auf traditionelle Bestände reflektiert erfolgt und nicht zur Abwertung anderen Handelns führt.

Deutlich wird hierbei noch einmal, dass, will man sexuelle Identität bestimmen, es sinnvoll ist, auf den Begriff der sexuellen Orientierung zurückzugreifen. Denn tatsächlich ist diese für die sexuelle Identität sehr bedeutsam. Der Begriff „sexuelle Orientierung" drückt aus, auf wen sich das sexuelle Begehren einer Person richtet – ob auf Angehörige des anderen oder des eigenen Geschlechts oder auch auf beide Geschlechter. Wie das biologische Geschlecht können sich Menschen ihre sexuelle Orientierung nicht einfach aussuchen und ihre sexuellen Wünsche und Präferenzen deshalb auch nicht einfach unterdrücken. Und doch darf dieser Hinweis, dass sich die Orientierung nun einmal nicht aussuchen lässt, nicht zu der Schlussfolgerung führen, dass sie angeboren sei, denn das ist sicherlich nicht so: Es gibt kein Gen, das für die Homosexualität verantwortlich ist. Wie Sexualität ganz allgemein entwickelt sie sich in dem Wechselspiel von Anlagen und Umwelteinflüssen. Somit ist die sexuelle Orientierung nicht etwas, was eindeutig biologisch vorgegeben ist und was eine Unterscheidung in Homo- und Heterosexuelle sinnvoll erscheinen ließe. Selbst dann nicht, wenn betont wird, dass Hetero-, Homo- und als dritte Möglichkeit Bisexualität gleichwertige Varianten des Sexualverhaltens darstellen. Denn eine solche Einteilung wird der Komplexität der sexuellen Orientierungen nicht gerecht: Zum einen verschließt sie den Blick darauf, dass es Menschen gibt, die sich dieser Einteilung ganz bewusst verschließen wollen, zum anderen verschweigt sie, dass eine sexuelle Orientierung nicht unbedingt ein ganzes Leben über beständig sein muss. Und zudem reduziert sie menschliche Begegnung und Anziehung auf den Aspekt des Sexuellen im engeren Sinne auf Genitalität (vgl. Sielert, 2005, S. 85). Darüber hinaus beinhaltet sie durchaus auch die Vorstellung davon, dass es normales und abweichendes Verhalten gibt. Der in der Gesellschaft auszumachenden Vielfalt aber wird dies nicht gerecht, und es kann auch den Prozess des Coming Outs (der durchaus in die Zeit des Schulbesuchs fallen kann, also zum Thema für die Interaktion in Gruppen wird, sei es in Schule, Sportverein oder Ferienlager) erschweren.

Reflexionsfragen

Wie ganz grundsätzlich beim Thema „Sexualität"ist eine (Selbst-)Reflexion für Pädagoginnen und Pädagogen beim Thema „Sexuelle Vielfalt" zentral.

Setzen Sie sich dafür in Kleingruppen mit den folgenden Fragen auseinander:

- *Gehören zu meinem Freundeskreis auch Schwule oder Lesben? Weiß ich von Freundinnen oder Freunden, dass sie auch gleichgeschlechtliche Erfahrungen gemacht haben? Spielt das in der Kommunikation eine Rolle?*
- *Wie begegne ich Menschen (Kolleginnen und Kollegen, Eltern, der lesbischen Nachbarin), von deren „anderer" sexueller Orientierung ich weiß?*
- *Reagiere ich auf schwulenfeindliche Äußerung von Jugendlichen („Wenn mich ein Schwuler anfasst, hau' ich ihm gleich eine rein!")?*
- *„Ich habe nichts gegen Schwule und Lesben, aber dass sie Kinder adoptieren können, ist nicht in Ordnung." – Wie würden Sie auf eine solche Äußerung eingehen?*
- *Bedarf es einer Einmischung, dass Franjo nach dem Mittagsschlaf in der Kita seine Kleidung immer mit Anna tauscht, wenn diese ein Kleid trägt?*
- *Ich habe bemerkt, dass sich ein 15-jähriges Mädchen in eine Freundin verliebt hat – und nicht so recht weiß, wie sie sich verhalten soll. Mein Verhältnis zu der Mädchengruppe ist sehr vertrauensvoll, das zeigte sich z. B. bei Gesprächen zum Thema „Verhütung". Aber soll, kann ich mich auch da einmischen? Und wie mache ich das?*

1.4 Geschichte der Sexualpädagogik

Sexualpädagogisches Handeln sollte nicht nur „aus dem Bauch" heraus erfolgen und der „gesunde" Menschenverstand ist nicht immer die geeignete Begründung sexualpädagogischen Arbeitens. In der Geschichte der Sexualpädagogik lassen sich viele Beispiele für den Versuch finden, Sexualpädagogik theoretisch zu fundieren, aber auch für den erzieherischen Missbrauch des Themas „Sexualität". Aus den vielen Möglichkeiten, eine Geschichte der Sexualpädagogik zu beschreiben, sei hier exemplarisch der Umgang mit Selbstbefriedigung ausgewählt:

In Anlehnung an Jean-Jacques Rousseaus Philosophie der Aufklärung entwickelte sich in Deutschland in der zweiten Hälfte des 18. Jahrhunderts die philanthropische Pädagogik. Bei einem ihrer Wortführer, Johann Friedrich Oest, heißt es:

„Als Sünde und Laster macht auch die Selbstschändung zeitlich und ewig unglücklich. Sie schwächt alle Kräfte des Geistes und Körpers, macht also zu dem Genuß aller Freuden, wozu Verstand, Gefühl und ein gesunder Körper gehört, unfähig. Auch zu dem Vergnügen, anderen Gutes zu erweisen und ihnen durch seine Kräfte zu nützen, macht sie ungeschickt. So wie sie Freude und Glückseligkeit raubt, so setzt sie Mißvergnügen und Elend an die Stelle."
(Oest, 1787, S. 394 f.)

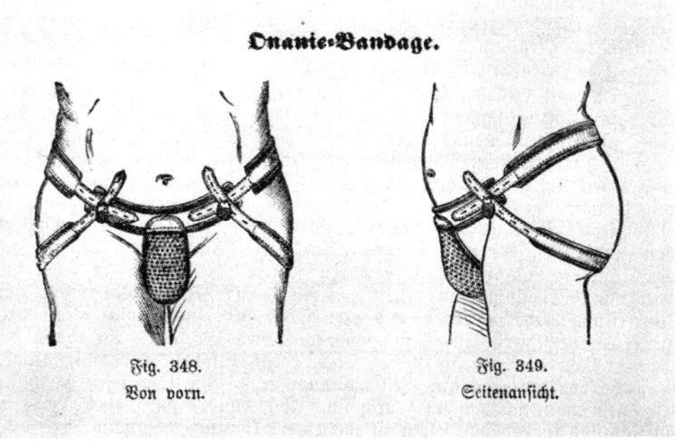

Die Abbildung zeigt eine sogenannte „Onanie-Bandage" (um 1901), die man Jungen anlegte, um sie von der Selbstbefriedigung abzuhalten.

Fast zweihundert Jahre später war dieses Denken durchaus noch aktuell:

„Ein Knabe kann nicht auf der einen Seite Reinheit und Zucht als hochstehende Werte realisieren wollen, wenn er nicht zugleich Ernst damit macht, der Lust und den Annehmlichkeiten sinnlicher Erregung und Befriedigung den Abschied in seinem gegenwärtigen Leben zu geben. Er wird immer wieder ‚fallen', wenn er nicht die Süße des Genusses als völlig abwertig bestimmt und entsprechend in seine Werteordnung eingeordnet hat."
(Fischer, 1955, S. 101)

Doch bald danach wurden aber auch ganz andere Töne angeschlagen. In einem viel gelesenen Aufklärungsbuch der 1970er-Jahre heißt es

„Es ist ein Irrtum, zu glauben, dass Selbstbefriedigung an ein Alter gebunden ist und daß sie mit steigendem Alter gesundheitsgefährdend wird. Wer Geschlechtsverkehr hat, gibt nicht automatisch die Selbstbefriedigung auf. (...) Denn es gibt viele Gründe, in allen Altersstufen, *auch* sich selbst zu befriedigen. Trennung von Freund oder Freundin, Isolation und totale Partnerlosigkeit, Spannungen in einer Beziehung, die man nicht durch Bumsen zudecken sollte, oder auch nur Unlust des Partners oder der Partnerin während man selbst scharf ist."
(Amendt, 1996, S. 27)

Und auch aktuell wird der so lange behaupteten Schädlichkeit der Selbstbefriedigung widersprochen, sie wird vielmehr als normales Sexualverhalten angesehen. In einer Ratgeberbroschüre der Bundeszentrale für gesundheitliche Aufklärung von 2011 steht:

„Heute glaubt kaum noch jemand daran, dass Selbstbefriedigung (auch Onanie oder Masturbation genannt) zu Krankheiten führt. Fast alle Jungen und auch viele Mädchen befriedigen sich selbst. Ich kann mir selbst auf diese Art und Weise Lust bereiten und mich mit meinem eigenen Körper und meinen Reaktionen vertraut machen. Das kann mir helfen, mich auch in einer Beziehung zu einem anderen Menschen sexuell wohlzufühlen".
(BZgA, 2011, S. 26)

Die hier angeführten Textbeispiele machen deutlich, dass sich die Theorien, die das Sexualverhalten des Menschen erklären wollen, sich im Lauf der Geschichte sehr geändert haben. Doch noch immer ist die Selbstbefriedigung ein heikles Thema für die Sexualpädagogik – aber auch ein wichtiges Thema, dem sich auch Pädagoginnen und Pädagogen stellen sollten.

Aufgabe

Nehmen Sie die Beispielzitate zur Masturbation von Kindern und Jugendlichen aus der Geschichte der Sexualpädagogik zum Anlass, um in Kleingruppen über beabsichtigte oder auch unbeabsichtigte Folgen nachzudenken. Nehmen Sie folgende Fragen zu Hilfe:

- *Mit welchen angeblich wissenschaftlich erwiesenen Vorstellungen wurde das Verbot von Selbstbefriedigung begründet, als man noch nicht genau wusste, was dabei eigentlich passiert?*
- *Welche gewollten oder auch ungewollten Folgen für Kinder und Jugendliche hatte in der Vergangenheit das Verbot von Selbstbefriedigung und welche Auswirkungen kann es auch heute noch haben?*
- *Was hat dazu geführt, dass heute Selbstbefriedigung nicht mehr erzieherisch verteufelt wird?*
- *Wie würden Sie heute reagieren, wenn Sie ein Kind in der Kuschelecke der Kindertagesstätte bei der Selbstbefriedigung sehen würden?*

Auch wenn wir Sie mit diesem kleinen geschichtlichen Exkurs weit zurück in die Vergangenheit geführt haben – die sexualpädagogische Fachtheorie ist relativ neu. Die Pädagogen Oest und Campe zum Beispiel, die mit der ersten Textstelle zur Selbstbefriedigung in Verbindung stehen, oder auch Rousseau, dessen Denken die Philanthropen sehr beeinflusst hat, kann man allenfalls als Wegbereiter einer sexualpädagogischen Theorie bezeichnen. Ende des 19. Jahrhunderts erlebte die Sexualerziehung dann zwar parallel zur Sexualwissenschaft einen deutlichen Aufschwung, jedoch ohne explizite pädagogische Theoriebildung. Erst nach dem zweiten Weltkrieg entwickelte sich die Sexualpädagogik als ein wissenschaftliches Fach bzw. als Teildisziplin der Erziehungswissenschaft (vgl. z. B. Kentler, 1970; Kluge, 1978). Und gleichzeitig wurde die Sexualerziehung in den späten 60er- und frühen 70er-Jahren des 20.Jahrhunderts ein Feld ideologisch-sexualpolitischer Diskussionen. Auf theoretischer Ebene fand dies Niederschlag in heftigen Auseinandersetzungen zwischen der emanzipatorischen Sexualpädagogik (für die der Sozialpädagoge Helmut Kentler steht) und konservativ-gefahrenorientierten Positionen (als wichtige Vertreterin dieser Position ist die Psychotherapeutin Christa Meves anzusehen. Viele nahmen auch eine mittlere, sich ideologiefrei verstehende Position zwischen den politischen Extremen ein. (Ein Vertreter dieser Position ist der Erziehungswissenschaftler Norbert Kluge). Damit wurden drei Hauptrichtungen der Sexualpädagogik wieder aufgegriffen, die sich in der Weimarer Republik bereits als erzieherische Praxis und mit einigen Theoriefragmenten etabliert hatten und auch heute durchaus noch als Typisierung verschiedener Positionen zur Sexualpädagogik genutzt werden können: die repressive, die vermittelnd-liberale und die emanzipatorische Sexualerziehung.

1.5 Aktuelle Positionen zur Sexualpädagogik

Die meisten wissenschaftlichen Veröffentlichungen der letzten zwanzig Jahre stehen in der Tradition der emanzipatorischen Sexualerziehung (vgl. Koch/Lutzmann, 1989; Glück u.a., 1990; Sielert, 2005; Timmermanns u.a., 2004; Timmermanns/Tuider, 2008; Schmidt/Schetsche, 2009). Auch die meisten schriftlich fixierten Praxiskonzepte sind heute zumindest dem Wortlaut nach sexualfreundlich. Sie bejahen verschiedene Formen der Empfängnisregelung, betonen die Kultivierung der Identitäts-, Beziehungs-, Lust- und Fruchtbarkeitsfunktion von Sexualität, die Gleichwertigkeit verschiedener sexueller Orientierungen und die Flexibilisierung der Geschlechtsrollen. Zunehmend wird auch die „dunkle Seite der Sexualität" (Pornografie, Prostitution, Gewalt) in die sexualpädagogische Theoriebildung mit einbezogen.

Andererseits formiert sich gerade angesichts dieser „dunklen Seite der Sexualität" durch den Diskurs über den sexuellen Missbrauch, die behauptete Pornografisierung der Gesellschaft, Pädophilie und Gewalt im Geschlechterverhältnis ein gesellschaftlicher Trend, Sexualität wieder überwiegend als Gefahr zu betrachteten und Sexualpädagogik als „Gefahrenabwehrpädagogik" zu betreiben. Sachlich-aufklärende oder sogar repressive Positionen zur Sexualpädagogik werden hier und da wieder geäußert (vgl. z.B. Späth/Aden, 2009) und im Alltagsbewusstsein vieler verunsicherter Menschen sind sie durchaus noch lebendig.

Drei klassische Positionen der Sexualerziehung, die in der Praxis auch heute zu finden sind:

	Skeptisch-gefahrenorientierte Sexualpädagogik	Pragmatisch-aufklärende Sexualpädagogik	Emanzipatorische Sexualpädagogik
Verständnis von Sexualität	Betonung der biologisch triebhaften Aspekte des Sexuellen, die beherrscht werden müssen. Gefahr für sittliche Entwicklung und Reife	realistische Anerkennung der Lust, Betonung der Natürlichkeit von Sexualität, kognitiver Zugang, Warnung vor Verfrühung	Lebensenergie, die in allen Lebensaltern intensive körperliche, emotionale und soziale Erfahrungen ermöglicht und deren Entwicklung positiv begleitet werden muss.
Erziehungsziel	Wahrung von Unschuld und Harmonie, Betonung der Schattenseiten von Sexualität, Hinführung zur Bindung, vor allem zu Ehe und Familie	Aufklärung über den Körper und biologische Fakten, Tendenz zur Veredelung der Sexualität, Primat der Liebe	Bejahung sexueller Bedürfnisse, Parteinahme gegen Fremdbestimmung und Konformitätszwänge, Selbstbestimmung und optimistische Grundhaltung

	Skeptisch-gefahren-orientierte Sexualpädagogik	Pragmatisch-aufklärende Sexualpädagogik	Emanzipatorische Sexualpädagogik
Prinzipien und Methoden	Fernhalten und Ablenken in der Kindheit, Überwachen und Sublimieren in der Jugend	Reduzierung der Angst vor Sexualität, Absage an Unterdrückung, aber Beschränkung auf Aufklärung	Information und Unterstützung, auch emotional-sinnliches Lernen, Selbsterfahrung und Konfliktübungen
Mögliche Probleme	Doppelmoral, Angsterzeugung und Unwissenheit in tatsächlichen Gefahrensituationen	kognitiv isolierte, „kühle" Sichtweise, Überbewertung des Rationellen	Ausblendung der Schattenseiten von Sexualität, Mythologisierung der Unkonformität

Aufgabe

Auch wenn sich die wissenschaftliche Theorie der Sexualpädagogik in eine sexualfreundlich-emanzipative Richtung entwickelt hat, existieren im allgemeinen Bewusstsein (und das heißt auch in der Praxis) immer noch drei verschiedene Positionen – nicht in Reinform, aber mit Schwerpunkten.

Bilden Sie per Losentscheid Gruppen, die sich jeweils den drei Grundpositionen zuordnen und beurteilen Sie diverse sexuelle Themen auf dem Hintergrund der jeweiligen Position: z. B. Doktorspiele im Kindesalter, Selbstbefriedigung, sexuelle Erfahrungen ohne Liebesbeziehung, Pornografie. Setzen Sie sich mit der jeweils anderen Gruppe argumentativ auseinander.

1.6 Ethik der Sexualpädagogik im interkulturellen Kontext

Definitionen

Moral meint soziologisch-formal die Gesamtheit aller Werte, Tugenden und Normen eines sozialen Systems oder Individuums, praktisch-philosophisch (seit Aristoteles): das Unterlassen von Schädigungen und Erweis von Wohltaten aus wechselseitigem Respekt füreinander.

Ethik meint die philosophisch-wissenschaftliche Reflexion und Begründung von Moral(en.)

Werte sind abstrakte, orientierende Prinzipien wie z. B. Glück, Leben, Würde/Integrität, Ehre, Freiheit, Wahrhaftigkeit, Solidarität/Treue, Gleichheit, Selbstbestimmung, Liebe, Gesundheit, Seelenfrieden usw. Im konkreten Handeln können Werte miteinander in Konflikt geraten.

Tugenden sind Eigenschaften, die helfen können, Werten näher zu kommen wie z. B. Hingabe, Verantwortung, Mut, Selbstbeherrschung, Gelassenheit, Sensibilität, sexuelle Erlebnisfähigkeit, Enthaltsamkeit usw.

Normen sind konkrete, an Kontexte, Situationen und Gruppen gebundene Verhaltensregeln wie z. B. möglichst viel Sex haben, sich in der Schule nicht küssen, als Mädchen keinen Jungen anmachen, den Eltern vom „ersten Mal" erzählen, über das Internet keinen Kontakt knüpfen usw.

Prozesse der moralischen Pluralisierung in Deutschland

Mit der rasanten sozial-ökonomischen Entwicklung verändern sich in den meisten westlichen Gesellschaften seit einigen Jahrzehnten allgemein verbindliche traditionelle Orientierungsmuster und feste Rollenvorschriften – auch im Bereich der sexuellen Lebensweisen. Dieser Prozess vollzieht sich in einzelnen Regionen und Bevölkerungsgruppen sowie Themenbereichen sehr unterschiedlich, oft zeitlich versetzt, manchmal gegenläufig und für viele Menschen auch mehr oder weniger konflikthaft.

Der konservativ-lustfeindliche Moralkodex, der Sexualität auf die Ehe und auch dort nur auf den Zweck der Fortpflanzung beschränkte, wurde spätestens durch die „sexuelle Revolution" der 1960er-Jahre im damaligen Westdeutschland infrage gestellt. Denn angesichts gewachsener Selbstbestimmungsbedürfnisse in unserer Gesellschaft bot dieser für die meisten Menschen keine brauchbare Orientierung mehr. Jugendliches Sexualverhalten orientiert sich seitdem weniger an normativen Geboten und Verboten als eher an gefühlsgesteuerten, mehr oder weniger selbstbestimmten subjektiven Reaktionen auf spezifische Lebenslagen und Alltagswelten. Es orientiert sich mehrheitlich an den durchaus weiterhin gültigen Werten der Liebe und Beziehungstreue ebenso wie an der sogenannten „Verhandlungsmoral", nach der das für moralisch geboten erscheint, was zwischen machtgleichen Personen einvernehmlich praktiziert wird.

Das ist tendenziell richtig, für verschiedene Teilgruppen jedoch unterschiedlich weit vorangeschritten oder auch gar nicht gültig. Einige, sich als „wahre" Christen verstehende, meist katholisch oder freikirchlich orientierte Jugendliche versuchen, bis zum Eingehen einer festen Bindung sexuell abstinent zu leben („Wahre Liebe wartet"), andere binden ihre sexuellen Erfahrungen so weit wie möglich an Liebe und Treue zum Partner, ganz viele leben die neuen Konventionen, welche ihre Freundschaftsgruppe und die Medienwelt als „gerade in" vorgeben.

Hinzu kommt die Tatsache, dass Deutschland ein Einwanderungsland ist und viele der hinzugekommenen ethnischen Gruppen andere religiöse Hintergründe und in ihrem Heimatland gewachsene Wert- und Normsysteme mitgebracht haben. Gläubig-muslimische Jugendliche sind mit den stark katholisch-kirchlich gebundenen oder „bibeltreu" freikirchlichen Jugendlichen vergleichbar, viele andere haben sich auch im Bereich der sexuellen Einstellungen und Verhaltensweisen der Mehrheitskultur des Gastlandes angepasst oder versuchen situationsspezifisch eine „Patchworkmoral".

In sich verändernden Gesellschaften verändern sich auch konkrete Verhaltensvorschriften, also bei Normen im Bereich der Werte und Tugenden sind zumindest Akzentverschiebungen feststellbar. Beziehungstreue beispielsweise ist mehrheitlich immer noch wertvoll, aber keinesfalls ein Leben lang. Liebe aber steht seit Langem und allgemein sehr hoch im Kurs.

Beispiel: *Manche türkischstämmige Jungen verhalten sich sehr unterschiedlich, je nachdem, ob sie sich für ein deutsches oder ein Mädchen mit islamischem Glaubenshintergrund interessieren. Letzteres könnte ja die zukünftige Frau werden, sodass sie auf voreheliche sexuelle Begegnungen verzichten. Bei einem deutschen Mädchen erwarten sie relativ schnell auch sexuelle Kontakte, weil das „ja so üblich ist". Aber auch bei manchen deutschstämmigen Jungen hat diese Doppelmoral noch Konjunktur, je nachdem, welchen Status oder Ruf ein Mädchen hat. Mädchen aus einer Einwanderungsfamilie passen oftmals aus rein strategischen Gründen ihre Einstellungen ebenso – und das ist nachvollziehbar – den Rahmenbedingungen an, je nachdem, ob sie sich im „Einzugsbereich" der Verwandtschaft befinden oder in der ethnisch gemischten Freundschaftsgruppe.*

Sexualität – interkulturell

Als grobe Orientierung sei ein Gesamteindruck der Situation vorangestellt, wie er in der aktuellen Jugendstudie der BZgA von 2010 resümiert worden ist:

„Migrantinnen und Migranten sind weder eine homogene noch eine besondere Gruppe in unserer Gesellschaft. Ihre Lebenswelten sind genauso vielfältig wie die der alteingesessenen deutschen Bevölkerung. Sie weisen unterschiedliches Alltagsbewusstsein und Alltagshandeln, unterschiedliche grundlegende Werte, Lebensziele, Wünsche, Träume und Zukunftserwartungen auf."
(BZgA, Migration, 2010, S. 7)

Auch traditionell lebende muslimische Mädchen sind Teil einer multikulturellen Jugendkultur.

Die wenigsten Kinder von Migrantinnen und Migranten sind also den Vorstellungen und Bewertungen von Sexualität und Zusammenleben ihrer Herkunftsfamilie und Herkunftskultur vollständig treu geblieben. Eine Minderheit lebt sogar besonders konsequent in Abgrenzung zur Dominanzkultur ihrer Umgebung die religiösen Konventionen, die ja auch im Heimatland – zumindest in den Städten – nicht mehr so strikt gelten. Die meisten haben in einem längeren Prozess der innerfamiliären Aushandlung Werte und Normen der Kultur des Gastlandes angenommen und sie mit ihren erlernten Mustern kombiniert. Das ist ganz deutlich in der Enkelgeneration der ersten nach Deutschland eingewanderten Familien. Mit diesen Kindern ist vor allem die aktuelle Sexualpädagogik konfrontiert. Viele dieser Jugendlichen gehen einen Mittelweg zwischen den tradierten Auffassungen ihrer Familie und dem postmodernen Selbstverwirklichungskonzept, das viele ihrer Freunde und Freundinnen leben. Je nach Binnenkultur und Gesprächsbereitschaft der Familie, nach Bildung und Milieu gelingt das durch patchworkartige Identitätsmuster mehr oder weniger gut, und manchmal kommt es zu heftigen Auseinandersetzungen und Identitätskrisen, bei denen alle Beteiligten pädagogische und beraterische Begleitung brauchen.

Die Frage der Weiterentwicklung der eigenen Kultur und Moral durch Anpassung an eine veränderte Umgebung, durch Integration von zunächst fremden Kulturmustern in das eigene Denken und Fühlen, die Gelassenheit oder die Verzweiflung beim Ertragen von Widersprüchen – das alles ist auch eine Frage des materiellen, sozialen und kulturellen Kapitals einer Familie und ihrer Mitglieder.

Viele Menschen mit Migrationshintergrund sind aufgrund geringerer Bildung, vorhandener Sprachprobleme oder sozialer Ausgrenzungserfahrungen mit vergleichsweise großen materiellen und sozialen Problemen konfrontiert, die keinen gelassenen Umgang mit kulturellen Konflikten zulassen. Hinzu kommen die Kinder jener Familien, die aufgrund aktueller Krisen aus ihren Heimatländern flüchten und bereits in diesen Herkunftsländern Gewalt, Verfolgung oder Krieg erfahren haben und nun in ihrer neuen Heimat durch ihr Anderssein in einem oder in mehreren Bereichen zu Angehörigen einer Minderheit werden. Ein Großteil der Probleme, die diese Menschen beim Management von Wertekonflikten und sexuellen Lebensweisen haben und auch jene, die von ihnen verursacht werden, resultieren aus ihrer problematischen materiellen und sozialen Lage und müssen auch in diesem Bereich bearbeitet werden. Das gilt grundsätzlich auch für die einheimische Bevölkerung.

Die mitgebrachten Unterschiede ethnischer Minderheiten sagen erst einmal noch nichts darüber aus, was ein Mensch mit den Angehörigen der Mehrheitskultur gemeinsam hat – das ist in der Regel der größere Bereich. Kleine Unterschiede können aber dennoch weitreichende Folgen für das Leben und die Identität von Menschen mit Migrationshintergrund haben.

Sexualität und Moralerziehung

Was heißt das bisher Beschriebene für eine Moralerziehung, die sich am Prinzip der Selbstbestimmung und der Achtung vor dem anderen sowie dem allseits geachteten Liebesgebot orientiert und dennoch unterschiedliche kulturelle Herkünfte und Akzente eines selbst gewählten Verhaltenskodex berücksichtigt? Sie bewegt sich im Rahmen der Menschenrechte, lässt Spielräume für spezifische Einstellungen und Verhaltensweisen und fördert zugleich die Auseinandersetzung zwischen verschiedenen Positionen. Dabei sind einige grundsätzliche Leitlinien hilfreich:

Wechselseitige Akzeptanz

Ein Anfang ist gemacht, wenn es den Erwachsenen gelingt, Kinder und Jugendliche in ihrem Sexualverhalten anzunehmen – auch mit ihren liebevollen, zärtlichen und auch hässlichen, gewaltsamen Äußerungsformen. Das gilt auch für Jugendliche aus unterschiedlichen Kulturen, die – selbst noch im Prozess der Identitätsbildung – das Eigene dem Fremden oft unversöhnlich gegenüberstellen. Dass zur aktiven Toleranz eine große

Portion Selbstannahme und Selbstliebe gehört, muss nicht näher begründet werden. Wenn diese Akzeptanz als Grundhaltung spürbar wird, sind auch Konfrontation und Herausforderung möglich und notwendig.

Überbordende Vielfalt

Ein erster Schritt in die Richtung dieser Akzeptanz kann in Bezug auf einzelne Kulturen darin bestehen, dass im sexualpädagogischen Tun nach Erklärungen für kulturelle Muster, Theorien, Überzeugungen und Werte gesucht und diese von einer Kultur in die andere übersetzt werden. Es geht dann darum, verschiedene Wert- und Normsysteme bezüglich Sexualität und Partnerschaft so miteinander ins Verhältnis zu setzen, dass Verständnis entsteht und vielleicht auch ein Interesse an einer Veränderung der eigenen Position. Jugendliche sollten daher als Experten und Expertinnen ihrer eigenen Herkunfts- bzw. Migrationskultur angesprochen werden, um einen einseitigen, etwa eurozentristischen Blick auf das Thema zu vermeiden. Es geht weniger um Kulturbeurteilung, sondern vielmehr um Kulturbetrachtung, die auch alle Vor- und Nachteile einer kulturellen Position zur Sprache bringt. Tabus einer anderen Kultur einfach unhinterfragt stehen zu lassen, geschieht oft aus einer falsch verstandenen Achtung.

Mut, sich des eigenen Verstandes und der eigenen Gefühle zu bedienen

Kindern und Jugendlichen ist zuzutrauen, dass sie selbst spüren und erkennen, was ihnen gut tut, was ihnen wertvoll ist. Das kann in stark gemeinschaftsorientierten Kulturen z. B. größere Familientreue bedeuten als in individualisierten Kulturen. Bei der Begleitung von Prozessen der Selbstbestimmung sind die besonderen Ausgangspositionen der Menschen zu berücksichtigen, also ihre kulturellen und biografischen Besonderheiten wie auch die Situation, in der sie sich befinden und die persönliche Stabilität. Oft sind nur kleine Schritte in die von ihnen selbst gewünschte Richtung möglich, wenn die Konfliktbereitschaft und -fähigkeit der beteiligten Personen nicht überschritten werden soll, weil die Spielräume dann vielleicht noch enger werden.

Behauptung des Eigensinns gegen Zwang, Konvention und Überredung

Das gilt für Intimbeziehungen, in denen Ansprüche und Wünsche nicht immer übereinstimmen, das Verhalten in Freundschaftscliquen, in denen sich Kinder und Jugendliche oft zu Verhaltensweisen verleiten lassen, die sie selbst nicht für richtig halten. Es gilt auch für die Auseinandersetzung mit der Familie, die ihre Normvorstellungen erfüllt wissen will und das Verhalten gegenüber stereotypen Vorschriften, die offen oder verschlüsselt durch Medien angeboten werden.

Die Behauptung des Eigensinns ist darüber hinaus auch wichtig für Konflikte, die Kinder und Jugendliche aus Migrantenfamilien mit ihren Eltern und Verwandten haben. Erzieherinnen und Erzieher sollten in diesem Sinne parteilich sein für die Kinder und Jugendlichen, die Veränderung wollen. Das heißt z. B. konkret, Partei zu nehmen für ein junges Mädchen aus einer patriarchalischen Familie, wenn es Hilfe wünscht. Ungebetene Hilfe, stellvertretendes Denken und bevormundende Fürsorge sollten aber keinen Platz in der interkulturellen Moralerziehung haben.

Auseinandersetzung mit eigenen und fremden Wertvorstellungen

Kenntnisse über die eigenen kulturellen Hintergründe sollten sowohl für Einheimische wie für Zugezogene und ihre Nachkommen selbstverständlich sein. Darüber hinaus sind Kenntnisse über andere Kulturen für alle Beteiligten wichtig. Eltern und Kinder mit Migrationshintergrund brauchen Wissen um die Besonderheiten der Sexualkultur in ihrem Gastland. Dazu gehören die Regeln der Kommunikation, die Werteorientierung und vor allem die geltenden Gesetze. Dazu gehört auch das Wissen um allgemeine Prinzipien, wie z. B. das Recht auf Selbstbestimmung und -verantwortung, Achtung vor dem Leben, die Selbst- und Nächstenliebe. Es geht auch hier nicht nur um Wissen, denn vieles bleibt bloße Behauptung, wenn es nicht auf dem Hintergrund des eigenen Denkens, Fühlens und Verhaltens betrachtet wird. Die eigenen kulturspezifischen Werte sind oft unbewusst, ritualisiert und „in Fleisch und Blut übergegangen", wie es umgangssprachlich heißt. Selbstreflexion ist der beste Weg, sich der eigenen „Brille" bewusst zu werden, durch die man blickt. Sie hilft, die eigenen Fähigkeiten und Grenzen, aber auch Vorurteile kennenzulernen. Hilfreich ist immer die Auseinandersetzung mit der persönlichen Betroffenheit bei Fremdheitserfahrungen, durch die Angst, Mitleid oder auch Überlegenheitsgefühle ausgelöst werden können. Auseinandersetzung damit bedeutet auch, sich aus der Perspektive anderer kultureller Traditionen das eigene Kulturmuster kritisch anzusehen, sich von differenten Werten und Normen anregen zu lassen oder auch abzugrenzen und das Eigene vielleicht weiterzuentwickeln.

Muslimische Mädchen

Moralentwicklung als Prozess im Lebensalltag

Moralische Prinzipien und allgemeine Werte bleiben abstrakt, wenn sie nicht in gegebenen Verhältnissen und Lebenslagen konkretisiert werden. Moral muss sich für einen Menschen im spezifischen Alltag als sinnvoll und lebenspraktisch erweisen. Dabei können Werte miteinander in Konflikt geraten und einzelne Tugenden ganz unterschiedliche Konsequenzen haben.

Moralisches Bewusstsein entwickelt sich in der Dialektik von Erfahrung und Selbstreflexion. Menschen machen Erfahrungen, die zu bestimmten Gefühlen und Urteilen sowie neuen Fragen führen. Vielleicht finden Kinder oder Jugendliche Antworten durch Gleichaltrige, durch Literatur, das Internet oder auch akzeptierte Erwachsene. Die neuen Antworten beeinflussen die eigene Position, die wiederum zu neuen Erfahrungen reizt. Nicht alles, aber vieles muss selbst erfahren werden, bevor die daraus gewonnenen Einsichten handlungsleitend werden. Die Bedeutung von Verlässlichkeit z. B. bleibt nur äußerlich, wenn die Erfahrung von Verlassenwerden nie riskiert wurde. Die Tugend der Leidenschaft bleibt unbedeutend, wenn das Wagnis des Sich-Auslieferns vermieden wurde.

Bei allem ist Menschennähe wichtiger als ethisch reine Konzepte. Fehler, Irrwege, Sackgassen müssen allen Menschen – erst recht Kindern und Jugendlichen – zugestanden werden. Das können Erziehende nur, wenn sie ihre eigene Lebensrealität annehmen, eigene Vereinseitigungen akzeptieren und sich selbst Sackgassen und Irrwege verzeihen können.

Moralerziehung und entwicklungspsychologische Stufen der Moralentwicklung

Für Kleinkinder bestimmt überwiegend die Autorität der Bezugspersonen, was „gut" und was „böse" ist. Meist genügt das Wissen darum, „dass es meine Mama oder mein Papa gesagt hat", um ein eindeutiges Urteil zu fällen. Wenn das Kind im Laufe der Zeit entdeckt, was Wohlbefinden und Unwohlsein auslöst, neigt es dazu, die eigenen Bedürfnisse als Gradmesser dafür zu nehmen, was richtig oder falsch ist. Durch erstes Einfühlen in andere Menschen, etwa die Mutter oder den Vater, kommt später eine Art Tauschmoral zustande: „Wenn du meine Bedürfnisse befriedigst, tue ich, was du willst".

Im weiteren Verlauf der Entwicklung werden unterschiedliche Bezugspersonen wichtig, denen das Kind gefallen will, indem es sich nach ihnen richtet. Neben die Eltern treten bald die Freunde und Freundinnen. Das „Gefallenwollen" kann weit bis in das Jugendalter hineinragen, z. B.: „Ich gehöre zur Clique, wenn ich schon mit wenigstens zwei Mädchen geschlafen habe".

In der Pubertät geben Gesetze und Normen weitgehend Orientierung. Die Ehe ist immer noch die weitverbreitetste und gesetzlich geschützte Lebensform: „Meine Eltern sind verheiratet, also werde ich auch heiraten". Erst später merken viele Jugendliche, dass ihr erlerntes Partnerschaftsmuster Risse bekommt. Viele erfahren die Scheidung der Eltern und zweifeln am Sinn der Ehe. Vielleicht setzt sich auch die Erfahrung durch, dass – unabhängig von der konkreten Lebensform – das Bedürfnis nach „Heimat" entscheidend ist. Treue und Verlässlichkeit werden als Werte wichtig, weil sie Vertrauen und Geborgenheit ermöglichen.

Die Orientierung an ethischen Prinzipien erfolgt als selbst gewählte Entscheidung erst relativ spät – nämlich im jungen Erwachsenenalter – und ist dann handlungsleitend und situationsbezogen veränderbar. Auf dieser Stufe ist die Orientierung an Werten von dem Bewusstsein getragen, dass ethische Orientierungen sich nicht unter allen Umständen verwirklichen lassen, Werte vielmehr relativ sind, und deshalb auch immer ausbalanciert werden sollten.

1.7 Themen, Methoden sowie Medien der Sexualpädagogik

Reflexionsfragen

Eine wichtige Voraussetzung für adäquates sexualpädagogisches Arbeiten ist, sich als Erzieher/-in die eigenen Unsicherheiten, Ängste und Widerstände bewusst zu machen. Es ist gut, sich der eigenen Grenzen bewusst zu sein. Folgende Fragen können zur Selbstvergewisserung dienen:

- *Habe ich überhaupt Lust auf das Thema „Sexualität"?*
- *Kann ich über Sexualität offen reden?*
- *Gibt es Themen, bei denen ich Unbehagen verspüre?*
- *Worüber möchte ich in der Klasse/im Kurs nicht reden?*
- *Welche Aspekte lösen bei mir Betroffenheit aus?*
- *Gibt es sozialpädagogische Übungen, die ich auf keinen Fall anwenden möchte, weil sie mir vielleicht zu intim sind? Welchen Einfluss haben meine Erfahrungen und Einstellungen zum Thema „Sexualität" auf meine sexualpädagogische Arbeit?*

Themen der Sexualpädagogik

Sexualpädagogik beschränkt sich – wie menschliche Sexualität überhaupt – nicht auf Fortpflanzungs- und Körperfunktionen, sondern enthält viele Unterthemen, die je nach gesellschaftlicher Entwicklung und je nach Handlungsfeld in unterschiedlichem Maße bedeutsam werden.

Einige dieser Themen werden in diesem Buch sehr ausführlich erörtert, andere sollen an dieser Stelle zumindest erwähnt werden:

- Die Bedeutung des traditionellen Kernbereichs sexualerzieherischer Tätigkeit, der **Körper- und Sexualaufklärung** ist sowohl unstrittig wie auch immer wieder neu zu prüfen. Während diese Thematik im klassischen Verständnis von Sexualaufklärung dominiert, ist sie in den letzten zehn Jahren – abgesehen vom Thema der HIV-Übertragung – zugunsten der Behandlung von Beziehungsthemen in den Hintergrund geraten. Heute wird dieser Bereich wieder stärker ins Blickfeld gerückt, weil sich gezeigt hat, dass viele Eltern z.B. kaum über die körperliche und sexuelle Entwicklung Jugendlicher mit ihren Kindern reden und in den Freundschaftsgruppen nicht selten Falschinformationen und Halbwahrheiten weitergegeben werden.
- Der bestehende Wertepluralismus erhöht individuelle Orientierungsaufgaben und oft auch den Orientierungsdruck, sodass Sexualpädagogik verstärkt vor die Aufgabe gestellt ist, **Ethik, Moral und Wertorientierung** als Bereich der sexuellen Identität zu thematisieren. Moralische Qualifizierung bedeutet immer auch **Persönlichkeitslernen**, nicht als Programm der Werteübermittlung, sondern als Erhöhung des Bewusstseins über das eigene Selbst mit dem Ziel der Selbstbestimmung und Selbstverantwortung.

- Das angemessene **Sprechen über Sexuelles** gehört zu den Grundvoraussetzungen sowohl der Prävention unerwünschter Persönlichkeitsbeeinträchtigungen als auch aller anderen Bemühungen zur Verwirklichung sexualpädagogischer Ziele. Insbesondere angesichts der „öffentlichen Geschwätzigkeit" über Sexualität und der Notwendigkeit, den Intimitätsschutz zu betonen, bedarf das Sprechen über Sexuelles der verstärkten pädagogischen Reflexion.

- Als wesentlicher Motor der Veränderung von Sexual- und Beziehungsverhältnissen kann das **Geschlechterverhältnis** bezeichnet werden. Weil das Geschlecht im Zentrum sexueller Identität verortet ist, geht es in der Sexualpädagogik um die Wahrnehmung und Veränderung von Geschlechtersozialisation und die sich daraus ergebenden Konsequenzen für alle gesellschaftlichen Bereiche.

- Mit dem Thema **sexuelle Orientierungen** ist nicht nur Hetero-, Homo- und Bisexualität gemeint. Die Pluralität der Lebenswelten und die Varianz der Lebensformen machen insgesamt deutlich, dass menschliches (auch sexuelles) Leben ein Kontinuum mit vielen möglichen Varianten ist und es nicht nur darum gehen kann, Homosexualität zur heterosexuellen Norm hinzuzufügen. Zurzeit geht es in der Sexualerziehung vorzugsweise noch um die Bereitstellung von Hilfen und Begleitung für Jugendliche und Erwachsene im homosexuellen Coming-out und die allgemeine Förderung von Akzeptanz verschiedener Lebensweisen.

- **Sexualität im Spannungsfeld der Kulturen** wurde zu einem wichtigeren Thema angesichts einer zunehmend multikulturellen Zusammensetzung der Kinder und Jugendlichen in Räumen organisierter Erziehung und im informellen Freizeitbereich.

- Aus verschiedenen Gründen, auch wegen der öffentlichen Thematisierung, ist **Sexualität und Behinderung** in den letzten Jahren im sexualpädagogischen Themenkanon bedeutender geworden, ohne bereits die entsprechende Beachtung zu finden. Gleiches gilt für **Sexualität im Alter**, ein Thema, bei dem die Pädagogik bzw. Sexualgerontagogik grundsätzlich der Konsumindustrie und dem Gesundheitssektor hinterherhinkt.

- Zu der bisherigen Aufgabe moderner Sexualerziehung, der Idealisierung oder Dämonisierung von Sexualität entgegenzutreten, gesellt sich die historisch aktuelle Aufgabe, der ideologischen Aufladung des öffentlichen Diskurses um **Sexualität und Gewalt** mit wissenschaftlicher Aufklärung entgegenzuwirken. Sexualpädagogik verdankt dieser Thematisierung des „anderen Gesichts" von Sexualität zwar ihre aktuelle Aufmerksamkeit, muss sich aber zunehmend gegen die Tendenz wehren, sie als „Gefahrenabwehrpädagogik" umzuarbeiten.

- Gegen die tendenzielle Überschattung des Sexuellen mit Gewaltaspekten im populären pädagogischen Empfinden setzt eine sexualfreundliche Sexualpädagogik die **Sensibilisierung der Sinne und Sinnlichkeit** als Thema für die theoretische und praktische Arbeit. Das Thema umfasst die Reflexion und Kultivierung von Körperlichkeit, der sinnlichen Ausstrahlung, der Wechselwirkung von Selbst- und Fremdwahrnehmung, der Balance von Selbstwertgefühl, Ich-Ideal und äußerer Erscheinung sowie die aktive Gestaltung der Selbstpräsentation.

- Durch die Problematik der Teenagerschwangerschaften in den letzten Jahren rückte vor allem die Einsicht in den Vordergrund, dass es bei der Sexualpädagogik immer auch um generatives Verhalten gehen muss, mithin um **Lebensplanung und allgemeine Zukunftsgestaltung** im persönlichen Bereich.

Die für eine konkrete sexualpädagogische Aktion ausgewählten Inhalte sollten sich an dem Alter, dem Entwicklungsstand und den Interessen der Zielgruppe orientieren. Zwischen dem, was unmittelbar gewünscht wird und dem, was nach sorgsam begründeten pädagogischen Erwägungen angeboten werden sollte, besteht meist ein didaktischer Spannungsbogen, der nicht durch pädagogischen Eifer überspannt werden darf. Bei der Arbeit mit Kindern ist es ratsam, die Themen zuvor mit den Eltern zu besprechen.

Methodische Konzepte, didaktische Impulse und Medien

Methodisch bedient sich die Sexualerziehung zunächst aller Hilfsmittel, die in der Erziehung allgemein von Bedeutung sind. Gemeint sind z. B. – je nach Zielgruppe, institutionellem Kontext, Intention und Thema – Konzepte wie das bewusst initiierte Modelllernen, der sexualpädagogische Unterricht, die sexualpädagogische Gruppenarbeit sowie methodenübergreifende Projekte und Medienproduktionen.

Zu den Methoden von Sexualerziehung kann auch gemeinsames Musizieren gehören. (Auszug aus dem Lied „Küssen", BZgA, 2003, S. 15; Text: Jörn Brumme, Musik: Ines Paulke, Rechte: BZgA, Köln)

Angesichts der Besonderheit des Sexuellen und der von einzelnen Zielgruppen besonders bevorzugten Informationsquellen wurden in den letzten Jahren spezifische methodische Konzeptionen und Medien entwickelt, zu denen auf der Homepage der Bundeszentrale für gesundheitliche Aufklärung (BZgA) unter dem Stichwort „Sexualaufklärung und Familienplanung" alles Wissenswerte abgerufen werden kann:

- Da Jugendliche zu heiklen Themen der Sexualität erwiesenermaßen andere Jugendliche als Bezugsquelle für Informationen und für Gespräche wählen, wurden Modellprojekte zur Peer-Education entwickelt und erprobt (vgl. BzgA, 2001).
- Die Inanspruchnahme von Beratungstelefonangeboten des Kinder- und Jugendschutzes oder anderer Träger führte zur Entwicklung spezifisch sexualpädagogischer Beratungskonzepte und deren Weitergabe in entsprechenden Fortbildungen für Berater/-innen, z. B. Telefonberater/-innen.
- Die Tatsache, dass Jugendliche die meisten Informationen zu aktuellen sexuellen Themen den Jugendzeitschriften entnehmen, veranlasste einige Träger der Gesundheitsförderung, Konzepte der Zusammenarbeit von sexualpädagogischen Fachkräften und den Redaktionen der Zeitschriften zu erproben.
- Um ganzheitliches wertorientiertes Lernen zu ermöglichen und entsprechendes Arbeiten in der Praxis anzuregen, entwickelten verschiedene Bundes- und Landesstellen audiovisuelle Medien.
- Für die elektronischen Medien wurde Software mit sexualpädagogisch intendierten Programmen erarbeitet, um speziell Jungen zu erreichen. Sexualpädagogik wurde auf diese Weise zu einem modernen Anregungsbereich für neue pädagogische Konzepte und Medien, die auch in anderen Sektoren von Bedeutung werden können. Als Beispiel seien hier das Projekt *Sextra* der profa-online-Sexualberatung genannt sowie Ansätze zur Verbindung von E-Learning und Sexualpädagogik (vgl. Fritz/Sielert, 2009).
- In vielen Praxisfeldern der sozialen Arbeit überschneidet sich die erzieherische Arbeit mit der Sexualberatung, soweit sie als sexualpädagogische Beratung verstanden wird. Diese besondere Form der Beratung bewegt sich zwischen Sexualpädagogik und Sexualberatung/Sexualtherapie und kann – je nach Zielsetzung, Berater/-in und Umfeld – einmal mehr der Pädagogik und ein anderes Mal mehr der psychotherapeutischen Beratung zugeordnet werden.

Literaturhinweise

Für die sexualpädagogische Alltagsarbeit existieren inzwischen einige gute Methoden- und Materialsammlungen, von denen die folgenden empfohlen werden sollen:

- *Staeck, Lothar (Hrsg.): Die Fundgrube zur Sexualerziehung, Berlin: Cornelsen, 2006.*
- *Timmermanns, Stefan/Tuider, Elisabeth (Hrsg.): Sexualpädagogik der Vielfalt. Praxismethoden zu Identitäten, Beziehungen, Körper und Prävention für Schule und Jugendarbeit, Weinheim: Juventa, 2008.*

Weitere Methoden und didaktische Impulse sowie weiterführende Literatur dazu werden im Zusammenhang der in diesem Lehrbuch noch entwickelten Themenbereiche angegeben.

Über den Umgang mit Methoden und didaktischen Anregungen

Methoden und Medien sind verführerisch in der praktischen sexualpädagogischen Arbeit. Sie werden oft schablonenhaft und rezeptartig eingesetzt und nicht selten als Lückenfüller missbraucht, weil den Verantwortlichen gerade nichts Besseres einfällt. Aus diesem Grund sollen an dieser Stelle einige Hinweise gegeben werden, wie und wann eine Methode tatsächlich Lernprozesse bei der Zielgruppe im eigenen Handlungsfeld in Gang setzt.

Methoden können nur dann eine unterstützende Funktion haben, wenn jene, die damit arbeiten, die spezifische Situation der Gruppe, ihre persönliche Situation und pädagogischen Fähigkeiten und Interessen sowie örtliche, zeitliche und mediale Gegebenheiten berücksichtigen. Die anschließenden Fragen sollen dazu eine Orientierung geben:

1. Wen will ich ansprechen und welche Kinder oder Jugendliche sind in der Gruppe (Alter, Herkunft, Bildung, Geschlecht, soziale, kulturelle und ökonomische Verhältnisse)?

2. Welche persönlichen Beziehungen bestehen sowohl unter den Kindern oder Jugendlichen als auch gegenüber mir als Leitung (Clique, befreundet, vertraut, fremd, flüchtig, Außenseiter/-in, Sympathie – Antipathie)?

3. Wo liegen die Bedürfnisse, Interessen, Probleme und Erfahrungen der Kinder und Jugendlichen? Sind sie Gruppen und Spiele gewohnt? Reden oder handeln sie lieber? Wie drücken sie ihre Gefühle aus? Wie sind sie zu begeistern? Was ist ihnen peinlich? Auf welche Art und Weise wird über Sexualität gesprochen? Welche sexuellen Erfahrungen liegen vor?

4. Wie sehen die Räumlichkeiten aus (Inneneinrichtung, Größe, Atmosphäre)?

5. Wie viel Zeit steht mir zur Verfügung (eine Lerneinheit, eine Abendveranstaltung, ein Wochenende, ein Projekttag oder eine Ferienfreizeit)?

6. Welches Material, welche Medien stehen mir zur Verfügung? Was muss ich noch besorgen?

7. Arbeite ich allein oder im Team? Werde ich bei meiner Arbeit in meinen Zielsetzungen unterstützt, behindert oder besteht im Team kein Interesse am Thema? Mit wem arbeite ich zusammen, mit wem lieber nicht (Sympathie – Antipathie)? Gibt es aktuelle Auseinandersetzungen?

8. Muss ich mich noch einarbeiten (Literatur lesen, Kontakte herstellen, Informationen einholen)?

1.8 Zur Situation der Erzieherinnen und Erzieher im sexualpädagogischen Kräftefeld

Alltag und Utopie

Um in der Praxis sexualerzieherisch handeln zu können, müssen zahlreiche ermöglichende oder auch einschränkende Bedingungen berücksichtigt werden, die als Kräftefeld wirksam sind. Es handelt sich um institutionelle Bedingungen und solche, die durch die Personen selbst gesetzt sind. So ist es z. B. zu berücksichtigen, dass Erziehende sexuelle Bedürfnisse haben, deren Verarbeitung und Befriedigung durch die biografischen Besonderheiten geprägt sind. Wichtig ist darüber hinaus die Tatsache, dass die pädagogische Arbeit in einem organisatorischen Rahmen mit unterschiedlichen Freiräumen und Regelungen stattfindet.

Die meisten Erzieherinnen und Erzieher arbeiten auch sexualpädagogisch in einem Team mit weiteren Kollegen und Kolleginnen, die mit ihren eigenen sexualerzieherischen Vorstellungen, aber auch unabhängig davon, bestärkenden oder hindernden Einfluss ausüben. Zudem wird in der praktischen sexualpädagogischen Arbeit schnell deutlich, dass die Eltern der Kinder oder Jugendlichen in der einen oder anderen Weise tangiert werden. Sie wollen dann manchmal gerne mitreden, müssen auch gefragt werden oder kommen einfach bei konfliktträchtigen Themen ins Spiel. Der unmittelbare pädagogische Handlungszusammenhang ist weiterhin eingebunden in rechtliche Rahmenbedingungen, die – wenn auch nicht immer real – oft in der Vorstellung von Erziehenden begrenzend wirken.

Ganz besonders wirkt die verbreitete Haltung von Erziehenden, die eigene Arbeit durch zu hoch gesteckte Erwartungen abzuwerten und gar nicht erst richtig wahrzunehmen und zu würdigen, was bisher schon alles in die richtige Richtung unternommen worden ist. Manche halten strikt an ihren Idealen einer „Liebeserziehung“ fest und tragen sie wie eine Flagge durch das feindliche Land der widerstreitenden Bedingungen. Moralischer Idealismus hat jedoch selten pädagogisch nützliche Folgen, weil die Ziele so hoch hängen, dass die Menschen mit ihren alltäglichen Bedürfnissen nicht mehr daran reichen. Dies gilt insbesondere für Kinder und Jugendliche, die noch lernen dürfen. Die Erzieher/-innen arbeiten daher an den Bedingungen vorbei, unter denen die Kinder leben, und durch welche auch die erzieherische Situation beeinflusst wird. Das Scheitern der gut gemeinten Bemühungen wird dann leicht den uneinsichtigen Kindern, den uninteressierten Eltern oder sonstigen Bedingungen angelastet.

Doch es gibt auch die gegenteilige Haltung, nämlich die bewusste oder unbewusste Aufgabe jeder sexualpädagogischen Initiative, weil die Meinung vorherrscht, dass die desolate familiäre Situation oder z. B. überaus fromme Eltern, der ängstliche Träger der eigenen Einrichtung und die vielen anderen medialen Einflüsse die sexuelle Entwicklung der Kinder ohnehin mehr prägen als jede sexualpädagogische Initiative. Die Spannung zwischen Alltag und Utopie wird aufgehoben und zur Routine.

Der Spannungsbogen zwischen alltäglicher pädagogischer Arbeit und dem potenziell Möglichen bleibt aber erhalten, wenn folgende Bedingungen erfüllt und die entsprechenden Haltungen vorhanden sind, die grundsätzlich für jedes pädagogische Tun, verschärft aber für ein so heikles Thema wie die Sexualerziehung, gelten:

- Es ist wichtig, im Kontakt zu bleiben mit sich selbst, den Kindern oder Jugendlichen, den Bedingungen und den persönlichen sowie pädagogischen Zielen und das eigene Tun im Licht der „Bemündigung" der anvertrauten Personen zu verantworten.
- Interesse an anderen zu haben, ohne sie ändern zu wollen, ist eine hilfreiche pädagogische Grundhaltung. Interessierte Distanz kann andere „sein lassen" und gleichzeitig Anteil nehmen. Nichts anderes meinten klassische Pädagogen mit der „pädagogischen Liebe", die durch sexuelle Übergriffe (auch von Erziehenden auf Kinder und Jugendliche) in Verruf geraten ist. Der „pädagogische Eros" wurde in diesen Fällen zur eigennützigen Befriedigung erwachsener Lust missbraucht, statt die anvertrauten Personen durch persönliche Zuwendung zur sexuellen Selbstbestimmung zu befähigen.
- Mit Grenzen umgehen zu können ist eine weitere Grundqualifikation. Grenzen, die das Gegenüber setzt oder die aufgrund meiner Erziehungsverantwortung aufgegeben sind, dürfen nicht übersprungen werden. Andererseits kann es genau so falsch sein, vor lauter Unsicherheit weit vor einer Grenze stehen zu bleiben, z. B. vor dem naheliegenden Körperkontakt zur Ermutigung oder als Ausdruck geteilter Freude.
- Die Fähigkeit, Enttäuschungen verarbeiten zu können, ist aus verschiedenen Gründen unabdingbar. Das gelingt vornehmlich auf dem Hintergrund der Haltung, dass sich etwas bewegen lässt, sich aber nicht alles in die gewünschte Richtung bewegt. Offen bleibt hierbei, wer letztlich definiert, was gewünscht und was heilsam ist.
- Konflikte zu nutzen meint, die Erkenntnis zu verwerten, dass nicht alle in einer bestimmten Situation an einem Strang ziehen. Gerade Kinder und Jugendliche stecken mit ihren sexuellen Interessen in vielfältigen Widersprüchen – manchmal sogar in sich selbst. In solchen Situationen hilft das Wissen darum, dass selbstbestimmte Moralität nur aus solchen Konfliktsituationen hervorgeht.
- Ganz viel realistischer pädagogischer Mut hängt mit der Sorge um die eigene Person zusammen. Rücksichtsvoll mit sich selbst umzugehen und lebendig zu bleiben wirkt überzeugender als moralinsaure oder pseudoemanzipative Programme.

Aufgabe

(Sexual)pädagogische Ideale und Utopien lassen sich am ehesten durch kreative Medien ausdrücken, weil sie nie ganz konkret umrissen werden sollten. Es ist wichtig, die Richtung anzudeuten und den gewünschten attraktiven Zustand zu beschreiben, alles andere legt die Zukunft zu sehr fest.

Im Folgenden werden Sie zu dem Versuch animiert, Ihre sexualpädagogische Idealvorstellung mit Wasserfarben oder Wachsmalstiften zu Papier zu bringen. Dabei kann gegenständlich oder abstrakt gemalt werden. (45 Minuten)

In Dreiergruppen werden die Bilder gegenseitig präsentiert und miteinander besprochen (30 Minuten). Einige anregende Fragestellungen sollen dabei leitend sein:

- *Was sagt meine Utopie von sexualpädagogischer Arbeit über mein Verständnis von Sexualität aus?*
- *Inwiefern ist meine sexualpädagogische Utopie von meiner eigenen Lebenssituation geprägt?*
- *Ist es wünschenswert, wenn diese Utopie Wirklichkeit wird oder sollte sie lieber Utopie bleiben? (Welche positiven Funktionen haben schmerzliche, begrenzende, herausfordernde Faktoren der pädagogischen und sexuellen Realität?)*
- *Was unterscheidet unsere Utopien voneinander und was ist in allen enthalten?*

In einem nächsten Schritt kommen jeweils zwei Dreiergruppen zusammen und diskutieren miteinander die folgenden Fragen:

- *Welche Elemente, welche kleinen Schritte auf dem Weg zu meiner Utopie kann ich in meinen sexualpädagogischen Erfahrungen schon ausfindig machen?*
- *Welche weiteren kleinen Schritte in die Richtung meiner Utopie werde ich demnächst unternehmen?*

Erzieherinnen und Erzieher sind auch sexuelle Menschen

Die Tatsache, dass Erziehende ihre eigene Person in die Arbeit einbringen, ist grundsätzlich positiv zu bewerten, denn auch (sexual)pädagogisches Lernen vollzieht sich in der Begegnung von Personen mit ihren subjektiven Möglichkeiten und Grenzen. Das gilt unabhängig vom Grad der Nähe, der institutionell bedingt ist. Er variiert von der distanzierten Arbeitsgruppenleitung in einer Ganztagsschule bis zur fast familiären Situation in der stationären Jugendhilfe oder in einem Internat.

Die Bewusstheit über die möglichen Wirkungen der eigenen Person hat in vielen Situationen zur Folge, sich nicht ganz offen und authentisch zu verhalten. So ist es meist – auch Jugendlichen oder jungen Erwachsenen gegenüber – nicht sinnvoll, über die eigene Sexualität und eventuelle Intimprobleme zu reden, auch wenn eine vertraute Situation dazu verführt. Viele Erfahrungen liegen vielleicht noch am Rande der Lebensrealität der jungen Menschen und belasten sie eher, als dass sie Vertrauen wecken und das Lernen des Gegenübers weiterbringen. Das Gleiche gilt auch umgekehrt: Erziehende müssen sich nicht auf jedes von Kindern oder Jugendlichen angebotene Thema einlassen, wenn sie das – aus welchen Gründen auch immer – nicht wollen. Keine professionelle Pflicht kann dazu zwingen, über mehr oder weniger exotische Abenteuer oder Sexualpraktiken zu reden, die Jugendliche als Gesprächsanreiz einbringen. Oft steht ohnehin nur das Bedürfnis dahinter, die Grenzen des Zumutbaren auszutesten oder die Machtfrage zu stellen. Auch sexuelle Anmache kann über diese direkte Form der Ansprache beidseitig initiiert werden. Manchmal gibt es aber auch ernst gemeinte Fragen nach konkreten Informationen oder Ratschlägen. Die Situation und mitkommunizierte Untertöne helfen, die Intentionen zu unterscheiden und entsprechend zu reagieren.

Bei Unklarheit über die Funktion einer sexuell herausfordernden Thematik oder Frage reicht je nach Situation ein Hinweis, darüber jetzt nicht reden zu wollen, vielleicht auch das Zugeben von Unsicherheit oder Verletztsein, sondierendes Nachfragen oder auch das „qualifizierte Ausklammern", indem versprochen wird, später noch einmal auf das Thema/die Frage zurückzukommen. Bis dahin kann die Situation mit vertrauten Teammitgliedern besprochen werden.

Zur Thematik der erotischen Schwingungen und der Grenze zu sexuellen Übergriffen und sexualisierter Gewalt

Eine Verschärfung erfährt das Thema wechselseitiger Offenheit und Intimität, wenn das Bedürfnis nach körperlich-zärtlichen Kontakten ins Spiel kommt. Wenn pädagogischer Alltag nicht auf eine unsinnliche und rein kognitiv dominierte Pflichtveranstaltung reduziert werden soll, muss vom Vorhandensein und der sogar wünschenswerten Wirksamkeit erotischer Schwingungen ausgegangen werden. Sexualität in dem weitesten Sinn der hier gemeinten Definition spielt auch in pädagogischen Beziehungen eine Rolle. Welche Aspekte gelebt werden, vor allem, welche Ausdrucksformen eine fruchtbare pädagogische Beziehung ausmachen und welche sie gerade zerstören, hängt von vielen Bedingungen und konkreten Situationen ab. Vielfach muss die oder der Erziehende unter verantwortlicher Reflexion und möglichst nach kollegialer Thematisierung eine individuelle Entscheidung treffen. Kinder und auch noch Jugendliche haben ein Recht auf erotische Übertragungen und schwärmerisches Verliebtsein in ihren Erzieher oder ihre Erzieherin. Auch Erziehende haben ein Recht auf solche, sich ohnehin unkontrolliert einstellenden, Gefühle. Allerdings müssen letztere aufgrund ihrer pädagogischen Macht und Verantwortung solche Gefühlszustände, auch erotische Übertragungen und Gegenübertragungen, bewusst wahrnehmen und kontrollieren. Keine Erziehungsperson darf erotische Kontaktangebote machen oder gar eigene körperlich-sinnliche Bedürfnisse mit den anvertrauten Kindern oder Jugendlichen ausagieren.

Erwachsenen muss zugemutet werden, die eigene Sexualität und Bedürftigkeit von Kindern und Heranwachsenden und deren Bedürfnissen zu unterscheiden, die Grenzen in der Begegnung zu erspüren und einzuhalten. Pädagogisch tätigen, auch jungen Erwachsenen und Jugendlichen muss zugemutet werden, die Auswirkungen erotisch-sinnlicher Schwingungen und körperlicher Kontakte aller Art auf die pädagogische Beziehung und ihren Kontext zu bedenken. Nur sie haben die Verantwortung für die Folgen eines erotisch-sexuellen Machtmissbrauchs.

Die meisten Erwachsenen und (hoffentlich) auch Erzieherinnen und Erzieher lassen sich von Kindern und Jugendlichen auch emotional berühren. Nichts spricht dagegen, wenn sie Kinder in dem Sinne lieben, dass sie bereit sind, ihr Leben „in Obhut zu nehmen" und sie so anzunehmen, wie sie sind und eben nicht, weil sie sich in bestimmter Weise verhalten oder etwas Erwünschtes leisten. Diese Haltung ist in den meisten Fällen auch nicht nur ein Vorhaben, ein bewusster Beschluss oder eine Kopfentscheidung. Vielmehr existiert ein deutliches Gefühl der Zuneigung, manchmal ein Angerührtsein, das einfach da ist und sich auch durchaus nicht gleichmäßig auf alle Kinder und Jugendlichen erstreckt. Faktisch ist dieses Gefühl der Liebe zu den anvertrauten Kindern und Jugendlichen eine Mischung aus fürsorglichen und ganz sinnlich-körperlichen Impulsen, die ja ganz deutlich werden, wenn z. B. die Mutter das Kind stillt und dabei Erregung spürt oder später als Oma den Enkel impulsiv an sich drückt und zu küssen versucht. Letzteres ist ja oft eine vom Kind aus empfundene Grenzüberschreitung, die aber für beide Seiten befriedigend geklärt werden kann.

Wechselseitig gespürte Erregung ist entwicklungspsychologisch sogar eine wichtige Voraussetzung für die Entstehung kindlicher Sexualität als Lebensenergie, die eben nicht nur ein Trieb ist, der aus dem „biologischen Off" entsteht. Nur ist die kindliche Erregung eine andere als die des Erwachsenen. Erwachsene können die Entwicklung der kindlichen Lebensenergie stören, wenn sie das Kind „übersexualisieren", wenn ihnen die Empathie fehlt und sie mit ihrer Erregung direkt oder indirekt (unter dem Mantel der Liebe versteckt) das Kind für sich instrumentalisieren und damit Gewalt ausüben.

Wenn Erwachsene und vor allem jene, die professionell mit Kindern und Jugendlichen arbeiten, sich dieser Tatsache bewusst sind, müssen sie sich ihrer sinnlichen Erregung nicht schämen, sie können sie in ein zärtliches Zugewandtsein transformieren und darüber hinausgehende Impulse kontrollieren.

Nicht allen gelingt das immer in der wünschenswerten Weise, vor allem jenen – zahlenmäßig wenigen – pädophil veranlagten Menschen nicht, die ihre ganze sinnlich-erotische Kompetenz auf Kinder konzentrieren. Sie sind aufgrund einer wissenschaftlich noch nicht ganz geklärten Ursache schon sehr früh auf Kinder fixiert, und manche begehren sie potenziell auch als Sexualobjekt. Es ist nicht sinnvoll, sie in Bausch und Bogen zu kriminalisieren und in irgendeiner Weise aus der Gesellschaft auszuschließen. Was allein hilft, ist die Notwendigkeit, sie zur Kontrolle ihrer sexuellen Orientierung zu bewegen, sie also nicht begehrend körperlich auszuleben. Das wiederum ist ohne Enttabuisierung und Bewusstheit nicht möglich, weil nur dann die meist dazu notwendige Hilfe angeboten und in Anspruch genommen werden kann.

Menschen, die entweder durchgehend pädophil veranlagt sind oder neben ihrer regulären sexuellen Veranlagung eine pädophile Nebenneigung bei sich verspüren, müssen sich professionelle Hilfe holen und Situationen meiden, in denen sie unbeobachtet mit Kindern in Kontakt kommen können. In keinem Fall dürfen sie ihre sexuellen Bedürfnisse ausagieren.

Zum Umgang mit dem Verhältnis von Erziehung und Sexualität

Ganz häufig übertragen Kinder und Jugendliche von sich aus ihre Liebesbedürfnisse und auch sexuellen Wünsche auf die Erziehenden. Diese können damit verantwortungsvoll, jedoch auch eigennützig, d. h. auf eine das eigene Begehren befriedigende Weise, umgehen. Aber pädagogische Beziehungen sind nie gleichberechtigte Beziehungen „auf Augenhöhe" – selbst dann nicht, wenn die Machtverhältnisse aufgrund der oft strategisch eingesetzten Gegenmacht der Heranwachsenden anscheinend gleichmäßig verteilt sind. Die Erziehenden haben aufgrund ihrer Rolle, die sie bewusst ausüben müssen, immer die Verantwortung für ihr Verhalten. Zudem ist nicht abzusehen, ob auf Seiten der Kinder und Jugendlichen Traumatisierungen erfolgen, weil ihr Begehren völlig anders gemeint ist, als es dann möglicherweise von einem Erzieher oder einer Erzieherin beantwortet wird. Selbst wenn keine solchen Verletzungen im Spiel sein sollten, ziehen Erziehungspersonen mit der Aufnahme von erotisch-sexuellen Körperkontakten oder auch nichtkörperlichen Liebesbeziehungen alle unkontrollierten Bedürfnisse des Gegenübers auf sich und verhindern somit die Aufnahme selbstbestimmter und gleichgewichtiger Liebesbeziehungen der Kinder und Jugendlichen untereinander. Zudem kann die Wirksamkeit einer pädagogischen Beziehung stark beeinträchtigt werden. Es entstehen neue Probleme von Vertrauensentzug, Eifersucht und Aggression, die von den Betroffenen nicht mehr übersehen und bearbeitet werden können.

Trotz dieser problematisierenden Ausführungen soll noch einmal darauf hingewiesen werden, dass im pädagogischen Bezug ganz viele Formen der Zuwendung bis zu unmittelbaren Körperkontakten nicht nur erlaubt, sondern auch notwendig und ganz wichtig sind. Sexuelle Lebensenergie und ein grundsätzlich auch gefühltes Urvertrauen in sich selbst und die Welt kann sich ohne sinnlich-erotische Gefühle und Kontakte zwischen Eltern und Kindern gar nicht entfalten. Und so ist jede darauf aufbauende pädagogische Beziehung lebendig und wirksam, wenn sowohl aggressiv genährte Abgrenzung und Distanz wie auch sinnlich gefärbte Nähe gelebt werden können. Dass eine solche Beziehung der angestrebten Bemündigung dient und nicht abhängig macht, dass sie nicht mit Geheimnissen umwoben und nicht „unter Ausschluss der Öffentlichkeit" existiert, dafür sind alle am Erziehungsprozess Beteiligten verantwortlich.

Eine lebendige pädagogische Beziehung lebt sowohl von Möglichkeiten der aggressiv genährten Abgrenzung und Distanz als auch von sinnlich gefärbter Zuneigung und Nähe.

Beispiel: Bearbeitung und Besprechung einer Fallsituation

Die richtige Einschätzung und Beurteilung von **Konfliktsituationen** im Bereich **„Erotik und Sexualität"** zwischen Erziehenden und Heranwachsenden gelingt nur durch Einfühlung in die von der jeweiligen Situation betroffenen Personen. Daher bietet sich zur Sensibilisierung für dieses Thema die Bearbeitung von realen Situationen durch Fallbesprechungen an.

Meist kennt jemand aus der Klasse einen relevanten Fall aus der eigenen Praxis oder dem Praktikum, der zur Bearbeitung reizt. Das Beispiel wird dann ausführlich geschildert und die Gruppenmitglieder haben die Möglichkeit, nähere Einzelheiten zu erfragen.

Sollte kein Vorschlag aus der Gruppe kommen, könnte das folgende Beispiel bearbeitet werden:

> ***Beispiel:*** *Sabine ist 23 Jahre alt, Erzieherin in der Außenwohngruppe eines Heims mit sechs 15- bis 17-jährigen Jungen und Mädchen. Alle haben ihre Freunde und Freundinnen außerhalb der Einrichtung, sodass Liebesbeziehungen innerhalb der Gruppe bisher kein Thema gewesen sind. Sabine versteht sich vor allem mit den Mädchen und einem der Jungen, dem gut aussehenden Oran, besonders gut. Oran stammt aus einer türkischen Familie, ist 16, wird aber noch zwei Jahre in der Wohngemeinschaft bleiben. Anders, als es Sabine von*

anderen Jungen gewohnt ist, achtet Oran sie als Erzieherin und lässt sich gerne von ihr in persönliche Gespräche verwickeln, die manchmal beiden unter die Haut gehen. Des Öfteren musste sich Sabine an ihre Rolle als Erzieherin erinnern, um den intensiven Gesprächen und zufälligen Berührungen nicht mehr Zärtlichkeiten folgen zu lassen.

Oran hat seit zwei Jahren eine deutsche Freundin, mit der er nach dem Aufenthalt in der Wohngemeinschaft auch gern zusammenleben möchte. Sabine ist zurzeit solo. Wenn sie am Wochenende Dienst hat, schläft sie in der Wohngemeinschaft im sogenannten Mitarbeiterzimmer. An diesem Sonntag ist sie für einen Kollegen eingesprungen, der sich kurzfristig freigenommen hat und geht – etwas verärgert über das verpatzte Wochenende – relativ früh schlafen. Sie hat seit einiger Zeit den Eindruck, dass das Leben an ihr vorbeigehe und sehnt sich nach mehr Nähe und Zärtlichkeit. Nachts, wenn sie mal nicht schlafen kann, werden die Wünsche drängender und die Ängste riesengroß. Sie ist sich nicht mehr im Klaren darüber, wie attraktiv sie eigentlich ist und wird inzwischen von vielen Zweifeln geplagt.

An der Schwelle zwischen bewusstem Grübeln und Halbschlaf hört sie ein deutliches Klopfen an der Tür, und plötzlich steht Oran in ihrem Zimmer – spritzig, vergnügt und doch etwas verlegen, weil er Sabine noch nicht im Bett vermutet hat. Er fragt, ob er einen Augenblick bleiben könne und spricht begeistert von einer Begegnung mit Krokodil, einem 25-jährigen Türken mit italienischer Staatsangehörigkeit, der jetzt in einem deutsch-französischen Club an der türkischen Südküste als Animateur arbeitet und ihn im Sommer für ein paar Wochen mitnehmen möchte. Sabine ist skeptisch, aber lässt sich dann doch von der überschäumenden Begeisterung anstecken und blödelt mit ihm über die sommerlichen Highlights in diesem Sportclub. Natürlich würde sie ihn dort besuchen, sich zum Wasserski animieren lassen und … . Da entdeckt Oran, dass Sabine fast nackt unter der Decke ist, nimmt sie in den Arm und schmiegt sich zärtlich an ihren Körper. Sabine denkt blitzartig an die Mitbewohner der Wohngemeinschaft, ihren Job und Orans Freundin, aber spürt zugleich die Wärme seines Atems an ihrem Hals und die Lust in ihrem Körper – sie möchte am liebsten nur noch genießen.

Wenn jedem in der Klasse nun die Situation deutlich ist und keine Informationen mehr benötigt werden, werden im gleichen Raum Kleingruppen gebildet. Deren Mitglieder setzen sich kreisförmig zueinander und werden anschließend vom Übungsleiter/der Übungsleiterin mit kleinen Aufgaben animiert, sich genauer in die Situation hineinzuversetzen.

Nach einer kleinen Konzentrationsübung werden alle gebeten, sich in Orans Person hineinzuversetzen und mithilfe von Ich-Aussagen all das zu formulieren, was in dem Moment in dem jungen Mann vorgeht, als er Sabine in den Arm nimmt.

In einer zweiten Runde versetzen sich alle in Sabine und äußern ihre Assoziationen ebenfalls in der Ich-Form.

Da solche persönlichen Äußerungen – auch, wenn sie nicht die eigene Person betreffen – ungewohnt sind, sollte dieser Teil der Übung ziemlich strikt moderiert werden. Das heißt, die Gruppen muss deutlich an eine ernsthafte Befolgung des Auftrags erinnert werden.

In einer dritten Runde bleibt jede/-r bei sich selbst und formuliert, wie er bzw. sie sich in dieser Situation an Sabines Stelle verhalten würde. Sollten im anschließenden Gespräch noch andere Personen ins Spiel kommen, etwa eine Kollegin, die von dem Geschehnis erfahren hat oder einer der zwei anderen Jungen der Wohngemeinschaft, kann die Identifikationsrunde noch einmal durchgeführt werden.

Fragen für die Auswertung:

- Wie gelang die Einfühlung?
- Welche unterschiedlichen Reaktionsmöglichkeiten wurden deutlich?
- Unter welchen Voraussetzungen wurden jeweils welche Lösungen gewählt?
- Gibt es bei der Einschätzung der Situation und bei den Vorschlägen zu deren Bewältigung Unterschiede zwischen Männern und Frauen?

Erziehende sollten auch mit ihrem sexuellen Selbst bewusst umgehen

Die bisherigen Ausführungen haben schon deutlich gemacht, dass die sexuelle Selbstreflexion eine notwendige Voraussetzung für sexualpädagogisches Handeln ist. Die eigene Lebensgeschichte bietet einen Erfahrungsfundus, der die Arbeit mit Kindern und Jugendlichen und die didaktische Reflexion dazu bereichern kann. Gemeint ist die Bewusstmachung der eigenen Körper-, Bedürfnis-, Beziehungs- und Geschlechtsbiografie und das Nachdenken über die Motivation zur sexualpädagogischen Arbeit. Stärker als bei anderen Themen, die weniger emotional beladen sind, neigen Erziehende dazu, ihre eigenen Erfahrungen und daraus erwachsenen Vorstellungen von Sexualität und vor allem von Sexualmoral unbedacht auf Kinder und Jugendliche zu übertragen. Die Reflexion der persönlichen Biografie kann dazu beitragen, andere in ihren Einstellungen und Handlungen unvoreingenommener wahrzunehmen, sich in andere Lebenswelten einzufühlen, sprachfähiger zu werden, das eigene Handeln von außen zu betrachten und gegebenenfalls zu verändern. Während der Biografiearbeit kann deutlich werden, nach welchen Leitwerten das persönliche Denken und Handeln ausgerichtet ist und welche Konsequenzen das eigene Familienleben und die persönliche Erziehungsgeschichte für das heutige Einstellungssystem hat. Vom eigenen Standpunkt hängt z. B. ab, wie viel Privatsphäre den Angehörigen einer Wohngruppe zugestanden wird, ob Doktorspiele als notwendig oder gefährlich angesehen werden, ob Menschen mit einer geistigen Behinderung Elternschaft zugestanden wird, ob und wie schon mit Kindern über Pornografie geredet werden soll und wie ernsthaft der Einsatz für die sexuelle Selbstbestimmung für Schwule und Lesben tatsächlich betrieben wird. Es gibt also genügend Argumente für die Auseinandersetzung mit dem eigenen sexuellen Selbst.

Trotz der öffentlichen medialen Geschwätzigkeit zur Sexualität scheuen sich andererseits aber auch junge Menschen oft, über eigene sexuelle Erfahrungen zu reden. Hinzu kommt die Vorsicht, sich im Ausbildungszusammenhang über persönliche Themen auszutauschen, immerhin können gruppendynamische Konkurrenzsituationen und der Kampf um gute Noten zu strategischem Verhalten verführen. Das Arbeiten zur eigenen Person muss also sorgfältig vorbereitet und auf die konkrete Ausbildungssituation bezogen werden.

- Es kann hilfreich sein, die oben schon beschriebenen Anregungen über den Umgang mit sexualpädagogischen Methoden auf die eigene Lernsituation anzuwenden und mithilfe eines metakommunikativen Gesprächs über die eigenen Voraussetzungen nachzudenken.
- Niemand darf – auch nicht durch moralischen Zwang – genötigt werden, etwas über sich persönlich zu offenbaren, was er oder sie eigentlich lieber für sich behalten möchte. So sollte etwa eine Lehrereräußerung wie „Du willst doch Erzieher/-in werden, dann musst du auch über dich selbst reden können" kritisch diskutiert werden.
- Es kann aber mithilfe vertrauensbildender Maßnahmen und mit glaubhafter wechselseitiger Akzeptanz dafür geworben werden, dass sich die Schüler/-innen über ihre Biografien und die darin gewachsenen eigenen Werte und Normen austauschen.
- Es sollten Vereinbarungen darüber getroffen werden, dass jede/-r aus dem Gespräch aussteigen kann, wenn es ihm oder ihr „zu heiß", also zu persönlich, wird.
- Meist ist hilfreich, sehr vorsichtig anzufangen, z. B. damit, dass jede/-r die unten stehenden Fragen erst für sich reflektiert und beantwortet, bevor diese mit einer anderen Person des Vertrauens besprochen werden.
- In einer nächstgrößeren Gruppe müssen nicht mehr die ganz konkreten Erfahrungen mitgeteilt, sondern die Erkenntnisse ausgetauscht werden, die man in der Paarsituation gemeinsam daraus gezogen hat. Auf diese Weise kann gelernt werden, situationsspezifisch selektiv authentisch zu sein – eine wichtige Erfahrung, die für die spätere sexualpädagogische Arbeit mit Kindern oder Jugendlichen von Bedeutung ist.

Die folgenden Fragen sind als Anregung zur Auseinandersetzung mit der eigenen Person gedacht: Berücksichtigen Sie bei der Arbeit mit den folgenden Fragen die oben genannten Kriterien.

Reflexionsfragen

Biografie

- *Welche Erinnerungen haben Sie an Doktorspiele und andere sexuelle Entdeckungsreisen?*
- *Wie haben Ihre Eltern an Ihrer sexuellen Entwicklung teilgenommen?*
- *Wer hat Sie mit Informationen versorgt und wie hilfreich war diese Aufklärung?*
- *Wer oder was hat Sie in Ihren sexuellen Erfahrungen behindert?*
- *Welche „ersten Male" kennen Sie (Küssen, Petting, Geschlechtsverkehr)?*
- *Welche Erinnerung haben Sie an Ihre erste große Liebe?*
- *Haben Sie schon einmal Angst gehabt, ungewollt schwanger zu sein?*
- *Was ist Ihnen an Ihrer Weiblichkeit/Männlichkeit am wichtigsten?*

Normen und Werte

- *Was sind sexuelle Werte und Normen für Sie?*
- *Welche Normen und Werte haben Ihre Eltern und andere wichtige Bezugspersonen vertreten und welche haben Sie übernommen, welche nicht?*
- *Lassen sich Liebe und Sexualität trennen?*
- *Sollte man seinem festen Partner/seiner festen Partnerin einen Seitensprung immer erzählen?*
- *Sind Lesben, Schwule und Heterosexuelle gleichberechtigt, sollten sie es sein?*
- *Was halten Sie von der These, dass alle Menschen eigentlich bisexuell seien?*
- *Wie ist die deutsche Sexualkultur allgemein und insbesondere die der Jugendlichen zu beschreiben?*
- *Welchen Einfluss hat Religion auf das Sexualleben von Jugendlichen und Erwachsenen heute?*
- *Sollen Jugendliche vor Pornografie geschützt werden?*
- *Was ist pervers?*

Sprache

- *Welche zehn Worte werden rund um das Thema „Sexualität" in Ihrem Alltag am meisten verwendet?*
- *Worüber wurde in Ihrer Familie gesprochen, worüber nicht?*
- *Reden Frauen und Männer, Jungen und Mädchen anders über Sexualität?*
- *In welcher sexuellen Situation haben Sie sich schon mal sprachlos erlebt?*
- *Erinnern Sie sich an Situationen, in denen Sie Sexualität zerredet haben?*
- *Wann ist Sprache erotisch, anstößig oder pornografisch?*

Körperlichkeit

- *Welche Rolle spielt Ihr Körper in Ihrem Leben?*
- *Wie wurde in Ihrer Familie mit Körperlichkeit und Nacktheit umgegangen?*
- *Wie haben Sie körperliche Veränderungen in Ihrer bisherigen sexuellen Entwicklung erlebt?*
- *Welche Erinnerung haben Sie an Ihre erste Menstruation bzw. Ihren ersten Samenerguss?*
- *Sind Sie in Ihrem Körper „zu Hause"?*
- *Vergleichen Sie sich körperlich mit anderen?*

1.9 Institutionelle und rechtliche Rahmenbedingungen

Über den Umgang mit institutionellen Barrieren

Zur genaueren Bestimmung der Handlungssituationen ist es unumgänglich, den institutionellen Rahmen der sexualpädagogischen Arbeit genauer zu betrachten. Jeder weiß, dass solche Rahmenbedingungen wirken, und doch beschäftigen sich die wenigsten genauer mit ihnen, viele begnügen sich mit pauschalen Vorurteilen. Vom konservativen Träger oder den engen Rechtsbestimmungen ist dann die Rede, vom Desinteresse oder den heterogenen Meinungen im Team. Das gilt tatsächlich unabhängig vom tatsächlichen Organisationsgrad der jeweiligen Einrichtung. In der Regel hat jeder Erzieher/-innen-Typ seine „institutionelle Verhinderungslegende" erlebt. In der Schule wird gern auf den vollgepackten Lehrplan verwiesen, in der konfessionellen Kindertagestätte auf die religiös dogmatischen Eltern, in der stationären Jugendhilfe gilt die unbewegliche Leitung oder der Vorstand als Hemmnis, Erziehende in kommunalen Jugendzentren verweisen auf die konservative Zusammensetzung des örtlichen Gemeinderats. Je weiter ein institutionelles Gebilde vom Geschehen entfernt ist, umso undifferenzierter ist das Wissen über dessen Wirksamkeit und umso größer wird die Projektionsfläche für eigene Ängste. Daneben gibt es die realen Erfahrungen mit einschränkenden Regelungen, disziplinarischen Drohungen und Nase rümpfenden Tagesstättenleiterinnen. Auch in vermeintlich wenig geregelten Räumen bewirken manchmal sehr subtile Mechanismen, dass Abweichung negativ bewertet und das vermeintlich Normale durchgesetzt wird.

Institutionelle und rechtliche Regelungen können helfen, stützen, entlasten, aber auch erstarren, Kraft rauben und entmündigen. Institutionen werden von Menschen geschaffen und aufrechterhalten. Institutionen können aber auch „auftauen" und verlebendigt werden, Strukturen können sich ändern.

Wodurch geschieht dies?

Die Mythen über die Einrichtung und ihre angeblich objektiven Hinderungsgründe gegen eine sexualpädagogische Arbeit müssen aufgelöst werden. Gerade Sexualpädagogen und -pädagoginnen müssen sozusagen „Mythenjäger" sein. Das klappt vielfach schon ganz gut in Bezug auf Un- oder Halbwahrheiten, die Jugendliche über Sexualität verbreiten, funktioniert aber selten bezogen auf die eigenen Arbeitsbedingungen.

Aufgabe

Welche Mythen außer den oben im Text schon genannten fallen Ihnen noch ein? Sammeln Sie in einem Brainstorming alles, was sexualpädagogische Arbeit behindern kann.

Entsprechend ist das genaue Wahrnehmen und Analysieren des institutionellen Umfelds mit seinen Hilfen und Behinderungen notwendig. Das Herangehen an die Grenze und das Kontaktmachen hilft, Projektionen von realen Beschränkungen zu unterscheiden. Das gilt für die angeblich allzu beengenden Gesetze ebenso wie für vermeintlich immer protestierende Eltern oder einen viel zu konservativen Träger. In jedem Fall ist es wichtig, genauer hinzusehen, ob sich die Voranname bestätigt. Ganz viele Freiräume bleiben unausgefüllt, weil sie einfach übersehen werden.

Aufgabe

Gewichten Sie die im Brainstorming gesammelten Barrieren gemeinsam nach ihrer Bedeutung und sammeln Sie für die drei größten Hindernisse Ideen, wie die jeweiligen Argumente auf ihre reale Existenz und Stichhaltigkeit überprüft werden können.

Die „kleinen Schritte mit Kompass" können erfolgreich sein. Denn nach einer langen Pause auf sexualpädagogischem Gebiet stiftet die große Aktion erst einmal Verwirrung und ruft damit häufig Widerstand auf den Plan. Zu große Schritte überfordern die Initiatorinnen und Initiatoren ebenso wie andere, die sich überfahren fühlen. Berücksichtigt werden sollte allerdings, dass zu kleine Schritte ungeduldig machen können. Wichtig ist hier ein Handeln mit Augenmaß.

Aufgabe

Wählen Sie aus den drei herausgearbeiteten Hindernissen der vorhergehenden Aufgabe eines aus. Planen Sie (möglicherweise in verschiedenen Untergruppen) ein kleines Projekt mit Zielangabe(n), strategischen Zwischenschritten und methodischem Vorgehen, mit dem Sie die Verhältnisse ein wenig „zum Tanzen bringen", damit sich Sexualpädagogik entfalten kann.

Recht und Pädagogik

Die Erörterung rechtlicher Bestimmungen zur Sexualerziehung ist in mehrfacher Hinsicht schwierig und zugleich besonders wichtig. Sie ist schwierig, weil sie das verständliche Bedürfnis nach Eindeutigkeit und „harten" wegweisenden Informationen nur teilweise befriedigen kann. Sie ist besonders wichtig, weil sie der Verminderung von Fehlinformationen und der damit oft verbundenen unnötigen Ängste dient und zugleich die tatsächlichen Grenzen moderner Sexualerziehung aufzeigt.

Viele falsche Vorstellungen über die juristischen Rahmenbedingungen nähren sich noch aus den alten Bestimmungen über die Strafen für „Verbrechen und Vergehen wider die Sittlichkeit", die vor der Strafrechtsreform von 1973 Gültigkeit besaßen. Damals stand die Bestrafung bei der Verletzung von Moralvorstellungen im Vordergrund, während das zurzeit gültige Gesetz unter der Überschrift „Straftaten gegen die sexuelle Selbstbestimmung" die ungestörte sexuelle Entwicklung von Kindern und Jugendlichen fördern möchte. Viele Mythen über alte Strafrechtsbestimmungen führen noch immer zu einer diffusen Abwehr jeglicher Sexualerziehung. Zur Abschreckung dient noch immer die viel geäußerte Meinung, der sexualpädagogisch Tätige stünde immer „mit einem Bein im Gefängnis". Selbst wenn diese irrationale Position nicht mehr durchgängig eingenommen wird, so existiert noch weitgehend das Bedürfnis, alle sexualpädagogischen Überlegungen an engen Auslegungen der vorhandenen rechtlichen Vorschriften zu orientieren, um in jedem Fall „auf Nummer sicher" zu gehen. Eine solche Position reduziert jede sexualpädagogische Arbeit auf das meist nicht näher bestimmte „allgemeine Volksempfinden" und das konservative Ende einer angeblich unklaren Gesetzlichkeit.

Sinnvoller ist es, zunächst die sexualpädagogischen Vorstellungen zu entwickeln und dann die rechtlichen Bestimmungen daraufhin abzuklopfen, ob sie die pädagogische Konzeption stützen oder ihr Grenzen setzen – und wenn ja, wo diese denn liegen. Es gilt, einen eigenen Standpunkt zu finden und von da aus mit Gesetzlichkeiten umzugehen. Der Gesetzgeber regelt z. B. ganz bewusst nicht alles, und viele Bestimmungen lassen einen breiten Handlungsspielraum für die sexualpädagogische Arbeit, ohne den Kinder und Jugendliche kaum in ihre auch sexuelle Mündigkeit hineinwachsen könnten. Was ihnen selbst und den Erziehenden innerhalb der pädagogischen Einrichtungen zugestanden wird, ist weitgehend altersabhängig. Die rechtlichen Bestimmungen sind geleitet von dem Bemühen, einerseits Erfahrungen von Kindern und Jugendlichen zu ermöglichen, sie andererseits vor Ausnutzung und Gewalterfahrungen zu bewahren.

Das sogenannte Restrisiko, das angesichts der rechtlichen Spielräume und der immer komplexer werdenden Erziehungswirklichkeit nicht immer auszuschließen ist, muss im Rahmen eines sexualpädagogischen Konzepts benannt und kann durch eine Absicherung beim Träger der Einrichtung, vor allem auch bei den Personsorgeberechtigten, verringert werden. Hier kommt in der Tat eine positiv-entlastende Aufgabe der Fach- und Dienstaufsicht ins Spiel, die sich ihrerseits mit den juristischen Rahmenbedingungen und den Aufgaben einer modernen Sexualerziehung auseinanderzusetzen hat.

Während die Schule, auch schon die Grundschule, einen gesetzlichen Auftrag zur eigenständigen sexuellen Bildung wahrnehmen kann, der sich auch nicht auf die Vermittlung biologischer Fakten beschränkt, sind die Mitarbeiter/-innen der Jugendhilfe stärker vom Willen, d. h. auch vom sexualpädagogischen Kenntnis- und Bewusstseinsstand der Personsorgeberechtigten abhängig. Auf der anderen Seite kann als positiver Umstand angeführt werden, dass Träger der Jugendhilfe durch die Möglichkeit ihrer weltanschaulichen Parteilichkeit sogar eher das Vertrauen der Eltern besitzen als die staatliche Schule. Daher kann leichter von einer Übereinstimmung der sexualpädagogischen Vorstellungen zwischen Eltern und der jeweiligen Einrichtung ausgegangen werden. Auch bei dieser Dimension von Sexualpädagogik, den Zielen, Inhalten und Handlungsformen, spielt die Abstimmung der sexualpädagogischen Arbeit mit dem jeweiligen Träger eine große Rolle. Der sollte seinerseits die sexualethischen Orientierungen seiner Gesamtkonzeption mit den Angehörigen seiner gesellschaftlichen Basis abstimmen.

Rechtliche Bestimmungen ändern sich. Es ist daher wichtig, sich auf dem Laufenden zu halten.

Im Rahmen dieses Lehrbuchs zur Sexualerziehung kann nicht ausführlich auf alle rechtlichen Aspekte sexualerzieherischen Handelns eingegangen werden, zumal sich im Zusammenhang der rasanten gesellschaftlichen Entwicklung in diesem Bereich und der aktuellen Pornografie- und Missbrauchsdiskussionen Veränderungen im Kinder- und Jugendrecht andeuten. In Abwandlung der üblichen Formulierung auf den Beipackzetteln für Medikamente wird deshalb geraten:

> ***„Über die positiven Möglichkeiten und problematischen Nebenwirkungen ihrer Sexualerziehung fragen Sie Ihre Rechtskundelehrkraft oder – soweit Sie bereits praktisch tätig sind – die Dienst- und Fachaufsicht ihrer Einrichtung."***

Literaturhinweis

Sinnvoll ist es aber sicher auch, hier spezielle Literatur zurate zu ziehen, z. B.:

Barabas, Friedrich K.: Sexualität und Recht. Ein Leitfaden für Sozialarbeiter, Pädagoginnen, Juristen, Jugendliche und Eltern, Frankfurt am Main: Fachhochschulverlag, 2006.

1.10 Erziehungspartnerschaft mit den Eltern

Rechtliche und bildungspolitische Vorgaben

Dass pädagogisch Tätige die Eltern der Jugendlichen in ihre Überlegungen mit einbeziehen müssen, ist zunächst einmal eine juristische Notwendigkeit, die in einzelnen Arbeitfeldern faktisch unterschiedliche Bedeutung hat. Das derzeitige Elternrecht gibt den Erziehungsberechtigten bei der Erziehung der Kinder den Vorrang, sodass Pädagoginnen und Pädagogen in jedem Fall, besonders in der Sexualerziehung, den Willen der Eltern berücksichtigen müssen.

Für die Schule ist dies seit 1977 verfassungsrechtlich geregelt. Damals erging ein Urteil des Bundesverfassungsgerichts, welches betonte, dass die Sexualerziehung ein „natürliches" Erziehungsrecht der Eltern sei, es darüber hinaus aber auch ein „staatliches" Recht für schulische Sexualerziehung gäbe. Und dass die Eltern zwar über die Sexualerziehung in der Schule zu informieren seien, sie aber nicht über die Inhalte mitbestimmen könnten.

Inzwischen haben alle Bundesländer in den Lehrplänen der für Sexualerziehung relevanten Fächer oder sogar in spezifischen Richtlinien den Schulen einen sehr umfangreichen Sexualerziehungsauftrag erteilt. Dieser geht deutlich über die Vermittlung biologischer Fakten hinaus.

Seit 1990 existiert mit dem SGB (Sozialgesetzgebungsbuch) VIII auch für Kindertagestätten ein Bildungsauftrag:

> § 1. In Kindergärten, Horten und anderen Einrichtungen, in denen sich Kinder für einen Teil des Tages oder ganztags aufhalten (Tageseinrichtungen), soll die Entwicklung des Kindes zu einer eigenverantwortlichen und gemeinschaftsfähigen Person gefördert werden.
>
> 2. Die Aufgabe umfasst Betreuung, Bildung und Erziehung des Kindes. Das Leistungsangebot soll sich pädagogisch und organisatorisch an den Bedürfnissen der Kinder und ihrer Familien orientieren.
>
> 3. Bei der Wahrnehmung ihrer Aufgaben sollen die in den Einrichtungen tätigen Fachkräfte und die anderen Mitarbeiter mit den Erziehungsberechtigten zum Wohl der Kinder zusammenarbeiten. Die Erziehungsberechtigten sind an den Entscheidungen in wesentlichen Angelegenheiten der Tageseinrichtung zu beteiligen.

Alle weiteren Definitionen des Bildungsauftrags darüber hinaus und die Frage seiner Umsetzung in die Kita-Praxis hat der Gesetzgeber gemäß der föderalen Arbeitsteilung den Bundesländern überlassen. In den Bildungsplänen aller Bundesländer sind genügend Anknüpfungspunkte für eine sexualfreundliche Erziehung enthalten, sodass Erzieherinnen und Erzieher ihre sexualpädagogische Arbeit mit diesen Vorgaben legitimieren können. Im Vordergrund steht das Wohl des Kindes. Personensorgeberechtigte und Kindertagesstätte sind verpflichtet, eine Erziehungspartnerschaft einzugehen, um das Kindeswohl auch im Hinblick auf die sexuelle Entwicklung zu garantieren.

Möglichkeiten der Elternarbeit

Faktisch sieht das Elterninteresse an einer Mitsprache bei der sexuellen Erziehung ihrer Kinder aber sehr unterschiedlich aus und ist deutlich vom Alter abhängig. In Kindertagesstätten ist der Elternkontakt wesentlich intensiver als in der Grundschule oder in Jugendeinrichtungen. Generell berichten Grundschullehrende z. B., dass Eltern zugeben, mit den vielen potenziellen Einflüssen auf die sexuelle Sozialisation ihrer Kinder überfordert zu sein. Sie wünschen sich manchmal explizit, oft aber auch nur durch das eigene „Heraushalten", dass die Schule einen größeren Part übernimmt. Das ist Ausdruck einer generellen Tendenz in der Elternschaft, den öffentlichen Instanzen mehr Erziehungskompetenz zur Sexualerziehung einzuräumen.

Zwar kommt es immer noch vor, dass sich Eltern gegen Sexualerziehung in Kindertagesstätte und Schule wenden und darauf pochen, die sexuelle Erziehung ihrer Kinder allein zu gestalten, in der Regel sind die meisten aber froh, von dieser komplexer werdenden Aufgabe entlastet zu werden.

Es wäre sexualpädagogisch jedoch zu kurzsichtig gedacht, Elternkontakt allein unter juristischen, politischen oder angesichts des momentanen Interesses der Personensorgeberechtigten zu betrachten. Zum einen ist der Elternwille und das Elterninteresse keine unveränderbare Konstante, zum anderen wird eine langfristig angelegte sexualpädagogische Arbeit nicht losgelöst vom sozialen und familiären Hintergrund sowie den wichtigsten Bezugspersonen der Kinder und Jugendlichen sinnvoll betrieben. Von daher lässt sich die Notwendigkeit der Elternarbeit vielfältig begründen. Hier sind jene pädagogischen Einrichtungen im Vorteil, die den Kontakt zu Eltern und anderen Bezugspersonen selbstverständlich im Blick haben. Das gilt für Kindertagesstätten wie auch für manche Jugendverbände, für Familienbildungsstätten, aber auch für die sozialraumorientierte Ganztagsschule oder für die pädagogische Arbeit in Kirchengemeinden.

Nicht nur am Elternabend sollte ein Kontakt zu den Eltern bestehen.

Es geht darum, insbesondere die Eltern unter Berücksichtigung ihrer bisherigen Erfahrungen und Lebenszusammenhänge in feinfühliger und wenig provozierender Weise mit der Bedeutung von Sexualerziehung zu konfrontieren, ohne dabei übertrieben hochgesteckte Erwartungen zu haben. Selten lässt sich durch solche Kontakte die Position der Eltern verändern. Was jedoch erreicht werden kann, ist der Abbau von wechselseitigen Stereotypen, die vorwiegend auf Informationsmängeln beruhen sowie eine genauere Einschätzung des jeweiligen Gegenübers der Erziehungspartnerschaft. Zusammenarbeit mit Kindern bzw. Jugendlichen und ihren Eltern ist schwierig, kann aber für alle Beteiligte besonders spannend und anregend sein. Wo immer es geht, sollten Erziehende sich um eine solche Kooperation bemühen, möglichst unter Berücksichtigung von sexualpädagogischem Sachverstand spezifischer Fachorganisationen wie z. B. Aktion Kinder- und Jugendschutz, Pro Familia, Sozialdienst katholischer Frauen oder auch den vielen Initiativen, die sich insbesondere mit der Prävention sexueller Gewalt beschäftigen.

Aufgabe

Diskutieren Sie in Kleingruppen auf dem Hintergrund der bisherigen Informationen über folgende Elternfragen, Aussagen und Bedenken, die immer wieder geäußert werden:

1. *Wer oder was gibt Ihnen eigentlich das Recht, sich in die Sexualerziehung unserer Kinder einzumischen?*
2. *Für die Schule gilt doch, dass nur Fakten vermittelt werden sollen und die wirkliche, wertebezogene Sexualerziehung den Eltern überlassen bleibt, oder?*
3. *Wodurch wollen Sie denn sicherstellen, dass Sie meinem Kind nicht einfach Ihre eigene Meinung zur Sexualität vermitteln?*
4. *Wo kann ich mich denn noch zur Sexualerziehung beraten lassen, wenn ich mich nicht ausschließlich auf Sie als Erzieher/-in verlassen möchte?*
5. *Mit Sexualerziehung will ich eigentlich gar nichts zu tun haben. Machen Sie das mal!*

2 Sexualerziehung in Kindertagesstätten

2.1 Kinder sind sexuelle Wesen von Anfang an

Aufgabe

Vervollständigen Sie in Einzelarbeit die folgenden Sätze und tauschen Sie sich anschließend in kleinen Gruppen aus. Stellen Sie dann die wichtigsten Gruppenergebnisse im Plenum vor:
- *Sexuelle Bedürfnisse von Kindern sind …*
- *Die sexuelle Entwicklung beginnt mit …*
- *Kindliche Lust ist …*
- *Unterschiede zwischen Mädchen und Jungen sind …*
- *Wenn Kinder sich selbst befriedigen …*
- *Wenn Kinder Doktorspiele machen …*
- *Kinder schämen sich manchmal, weil …*

Kinder kommen als sexuelle Wesen auf die Welt. Doch die sexuelle Entwicklung beginnt bereits vor der Geburt. So haben die Ängste wie die Freude der Mutter im Umgang mit dem eigenen Körper und der eigenen Sexualität Einfluss auf die Angstbereitschaft bzw. die sexuelle Vitalität des Kindes. Die Geburt selbst ist für den Säugling eine wichtige Erfahrung mit allen Sinnen.

„Ein Wechselbad von Körpererfahrungen und Gefühlen, ein abrupter Wechsel vom geschützten und geborgenen Leben in der Gebärmutter hin zur größeren Eigenständigkeit außerhalb des mütterlichen Körpers kann mit der Vertreibung aus dem Paradies verglichen werden. So bleibt bis ins hohe Alter eine bleibende Sehnsucht nach Geborgenheit und verlässlicher Liebe wach.“
(Wanzeck-Sielert, 2008, S. 363)

Kinder suchen Kontakt, Wärme, Zärtlichkeit, Geborgenheit und probieren aus, wie sich Umarmungen, Küsse und Berührungen anfühlen. Dies zeigt sich in der Vielfalt der Ausdrucksmöglichkeiten kindlicher Sexualität:
- Lust: Sauglust (Brust, Daumen), Berührungslust (auch an den Geschlechtsteilen),
- Zärtlichkeit: Hautkontakt, schmusen, kuscheln, küssen, gehalten werden,
- Sinnlichkeit: tasten, schmecken, sehen, hören, riechen, fühlen, denken,
- Geborgenheit: geschützt einschlafen, ankuscheln,
- Schwärmerei: für die Eltern, die Erzieherin/den Erzieher.

Bei Kindern liegen diese Ausdrucksformen alle eng beieinander und es gibt keine Trennung zwischen Zärtlichkeit, Sinnlichkeit und körperlicher Lust. Kinder lieben in diesem Sinne ganzheitlich und ganzkörperlich. Ihre Sexualität ist keinesfalls mit der der Erwachsenen gleichzusetzen, sondern in einem viel umfassenderen Sinn zu verstehen. Kinder leben ihre Sexualität egozentrisch, d.h. auf sich selbst bezogen. Sie ist gekennzeichnet durch Unbefangenheit, Spontaneität, Neugier und Entdeckungslust – verknüpft mit der Suche nach immer neuem Lustgewinn mit allen Sinnen. Diese Entdeckungslust ist nicht zielgerichtet und beziehungsorientiert, sondern auf den eigenen Körper bezogen. Genitale Stimulation, sexuelle Erregung, Erektion und Orgasmus stehen neben und im Zusammenhang mit einem Spürbewusstsein nach Sich-Wohlfühlen auf körperlicher, emotionaler und sozialer Ebene.

Auch wenn dies für Erwachsene ebenso gilt, ist kindliche Sexualität von der Sexualität Erwachsener zu unterscheiden. Kinder haben noch nicht wie Erwachsene die Bedeutungszusammenhänge und sexuellen Skripte aus der sie umgebenden normativen Kultur verinnerlicht. Kindliche Sexualität dient nicht der Fortpflanzung und kindliche Selbstbefriedigung ist nicht in dem Maße mit sexuellen Erfahrungen und Mustern verknüpft, wie sie bei Erwachsenen in Fantasien auftauchen. Freud spricht vom „polymorph perversen" Charakter. Das klingt heute eigenartig, aber gemeint ist damit, dass Kinder ganzkörperlich Lust erleben, eben vielfältig, noch nicht so stark genital orientiert wie Jugendliche und Erwachsene, und pervers (= verdreht) gegenüber dem zu Freuds Zeit noch dominierendem Gebot, Sexualität nur zur Fortpflanzung zu praktizieren. Diese Vielfalt und die autoerotische Dimension kindlicher Sexualität bestimmen den Unterschied zwischen kindlichem und erwachsenem Verhalten.

Aufgabe

Diskutieren Sie die egozentrische und noch wenig beziehungsbezogene Dimension kindlicher Sexualität. Sammeln Sie Beispiele.

Kindliche Sexualität ist von der Sexualität Erwachsener zu unterscheiden. Kinder leben ihre Sexualität egozentrisch, d.h. auf sich selbst bezogen, ohne bewusste Beziehungsabsicht.

Sexualität hat für alle Lebensalter eine große Bedeutung für das seelische Gleichgewicht. Sie kann das Selbstwertgefühl stärken, Lebensfreude geben und Freude am Körper, an Geborgenheit und Harmonie vermitteln, ebenso aber auch Scham und Selbstzweifel nähren oder Enttäuschung und Angst zur Folge haben. Den selbstbestimmten und bewussten Umgang mit sich und ihrer Sexualität müssen Kinder erst lernen, dazu gehören auch die zunächst noch ungerichteten Möglichkeiten des eigensinnigen Ausdrucks in der Auseinandersetzung mit ihrer Umwelt.

Sexuelle Erfahrungen sind für ein selbstbestimmtes und glückliches Leben von Kindern bedeutsam. Dabei kommt die gesamte Persönlichkeitsentwicklung in den Blick, wobei folgende Sinnaspekte von Sexualität eine Rolle spielen:

- Der **Beziehungsaspekt** meint das Geben und Nehmen von Geborgenheit im Austausch mit anderen, Zärtlichkeit und sinnlichen Hautkontakt. Das Kind fühlt und erlebt, wer ihm wichtig ist und wem es selbst wichtig ist.
- Der **Selbstwertaspekt** meint, sich als Mädchen und Jungen als wichtig zu erfahren, ein Selbstwertgefühl zu entwickeln, sich selbst – auch den eigenen Körper – zu beachten und zu lieben. Die Neugier auf den eigenen Körper und das Erfahren der eigenen Geschlechtszugehörigkeit sind wichtige Voraussetzungen für eine positive Identitätsentwicklung.

- Der **Lustaspekt** meint die Lust am eigenen Körper (Spannung und Entspannung). Den Körper zu spüren oder sich selbst zu streicheln, ist eine wichtige Voraussetzung für Lebenslust und dafür, später auch anderen Lust zu bereiten. Das Berühren und Manipulieren der eigenen Genitalien oder das Saugen an der Mutterbrust wird von Kindern als angenehm erfahren.
- Der **Fruchtbarkeitsaspekt** meint zunächst die Bedeutung von Sexualität als Kraftquelle und Lebensfreude und später (zusätzlich) die Möglichkeit der Fortpflanzung.

Die sexuelle Entwicklung von Kindern im engeren Sinne, also das dezidierte Erleben von Lust- und Erotik, ist von der körperlichen und seelischen Entwicklung zwar nicht zu trennen, steht aber auch nicht am Anfang.

„Sexuelle Entwicklung und sexuelle Sozialisation vollziehen sich weitgehend und in erster Linie in nichtsexuellen Bereichen, also durch Erlebnisse und Erfahrungen, die im eigentlichen oder engeren Sinne nicht sexuelle sind."
(Schmidt, 2005, S. 123)

Diese nicht-sexuellen Erfahrungsbereiche bestehen aus der Bedürfnis-, Körper-, Beziehungs- und Geschlechtsgeschichte eines jeden Kindes von früh an. **Bedürfnisgeschichte** meint die individuelle Geschichte eines Menschen im Umgang mit seinen Bedürfnissen und Wünschen. Die Bedürfnisgeschichte schließt alle Erfahrungen mit der Befriedigung grundlegender körperlicher, seelischer und sozialer Wünsche ein. Konnten sie Raum einnehmen oder wurden sie „gedeckelt"? Konnten sie sich grenzenlos ausdehnen oder erfuhren sie eine Begrenzung an den Bedürfnissen anderer? Das daraus Gelernte ist später auch im Sexualverhalten beobachtbar. Körper und Sinne gehören zur Sexualität und so spiegeln sich die individuellen Körper- und Sinneserfahrungen eines Menschen in seiner **Körpergeschichte** wider. Durfte der Körper als „mein eigen", als Basis meiner Identität erfahren werden oder nur als ein „Instrument" für wie auch immer geartete Wünsche meiner Umgebung? Wurde er als Ganzes umsorgt und für gut befunden oder wurden die Genitalien bei dieser positiven Bewertung ausgeklammert? Auch die individuelle **Beziehungsgeschichte** gehört von früh an dazu. Dabei geht es – zunächst ganz „unsexuell" – um Zuwendung, Vertrauen, Zutrauen, Verlässlichkeit und Autonomiegewinn. Als Frau und Mann leben wir auch unsere Sexualität in zwar individueller, aber dennoch an das Geschlecht gebundener Weise, und so spielen die individuellen Erfahrungen im Umgang mit Weiblichkeit und Männlichkeit generell von Anfang an eine zentrale Rolle. Diese individuelle Geschichte als Mädchen und Junge schlägt sich in der **Geschlechtsgeschichte** nieder. Diese vier zentralen „Erfahrungsbereiche beeinflussen die sexuelle und persönliche Entwicklung eines Menschen, sie prägen seine Sexualität und seinen Charakter" (Schmidt, 2005, S. 124) und bleiben in der gesamten Biografie in unterschiedlichen Schattierungen relevant.

Sexuelle Entwicklung und sexuelle Sozialisation vollziehen sich weitgehend und in erster Linie in nicht-sexuellen Bereichen: in der Körper-, Bedürfnis-, Beziehungs- und Geschlechtsgeschichte eines Menschen.

2.2 Die psychosexuelle und psychosoziale Entwicklung

Frühe Kindheit

Die psychosexuelle und psychosoziale Entwicklung von Kindern hängt eng zusammen. So hat Sigmund Freud im Jahr 1905 die sexuelle Entwicklung von Kindern in einem Phasenmodell beschrieben, in dem jedes einzelne Stadium von der Wechselwirkung zwischen „Innen und Außen" geprägt wird (vgl. Freud, 1989). Und hinzu kommt noch: Die in der jeweiligen Phase erlebten sexuellen Lust- und Befriedigungsmodalitäten bleiben auch im Erwachsenenalter mit unterschiedlicher Bedeutung und Intensität erhalten.

Der Entwicklungspsychologe Erik Erikson hat diese psychoanalytische Sichtweise noch stärker um soziale Aspekte erweitert und die Entwicklung der Identität in acht aufeinanderfolgende Phasen bzw. Krisen ins Zentrum seiner Überlegungen gestellt (vgl. Erikson, 1973). Dabei wird deutlich, dass je nach Alter bestimmte Aspekte von Identität bearbeitet werden müssen und mit spezifischen Entwicklungsaufgaben verbunden sind. Die Beschäftigung mit der eigenen Identität ist ein lebenslanges Thema mit unterschiedlicher Bedeutung und Intensität.

1. Lebensjahr: Orale Phase – Vertrauen versus Misstrauen

Der Körper spielt von Geburt an eine wichtige Rolle. Säuglinge erforschen ihren Körper und machen dabei lustvolle Erfahrungen. Der Mund kann als Lustorgan des Säuglings im ersten Lebensjahr angesehen werden. Mit dem Mund entdeckt er die „Welt". Säuglinge erleben das Saugen an der Mutterbrust oder an der Flasche als lustvoll. In Verbindung mit Körper- und Hautkontakt zur Mutter erlebt das Baby eine intensive Nähe. Sein Wohlgefühl drückt der Säugling mit dem ganzen Körper aus, indem er strampelt und die Mutter anlächelt. Mit dem Mund lernt der Säugling die Umwelt kennen. Er nimmt Gegenstände wie z. B. Schnuller, Spielzeug, Tücher sowie die eigenen Finger und Zehen in den Mund, nicht nur zum Erforschen, sondern auch einfach zum Wohlfühlen und zur Befriedigung von Lust.

Säuglinge genießen vor allem das Nacktsein und die Berührungen beim Baden. Besonders beim Wickeln und Waschen des Säuglings bleibt es nicht aus, dass die Eltern auch die Geschlechtsorgane berühren. Wie die Eltern reagieren, registrieren die Kinder genau. Sie nehmen die positiven oder negativen Einstellungen der Mutter oder des Vaters beim Berühren unbewusst wahr. Dies beeinflusst ihre Sexualität bzw. ihr sexuelles Körperbewusstsein.

Die Erfahrungen von „Hautlust" sind im ersten Lebensjahr zentral.

„Das Verständnis des oralen Stadiums, das auf der Saugtätigkeit beruht, sollte um den Aspekt des Körperkontakts zwischen Mutter und Kind erweitert werden, das heißt der Brust-Mund-Beziehung sollte die Brust-Haut-Beziehung hinzugefügt werden."
(Anzieu, 1992, S. 23 f.)

Die Haut ist nicht nur das wichtigste und größtes Sinnesorgan des Menschen, sie stellt vielmehr auch eine erogene Zone dar. In der Suche nach Haut- und Körperkontakt und in der Interaktion zwischen Mutter oder anderen wichtigen Bezugspersonen und dem

Kind bildet sich durch Spiel, Körperpflege, Streicheln und Gewiegtwerden die Erregbarkeit. Dieses Lust- und Befriedigungserleben kann als elementarste Form angesehen werden und stellt einen wesentlichen Faktor in der affektiven, kognitiven und sozialen Entwicklung dar. Über die Haut nimmt das Kind Liebe, Angenommensein, Zärtlichkeit, Geborgenheit und Liebkosungen auf. In einer solchen Atmosphäre des Angenommenseins kann das Kind ein „Urvertrauen" entwickeln. Jedoch werden auch Ablehnung, Ekel und Angst vom Kind über die Haut aufgenommen, Gefühle, die Auswirkungen auf die weitere psychische Entwicklung haben.

In dieser Phase erfährt das Kind auch, dass seine Bedürfnisse im Kontakt mit der Mutter nicht ständig befriedigt werden können. Es erlebt, dass die Mutter nicht immer verfügbar ist bzw. Bedürfnisse auch zurückweist. Das Abstillen und der gelegentliche Verlust von Hautkontakt ist für das Kind eine große Herausforderung und „Krise". Diesen Prozess zu meistern, ist lebensnotwendig, denn es geht darum, Vertrauen in sich selbst zu gewinnen und angesichts bekannter und fremder Personen den adäquaten Umgang mit Misstrauen und Vertrauen mit der der dafür notwendigen Vorsicht bewältigen zu können. Dabei sind die wechselseitigen, aufeinander bezogenen Austauschprozesse zwischen Säugling und Bezugspersonen von Bedeutung.

2. Lebensjahr: Anale Phase – Autonomie versus Scham

Die Lustquelle des Kindes ist jetzt nicht mehr der Mund, sondern die Analzone. Kinder interessieren sich für ihre Genitalien und Ausscheidungsorgane. Sie sind potenziell in der Lage, ihren Schließmuskel selbst zu beherrschen und entwickeln ein Bewusstsein für ihre Körperausscheidungen. Neugierig untersuchen sie After und Scheide, begleiten ihre Eltern oder andere Kinder zur Toilette, um herauszufinden, wo und wie was herauskommt. Dabei erleben sie auch selbst, dass eine prall gefüllte Blase angenehme und lustvolle Gefühle auslösen kann und so warten sie manchmal bis zum letzten Moment mit ihrem Gang zur Toilette. Diese – für Analerotik charakteristische – Spannungslust kommt dadurch zustande, dass das Kind feststellt, dass sowohl die Ausscheidungsvorgänge wie auch das Zurückhalten der Ausscheidungen lustvoll erlebt werden (vgl. Quindeau, 2008, S. 63). In diesem Alter wissen Kinder, dass Jungen einen Penis und Mädchen eine Scheide haben. Sie stellen Fragen zu Geschlechtsunterschieden, jedoch sind sie sich ihrer Geschlechtsidentität noch nicht sicher.

Mit der Beherrschung des Schließmuskels ist

„ (...) für das Kind ein Gefühl sozialer Macht verbunden, das sich in verschiedensten Szenarien zwischen Eltern und Kind bei der Reinlichkeitserziehung niederschlägt, die reichlich Raum zu ‚sinnlichen und feindlichen Gratifikationen' bietet".
(Quindeau, 2008, S. 63)

Auch wenn Macht und Kontrolle in diesem Kontext eine Rolle spielen, spricht Quindeau hier auch von einer Variante des „Liebesspiels". Dabei besteht dieses „Liebesspiel weniger in der Berührung des Kindes durch die Eltern als vielmehr in der verbalen und gestischen Interaktion rund ums ‚Töpfchen'" (Quindeau, 2008, S. 63f.). Die Art und Weise des elterlichen Umgangs mit solchen Situationen zeigt, ob Eltern das Lustempfinden ihres Kindes unterstützen oder unterbinden. Die neu gewonnene Selbstständigkeit und

Autonomie (Ich bestimme über meinen Körper. Ich entscheide, wann ich zur Toilette gehe.) können durch eine rigorose Sauberkeitserziehung starke Einschnitte erfahren und zu einem „Machtspiel" zwischen Kind und Eltern werden, bei dem Scham und Zweifel Raum gewinnen. Viel wichtiger ist es, die Selbstwirksamkeit des Kindes zu unterstützen. Damit ist das Gefühl gemeint, diesen Schritt allein geschafft zu haben, also selbst etwas bewirkt zu haben, konkret heißt das, das Festhalten und Loslassen der prall gefüllten Blase oder des Stuhlgangs selbst entschieden zu haben. Dies unterstützt die Entwicklung von Selbstwirksamkeit und Selbstbewusstsein.

3.–5. Lebensjahr: Infanil-genitale Phase – Initiative versus Schuldgefühle

Im Alter zwischen drei und sechs Jahren zeigen die Mädchen und Jungen großes Interesse für die vielen Facetten des Sexuellen. Deshalb kann dieses Entwicklungsphase auch als „kleine Pubertät" bezeichnet werden, da viele wichtige körperliche und kognitive Entwicklungsschritte in diese Zeit fallen. In dieser Phase sind die Genitalien im Zentrum der sexuellen Erregung und werden hier zur leitenden erogenen Zone.

Die körperliche Entdeckungslust geht mit einer Schau- und Zeigelust einher. Diese Schaulust gehört zu den Hauptkomponenten der sexuellen Neugier bei Kindern. Dieses „sexualisierte Sehen" meint, dass das Sehen nicht allein auf Wahrnehmung zielt, sondern sexuelle Lust und Befriedigung sucht (vgl. Quindeau, 2008, S. 68 f.). Kinder beobachten neugierig die unterschiedlichen Geschlechtsorgane ihrer Eltern, ihrer Geschwister und anderer Kinder. Sie gehen auf Entdeckungsreise und erleben, dass Berührungen an der Scheide oder am Penis lustvoll sein können. Hier zeigt sich eine Annäherung an die Erwachsenensexualität, die Eltern häufig verunsichert, ob das, was ihr Kind gerade tut, „normal" ist. Tatsächlich ist es normal, aber von völlig anderen Motiven geleitet als bei Jugendlichen und Erwachsenen, die dies als Beginn einer erregenden Aktion praktizieren. Das wollen Kinder nicht – und schon gar nicht mit Erwachsenen. Dennoch fragen sie eine ganze Menge dazu und das kann Erwachsene bisweilen extrem irritieren.

Die Entdeckung der genitalen Lust durch Selbstbefriedigung ist schon bei Säuglingen zu beobachten und spielt im Alter zwischen drei und sechs Jahren eine zentrale Rolle. Vor allem darin findet die infantile Genitalität Ausdruck, eher selten sind Interaktionen mit anderen, wie etwa Handlungen, die dem Geschlechtsverkehr der Erwachsenen ähneln (vgl. Quindeau, 2008, S. 72). Die frühkindliche Selbstbefriedigung wird als Indikator für eine gesunde Entwicklung des Kindes angesehen und hat vielfältige Lust- und Kompensationsfunktionen. Die Deutung reicht vom Hervorrufen eines angenehmen Gefühls, das vielleicht im Rahmen der Pflegehandlungen durch Mutter oder Vater vorher schon erfahren wurde, über unbewusste Wünsche nach Autonomie, um sich von der Mutter zu lösen, es „sich eben selbst zu machen". Aber auch die Verarbeitung von Verlust oder die Überwindung der Trennung kann durch die Masturbation kompensiert werden, denn die Ersatzbefriedigung findet am eigenen Körper statt (vgl. Quindeau, 2008, S. 73 ff.).

Durch den Vergleich mit Gleichaltrigen wird den Mädchen und Jungen ihre jeweilige Geschlechtszugehörigkeit bewusst. Sie beobachten andere Frauen und Männer, verfolgen, wie sie sich bewegen, womit sie sich beschäftigen und wie sie reden. Dabei geht es zunächst darum, sich das eigene Geschlecht anzueignen und eine **Geschlechtsidentität** zu entwickeln. Dabei, so Quindeau, geht es wohl grundlegender um die Wahrnehmung des Kindes, überhaupt ein Geschlecht zu haben. Das Geschlecht wird als eine Kategorie zur Unterscheidung von Menschen relevant und steht zum anderen für das Begehren.

> „Das Kind wird zum Subjekt seines Begehrens, es wird sich seines Begehrens bewusst, dies zeigt sich insbesondere in der ödipalen Konstellation."
> *(Quindeau, 2008, S. 71)*

Mädchen und Jungen ergreifen die Initiative, erforschen und entdecken in Doktorspielen, Vater-Mutter-Kind-Spielen und anderen Rollenspielen den eigenen Körper und den der anderen. Sie identifizieren sich mit den Eltern.

Das Mädchen wendet sich in dieser Zeit verstärkt dem Vater zu. Es möchte bewundert und akzeptiert werden. Dabei konkurriert es mit der Mutter, möchte an ihre Stelle treten, ihre Rolle übernehmen und den Vater heiraten. Dem Mädchen werden die großen körperlichen Unterschiede bewusst, es spürt, dass es weder mit der Mutter noch mit dem Vater identisch sein kann, und es beginnt, seinen eigenen Körper so anzunehmen, wie er ist. Je mehr der Vater die Tochter mit ihrer momentanen Art annimmt, sie nicht zurückstößt, aber auch nicht seinerseits mit Begehren antwortet, desto mehr stärkt er ihre Weiblichkeit und ihr Selbstwertgefühl.

Ähnliches erlebt der Junge. Er wendet sich der Mutter zu und konkurriert mit dem Vater. Er möchte die Stelle des Vaters einnehmen und die Mutter heiraten. Das Scheitern kann für ihn schmerzhaft sein. Zu diesem Zeitpunkt hat der Penis für den Jungen eine große Bedeutung. Er registriert, dass sein Penis nicht so groß ist wie der des Vaters. Auch hier ist das Verhalten von Vater und Mutter wichtig. „Verzeiht" der Vater liebevoll seinem Sohn das Bedürfnis, die Mutter zu besitzen und zeigt die Mutter, dass sie schon einen (erwachsenen) Partner hat, wird der Sohn vielleicht zunächst enttäuscht sein, letztlich aber in seiner Männlichkeit und seinem Selbstwertgefühl gestärkt.

In dieser Phase setzen sich Mädchen und Jungen mit den unterschiedlichen Facetten von Sexualität und Begehren auseinander, werden sich der körperlichen Unterschiede zu Mutter und Vater bewusst und beginnen, den eigenen Körper so anzunehmen, wie er ist. Die „Liebesbeziehung" zu Vater oder Mutter wird aufgegeben und an diese Stelle wächst im „Über-Ich" das Wissen um die soziale Norm, sich den Liebespartner in der eigenen Generation zu suchen. Die Aufgabe der „Liebesbeziehung" zum Vater oder zur Mutter, das Gewahrwerden des eigenen Geschlechts, die Anerkennung der Generationendifferenz und die Errichtung des Inzesttabus sind dabei wichtige Aspekte eines nicht einfachen und auch von Frustrationen begleiteten Prozesses auf Seiten der Kinder. Die Art und Weise der Reaktionen und Verhaltensweisen von Erwachsenen kann diesen Prozess liebevoll begleiten oder bei strafenden und ausgrenzenden Gesten Schuldgefühle bei Kindern hervorrufen.

Die frühkindliche Selbstbefriedigung ist für eine gesunde Entwicklung des Kindes wichtig, hat vielfältige Lust-, Autonomie- und Kompensationsfunktionen. Gelernt werden muss lediglich, dass Selbstbefriedigung etwas Intimes ist, das nicht in die Öffentlichkeit gehört.

Mittlere Kindheit

Mit dem Eintritt in die Grundschule beginnt für jedes Kind ein neuer und persönlich bedeutender Lebensabschnitt. Durch die bisherigen Erfahrungen in den Familien, den Freundschaftsgruppen und durch Medieneinflüsse verfügen Mädchen und Jungen im Grundschulalter bereits über viel Wissen rund um Sexualität und bringen vielfältige Erfahrungen im Umgang mit ihrem Körper mit. Die grundsätzlich unterschiedlichen Sozialisationserfahrungen der Mädchen und Jungen auch in psychosexueller Hinsicht erklären die auffällig große Heterogenität des Vorwissens und der persönlichen Vorerfahrungen. Im Vordergrund dieser Altersphase stehen wichtige kognitive und soziale Entwicklungsprozesse, die eine Unterteilung des Grundschulalters notwendig macht.

So sind die ersten beiden Grundschuljahre der Sechs- bis Achtjährigen dadurch geprägt, eine Balance zwischen dem strukturierten Lernen in der Schule und dem freien Spiel zu finden. Neben einem großen Bewegungsbedürfnis spielt auch Körperneugier durch wechselseitige Erkundungen der erogenen Zonen noch eine wichtige Rolle.

Die Neun- bis Zwölfjährigen interessieren sich aufgrund der kognitiven Entwicklungsprozesse für viele Themen, die aus der weiteren, z. B. medialen Umgebung ihrer Lebenswelt, auf sie zukommen. Autonomie- und Abgrenzungsbestrebungen gegenüber der Erwachsenenwelt nehmen zu, der Blick richtet sich bei vielen zum Teil schon auf die Jugendlichen als Vorbilder.

6.–12. Lebensjahr: Latenzphase – Leistung versus Minderwertigkeit

Die psychosexuelle Entwicklung dieses Alters wird nach Freud „Latenzphase" genannt. Erikson spricht in diesem Stadium von dem Konflikt zwischen „Leistung versus Minderwertigkeit". Dabei geht es vor allem um die verstärkten geistigen Leistungen und die zumindest anfangs noch vorhandene Schaffensfreude beim Eintritt in die Grundschule. Freud hat Rückzugs- und Abgrenzungstendenzen der Mädchen und Jungen in dieser Altersphase beobachtet und angenommen, dass ihr sexuelles Interesse stark zurückgeht und erst zu Beginn der Pubertät wieder erwacht. Zu den angebahnten Lust- und Befriedigungsmodalitäten der vergangenen Phasen werden in dieser Zeit tatsächlich nur noch wenig neue Varianten kindlicher Sexualität ausprobiert. Vielmehr tritt aufgrund des Schuleintritts die sexuelle Triebenergie zugunsten der vielen neuen geistigen und sozialen Herausforderungen zurück. Es kommt zu einem „Abflauen des Ödipuskomplexes" und einer nahezu vollständigen Desexualisierung der Beziehungen zu den Eltern (vgl. Quindeau, 2008, S. 78). Dennoch kann von sexuellem Desinteresse hier nicht die Rede sein. Die sexuelle Neugier bleibt auch im Grundschulalter bestehen, jedoch zeigen Mädchen und Jungen diese nicht mehr so offen gegenüber Erwachsenen. Die Kommunikation rund um Sexualität ist weniger sichtbar. Es dominieren die Bedürfnisse nach Intimität und Eigensinn. Zwischen den gleichaltrigen Peers spielt Sexualität allerdings eine wichtige und zentrale Rolle, wobei gleichgeschlechtliche Freundschaften bevorzugt werden. Die vielfältigen gleichgeschlechtlichen Kontakte und Beziehungen unterstützen die Mädchen und Jungen, sich in der jeweiligen Geschlechtsrolle zu erproben sowie den weiblichen bzw. männlichen Körper besser kennenzulernen. Anziehung und Abwertung des anderen Geschlechts, Ambivalenzen im Umgang miteinander gehören in den gleichgeschlechtlichen Peergruppen zum Alltag und spiegeln sich auch in der Grundschule wider. Alle diese Beziehungsprozesse finden in einer geschlechtshierarchischen Rahmung statt und die inner- und intrapsychischen Vorgänge werden von verschiedenen Faktoren wie Kultur, Milieu und jeweiligen Sozialisationsbedingungen beeinflusst.

Freuds Sichtweise auf die Latenzphase könnte ein Grund dafür sein, dass es bisher wenige Studien zur Sexualität im Grundschulalter gibt. Eine umfassende Untersuchung zu „Selbstwahrnehmung, Sexualwissen und Körpergefühl von Kindern des dritten bis sechsten Schuljahres" hat Milhoffer (2000) vorgelegt. Einige Aspekte sollen im Folgenden skizziert werden: **Verliebtsein und sexuelle Neugier** gehören nach dieser Studie durchaus zum Schulalltag. Mädchen und Jungen verlieben sich in andere Kinder, auch in erwachsene Bezugspersonen, wobei Körpermerkmale, Haare, Augen und Stimme auf sie erotisch anziehend wirken können. Das Gefühl des Verliebtseins geht durchaus über nur freundschaftliche Gefühle hinaus. Liebesbriefe und das Kribbeln im Bauch sind ein Ausdruck davon. Das **Schwärmen** der Mädchen und Jungen für eine Lehrerin oder einen Lehrer, Klassenkameraden oder Klassenkameradin gehört auch dazu. Zahlreiche Musikgruppen sprechen die Sehnsüchte der Fans an und nähren die unterschiedlichen Wünsche und Träume der Mädchen und Jungen. Die **Gleichaltrigengruppe** übt den stärksten Einfluss auf das Sexualverhalten aus, da die meisten Kinder dort den größten Teil des Tages miteinander verbringen. In den jeweiligen Mädchen- und Jungengruppen spielt die Stärkung der Geschlechtsidentität eine zentrale Rolle, wobei der Umgang mit dem anderen Geschlecht mit Spannungen und Ambivalenzen verknüpft ist. Diese Ambivalenzen zeigen sich im **gegenseitigen Necken und Ärgern** verbunden mit Spaßkämpfen und Anmachspielen auf dem Schulhof. Ohne Jungen finden die Mädchen die Schule langweilig und umgekehrt geht es den Jungen genauso.

„In keiner Altersgruppe wird so entschieden betont, dass ‚Verliebtsein' die Essenz des Schullebens ist, wenn sie auch verbunden ist mit Necken, Ärgern und Spaßkämpfchen."
(Horstkemper, 1993, S. 22)

Mit sieben Jahren verfügen alle Kinder nicht nur über **Schamgefühle**, sondern zeigen diese auch (vgl. Schuhrke, 1999, S. 113ff.). Schamgefühle signalisieren Abgrenzungstendenzen zu Erwachsenen und anderen Gleichaltrigen und haben auch die Funktion, den eigenen Körper zu schützen. Die Auseinandersetzung mit Körperscham unterstützt den Prozess der sexuellen Identitätsfindung in diesem Alter. Mädchen und Jungen setzen sich mit unterschiedlichen Schamsituationen auseinander. Sie zeigen individuell unterschiedliche Verhaltensweisen und erlangen so Kompetenzen, Schamsituationen gut zu bewältigen, aber auch unnötige Schamgefühle, die sich gegen die eigene Identität richten, zu vermeiden.

Das Interesse an **Wissen und Informationen** rund um Körper und Sexualität nimmt im Grundschulalter stark zu. Dazu tragen auch die **kognitiven Reifungsprozesse** bei. Die Neugier auf Fernsehsendungen, die eher für Jugendliche und Erwachsene bestimmt sind, übt einen Reiz aus und unterstützt die Mädchen und Jungen in ihrer Suche nach Orientierung. Die Sechs- bis Achtjährigen lesen die Zeitschrift „Bravo", um Informationen über „ihre Idole" zu erhalten. Die Beliebtheit von Fernsehsendungen ist dann besonders groß, wenn junge Menschen eine Rolle spielen und Themen aus ihrer Lebenswelt vorkommen wie Schule, Konflikte in der Clique, Spaß, Liebe, Freundschaft und Sexualität. Das erklärt sicher auch die große Beliebtheit von „Daily soaps".

Das **Sprechen über Sexualität** schließt sexuelle Schimpfwörter und derbe Ausdrücke mit ein. Damit signalisieren Mädchen und Jungen, dass sie „Bescheid wissen". Hinter den vielen Fragen rund um Körper, Verliebtsein und Lust steckt häufig der Wunsch zu erfahren, was „normal" ist. Mädchen stellen eher Fragen zu Schwangerschaft, Verhütung und Vergewaltigung, Jungen dagegen eher zu Sex und Orgasmus. Hilfen bei der Wissensaneignung und ein kreativer Umgang mit sexueller Sprache ermöglicht ihnen, zunehmend Sicherheit im Umgang mit diesem auch für sie schwierigen Thema zu gewinnen.

Sexuelle Neugier, eine sexualisierte Sprache und viel intime Kommunikation bleiben auch im Grundschulalter bestehen, obwohl Mädchen und Jungen vorsichtiger damit sind, den Erwachsenen Einblick in ihre Gefühle zu gewähren.

Aufgabe

Setzen Sie sich in Kleingruppen mit Fragen von Kindern im Grundschulalter auseinander. Suchen Sie sich eine Frage aus und beantworten Sie diese in der Gruppe. Das kann so lange andauern, bis jede Person eine Frage beantwortet hat. Reden Sie darüber, was Ihnen besonders schwer gefallen ist und begründen Sie dies.

Fragen von sieben- bis neunjährigen Mädchen und Jungen:

- *Warum muss ich mich rasieren?*
- *Müssen Zungenküsse sein?*
- *Wie kann ich einem Mädchen zeigen, dass ich es mag?*
- *Ich habe schon Jungen geküsst, darf ich das?*
- *Kriegen Kinder auch schon Aids?*
- *Wie lang wird mein Pimmel noch wachsen?*
- *Wie kann ich einem sagen, dass ich in ihn verliebt bin, ohne dass es die anderen merken?*

- *Bekommen Blinde auch ein blindes Baby?*
- *Kann man mit zwölf schon ein Kind kriegen?*
- *Was isst das Baby im Bauch?*
- *Was tut man genau, wenn man miteinander schläft?*
- *Was ist ein Orgasmus?*
- *Was ist Sperma?*
- *Tut es weh, wenn die Nabelschnur durchgeschnitten wird?*

Ausgehende Kindheit

Kinder zwischen 10 und 13 Jahren befinden sich im Übergang zur Pubertät. In dieser Phase der ausgehenden Kindheit rückt der **Körper** zunehmend in den Fokus. Schon Neunjährige wissen bereits, dass Aussehen, Attraktivität und Körperstyling wichtige Attribute sind, um „mithalten" zu können. Beide Geschlechter üben Kritik an ihrem Körper. Mädchen wollen „besser aussehen" und „dünner" sein, Jungen möchten „stark" sein. In der Auseinandersetzung mit dem Körper sind Mädchen und Jungen durchaus kreativ. Es kann hilfreich sein, die Auseinandersetzung mit dem Körper auszudifferenzieren, damit mehrere Sichtweisen auf den Körper entfaltet werden können, und zwar in den Energiekörper (Gesundheit und Krankheit, Wachstum und Verfall, Energie und Kraftlosigkeit), in den Symbolkörper (Kleiden und Schminken, Mimik und Gestik, Körperinszenierung) und in den sexuell-libidinösen Körper (vgl. Preuss-Lausitz, 2003, S. 18). Mädchen und Jungen spüren sich in allen drei Bereichen, sie experimentieren, bewegen sich, schmücken sich mit den unterschiedlichsten Accessoires und wollen den aktuellen Schönheits- und Körpernormen entsprechen. Je vielfältiger die Optionsmöglichkeiten sind, über Freude, Genuss, Lust und Kraft im Kontext des Körpers Erfahrungen zu sammeln und je mehr hilfreiche Anregungen ohne Besserwisserei auch von Erwachsenen gegeben werden, desto stärker entwickelt sich eine – auch sexuelle – Ich-Identität und Selbstwirksamkeit bei Kindern.

Eine fast **ausschließliche Orientierung an gleichgeschlechtlichen Peergruppen** prägt die ausgehende Kindheit. Die gleichgeschlechtlichen Freundinnen und Freunde sind die wichtigsten Bezugspersonen. Damit einher geht eine andere Qualität von Freundschaftsbeziehungen. Die „beste" Freundin ist besonders wichtig für Mädchen. Ab dem 10. Lebensjahr werden Freunde und Freundinnen nicht mehr allein wegen gemeinsamer Aktivitäten, sondern auch aufgrund geteilter Überzeugungen geschätzt. Vor allem Mädchen verbringen viel Zeit miteinander, vertrauen sich Geheimnisse an und unterstützen sich emotional. Mädchen und Jungen dieser Altersphase wollen normal sein,

sind deshalb auch zwanghaft **heterosexuell** und signalisieren eine geringe Akzeptanz anderen Lebensformen gegenüber.

„Für die Gerade-noch-Kinder entsteht daraus die Angst vor Homosexualität als Angst, nicht männlich oder nicht weiblich (genug) zu sein."
(Tervooren, 2006, S. 168)

Hinter dieser Rigidität steht eine Auseinandersetzung mit geschlechtlichen und sexuellen Positionierungen. Es dominiert der Wunsch, die erwünschte Geschlechtsidentität zu verfestigen. In ihren gleichgeschlechtlichen Peergruppen üben Mädchen wie Jungen Geschlecht und Begehren ein. Sie beschäftigen sich mit weiblichen und männlichen Mustern, normieren Verhalten und Körperbilder. Dabei testen sie unter dem Schutz ihrer gleichgeschlechtlichen Peergruppe, wie sie „ankommen". Diese Geschlechterinszenierungen vollziehen sich in der Peer-Öffentlichkeit und häufig auf dem Schulhof, doch bleibt für die Kinder Sexualität eher fiktiv, denn vornehmlich geht es um die Darstellung der Geschlechter. Dabei dürfen die vielfältigen Inszenierungen um Geschlecht und Begehren nicht als bloße Vorbereitung für spätere Beziehungsaufnahmen in der Pubertät und als nicht eigene und unfertige Form von Sexualität abgetan werden, sondern müssen als eine eigene Phase ernst genommen werden.

2.3 Konzeptionelles: Bildungsleitlinien und Situationsansatz

Der Bildungsauftrag zur Sexualerziehung ist in den Bildungsleitlinien für Kindertagesstätten zu lesen. Jedes Bundesland hat Bildungsleitlinien für die Arbeit in Kindertagesstätten formuliert. Das Thema „Körper und Sexualität" findet sich dabei häufig im Lernbereich „Körper, Bewegung, Gesundheit" wieder. Die Ausführungen zur Sexualerziehung zeigen je nach Bundesland große Unterschiede. So gibt es Bundesländer, die differenzierte Aussagen zum Umgang mit Körper und Sexualität machen, während andere Bundesländer sich eher kurz fassen.

Aufgabe

Beschäftigen Sie sich mit den Bildungsleitlinien des Bundeslandes, in dem Sie leben, und zwar unter folgenden Fragestellungen:

- *Inwiefern spielt das Thema „Sexualität" in den Bildungsleitlinien für Kindertagesstätten eine Rolle? Mit welcher Grundeinstellung wird es präsentiert und wie hilfreich sind die einzelnen Vorgaben?*
- *Was bedeuten die Aussagen zur Sexualerziehung für die Praxis in der Kindertagesstätte?*

Bildung generell ist ein aktiver, sozialer und vor allem ein sinnlicher und manchmal auch lustvoller Prozess der Aneignung von Welt. In der frühkindlichen Bildung sind die Selbstbildungsprozesse als aktive Auseinandersetzung und Aneignung grundlegend. Von Anfang an erforschen Mädchen und Jungen mit all ihren Sinnen – durch Bewegen, Tasten, Fühlen Riechen, Schmecken, Sehen und Hören – die Welt. Sie sammeln ihre Eindrücke und Erfahrungen, setzen sich aktiv und neugierig damit auseinander und entdecken allmählich wichtige Zusammenhänge. So konstruieren sie ihre Welt durch das eigene Handeln, und die Reaktionen aus der Umwelt. Bildung und Erziehung sind aufeinander bezogen, haben aber unterschiedliche Bedeutungszusammenhänge. Der Fokus von Erziehung liegt im Handeln durch Erwachsene, Bildung nimmt das Subjekt, also das einzelne Kind, in den Blick. Im Zentrum des Situationsansatzes steht das Kind mit seiner Subjektivität und Eigenaktivität. So ist die Erziehung als Tätigkeit von Erwachsenen von den Bildungsprozessen der Kinder zu unterscheiden. Kinder als selbsttätige kreative Akteure lassen sich nur schwer durch Erziehung „programmieren". Die Unterscheidung von Bildung und Erziehung ist für einen kompetenten sexualpädagogischen Umgang von Erzieherinnen und Erzieher im Bereich Körper und Sexualität hilfreich und klärend.

„Der Begriff Bildung ergreift damit Partei für die Lernenden und setzt den Akzent auf selbstbestimmte Lernformen und auf Förderung von Autonomie. [...] Für die OrganisatorInnen sexueller Bildung folgt daraus zunächst, dass sie lernen müssen, die Welt und ihre pädagogischen Angebote mit den Augen ihrer Zielgruppen zu sehen."
(Valtl, 2008, S. 128)

Dies bedeutet, dass Mädchen und Jungen Raum gegeben wird, vielfältige Entdeckungsreisen machen zu dürfen, auf denen sie sich selbst und ihren Körper auch im Kontakt mit anderen kennenlernen, Identitäts- und Selbstwertgefühl entwickeln, Grenzen erfahren sowie eigene Ich-Stärke und Resilienzfähigkeit (also Widerstandsfähigkeit) ausbilden. Kinder bilden sich in diesem Sinne von Anfang an und legen die körperliche, emotionale und soziale Basis für weitergehende Lernprozesse in und mit ihrer Umgebung. Eltern und pädagogische Fachkräfte können sie durch Sexualerziehung, also durch bewusst gesteuerte Lernprozesse, dabei nur begleiten. Sie können Anregungen und Orientierung geben, damit schon Kindern der Weg zu mehr Selbstbestimmung und Verantwortung im Umgang mit sich selbst und anderen geebnet wird.

Dieses Bewusstsein der Unterschiedlichkeit und der Handhabung von sexueller Bildung und Sexualerziehung erfordert hohe Kompetenzen in der pädagogischen Arbeit sowie eine gute Kommunikationskultur im Team sowie zwischen Eltern, Erzieherinnen und Erziehern. Dazu gehört auch, die Anregungen und Erziehungsziele bewusst zu formulieren und sich möglicherweise mit Themen zu befassen, die durch das Kind initiiert wurden, ohne dass dabei dessen aktive Selbstbildung und Entdeckung eingeschränkt wird.

Männliche und weibliche Erzieher/-innen

Die Frauendominanz in Kindertagesstätten ist nicht zu übersehen. Wenn Männer dort arbeiten, haben sie die Leitung der Einrichtung inne oder sie arbeiten überwiegend mit Grundschulkindern. In der Arbeit mit der Altersgruppe unter drei Jahren sind sie kaum zu finden. Die unterschiedliche Sicht von Erzieherinnen und Erziehern auf kindliche Sexualität ist für die sexualpädagogische Arbeit generell anregend und bereichernd und im Kontext einer ganzheitlichen Sexualerziehung von Bedeutung. Mädchen und Jungen brauchen Angehörige beider Geschlechter für Gespräche und als Vorbild, besonders wenn es um Sexualerziehung in Kindertagesstätten geht. So können Männer Impulse setzen, die durch eine Frauendominanz eher in den Hintergrund geraten oder gar keine Rolle spielen. Für Jungen sind Männer wichtige Identifikationsfiguren. Aber auch Mädchen brauchen den Kontakt mit Männern, besonders dann, wenn sie in ihrer Familie nur mit ihrer Mutter aufwachsen. Mädchen und Jungen setzen sich mit vielen Aspekten zum Thema „Körper und Sexualität" auseinander, dazu gehören unter anderem Fragen zur Geschlechtsidentität und zum Geschlechtsunterschied sowie Fragen zu Schwangerschaft und Geburt. Wichtig ist, „mit ihnen eine Sprache für Liebe, Sexualität und Körperlichkeit zu entwickeln und sie auf der Suche nach weiblicher beziehungsweise männlicher Identität zu begleiten und zu unterstützen" (Rohrmann, 2003, S. 5).

Rahmenbedingungen

Eine positive Grundeinstellung zur Sexualität spiegelt sich auch in der Atmosphäre innerhalb einer Einrichtung wider. Ein anregungsreicher Lebensraum hat eindeutig positive Auswirkungen auf das soziale Lernverhalten von Kindern. Dies betrifft insbesondere auch die sexuelle Entwicklung von Kindern in Kindertagesstätten. Wichtige Faktoren hierbei sind der Umgang der Erziehenden untereinander und mit den Kindern und das Vorhandensein von Räumen und Medien, die den Kindern einen möglichst freies und selbstverständliches Lernen und das Sammeln von Erfahrungen ermöglichen. Mädchen und Jungen benötigen Platz, um sich und andere ungestört in verschiedenen Rollen und Spielsituationen zu entdecken. Sie brauchen Raum für Gruppenaktivitäten ebenso wie Rückzugsräume, um allein sein zu können; sie benötigen Flächen zum Toben ebenso wie stille und ruhige Zonen zum Kuscheln, Entspannen und Vorlesen. Entscheidend ist dabei nicht die Größe und Ausstattung der Räume, sondern die Ausrichtung der Gruppenräume an den Bedürfnissen der Kinder. So reicht oftmals auch eine selbst gebaute Höhle als Rückzugsmöglichkeit.

Rückzugsräume sind wichtig

In der Praxis sind es aber häufig nicht die fehlenden Rückzugsräume, sondern vielmehr die Erzieherinnen und Erzieher, die der Neugier und dem Rückzugsbedürfnis der Kinder eindeutige Grenzen setzen. Es fällt ihnen aus Sorge und Angst vor einem unangemessenen oder „gefährlichen" Verhalten der Kinder schwer, diese unbeobachtet zu lassen. Längst nicht in jedem Fall ist der kontrollierende Blick oder gar ein Einschreiten nötig. Es gilt, bei aller berechtigten Sorge zu fragen, ob der Wunsch nach Kontrolle aus dem Verhalten der Kinder oder eher aus eigener Unsicherheit, einer unterschwelligen Ablehnung kindlicher Sexualität oder (noch) nicht vorhandenem Vertrauen in die wachsenden Fähigkeiten der Kinder begründet liegt. Hier ist neben Kenntnissen über die kindliche Entwicklung Selbstreflexion gefragt.

Aufgabe

Unternehmen Kuschelecke

Die Kuschelecke bietet Kindern wichtige Rückzugsmöglichkeiten. Doch es gibt diesbezüglich unterschiedliche Sichtweisen und Sorgen auf Seiten der Erziehenden und Eltern. Bilden Sie drei gleich große Gruppen und sammeln möglichst vielfältige Meinungen und Positionen:

- *die erste Gruppe beschäftigt sich mit den Bedürfnissen der Kinder,*
- *die zweite Gruppe mit den unterschiedlichen Sichtweisen von Erziehenden und*
- *die dritte Gruppe mit den Meinungen der Eltern zur Kuschelecke.*

Die Gedanken und Sichtweisen werden auf Flipcharts geschrieben und anschließend in der Gruppe gemeinsam diskutiert.

Welche verschiedenen Lösungen könnten gefunden werden?

2.4 Sexualpädagogische Handlungskompetenz der Erzieherinnen und Erzieher

Die Bedeutung von Sexualität für die Persönlichkeitsentwicklung von Mädchen und Jungen wird heute kaum mehr infrage gestellt. Doch wird immer noch kontrovers diskutiert, wie Kinder Sexualität lernen sollen und was sie zeigen dürfen. Tabuisierungen zeigen sich im Umgang mit einzelnen Facetten kindlicher Ausdrucksformen. Auch der Blick in die Aufklärungsliteratur für diese Altersgruppe zeigt, dass dort vor allem Geburt und Schwangerschaft thematisiert werden, die kindliche Sexualität in ihren vielfältigen Ausdrucksformen hingegen gar nicht oder sehr selten dargestellt wird. Dennoch gehört das Thema in Kindertagesstätten zum Alltag und berührt die sexualpädagogischen Herausforderungen auf verschiedenen Ebenen. Geklärt werden muss vieles: die Rolle der Erzieherinnen und Erzieher, die Auseinandersetzung im Team, die konkrete Arbeit in den jeweiligen Gruppen, die Elternarbeit sowie die Erarbeitung eines sexualpädagogischen Konzepts. Sexualpädagogisch kompetent zu handeln, bedeutet, adäquat und zielgruppenspezifisch arbeiten zu können. Handlungskompetenz ist in dieser Hinsicht unabdingbar und beinhaltet neben der Selbstreflexion, Fachwissen, didaktische Kreativität und pädagogische Selbstwirksamkeit.

Aufgabe

Bei einer Fortbildung berichtet eine Erzieherin von Kindern aus ihrer Gruppe, die Geschlechtsverkehr nachgespielt haben, von aufgeregten Eltern und überforderten Kolleginnen. Die Erzieherin hat mit einer solchen Reaktion nicht gerechnet, sie ist verunsichert und will am liebsten mit dem Thema „Sexualität" nichts mehr zu tun haben.

Setzen Sie sich mit dieser Situation auseinander. Beschäftigen Sie sich mit den beiden Hauptakteuren: Versuchen Sie, sich in die Situation der Erzieherin/der Eltern hineinzuversetzen. Formulieren Sie möglichst viele Gedanken jeweils in Ich-Sätzen. Anschließend lesen Sie die Gedanken der Erzieherin und der aufgeregten Eltern vor und diskutieren die Ergebnisse in der Gruppe.

Selbstreflexion

Erzieherinnen und Erzieher sind der Schlüssel für eine sexualfreundliche Erziehung in Kindertagesstätten. Kindliche Sexualität entfaltet sich dann, wenn ihre Einstellungen und pädagogischen Handlungskompetenzen der sexuellen Entwicklung von Kindern nicht entgegenwirken. Auch ein Nichtreagieren, ein Übersehen, ein Verdrängen des Sexuellen hat Konsequenzen für die Einstellung und das Verhalten der Kinder. Eine sexualfreundliche Erziehungshaltung setzt voraus, dass die Erziehenden zwischen der eigenen Betroffenheit und den sexuellen Ausdrucksformen der Kinder trennen können.

Um die Wahrnehmung von kindlicher Sexualität nicht über die Maßen durch persönliche Interpretationen zu trüben, ist eine Auseinandersetzung mit der eigenen Sexualität unverzichtbar. Die eigene Geschichte und die biografischen Erinnerungen des sexuellen Erlebens sind immer mit Emotionen verknüpft. In der Auseinandersetzung mit der persönlichen Biografie wird die Bewusstheit für Unsicherheiten und Stärken im sexuellen Selbstkonzept geschärft. Daraus entsteht Sicherheit in der Formulierung eines eigenen Standpunkts sowie im Umgang mit schwierigen sexualpädagogischen Situationen. Ein unbewusster und unsicherer Umgang mit sexuell relevanten Situationen zeigt sich z. B. in der Weigerung, persönlich Stellung zu nehmen, in der Vermeidung bestimmter sexualpädagogischer Themen, in unangemessener, oft distanzierter Sprache, die keinen Bezug zur konkreten Lebenswelt der Kinder findet, in einer fehlenden Balance von Nähe und Distanz oder in dem starken Wunsch, alles kontrollieren zu müssen. Häufig führen Unbewusstheit, Unbedachtheit und Unwissenheit zu blindem Aktionismus.

Die bewusste Beschäftigung mit der eigenen sexuellen Biografie stärkt das sexuelle Selbstwertgefühl und die pädagogische Selbstwirksamkeit und führt zu einer größeren Zufriedenheit und Selbstständigkeit sowie zu einer gewissen Unabhängigkeit vom Urteil anderer. Gerade die Bewusstheit über die persönliche sexuelle Geschichte fördert die Empathiefähigkeit für die individuellen Lebenslagen von Mädchen und Jungen und das Angenommensein der Kinder so, wie sie sind. Angesichts herausfordernder und emotional belastender Situationen sollten Besonnenheit und Gelassenheit und nicht Drohung und Rettungsaktionismus das sexualpädagogische Handeln bestimmen.

Aufgabe

Setzen Sie sich mit Ihrer eigenen sexuellen Biografie auseinander. Die Fragen zur Selbstreflexion finden Sie in Kapitel 1.3 (siehe S. 22).

Sprechen Sie anschließend mit einem Partner/einer Partnerin Ihrer Wahl über ihre Gedanken.

Reflexion der Denkmuster über Mädchen- und Jungenwelten

Für die Selbstreflexion ist die Auseinandersetzung mit den eigenen Denkmustern zu Mädchen- und Jungenwelten von großer Bedeutung. Dazu gehört auch, was Erziehende darüber von Expertinnen oder Experten gehört und verarbeitet haben. Entscheidend ist, wie dieses, manchmal auch herausfordernde Wissen, von ihnen selbst im Alltag umgesetzt wird. Hilfreich ist die Neugier – trotz aller bisherigen Muster im Kopf – etwas Neues zu entdecken und zur Weiterentwicklung zu nutzen. Leider wird viel zu oft eine nicht ins Bild passende Beobachtung abgewehrt, weil diese nicht in das vorhandene eigene Denkmuster über Mädchen und Jungen passt.

> ***Beispiel:*** *In einer Kindertagesstätte ziehen sich einige Mädchen und Jungen immer wieder zu sexuellen Spielen in die Kuschelecke zurück. Die Erzieherin ist verunsichert und denkt, dass die Kinder dafür noch zu jung seien und entscheidet sich, das Verhalten in einer sexualpädagogischen Fortbildung anzusprechen. Sehr schnell fallen Sätze wie „die Mädchen haben sich überrumpeln lassen" oder „die Mädchen können sich nicht wehren" oder „die Jungen wollen das, aber nicht die Mädchen".*

In solchen Äußerungen zeigt sich eine weit verbreitete Denkrichtung, nämlich die unhinterfragte „Übergriffigkeit" von Jungen und das „Ausgeliefertsein" von Mädchen. Offensichtlich ist eine andere Sichtweise, bei der die Mädchen aktiv sind und Interesse an den „sexuellen Spielen" haben und die Jungen sich möglicherweise überrumpelt fühlen, nicht denkbar. Deutlich wird hier, wie durchaus unbeabsichtigt und unbewusst „(...) das Repertoire an Expertenwissen letztlich nur noch dazu dient, das Gesehene in die vorhandenen Deutungsmuster einzufügen und so Bekanntes zu bestätigen, nämlich die Übergriffigkeit der Jungen und das Ausgeliefertsein der Mädchen" (Rose, 2001, S. 117).

Eine kritische Reflexion eigener Sichtweisen auf Mädchen- und Jungenwelten und vor allem die Achtung vor der Besonderheit jeder einzelnen Situation ist hier von den Erziehenden gefordert. Es geht um genaues Hinsehen, Hören und Verstehen. Dabei darf sich der Blick nicht nur auf das Geschlecht der Kinder beziehen, sondern muss auf das einzelne Kind gerichtet sein.

Fachwissen

Um sexualpädagogisch kompetent handeln zu können, ist Fach- und Faktenwissen über die psychosexuelle und psychosoziale Entwicklung von Kindern, die Vielfalt individueller Ausdrucksformen von Mädchen und Jungen in der Kindheit ebenso nötig wie aktuelle Informationen über Aufklärungsliteratur und Medien für Kinder und Eltern. Auch Wissen über Grenzbereiche kindlicher Sexualität ist bedeutsam, um zwischen tatsächlich normalen sexuellen Aktivitäten und sexuellen Übergriffen unter Kindern unterscheiden zu können. Neben grundlegendem Wissen und sexueller Bildung benötigen Erziehende Handlungswissen zu Kommunikation, Gesprächsführung und Beratung, damit Gespräche mit Eltern, im Team oder mit Kolleginnen und Kollegen aus anderen Institutionen gelingen.

Aufgabe

Halten Sie in Ihrer Lerngruppe einen Kurzvortrag zu einem ausgewählten Aspekt kindlicher Sexualität:

- *Wie unterscheidet sich die Sexualität von Kindern und Erwachsenen?*
- *Beschreiben Sie die Funktionen der kindlichen Selbstbefriedigung*
- *Erklären Sie die orale Phase in der psychosexuellen Entwicklung nach Freud.*

Didaktische Kreativität

Sexuelle Bildung und Sexualerziehung brauchen angemessene Lernumgebungen und didaktische Kreativität. Die Gestaltung einer Lernatmosphäre, die Alter, Themen und Erfahrungen des individuellen Kindes berücksichtigt, spielt dabei eine wichtige Rolle. Die Lernchancen erhöhen sich, wenn Kinder aktiv, kreativ und angstfrei ihre Erfahrungen sammeln können. Daneben muss Sexualerziehung als bewusst gestaltete Aufgabe Erfahrungsräume bereitstellen, in denen Kinder ein Gefühl für das „stimmende“ und authentische Verhalten selbst entdecken und erspüren. Die Partizipation der Kinder bei der Entwicklung von Themen und Projekten gehört ebenso dazu, wie die Umsetzung vielfältiger kreativer Spiel- und Lernaktionen.

Lustvolle Tastspiele

Aufgabe

Entwickeln Sie für das kommende Praktikum in einer Kindertagesstätte eine sexualpädagogische Spiel- oder Lernaktion. Berücksichtigen Sie dabei den konkreten Kontext in der Einrichtung. Diskutieren Sie in Lerngruppen Ihre Konzeptideen, um sich gegenseitig Anregungen zu geben und Probleme zu entdecken.

Pädagogische Selbstwirksamkeit

Der wichtigste Aspekt im sexualpädagogischen Alltag einer Kindertagesstätte ist, dass Erziehende ein Gefühl für die eigene pädagogische Selbstwirksamkeit erworben haben. Damit ist ein Grundgefühl gemeint, das eigene wie das Verhalten und Erleben anderer – Kinder, Eltern, Kolleginnen – angemessen vorhersehen, erklären und beeinflussen zu können. Ebenso ist damit die Überzeugung verknüpft, handlungsfähig zu sein und etwas bewirken zu können, wie z. B. übergriffiges Verhalten in der Einrichtung zu vermeiden oder ein schwieriges Elterngespräch etwa zum Thema „Kuschelecke" führen zu können. Ein solcher Lernprozess kann auch angestoßen werden, wenn z. B. gezielt Erinnerungen an „schwierige Situationen", die erfolgreich gemeistert wurden, aktiviert werden. Wird der eigene Anteil an der Lösung eines Konflikts bewusst gemacht, lassen sich daraus wiederum Erfolgszuversicht und Handlungsmuster für künftige Situationen gewinnen. Pädagogische Selbstwirksamkeit heißt auch, wahrzunehmen, wann es angebracht ist, in kleinen Gruppen mit Kindern ein Aufklärungsbuch zu lesen oder anderen Kolleginnen und Kollegen eine schwierige sexualpädagogische Situation „zuzumuten". In der konkreten Situation geht es nicht immer darum, für alle Themen und Fragen von Kindern, Eltern und anderen Erziehenden Antworten zu haben, sondern auf verschiedenen Ebenen Vorbild zu sein für eine konstruktive Weise der Auseinandersetzung mit den vielfältigen sexualpädagogischen Themen und Alltagssituationen.

Aufgabe

Bilden Sie Kleingruppen und setzen sich mit der unten formulierten Situation intensiv auseinander, indem Sie folgenden Arbeitsauftrag bearbeiten.

Ein fünfjähriges Mädchen kommt aufgeregt zur Erzieherin und erzählt, dass in der Puppenecke zwei Kinder miteinander „ficken". Viele Kinder stehen vor der Puppenecke und schauen zu.

- *Welche Gefühle löst das Beispiel in mir aus?*
- *Wie würde ich als Erziehende/-r in dieser Situation reagieren? Tauschen Sie sich aus und sammeln Sie unterschiedliche Handlungsmöglichkeiten auf einem Flipchartbogen.*

2.5 Mit sexuellen Ausdrucksformen umgehen

Kindliche Sexualität im Vorschulalter

Kinder müssen Gelegenheit bekommen, den selbstbestimmten Umgang mit sich und ihrer Sexualität noch zu lernen und die Möglichkeiten des verantwortungsvollen und doch eigensinnigen Ausdrucks in Interaktion mit ihrer Umgebung einzuüben. Dazu gehören spontaner Ausdruck und Grenzerfahrungen ebenso wie Lust und Lustverzicht. Erst allmählich lernen sie, ihr Begehren zu steuern, denn dies können sie nicht von Anfang an.

Deshalb sind Kinder auf die Begleitung und Unterstützung Erwachsener angewiesen. Kindliche Sexualität entwickelt sich auf sich selbst bezogen durch Selbstberührungen und Selbstbefriedigung; auf andere Kinder bezogen durch vielfältige Rollenspiele, wie z. B. Doktorspiele und Vater-Mutter-Kind-Spiele. Auch zärtliche Gesten, das Kuscheln und Schmusen mit wichtigen erwachsenen Bezugspersonen unterstützen die kindliche Sexualität. Die Ausdrucksformen kindlicher Sexualität im Vorschulalter umfassen ein breites Spektrum an Lust- und Befriedigungsmöglichkeiten. Dabei dominieren Unbefangenheit, Spontaneität, Neugier, Entdeckungslust, Selbstbefriedigung, Selbsterkundungen am Körper. Wissbegier, aber auch Scham oder das Gegenteil und manche zunächst unverständliche oder unbeholfene Äußerungen sind altersgerecht und damit normal.

Aufgabe

Setzen Sie sich mit folgendem Fallbeispiel auseinander:

Beispiel: *Eine Erzieherin überrascht einen sechsjährigen Jungen allein in der Kuschelecke mit heruntergezogener Hose beim Onanieren. Die Erzieherin könnte folgendermaßen reagieren:*

- *Variante 1: Sie deutet an, dass er sofort damit aufhören solle, redet aber nicht weiter mit ihm über den Vorfall.*
- *Variante 2: Sie geht weg und redet mit dem Jungen kurz darauf mit dem Ziel, dass er das doch lieber in geschützteren Situationen machen solle.*
- *Variante 3: Sie geht aus der Situation heraus und unternimmt nichts weiter.*
- *Variante 4: Sie übersieht den Jungen, lässt sich nichts anmerken und spricht erst eine Kollegin und später die Eltern des Jungen auf Selbstbefriedigung an.*
- *Variante 5: … (hier können noch andere Alternativen formuliert werden)*

Sexuelle Übergriffe unter Kindern

Im sexuellen Verhalten von Mädchen und Jungen gibt es Situationen, die möglicherweise auf Grenzüberschreitungen hinweisen. Dabei ist es wichtig, sexuelle Übergriffe unter Kindern nicht mit sexuellem Missbrauch zu verwechseln. Beim sexuellen Missbrauch führt der Erwachsene sexuelle Handlungen mit oder an Kindern aus. Das ist immer sexuelle Gewalt. Bei sexuellen Handlungen zwischen Kindern handelt es sich zunächst um Aktivitäten, die völlig normal sind, wenn sie ohne irgend eine Form von Fremdbestimmung, also nicht gegen den erklärten Willen eines der beteiligten Kinder ausgeübt werden. Jedoch kann ein Kind seine Überlegenheit in der Gruppe dazu nutzen, gegenüber einem anderen Kind tatsächlich übergriffig zu werden. Dabei ist das Merkmal der Unfreiwilligkeit abhängig von der konkreten Situation. So kann eine sexuelle Aktivität unter Kindern in einem bestimmten Kontext auf freiwilliger Basis geschehen und in einem anderen durchaus erzwungen worden sein – es ist nicht immer ganz eindeutig, ob es sich um einen sexuellen Übergriff handelt oder nicht. Deshalb muss genau beobachtet, differenziert analysiert werden. Außerdem sind mit allen beteiligten Kindern getrennt Gespräche zu führen, um dann kontext- und situationsangemessen reagieren zu können. Wichtig ist der Blick auf die Gesamtsituation, denn beiden muss geholfen werden: dem übergriffigen Kind und dem betroffenen Kind.

2.6 Freundschaften und Beziehungen ernst nehmen

Kindertagesstätten und später die Schule sind für Kinder wesentliche Sozialräume, also Orte, an denen sie anderen Kindern begegnen und Freundschaften und Beziehungen aufnehmen, gestalten und auch wieder abbrechen können. Kinderfreundschaften sind äußerst vielgestaltig und reichen von naiv und unschuldig wirkenden Annäherungen zwischen Kindern über die Schwärmerei eines Jungen für eine Erzieherin bis zu vermeintlichen Liebesbeziehungen zwischen Kindern mit Heirats- und Kinderwunsch. Im Grundschulalter kommen die ersten „wirklichen" Verliebtheiten ebenso hinzu wie das Schwärmen für verschiedene Stars und Idole. Die Beziehungen von Kindern können dabei dramatische Formen annehmen. Eifersucht, Verletzungen, Kränkungen sind regelmäßig zu beobachten.

Die Frage von Kindern „Gehst Du mit mir?" muss ernst genommen und darf von Erwachsenen nicht belächelt werden. Dies gilt auch für die intensiven und leidenschaftlichen Freundschaften von Kindern ab dem vierten Lebensjahr und die schwärmende Zuneigung zu Erziehungspersonen. Für Kinder ist es eine wichtige Erfahrung, von einer gleichaltrigen Person gemocht oder geliebt zu werden. Ein liebevoller Umgang der Kinder untereinander sollte von Erziehenden nicht als vorübergehende Episode abgetan, sondern ernst genommen und als Chance angesehen werden, partnerschaftlichen Umgang zu erlernen. Wenn Kinder wegen missglückter Beziehungserfahrungen traurig sind, dürfen sie nicht mit Sprüchen von Erwachsenen wie „morgen wirst du das längst vergessen haben" abgefertigt werden. Gut ist, wenn Erziehende den Kindern signalisieren, dass Freundschaften etwas Besonderes und Wichtiges sind. Auch sollte Kindern genügend Freiraum für die Gestaltung von Beziehungen zugestanden werden. Auftretende Schwierigkeiten dürfen nicht verharmlost werden, sondern es sollte mit den Kindern zusammen nach Lösungsmöglichkeiten gesucht werden.

Aufgabe

Reflexion eigener Kinderfreundschaften

1. *Erinnern Sie sich an Ihre beste Freundin bzw. Ihren besten Freund aus der Kinderzeit. Schreiben Sie als Anhaltspunkt den Namen auf eine Karte. Auf der Rückseite malen Sie für diese Kinderfreundschaft ein Symbol. Anschließend beschäftigen Sie sich mit folgenden Impulsen:*

- *Was war mir an dieser Person besonders wichtig?*
- *Was hat unsere Beziehung geprägt bzw. zu etwas Besonderem gemacht?*
- *Was haben wir miteinander unternommen?*
- *Habe ich heute noch Kontakt zu ihr/ihm?*
- *Wenn ja, hat sich die Freundschaft inzwischen verändert?*

2. *Nach dieser Einzelarbeit tauschen Sie sich im Plenum über Gemeinsamkeiten und Unterschiede von Kinderfreundschaften aus. Diskutieren Sie dabei auch folgende Fragen:*

- *Wobei hat ihnen die Kinderfreundschaft entscheidend geholfen?*
- *Was ist mir heute in Beziehungen und in Freundschaften besonders wichtig?*

2.7 Sprache einüben

Aufgabe

Eine Einstiegsübung zum Thema „Sprache"

Sie benötigen Stifte und in ausreichender Anzahl vier verschiedenfarbige Karteikarten. Bilden Sie Gruppen mit maximal sechs Personen. Sammeln Sie alle Begriffe, die ihnen einfallen für

- *weibliches Geschlechtsorgan,*
- *männliches Geschlechtsorgan,*
- *Geschlechtsverkehr,*
- *Selbstbefriedigung.*

Nehmen Sie für jeden Begriff eine Farbe und wählen eine Person aus, die schreibt, während die anderen weitere Begriffe zu dem jeweiligen Oberbegriff nennen. Schreiben Sie pro Karte einen Begriff auf. Anschließend diskutiert die Gesamtgruppe über einzelne Begriffe und unterzieht jeden einer Bewertung.

In Gesprächen mit Kindern fällt es so manchem Erwachsenen schwer, Genitalien und sexuelle Handlungen selbstverständlich und klar zu benennen. Die Sprachlosigkeit vieler Eltern und Erzieher/-innen in Bezug auf Sexuelles bleibt Kindern nicht verborgen und trägt möglicherweise dazu bei, dass sie sich ganz besonders dafür interessieren und sich verbal auch provokant ausprobieren. Etwa im vierten und fünften Lebensjahr beginnen Kinder, Fragen nach dem Sinn von Dingen und deren Bezeichnung zu stellen. Aufmerksam verfolgen sie Erlebnisse und Ereignisse in ihrer Umgebung, nehmen wahr, wie Erwachsene über Sexualität reden. Sprachlosigkeit, Abwehr oder „Stirnrunzeln" von Erwachsenen kann Kinder irritieren und ein Signal sein, über dieses Thema nicht oder nur unter bestimmten Bedingungen zu sprechen.

Erziehende berichten, dass in letzter Zeit das sexuelle Vokabular von Kindern umfangreicher und vor allem „derber" geworden sei. Kinder benutzen Ausdrücke wie „Hure", „schwule Sau" oder „Fick dich" aus verschiedenen Gründen. Manchmal wollen sie einfach dazugehören oder sie haben mitbekommen, dass sich Jugendliche oder Erwachsene mit derartigen Begriffen provozieren lassen. Manchmal wollen sie andere Kinder aber auch bewusst verletzen. Zuweilen wollen sie Aufmerksamkeit erregen oder probieren ein Wort aus, ohne zu wissen, welche Bedeutung es hat. Verbote bewirken meist wenig und Vorschulkindern manche Begriffe genau zu erklären, hilft auch nicht, da sie diese aufgrund ihrer kognitiven Entwicklung manchmal noch nicht verstehen können. Wichtig ist, im Kontext der Situation zu erahnen, was der Gebrauch bestimmter provokanter Begriffe gerade jetzt bedeutet.

Meist geht es auch gar nicht darum, dass die Kinder wissen wollen, was eine „Fotze" eigentlich ist, sondern sie wiederholen eine abwertende Bezeichnung, um jemand anderen zu verletzen. Dann geht es nur darum, dieser Abwertung die Stirn zu bieten, ohne das Kind seinerseits zu erniedrigen. Es kann aber auch sein, dass ein Vierjähriger tatsächlich das weibliche Geschlechtsteil benennen möchte und kein anderes Wort kennt. Oder die Äußerung „Die ficken!" fasst alles zusammen, was mit dem noch geheimnisvoll-schlüpfrig Provokanten verbunden werden kann – und dann muss nicht sofort eine Sprachbelehrung folgen. Während eine Bemerkung wie „Fick doch deine Mutter" meist als eine vielleicht unbedachte, aber klare Beleidigung eingesetzt wird und eine sofortige Missbilligung nach sich ziehen sollte.

Kinder müssen eine sozial und situativ angemessene Sprache erst lernen.

Aufgabe

„Was ist Sex?" – ein Rollenspiel

Die Situation: Maren (6) und Jan (9) kommen vom Spielen nach Hause. Ihre Mutter steht in der Küche und bügelt. Maren fragt: „Mama, was ist eigentlich Sex?" Die Mutter antwortet: „Dafür habe ich jetzt keine Zeit. Geht mal Papa fragen, der kann euch das bestimmt sagen." Die Kinder gehen ins Wohnzimmer, wo der Vater auf dem Sofa sitzt und in ein Buch vertieft ist. Jan fragt: „Papa, was ist Sex?" Der Vater reagiert: „Wie kommt ihr denn auf solchen Schweinkram?! Dafür seid ihr noch zu klein. Geht spielen!"

***Erste Runde:** Die Rollen werden verteilt und das Rollenspiel geht spontan los. Es wird so lange gespielt, bis die Akteure ins Stocken geraten. Anschließend wird das Erlebte ausgewertet.*

***Zweite Runde:** Die Rollen werden verteilt. Diejenigen, die im Rollenspiel die Kinder spielen, bekommen den Auftrag, „nicht locker zu lassen". Anschließend wird das Erfahrene erneut ausgewertet.*

Auswertungsgesichtspunkte:

- *Wie wurde die Situation verändert?*
- *Welche Fragen und Antworten gab es?*
- *Wurden die Fragen der Kinder beantwortet?*
- *Wie habt ihr euch in den jeweiligen Rollen gefühlt?*
- *Welche Konsequenzen können aus diesem Rollenspiel für die Arbeit in Kindertagesstätten gezogen werden?*

2.8 Geschlechtsrollen flexibilisieren

Frauen dominieren in der Alltagswelt von Kindern. In den meisten Kindertagesstätten mangelt es an männlichem Personal. Männer und Frauen übernehmen, wenn sie sich engagieren, meist unterschiedliche Verantwortung und bringen etwas jeweils Besonderes in die Kindererziehung ein. Auch wenn Männer heute durch Elternzeit die Möglichkeit haben, sich um den Nachwuchs zu kümmern, hat sich in der Abwesenheit der Männer bei der Erziehung von Kindern bisher nur wenig verändert. Der Wunsch mancher Männer, mehr für ihre Kinder präsent sein zu wollen, scheitert häufig an der Haltung des Arbeitgebers und an der ökonomischen Situation der Familie.

In vielen pädagogischen Einrichtungen werden nach wie vor unterschiedliche Eigenschaften und Verhaltensweisen von Mädchen und Jungen verstärkt. Während Jungen oftmals auf die „Außenwelt" – Sachlichkeit, Körperferne, Funktionalität, Kontrolle – vorbereitet werden, wird Mädchen in der Regel die „Innenwelt" – Versorgung, Verständnis,

Emotionalität, Beziehung – zugewiesen. Es bleibt zu fragen, ob die Zärtlichkeit eines Jungen für Erzieher/-innen ebenso selbstverständlich ist und weibliche Körperkraft ebenso gelobt wird. Viele Jungen haben es im Kindesalter besonders schwer bei der Identitätssuche, weil **männliche Modelle** fehlen, mit denen sie sich identifizieren können, deren Verhalten Orientierung bietet und deren Unterstützung von Jungen dringend gesucht wird. Mädchen fehlt vor allem die Möglichkeit, sich mit gegengeschlechtlichen Erwachsenen auseinanderzusetzen, z. B. von Männern zu schwärmen, sich von ihnen abzugrenzen oder sich ihnen anzunähern. Mädchen fallen im Alltag der Kindertagesstätten weniger auf und sind seltener Gegenstand von Fallbesprechungen, weil sie den an sie gestellten Erwartungen eher entsprechen. Daher bekommen sie meist weniger positive bzw. negative Aufmerksamkeit als Jungen.

Die Entwicklung von Rollenflexibilität und der Abbau von Rollenfixierung sind übergeordnete Ziele einer geschlechtsbewussten Erziehung. Im Alltag von Kindertagesstätten sind geschlechtstypische Verhaltensweisen und die klare Unterscheidung von Mädchen und Jungen auch ein notwendiger Teil der Geschlechtsrollenentwicklung. Mädchen und Jungen vergewissern sich mit zunehmendem Selbstbewusstsein ihrer Geschlechtsidentität und Geschlechtsrolle. Die Differenzierung der Geschlechtsrollen in der weiteren Entwicklung von Kindern kann aktiv von Erzieherinnen und Erziehern begleitet werden. Zeitweise geschlechtsgetrennte Gruppen sind eine Möglichkeit, gerade in schwierigen oder stark altersheterogenen Gruppen Konflikte, Provokationen und Scham zu vermeiden. Konflikte zwischen Mädchen und Jungen generell zu vermeiden, kann aber nicht Ziel einer geschlechtsbewussten Erziehung sein.

Aufgabe

Erstellen Sie in geschlechtsgetrennten Gruppen jeweils eine Collage zu männlicher und weiblicher Sexualität. Sie benötigen Zeitschriften bzw. Illustrierte, große Bögen Papier und Bastelmaterial.

Anschließend werden die Collagen in der Gesamtgruppe vorgestellt. Die Unterschiede zwischen den Geschlechtern werden begründet und festgehalten.

In einem weiteren Schritt wird nun ein Zusammenhang zum Arbeitsfeld der Kindertagesstätte hergestellt. Dabei sollen folgende Fragen Impulse für die weitere Auseinandersetzung geben:

- *Wie hängen Unterschiede im sexuellen Erleben von Frauen und Männern mit (früh) kindlichen Erfahrungen zusammen?*
- *Welche geschlechtsspezifischen Unterschiede in der sexuellen Entwicklung lassen sich beschreiben?*
- *Wie reagiere ich als Erzieher/-in auf sexuelle Ausdrucksformen von Mädchen bzw. Jungen?*
- *Was will ich als Erzieher/-in Mädchen, was Jungen vermitteln?*

2.9 Elternarbeit pflegen

Sexualerziehung in Kindertagesstätten ist eine **familienergänzende Maßnahme** und ohne Kooperation mit den Eltern nur schwer möglich. Erziehende der Einrichtung sind auf die Mitarbeit und Informationsbereitschaft der Mütter und Väter oder anderer wichtiger Bezugspersonen angewiesen. Eltern haben im Laufe der Zeit in verschiedenen Lebenssituationen auch die sexuellen Bedürfnisse ihrer Kinder kennengelernt und entsprechende Kompetenzen im Umgang damit erworben. Das Alltagswissen der Eltern und Bezugspersonen kann für die Erzieherinnen und Erzieher hilfreich sein, Kinder in ihren sexuellen Ausdrucksformen in der Einrichtung zu verstehen. Auch können die Mitarbeiterinnen und Mitarbeiter der Kindertagesstätte ihr theoretisches und praktisches Wissen über kindliche Sexualität sowie Beobachtungen und Deutungen aus dem Alltag an die Eltern weitergeben und somit in den familiären Bereich hineinwirken.

Familie und Kindertagesstätte sind zwei unterschiedliche **Sozialisationsinstanzen**, in denen unterschiedliche Erziehungsstile, Werte, Einstellungen und Sichtweisen bezogen auf die Sexualität von Kindern aufeinanderprallen können. Alle Eltern wollen ihre Kinder in der Entwicklung unterstützen, aber bei der Sexualerziehung fühlen sich manche Eltern unsicher, überfordert und sprachlos. Auch können unterschiedliche Vorstellungen über kindliche Sexualität oder die angemessene Sexualerziehung im Kindesalter die Zusammenarbeit erschweren, z. B. bei unterschiedlichem kulturellen Hintergrund. Eltern tragen eventuell auch unterschiedliche Erwartungen an die Kindertagesstätte heran. So kann es vorkommen, dass ein Teil der Eltern davon ausgeht, dass dort die sexuelle Aufklärung übernommen werde, während sich andere Eltern jegliche Einmischung verbitten. Die professionellen Fachkräfte sitzen manchmal „zwischen den Stühlen", wenn es darum geht, zwischen den Entwicklungsbedürfnissen des Kindes und den Vorstellungen der Eltern im Kontext kindlicher Sexualität zu vermitteln. Kommunikation ist notwendig und braucht auf beiden Seiten Zeit. Konflikte sind dann nicht immer zu vermeiden, sie sollten aber grundsätzlich nicht auf dem Rücken der Kinder ausgetragen werden.

Elterngespräche und **Elternabende** zur kindlichen Sexualität unterstützen die sexualpädagogische Arbeit in der Kindertagesstätte. Elterngespräche bieten sich an, wenn Eltern Fragen zur Sexualität ihres Kindes haben. Elternabende eignen sich besonders für Informationen zur kindlichen Sexualität. Gut ist manchmal, eine sexualpädagogische Fachkraft dazu einzuladen, die von außen ihre Sicht der Dinge einbringt und eine möglicherweise entstandene Konfrontation zwischen Eltern und Erzieherinnen und Erziehern aufzulösen hilft. Der Austausch der Eltern in einem größeren Kreis über ihre Ängste und Wünsche ist erst dann naheliegend, wenn eine Atmosphäre der Sachlichkeit, der Kompetenz und des Vertrauens existiert. Fachkräfte der Sexualerziehung sind meist darin geschult, solche Situationen herbeizuführen. Die Eltern können dabei viel für ihre eigene familiäre Situation lernen. Sie haben zur Sexualität ihrer Kinder oft viele Fragen, benötigen grundlegende Informationen über die psychosexuelle Entwicklung ihrer Kinder und müssen befähigt werden, akzeptierend und sowohl einfühlsam als auch sachlich über Sexualität zu reden. Eine gute Gesprächsführung durch eine Fachfrau oder einen Fachmann in der Elterngruppe ermöglicht es ihnen vielleicht, mit ihren Kindern ähnlich umzugehen.

Erzieherinnen und Erzieher müssen **Eltern aus anderen Kulturen** das Gefühl vermitteln, dass sie und ihre Kinder in ihrer Kultur und Andersartigkeit verstanden werden. Das persönliche Interesse an den Lebensbedingungen dieser Familien ist hierbei ein wichtiger Aspekt. Auch wenn die Familien mit Migrationshintergrund schon viele Jahre in der Bundesrepublik Deutschland leben, sind sie häufig den Vorstellungen ihrer Herkunftskultur über Sexualität und Zusammenleben treu geblieben.

Die Kinder dieser sogenannten „dritten Generation", mit denen die Fachkräfte in der Kindertagesstätte zu tun haben, müssen häufig einen Mittelweg finden. Sie schwanken zwischen den liberalen westlichen Vorstellungen von Liebe und Sexualität einerseits und den in ihren Familien tradierten Auffassungen andererseits. Insbesondere viele türkische Eltern wünschen sich, dass ihre Kinder nicht zu sexuellen Spielen ermuntert werden. Wenn jedoch das Verhalten einzelner Kinder ein sexualpädagogisches Eingreifen von Seiten der Erzieherinnen erforderlich macht, wird das z. B. von türkischstämmigen Eltern meist akzeptiert. Manche der türkischstämmigen Eltern können sich unter Sexualerziehung nur wenig vorstellen. Von ihrem eigenen Schulbesuch in der Türkei kennen sie nur die biologische Aufklärung. In der Regel sehen sie die Erzieher/-innen allerdings als kompetente und gut ausgebildete Fachkräfte an, die in bestimmten Bereichen mehr Wissen haben als sie selbst.

Selbstverständlich wollen türkische Eltern wie andere Eltern auch ihre Kinder vor sexuellen Übergriffen schützen. So trifft das Motto „Nur aufgeklärte Kinder sind geschützte Kinder" aus pädagogischer Perspektive auch auf diese Eltern zu, obwohl bei ihnen häufig ein anderes Bewusstsein existiert. In vielen türkischen Familien sind Fernseher, Videogeräte oder DVD-Player häufig eingeschaltet. So werden diese Kinder auch mit sexuellen Inhalten konfrontiert, können mit ihren Eltern jedoch nicht darüber sprechen. Ihre Fragen bringen sie dann in die Kindertagesstätte mit. Die Eltern sind mit einem Gespräch über Sexualität meist dann einverstanden, wenn das Interesse des Kindes offenkundig ist. In der Regel möchten sie jedoch auf keinen Fall, dass das Interesse bei den Kindern geweckt wird. Die Erfahrungen zeigen, dass Erzieher/-innen auch mit Eltern aus anderen Kulturen über das Thema „Sexualität" gut ins Gespräch kommen können. Dabei müssen sie den Eltern jedoch die Gewissheit vermitteln, dass sie den kulturellen Hintergrund ihrer Kinder in der Kindertagesstätte berücksichtigen und sensibel damit umgehen.

Aufgabe

Formulierung von Elternfragen zur Sexualität ihrer Kinder

Sie bilden zwei Gruppen, nehmen einen Perspektivwechsel vor und formulieren Fragen zur sexuellen Entwicklung von Kindern zwischen einem Jahr und zwölf Jahren sowie zur Sexualerziehung in der Kindertagesstätte aus Elternsicht. Dabei können Praktikumserfahrungen (oder ggf. eigene Erfahrungen als Eltern) genutzt werden. Auch Elternfragen, vor denen sie „Angst" haben, sollen gestellt werden.

Anschließend entscheiden sich die beiden Gruppen für jeweils fünf Fragen, die ausgetauscht werden.

Nun haben die Gruppen Zeit, sich auf die Elternfragen der anderen Gruppe vorzubereiten und diese auch zu beantworten.

Zum Schluss noch eine etwas aufwendigere Aufgabe, die sich mit der Analyse von Aufklärungsbüchern befasst.

Aufgabe

Analyse von Aufklärungsbüchern für Kinder zwischen drei und 10 Jahren

Stellen Sie sich vor, Sie erhalten den Auftrag, für die Fachzeitschrift „Theorie und Praxis der Erziehung", herausgegeben von der Fachschule für Sozialpädagogik, eine Rezension über ein sexualpädagogisches Aufklärungsbuch für Kinder zwischen drei und 10 Jahren zu schreiben.

Ziele:

1. *Anfertigung der Rezension*
2. *Kriterien für die Beurteilung der Bücher heranziehen und sie danach beurteilen*
3. *das Buch in der Gesamtgruppe darstellen*

Folgende Beurteilungskriterien sollen dabei zugrunde gelegt werden:

a) Inhaltliche und darstellende Gesichtspunkte:

1. *Stellen Sie dar, welche sexualpädagogischen Inhalte das Buch vermittelt.*
2. *Beurteilen Sie, ob die Inhalte sachgerecht dargestellt werden.*
3. *Vergleichen Sie Text- und Bildmaterial.*
4. *Untersuchen Sie die Sprache der Texte hinsichtlich Stil, Wortwahl, Verständlichkeit, Anschaulichkeit …*
5. *Stellen Sie fest, inwiefern geschlechtsspezifische Unterschiede berücksichtigt werden.*

6. *Vergleichen Sie den Inhalt mit der Präsentationsform des Buchs (Aufmachung, Titelbild, Inhaltsverzeichnis, Aufteilung ...)*

b) Beurteilung des Buchs:

1. *Stellen Sie dar, welche Absicht die Autorin/der Autor vermutlich mit dem Buch verfolgt.*
2. *Beschreiben Sie, für welche Zielgruppe das Buch vermutlich verfasst worden ist und welche Wirkungen es bei den Leserinnen und Lesern erzeugen könnte.*
3. *Begründen Sie abschließend, ob Sie das Buch für Kinder empfehlen würden bzw. ob Sie es in der Arbeit mit Kindern einsetzen würden.*

3 Sexualerziehung im Jugendalter

3.1 Einleitung und Reflexionsangebot

Im letzten Kapitel wurde deutlich gemacht, dass Kinder von Anfang an sexuelle Wesen sind und dass Sexualität wohl für die meisten Menschen lebenslang ein (mehr oder weniger) wichtiges Thema ist. Aber es ist wohl das Jugendalter, in dem Sexualität von besonderer Bedeutung und bisweilen das Thema Nummer eins ist. Auch wenn immer wieder einmal die Meinung geäußert wird, dass Jugendliche heute doch schon alles wüssten, was zum Thema wichtig ist: Wer als Erzieherin oder Erzieher mit Jugendlichen zu tun hat, wird regelmäßig damit konfrontiert, dass es auch Jugendliche gibt, die Fragen zum Thema haben und direkt oder auch indirekt signalisieren, dass bei ihnen Gesprächs- und auch Aufklärungsbedarf besteht. In diesem Kapitel geht es darum, wie in der Arbeit mit Jugendlichen auf das Thema „Sexualität" eingegangen werden kann.

Dabei ist vorab hervorzuheben, dass es wenig sinnvoll ist, von „der" (Jugend)sexualität zu sprechen und wir Individuen und nicht Durchschnittsjugendliche betrachten sollten. Zudem können wir nicht einmal von einem einheitlichen Begriff bzw. Verständnis von Jugend ausgehen. Deshalb möchten wir, bevor es um das „eigentliche" Thema geht, Sie an dieser Stelle bitten, sich grundsätzlich damit auseinanderzusetzen, was denn das Besondere am Jugendalter ist.

Aufgabe

Die Lebensphase Jugend kann unter Umständen sehr lange andauern, manchmal scheinbar bis zum Lebensende aufrechterhalten werden. Was ist in der Regel gemeint, wenn von „Jugend" gesprochen wird? Was wird im Allgemeinen mit diesem Begriff assoziiert?

Vergleichen Sie die Begriffe „Jugend" und „Jugendlichkeit" miteinander. Notieren Sie zu jedem Begriff mindestens sieben Assoziationen. Betrachten Sie anschließend ihre Listen. Markieren Sie Wörter, die gesellschaftlich positiv bewertet werden mit einem Plus und Begriffe, die negative Assoziationen hervorrufen, mit einem Minus. Was fällt Ihnen auf?

Vielleicht haben Sie in diesem Zusammenhang auch die besondere Bedeutung der Sexualität für Jugendliche notiert. Schließlich begeben sich viele in dieser Phase auf (nicht nur) sexuelle Entdeckungstour und erleben ihr „erstes Mal". Doch – was ist hiermit eigentlich gemeint?

Aufgabe

In dem empfehlenswerten Methodenband „Sexualpädagogik der Vielfalt" (herausgegeben von Stefan Timmermanns und Elisabeth Tuider) wird ein didaktischer Impuls beschrieben, der mit Jugendlichen ab 13 Jahren durchgeführt werden kann. Hierbei können sich diese über Wünsche und Ängste, Vorstellungen und Fantasien austauschen (vgl. Timmermanns/Tuider, 2008, S. 158 f.). Bevor Sie diese Übung mit Jugendlichen ausprobieren, möchten wir Sie bitten, sie selbst einmal zu bearbeiten.

Im Leben eines jeden Menschen, vor allem in der Jugendphase, gibt es nicht nur ein erstes Mal. Schauen Sie sich die folgenden Ereignisse an: Welche Wünsche, Hoffnungen, Unsicherheiten und Ängste fallen Ihnen zu diesen Situationen ein? An welche Gefühle können Sie sich erinnern?

Das erste Mal …

Eifersucht, Selbstbefriedigung, einen Liebesbrief schreiben, sich verlieben, Petting, Schmetterlinge im Bauch, küssen, Liebeskummer, einen Korb bekommen, miteinander schlafen, den Partner/die Partnerin den Eltern vorstellen, ohne Eltern verreisen, schwärmen …

Fallen Ihnen noch mehr erste Male ein? Welches war für Sie besonders wichtig oder prägend? Welche ersten Male fanden in Ihrer Jugend statt?

Schon bei der Diskussion um das „echte erste Mal" wird möglicherweise eine Hierarchisierung von Sexualität deutlich: Als richtiger Sex wird der Geschlechtsverkehr, die körperliche Vereinigung von Mann und Frau angesehen. Dies kann dazu beitragen, dass nicht heterosexuelle Jugendliche sich ausgeschlossen oder unter Druck gesetzt fühlen. Darauf wird im Verlauf des Kapitels noch weiter einzugehen sein. Vorerst soll nur auf diese besondere Situation aufmerksam gemacht werden.

Erzieherinnen und Erzieher die z. B. in Ganztagsschulen tätig sind, und Freizeitangebote mitgestalten sollen, werden möglicherweise damit konfrontiert, dass am Nachmittag noch einmal diskutiert wird, was am Vormittag im Unterricht behandelt worden ist – z. B. wenn es dort um das Thema „Sexualität" ging. Wie bereits aufgezeigt wurde, ist Sexualaufklärung fester Bestandteil des schulischen Lehrplans, doch sind auch heute immer noch nicht alle Eltern damit einverstanden. Manche sind der Meinung, Sexualaufklärung sei ausschließlich Aufgabe des Elternhauses.

Wir möchten Sie deshalb bitten, sich mit solchen Problemen auseinanderzusetzen, mit denen Sie auch bei Ihrer Arbeit konfrontiert werden können.

Aufgabe

Diskutieren Sie folgende Fragen in Kleingruppen von maximal vier Personen:

- *An welche Personen haben Sie sich in Ihrer Jugend mit Fragen zur Sexualität gewendet und warum konnten Sie sich ihnen anvertrauen?*
- *Gehört das Thema „Sexualität" in den Lehrplan der Schule? An welche Themen aus dem Sexualkundeunterricht können Sie sich erinnern? Welche Themen sollten auch in der Schule unter bestimmten Bedingungen besprochen werden? Wie müssen diese Bedingungen aussehen? Was ist in einer Ganztagsschule möglich? Sind alle Lehrerinnen und Lehrer geeignete Ansprechpersonen?*
- *Gehört das Thema „Sexualität" ausschließlich in das Elternhaus? Welche Sorgen könnten dahinterstecken, wenn Eltern ihre Kinder nicht in den Sexualkundeunterricht der Schule gehen lassen wollen? Wie könnten Sie diesen Sorgen begegnen?*
- *Welche Vor- oder auch Nachteile hat es in der Jugendverbandsarbeit oder der offenen Jugendarbeit, mit Jugendlichen über Sexualität ins Gespräch zu kommen?*

Auch wenn in der Schule über Sexualität informiert wird: Eine mindestens ebenso große Rolle spielt das Thema in der offenen Jugendarbeit. Hier werden in Gruppen- oder Einzelgesprächen Fragen gestellt, aber auch Witze und Sprüche gemacht, und manchmal werden dabei Grenzen überschritten. Oft versteckt sich dahinter Unsicherheit und tatsächliche Wissbegier, die nicht offen gezeigt werden kann. Das stellt Menschen in pädagogischen Arbeitsfeldern vor besondere Herausforderungen.

Aufgabe

Stellen Sie sich vor, Sie arbeiteten in einer Einrichtung der offenen Jugendarbeit, beispielsweise in einem Haus der offenen Tür. Dort kommt es zu folgenden Situationen:

- *Es sind mehrere Jugendliche zwischen 13 und 19 Jahren anwesend. Zwei Jungen, 15 und 18 Jahre alt, sitzen am PC und surfen im Internet. Sie werden von ihnen dazugebeten, weil Sie sich etwas ansehen sollen. Auf dem Bildschirm wird eine Sexstellung in Wort und Bild beschrieben. Sie werden gefragt, ob Sie die Stellung kennen.*
- *Sie sitzen mit zwei Mädchen, 14 und 16 Jahre alt, und einem 14-Jährigen Jungen an einem Tisch und unterhalten sich. Der Junge beginnt zunächst scherzhaft und unterschwellig mit sexuellen Andeutungen. Er steigert sich und beginnt mit sexualisierten Verhaltensweisen: Breitbeinig sitzen und scheinbar zufällig den Schritt berühren, einen Lollipop im Mund rein und raus bewegen, Stöhnen …*

Wie reagieren Sie? Macht es in diesen Situationen einen Unterschied, ob Sie selbst männlich oder weiblich sind? Wie würden Sie die Situation lösen, wenn sie in einem Zweier-Team arbeiten würden?

Grundsätzlich bietet es sich an, in geschlechtshomogenen Gruppen zu arbeiten, wenn über Sexualität gesprochen wird. So können intime Fragen gestellt und über Schwärmereien gesprochen werden, ohne dass Einzelne das Gesicht zu verlieren. Auch können religiöse oder persönliche Grenzen besser eingehalten werden. Dafür ist es sicherlich sinnvoll, die Gruppe in Jungen und Mädchen zu teilen. Doch was passiert, wenn sich nicht alle Jugendlichen eindeutig einteilen können oder wollen?

Aufgabe

Sie haben geplant, eine Gruppe von 13- und 14-jährigen Mädchen und Jungen nach Geschlecht zu trennen. Ein Mann soll mit den Jungen arbeiten, eine Frau thematisiert Sexualität mit den Mädchen. Auch einige der Jugendlichen haben den Wunsch geäußert in geschlechtshomogenen Gruppen zu arbeiten. Aber dann kommt es zu einem unerwarteten Vorfall, Alexander bricht in Tränen aus. Sie hatten bereits registriert, dass Alexander sich ausschließlich mit Mädchen unterhält, kichert, lackierte Fingernägel hat und die langen Haare zu einem Zopf gebunden trägt. Jetzt weigert er sich, in die Gruppe der Jungen zu gehen, möchte mit Alex angesprochen werden und behauptet, zu den Mädchen zu gehören. Alex möchte nicht mit Jungen über Sexualität sprechen. Wie reagieren Sie?

3.2 Auch im Jugendalter äußert sich Sexualität vielfältig

Schon im Einleitungskapitel wurde darauf hingewiesen, dass Sexualität sich ganz unterschiedlich äußern kann. Deshalb wollen wir, bevor wir noch einmal auf die Jugendphase mit all ihren – nicht nur sexualpädagogisch – herausfordernden Themen eingehen, uns dem Thema „Vielfalt" bzw. „Diversity" widmen.

Sexualpädagogik heute ist ohne die Diversity-Perspektive nicht mehr zeitgemäß. Schließlich begegnen die (ganz unterschiedlichen) pädagogischen Fachkräfte vielfältigen Lebensweisen, Orientierungen, Subkulturen und Einstellungen. Damit positiv umzugehen stellt eine besondere Herausforderung dar. Zwar sollte das Potenzial der vielen vorhanden Möglichkeiten und Fähigkeiten individuell und optimal gefördert und genutzt werden, doch birgt gerade diese Vielfalt Stolpersteine, die viel an Reflexion, Wissen und Erkenntnis voraussetzen. Aber einmal verinnerlicht lässt diese besondere „Brille" viele Dinge klarer erscheinen, ermöglicht andere pädagogische Zugänge und kann sogar das eigene Leben auf den Kopf stellen.

In der sexualpädagogischen Arbeit geht es darum, Jugendliche dabei zu unterstützen, mit einer Fülle an Optionen und Lebensweisen konstruktiv umzugehen. Freiheit und Gestaltungsmöglichkeiten auch jenseits normativer Vorstellungen bedeuten aber auch weniger Orientierung und Halt. Das aber suchen junge Menschen durchaus. Und somit gilt es hier, einen Rahmen zu schaffen, der die Selbstkontrolle der Jugendlichen fördert, Wahlmöglichkeiten als Entscheidungsmöglichkeiten sicherer werden lässt und jenseits von starren Normen und rigiden Moralvorstellungen ein „Sowohl-als-auch" fördert. Dabei müssen pädagogische Fachkräfte bei sich selbst ansetzen.

Schauen wir uns zunächst einmal an, was uns an Vielfalt in einer Gesellschaft bzw. in einer Gruppe von Menschen begegnen kann. Auch dazu möchten wir Sie bitten, eine Übung, die Sie mit Jugendlichen durchführen können, selbst auszuprobieren. Verdeutlicht werden soll, dass in jeder Gruppe, unabhängig davon, nach welchem Kriterium diese Aufteilung vorgenommen wird, Unterschiede und Gemeinsamkeiten vorhanden sind (vgl. Timmermanns/Tuider 2008, S. 44–46).

Aufgabe

Methode: Differenz-Detektive

Finden Sie sich in Kleingruppen zusammen. Jede Kleingruppe erhält den Auftrag, mindestens zehn Unterschiede und mindestens fünf Gemeinsamkeiten zwischen den Teilnehmenden der Kleingruppe zu finden. Finden Sie noch mehr? Sammeln Sie die Gemeinsamkeiten und die Differenzen auf Moderationskarten. Verwenden Sie für jedes Merkmal eine Karte. Stellen Sie die Merkmale im Plenum vor (Beispiele: Haarfarbe, Haarlänge, Schuhgröße, Anzahl der Geschwister, Fremdsprachenkenntnisse, Schulbildung, Religion, Brille, Schnurrbart, Instrument spielen, sexuelle Orientierung ...). Beschriften Sie je ein Plakat mit folgenden Kategorien:

- *gesellschaftlich unwichtig,*
- *gesellschaftlich benachteiligend,*
- *gesellschaftlich von Vorteil.*

Nehmen Sie die Moderationskarten mit den Merkmalen und ordnen Sie diese den drei Kategorien zu. Besprechen Sie sich bei Unsicherheiten oder Unstimmigkeiten im Plenum.

Nehmen Sie nun die Merkmale Ihrer Kleingruppe aus der Kategorie „gesellschaftlich benachteiligend" und diskutieren Sie anhand folgender Fragestellung:

„Was müsste sich in der (deutschen) Gesellschaft verändern, damit die als gesellschaftlich benachteiligend eingeordneten Merkmale keine negativen Auswirkungen mehr haben und in die Kategorie „gesellschaftlich unwichtig" eingeordnet werden könnten? Finden Sie konkrete Beispiele, um Ihre Aussage zu verdeutlichen."

Allgemeine Einstiegsfragen zum Thema „Vielfalt“ könnten sein:

- Wie wäre die Welt, wenn alle Menschen gleich wären?
- Welche Nachteile hat es, dass Menschen unterschiedlich sind? Welche Vorteile?
- Worauf kommt es beim Zusammenleben zwischen Menschen mehr an: auf ihre Unterschiede oder auf die Gemeinsamkeiten?

Viele dieser Merkmale sind für uns persönlich wichtig, machen uns zu dem Menschen, der wir sind oder sein wollen. Durch Unterschiede können wir uns von anderen abgrenzen, individuell sein. Gemeinsamkeiten hingegen geben uns das Gefühl, akzeptiert und Teil einer Gemeinschaft zu sein. Unterschiede wahrzunehmen und sie zu benennen ist durchaus sinnvoll. Problematisch wird es aber, wenn solche Unterschiede in Auf- bzw. Abwertungen münden und die Differenzen dazu dienen, andere auszugrenzen (vgl. Timmermanns/Tuider, 2008, S. 37). So neigen wir dazu, Menschen in Mädchen und Jungen, in Menschen mit und ohne Behinderung, in Deutsche aus Ost oder West oder in Bürger mit und ohne Migrationshintergrund usw. einzuteilen. Oft steht dahinter das Ziel, zu vereinfachen, Gemeinsamkeiten zu finden. Schließlich bietet dieses Vorgehen Halt und gibt Orientierung. Doch geht dabei in der pädagogischen Arbeit auch viel verloren. Und ganz nebenbei: Auch scheinbar homogene Gruppen sind in sich wiederum vielfach different.

Das Verhalten einzelner Menschen wird gern als für eine bestimmte Gruppe typisch verallgemeinert, besonders wenn dies den gängigen Vorurteilen und Stereotypen entspricht. Verschleiert wird dabei, dass Menschen selten nur einer Kategorie zugeordnet werden können. Ihre Individualität aber geht verloren, wenn der Blick nur auf ein Merkmal gerichtet wird.

Dass „die Jugend“ viele Gesichter hat, sollten sich Pädagoginnen und Pädagogen stets bewusst machen.

Differenziert wird dann zudem oft nach einem „Entweder-Oder“: schwarz oder weiß, hetero- oder homosexuell, deutsch oder mit Migrationshintergrund usw.

Solche „Achsen der Ungleichheit“ sind nicht nur dichotom, also sozusagen zweipolig, sie tragen auch dazu bei, Hierarchien in unserer Gesellschaft zu produzieren und zu verfestigen. So repräsentieren die Pole immer auch Normen, auch wenn dies gar nicht so recht bewusst ist. Hier gegenzusteuern und Vielfalt wahr- und ernst zu nehmen, ist sicher auch eine Aufgabe von Pädagogik. Und so fragt sie nicht, was „normal“ sei, sondern sie hinterfragt vielmehr solche Normen und die dazugehörenden Machtstrukturen. Normen als solche zu entdecken ist nicht immer leicht: Schließlich werden sie selten so benannt oder erklärt. Sie können aber durch ihre Unsichtbarkeit entlarvt werden und erklären sich häufig in Abgrenzung zu dem Abweichenden.

> ***Beispiel:*** *Desiree setzt sich zu Ihnen an den Tisch und erklärt: „Ich treffe mich gleich mit meinem besten Freund. Der ist schwul.“ Weil die sexuelle Orientierung nicht der Norm entspricht, hebt Desiree dieses Merkmal heraus, um Ihnen ein eindeutiges Bild von ihrem Freund zu vermitteln. Und vermutlich wären die meisten Menschen, die mit dieser Aussage konfrontiert werden, nicht einmal irritiert. Aber was wäre, wenn Desiree Ihnen erklärt: „ Ich treffe mich gleich mit meinem heterosexuellen besten Freund.“ Oder: „Ich treffe mich gleich mit meinem besten Freund. Der steht auf Frauen.“*
> *Das bewusste Benennen der sexuellen Norm führt vermutlich zu Irritationen. Etwas Selbstverständliches muss doch nicht erwähnt werden. Oder doch ...?*

Ein Anliegen der sexualpädagogischen Arbeit sollte es auch sein, einen bewussten Umgang mit Macht und Differenz zu finden, um dadurch Diskriminierungen sichtbar zu machen (vgl. Timmermanns/Tuider, 2008, S. 37).

Der von der existierenden Vielfalt ausgehenden Sexualpädagogik liegt keine Defizit- oder Minderheitenperspektive zugrunde. Sie folgt vielmehr einer Differenzperspektive, die sie kritisch zu reflektieren trachtet. Das heißt, unter dem Aspekt der Vielfalt geht es einer emanzipatorischen Sexualpädagogik um das Thematisieren und Reflektieren von gesellschaftlichen Normen, Normalitäten und Identitätszwängen. Sie verfolgt das Ziel, Vielfalt lebendig erfahrbar zu machen. Dabei sind aber auch die mit dem Thema „Vielfalt“ einhergehenden Ängste, Unsicherheiten und Verwirrungen ernst zu nehmen.

> ***Jeder Mensch ist niemals „nur“ Frau oder Junge oder Lesbe oder Gymnasiast oder Moslem oder Christ oder Punk, sondern die Summe verschiedener sozialer Positionen und im Laufe der Zeit auch ganz vieler Merkmale, die sich in ihren Ausprägungen wandeln können.***

Mithilfe der folgenden Methode sollten Sie selbst noch einmal überdenken, welche Aspekte der Vielfalt für Sie von Bedeutung sind, wo Sie sich mächtig, wo ohnmächtig fühlen (vgl. Timmermanns/Tuider, 2008, S. 55–57).

Aufgabe

Übung: Die Blume der Macht

Schauen Sie sich die Blütenblätter an und markieren Sie dann das innere oder das äußere Blütenblatt, das für Sie zutreffend ist. Finden Sie noch andere, für Sie wichtige Differenzkategorien?

Beantworten Sie (für sich) folgende Fragen. Vermeiden Sie dabei Verallgemeinerungen („wir", „ihr").

- *Welche Positionen nehmen Sie ein? Welche Rollen werden Ihnen zugewiesen?*
- *Wo sind Sie in der machtvollen Position und genießen Privilegien? Wo stoßen Sie an unsichtbare Decken?*
- *Wie erleben Sie die Position am Rand, wie die im Zentrum?*
- *Wie können Sie in der bevorzugten bzw. in der benachteiligten Position handeln? Können Sie sich in alle Blütenblätter eindeutig einsortieren?*
- *Wie sinnvoll ist eine solche zweipolige Einteilung, z. B. für Jugendliche mit doppelter Staatsbürgerschaft?*
- *Wo trägt sich eine Frau ein, die zunächst mit einer Frau zusammengelebt hat und nun mit einem Mann verheiratet ist? Wo ein junger Mann, dessen Vater weiß und dessen Mutter schwarz ist?*

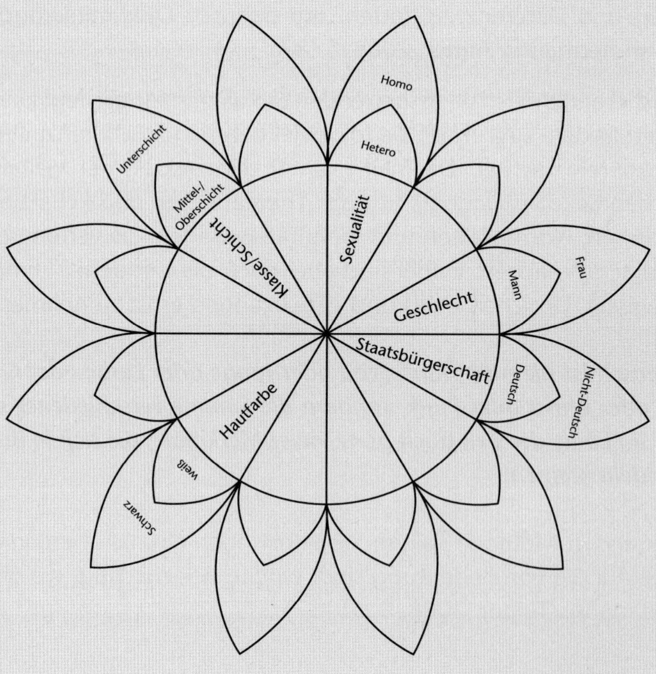

Arbeitsblatt zur Methode „Die Blume der Macht" (vgl. Timmermanns/Tuider, 2008, S. 55–57)

Um es noch einmal deutlich zu machen – dichotome Einteilungen sind in vielerlei Hinsicht fragwürdig geworden. Ehemals eindeutig männliches Verhalten wird oftmals als Macho-Gehabe entlarvt und ist gesellschaftlich oftmals nicht mehr erwünscht. Als weiblich geltende Verhaltensweisen, wie z. B. die Fähigkeit, über Gefühle zu reden, zuzuhören, empathisch zu sein, sind zu Schlüsselkompetenzen auch für Jungen geworden.

Und auch vielfältige Zuwanderungsgeschichten und multikulturelle Ehen führen dazu, dass Jugendliche nicht mehr eindeutig „Entweder-Oder" sind, sondern dass sie vielmehr in einer Gesellschaft des „Sowohl-als-auch" erwachsen werden. Es wird ihnen aber abverlangt, sich eindeutig festzulegen. Das führt zu spannenden Fragen, mit denen sich vor allem Jugendliche mit Migrationshintergrund nahezu täglich beschäftigen.

Aufgabe

Diskutieren Sie in der Gruppe folgende Fragen:

- *Woran erkenne ich einen Deutschen bzw. eine Deutsche?*
- *Fühlen Sie sich deutsch? Wie fühlt sich das an?*
- *Was ist Ihrer Meinung nach im Liebesleben oder Sexualverhalten typisch deutsch?*

Ganz grundsätzlich steht die Lebenswelt der Jugendlichen unter dem starken Einfluss der Pluralisierung der Lebensformen. Das soziale Umfeld, in dem Mädchen und Jungen heute aufwachsen, entspricht oft nicht den gewohnten Vorstellungen. Lebenswirklichkeiten werden oftmals unhinterfragt vorausgesetzt. So können sich hinter Begriffen wie „Elternhaus" oder „Familie" ganz unterschiedliche Lebensweisen verbergen. Kinder und Jugendliche wachsen mit unterschiedlicher sozialer Herkunft und mit unterschiedlicher ethnischer (oft Mehrfach-)Zugehörigkeit auf. Hinter dem Begriff „Familie" steckt nicht nur das verheiratete, heterosexuelle Ehepaar mit eigenen Kindern, sondern dahinter verbergen sich auch Patchworkfamilien, homosexuelle Eltern, transsexuelle Elternteile, Alleinerziehende bzw. Ein-Eltern-Familien, Jugend-Wohngemeinschaften, Mehrgenerationenfamilien etc. (vgl. Hartmann, 2002, S. 11).

Die Vielfalt an Lebensformen ist in der pädagogischen Praxis aufzugreifen, damit Kinder und Jugendliche, deren häusliche Erfahrungen nicht der scheinbaren Normalität der Kleinfamilie entsprechen, nicht auf subtile Weise diskriminiert werden.

Es ist eine Herausforderung an jede Erzieherin und jeden Erzieher, zwischen institutionellen, moralischen und persönlichen Ansprüchen den richtigen Umgang mit Vielfalt zu finden. Was sagt mein Arbeitgeber oder meine Arbeitgeberin zu einem bestimmten Verhalten? Ist eine spezifische Einstellung vor dem Hintergrund meiner Religion oder Moral vertretbar? Inwiefern darf ich mich (oder muss ich mich vielleicht sogar) in die moralischen oder religiösen Ansichten der Jugendlichen einmischen? Bei solchen Fragen geht es darum, abzuwägen, was zumutbar und was realisierbar ist.

__Beispiel:__ Eine Gruppe junger Männer, alle um die 20 Jahre alt mit Migrationshintergrund und starkem religiösen und familiären Bezug, unterhalten sich lautstark in Ihrer Einrichtung über ihre letzten Abenteuer. Es wird deutlich, dass sie sich regelmäßig in einem Bordell treffen, um Sex mit Prostituierten zu haben. Ihnen ist bekannt, dass die Mehrzahl der Männer bereits in einer festen Beziehung lebt. Die Männer beziehen Sie in ihr Gespräch mit ein und rechtfertigen ihr Verhalten mit kulturellen Gepflogenheiten: „Mit meiner festen Frau hat das nichts zu tun".

Sexualpädagogisch gibt es nun zahlreiche Handlungsoptionen:

- *Ich beteilige mich an der Kulturdiskussion.*
- *Ich ergreife Partei für die Frauen, mit denen die Männer in Beziehung leben.*
- *Ich frage nach der Intention, die hinter dem Bordellbesuch steckt (geselliger Ausflug mit Freunden, aufregender Sex, das Gefühl von Luxus: „Ich leiste mir etwas", Auszeit von der kulturell korrekten Beziehung, Abwertung und Demütigung der Frauen ...).*
- *Ich nutze die Chance, um auf das Thema „Verhütung" zu sprechen zu kommen.*
- *Ich formuliere meine eigene Haltung zu dem Thema.*
- *Ich thematisiere den Aspekt „Treue".*
- *...*

Die ersten beiden Möglichkeiten drängen sich vielleicht zuerst auf. Doch kommt es hierbei häufig zu Missverständnissen, Fehlinterpretationen oder Bevormundung. Die Diskussionen können eskalieren und müssen dann evtl. mit Macht, von Seiten der pädagogischen Fachkräfte oder mit Machtgehabe von Seiten der jungen Männer unabgeschlossen beendet werden. Sexualpädagogisch ist damit nichts erreicht und die Vertrauensbasis vermutlich stark gefährdet. Hier können eine vielfaltssensible Haltung und offen gestellte Fragen weiterbringen. Sie zeigen echtes Interesse und vermeiden dabei Bewertungen.

Wer wirkliches Interesse am Verhalten oder den Einstellungen anderer zeigt, wer die kulturellen oder familiären Gewohnheiten, die vielen möglichen Motive in Betracht zieht und sich zunächst darum kümmert, überhaupt in Beziehung zu kommen, kann auch die eigene Position vertreten und die Auseinandersetzung wagen.

Sexuelle Orientierung(en)

Das Thema der sexuellen Orientierung wurde schon im ersten Kapitel (Kap. 1.3) kurz angesprochen. Hier soll es vertieft werden, weil es im Jugendalter ein besonders wichtiges Thema ist.

„Der Begriff ‚sexuelle Orientierung' drückt aus, auf wen sich das sexuelle Begehren einer Person richtet, d.h. auf Frauen, Männer oder beide Geschlechter. Die Art und Weise, wie Menschen ihre sexuelle Orientierung wahrnehmen, ist ganz unterschiedlich und spiegelt ihre persönliche Identität wider."
(Timmermanns, 2008, S. 262)

Zu beachten ist auch, dass die sexuelle Identität, das soziale Geschlecht und die sexuelle Orientierung keine statischen Konzepte sind, sondern sich im Laufe eines Lebens ändern können (vgl. Timmermanns, 2008, S. 262).

Definition

Transgender ist eine Art Oberbegriff für Menschen, die nicht ihrem biologischen Geschlecht entsprechen oder entsprechen wollen. Transsexuelle streben eine Operation und/oder eine Hormonbehandlung an, um auch körperlich dem gewünschten Geschlecht zu entsprechen. Andere Transgender möchten zwar auch als das andere Geschlecht (oder auch gar nicht als eindeutig männlich oder weiblich) wahrgenommen werden, wollen sich jedoch nicht operieren lassen. Inzwischen ist eine Personenstandsänderung auch ohne Operation möglich. Bei intersexuellen Menschen ist das biologische Geschlecht nicht eindeutig bestimmbar.

Aufgabe

Sie lernen in Ihrer Einrichtung ein lesbisches Pärchen kennen. Die beiden jungen Frauen sind schon seit ein paar Jahren zusammen und haben sich auf einer schwul-lesbischen Party kennengelernt. Eine der beiden Frauen berichtet Ihnen, dass sie sich nun endlich dazu durchgerungen habe, eine Geschlechtsumwandlung vornehmen zu lassen. Sie ist sich noch nicht sicher, ob sie den gesamten Prozess bis hin zur Operation durchlaufen möchte, beginnt aber schon bald mit der Hormontherapie und zeigt Ihnen stolz den neuen Ausweis mit einem selbst gewählten männlichen Namen. Zu diesem Zeitpunkt besteht er darauf, als Mann wahrgenommen und angesprochen zu werden.

- *Sind beide nun lesbisch oder heterosexuell?*
- *Wechselt die sexuelle Orientierung mit einer Geschlechtsumwandlung, oder war sie immer schon so?*
- *Ab wann wechselt sie?*

Diese Überlegungen gehen sicher weit über das hinaus, was Erzieherinnen und Erzieher im Alltag erleben. Aber die eigenen Positionen zu hinterfragen ist wichtig, nicht nur, weil davon auszugehen ist, dass unter den Jugendlichen, mit denen Sie arbeiten, immer auch „anders" orientierte sind. Sondern auch, weil Jugendliche, die ihre sexuelle Identität „entdecken" und an ihr arbeiten, mit Ängsten und Abwehr auf anderes, vermeintlich nicht dem Normalen entsprechendes sexuelles Begehren reagieren. Dies kann der Anfang von diskriminierendem Verhalten werden. Dabei sind vermutlich zumindest „grenzüberschreitende" Fantasien gar nicht so selten.

So hatte laut der BRAVO Dr. Sommer Jugendstudie (befragt wurden hier 11–17-Jährige) jedes zehnte Mädchen schon einmal sexuelle Fantasien mit Personen des gleichen Geschlechts, von den Jungen beichteten allerdings nur 2 % Entsprechendes (vgl. Bauer Media Group, 2009, S. 32). Die tatsächliche Zahl wird möglicherweise höher ausfallen.

Denn gefragt wurde hier nach schwulen und lesbischen Träumen und Fantasien. Da aber die Begriffe „schwul" und „lesbisch" vor allem bei Jungen einen negativen Beiklang haben, könnte eine offenere und neutralere Fragestellung dazu führen, dass häufiger mit einer positiven Tendenz geantwortet würde.

Die schon erwähnte Abwehr der Jugendlichen von vermeintlich ungewohntem sexuellen Verhalten wird bei einer anderen Frage deutlicher: Nur ein Viertel aller Befragten findet gleichgeschlechtliche Liebe ganz normal, bei Jungen sind es nur 16 %. Die Mädchen sind hier offener und stimmten zu 36 % der Aussage zu (vgl. Bauer Media Group, 2009, S. 33). Die Hälfte der Jugendlichen kann homosexuelle Gefühle nicht nachvollziehen, ein Drittel findet sie befremdlich. Das ist auch kein Grund zur moralischen Entrüstung und eigentlich ganz normal, soweit auch akzeptiert wird, dass andere Menschen anders fühlen. Genau das muss aber erst mühsam gelernt werden. Insgesamt wird gleichgeschlechtliche Liebe nicht als selbstverständlich oder normal bezeichnet – und das wird auch noch bei einer anderen Frage deutlich: Mehr als ein Drittel der Mädchen wie der Jungen findet Homosexualität okay – „solange das keiner von mir möchte" (vgl. Bauer Media Group, 2009, S. 33). Auch das wäre zunächst ganz verständlich, weil sich niemand auf Kontakte einlassen muss, die er selbst nicht attraktiv findet. Gemeint ist aber meist eine deutliche Distanz und Abwertung den anderen Jugendlichen mit homosexueller Orientierung gegenüber, die mit dieser Aussage einhergeht. Solche Abwehr von Homosexualität zeigt sich auch in anderen Untersuchungen. In einem Interview äußerte sich ein 16-jähriger Schüler:„Schwules Mädchen! Das ist geil. Aber Mann mit Mann. Das passt nicht. Also Frau mit Frau, ich glaub, das ist der Hammer. (…) Die benutzen nicht so Teile, die eklig sind, etwas eklig schon, aber nicht so eklig wie Schwule" (Projektgruppe Herzenssache, 2007, S. 161). Und ganz sicher sind auch die explizit sexuellen Texte im „Porno-Rap" oftmals hochgradig schwulenfeindlich. Wenngleich deren Wirkungen auf die Jugendlichen nicht überschätzt werden sollten – pädagogische Fachkräfte sollten schon wissen, um was es in den Liedern geht. Denn vielleicht ergibt sich daraus sogar die Möglichkeit, mit den Jugendlichen über das Thema „Homosexualität und Schwulenfeindlichkeit" ins Gespräch zu kommen. Dass dies noch immer notwendig, ist daran lassen auch aktuelle Untersuchungen keinen Zweifel. Zwar werden bisweilen in den von Jugendlichen gern gesehenen Soaps, Schwule und Lesben und ihre Beziehungsprobleme scheinbar ganz normal aufgegriffen, doch es ist zu bezweifeln, dass sich dies wirklich nachhaltig auf Einstellungen auswirkt.

Für die sexualpädagogische Arbeit mit Jugendlichen zum Thema „sexuelle Orientierung(en)" lassen sich die folgenden Ziele ableiten (vgl. Timmermanns, 2008, S. 268):

- auf der allgemeinen Ebene: weniger Diskriminierung bzw. Sensibilisierung für Diskriminierung, Solidarität mit Homosexuellen, Bewusstsein schaffen für vielfältige Lebensweisen, Anerkennung der allgemeinen Menschenrechte …
- auf der individuellen Ebene: schwule und lesbische Jugendliche darin unterstützen, ihre Gefühle anzunehmen, Raum für Austausch unter Gleichgesinnten schaffen, homosexuelle Orientierungen in der Sprache sichtbar machen und Methoden öffnen, ein Coming-out begleiten …

- auf der pädagogischen Ebene: Fragen offen formulieren und neutrale Begriffe verwenden, immer berücksichtigen, dass in einer Zielgruppe auch schwul oder lesbisch fühlende Jugendliche sein können, einseitig heterosexuelle bzw. heteronormative Perspektiven richtigstellen.

3.3 Sexualität als Thema für die Jugendarbeit

Was heißt Jugend?

Am Anfang dieses Kapitels wurde schon einmal darauf hingewiesen, dass „Jugend" nicht so ganz einfach zu bestimmen ist. Dies wird auch deutlich, wenn wir uns empirische Untersuchungen zur Jugendsexualität ansehen: In der Bravo-Studie wurden 11- bis 17-Jährige, in der Untersuchung der BZgA 14- bis17-Jährige befragt. In der ebenfalls erwähnten Interviewstudie (der Projektgruppe Herzenssache) besuchten die jüngsten Befragten noch die Grundschule, während die ältesten schon Mitte 20 waren.

Doch ganz unabhängig davon, wie die Jugendphase genau bestimmt wird: Sie hat eine ganz besondere eigene Qualität und stellt somit auch besondere Anforderungen an die Erziehenden. Bevor eine genauere Umschreibung von Jugend vorgenommen wird, möchten wir Sie bitten, sich Ihre eigene Wahrnehmung von Kindheit, Jugend und Erwachsenenalter bewusst zu machen.

Aufgabe

Wie war das eigentlich bei Ihnen? Nehmen Sie sich ein wenig Zeit und gehen Sie in Gedanken ein bisschen zurück in die eigene Vergangenheit. Versuchen Sie, möglichst konkrete Situationen zu finden, die folgende Fragen beantworten:

- *Wann haben Sie sich das erste Mal nicht mehr als Kind, sondern als Teenager oder Jugendliche bzw. Jugendlicher wahrgenommen?*
- *Wann haben Sie sich erstmals erwachsen gefühlt? Und waren Sie da tatsächlich erwachsen, wurden Sie als erwachsen betrachtet?*
- *Würden Sie sich heute überhaupt als erwachsen bezeichnen? Woran machen Sie das fest? Sehen Ihre Eltern Sie als Erwachsene/-n?*
- *Meinen Sie, dass Ihre Eltern und Großeltern zu anderen Einschätzungen bezüglich der eigenen Kindheit und Jugend kommen würden?*

Wenn Sie möchten, tauschen Sie sich mit anderen, vertrauten Personen in ihrer Klasse zu diesen Fragen aus. Wo gibt es Unterschiede? Wo Gemeinsamkeiten? Bitte respektieren Sie, wenn sich nicht alle Personen miteinander austauschen möchten. Manchmal können Schicksalsschläge oder sehr persönliche Ereignisse die Übergänge zwischen den jeweiligen Phasen markieren.

Anstelle der Thematisierung eigener Erfahrungen könnte auch mit der folgenden Aufgabe ein Einstieg in das Thema versucht werden.

Aufgabe

Beispiel: *In einem Interview äußerte sich eine 17-jährige Gymnasiastin, auf die Frage, wie sie selbst sich denn einschätzen würde, ganz deutlich: „Ich bin eine Jugendliche." Eine 18-Jährige hingegen, die seit etwa einem Jahr eine Ausbildung machte, antwortete: „Ich bin irgendwo zwischen Jugend- und Erwachsenenalter."*

Woraus resultiert Ihrer Meinung nach die unterschiedliche Selbstwahrnehmung dieser beiden fast gleichaltrigen Mädchen bzw. jungen Frauen?

Vielleicht sind Sie bei der Diskussion der obigen Fragen zu dem Ergebnis gekommen, dass in früheren Zeiten die Jugend schon früher endete. Jugendliche selbst sehen das aber oftmals nicht so. Sie betrachten sich meist sehr früh als erwachsen: In der Bravo-Studie meinte mehr als die Hälfte der Befragten, mit 14(!) Jahren erwachsen zu sein. Doch fühlten sich auch knapp 20 % der 16- und 17-Jährigen noch als Kind (vgl. Bauer Media Group, 2009, S. 12).

Diese Selbstwahrnehmung entspricht sicher nicht immer der Wahrnehmung der (älteren) Erwachsenen. Und tatsächlich lässt sich historisch zeigen, dass die Jugendphase sich im

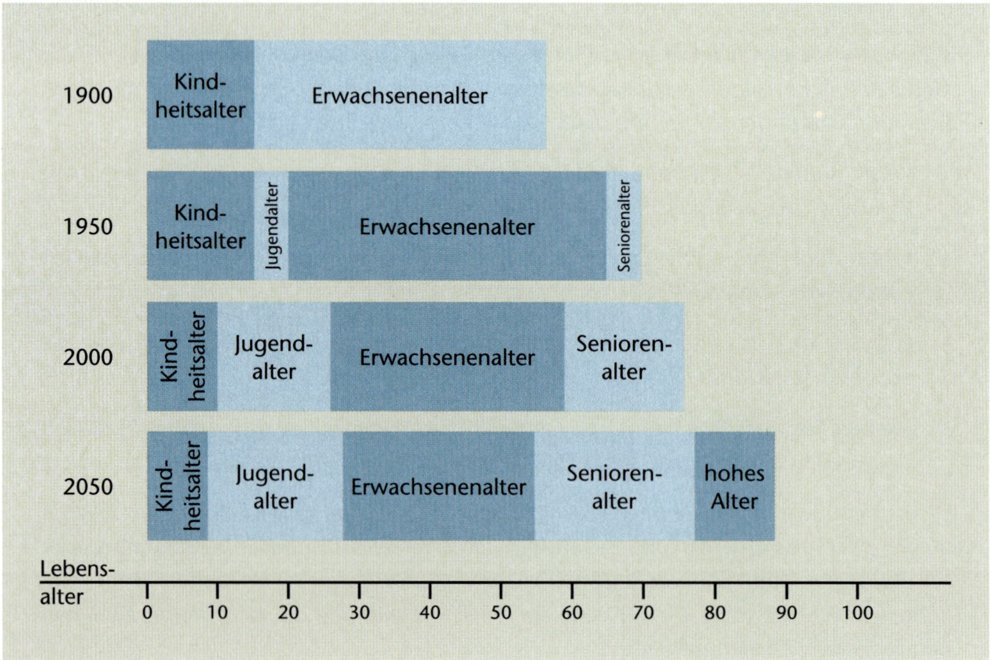

Strukturierung von Lebensphasen zu vier historischen Zeitpunkten (Hurrelmann, 2010, S. 17)

Laufe der Geschichte ausdifferenziert und ausgedehnt hat. Eine weitere Veränderung dieser Lebensphase ist mit dem Anstieg der Lebensdauer eines Menschen wahrscheinlich.

Im Allgemeinen wird unter Jugend die Lebensphase zwischen Kindheit und Erwachsensein verstanden. Vor dem Gesetz sind Menschen mit der Vollendung des 18. Lebensjahres erwachsen, strafmündig sind sie bereits mit 14 Jahren. Als Teenager werden Menschen zwischen 10 und 19 Jahren bezeichnet. Mit „jungen Erwachsenen" sind meistens junge Menschen von 18 bis 27 Jahren gemeint. Diese Phase markiert einen Übergang zum Erwachsenenstatus, die jungen Erwachsenen werden häufig noch als Jugendliche wahrgenommen und sehen sich manchmal auch selbst so.

Aus biologischer Sicht beginnt die Jugendphase mit Eintreten der Pubertät bzw. der Geschlechtsreife Das Eintreten in die Jugendphase hat sich im Laufe der Zeit nach vorne verschoben, die Geschlechtsreife tritt heute früher ein. Legt man die Ergebnisse einer aktuellen Studie zugrunde, dann sind die meisten Jugendlichen heute zwischen 12 und 13 Jahren geschlechtsreif, was für das Sexualleben ja nicht unerheblich ist (vgl. Bauer Media Group, 2009, S. 10).

Aber um erwachsen zu werden, muss auch soziale Reife erlangt werden, wofür bestimmte Entwicklungsaufgaben abgeschlossen sein müssen. Dazu führt der Sozialisationsforscher Klaus Hurrelmann Folgendes aus.

Definition
„Für die Jugendphase lassen sich Entwicklungsaufgaben in vier großen Bereichen benennen:

1. ***Entwicklung einer intellektuellen und sozialen Kompetenz, um selbstverantwortlich schulischen und anschließend beruflichen Anforderungen nachzukommen, mit dem Ziel, eine berufliche Erwerbstätigkeit aufzunehmen und dadurch die eigene ökonomische Basis für die selbstständige Existenz als Erwachsene zu sichern.***

2. ***Entwicklung des inneren Bildes von der Geschlechtszugehörigkeit, Akzeptieren der veränderten körperlichen Erscheinung, Aufbau einer sozialen Bindung zu Gleichaltrigen des eigenen und des anderen Geschlechts, Aufbau einer heterosexuellen (oder auch homosexuellen) Partnerbeziehung, die in der Regel die Basis für eine Familiengründung und der Geburt und Erziehung eigener Kinder bilden kann.***

3. ***Entwicklung selbstständiger Handlungsmuster für die Nutzung des Konsumwarenmarktes einschließlich der Medien und Fähigkeit zum Umgang mit Geld mit dem Ziel, einen eigenen Lebensstil zu entwickeln und zu einem kontrollierten und bedürfnisorientierten Umgang mit den ‚Freizeit'-Angeboten zu kommen.***

4. ***Entwicklung eines Werte- und Normensystems und eines ethischen und politischen Bewusstseins, das mit dem eigenen Verhalten und Handeln in Übereinstimmung steht, sodass die verantwortliche Übernahme von gesellschaftlichen Partizipationsrollen als Bürger im kulturellen und politischen Raum möglich wird." (Hurrelmann 2010, S. 27f.)***

Aus soziologischer Sicht ist die Lebensphase „Jugend" durch ein Nebeneinander von kindheitsgemäßen, also unselbstständigen sowie selbstständigen, also erwachsenengemäßen Handlungsanforderungen charakterisiert. Dabei befinden sich Jugendliche in idealtypischer Sicht auf dem Weg vom Kind zum Erwachsenen. Die Jugendphase kann als Zwischenschritt zwischen Abhängigkeit und Unabhängigkeit verstanden werden. Für das Erwachsenwerden ist der Grad der Verselbstständigung entscheidend. Und von den oben genannten Entwicklungsaufgaben sind zwei besonders bedeutsam – der Eintritt in Berufswelt und Erwerbstätigkeit und der Auszug aus dem Elternhaus sowie die Gründung einer festen Partnerschaft bzw. Ehe (vgl. Hurrelmann, 2010, S. 36).

„Erwachsen ist demnach, wer sowohl ökonomisch als auch biologisch die bestehende Gesellschaft weiterführen (‚reproduzieren') kann."
(Hurrelmann, 2010, S. 36)

Dabei wird deutlich, dass dieser Übergang schwer zu definieren ist und zu ganz unterschiedlichen Zeitpunkten stattfinden kann. Allerdings geht es um die prinzipielle Möglichkeit, nicht aber um „ein Muss".

Um die Lebensphase „Jugend" zu definieren oder einzugrenzen bleibt jedenfalls festzuhalten, dass eine Festlegung der Jugendphase mit klaren Altersbegrenzungen nicht unbedingt sinnvoll ist. Dennoch sind bei den 12-Jährigen auf der psychologischen und der soziologischen Ebene so viele Kriterien des Wandels zu verorten, dass von einem Übergang in die Jugendphase gesprochen werden kann. Eine altersgemäße Abgrenzung zur Erwachsenenphase ist allerdings weitaus schwieriger. Denn wegen der Nichtübernahme der Reproduktionsrollen im ökonomischen und familiären Bereich können nach traditionellen Maßstäben immer mehr Jugendliche nicht erwachsen werden, sondern verweilen in der Übergangsphase des Jugendalters (vgl. Hurrelmann, 2010, S. 40).

Hurrelmann unternimmt dann aber doch eine „interne Untergliederung der Lebensphase Jugend" (vgl. Hurrelmann, 2010, S. 41), und zwar wie folgt:

Definition

- ***Frühe Jugendphase: die 12- bis 17-Jährigen in der „pubertären Phase"***
- ***Mittlere Jugendphase: die 18- bis 21-Jährigen in der „nachpubertären Phase"***
- ***Späte Jugendphase: die 22- bis 27-Jährigen in der Übergangszeit auf die Erwachsenenrolle***

Die ausführliche Darstellung zur Jugendphase hat deutlich gemacht, dass *Jugend* nicht mehr als eine reine Durchgangsphase im Lebenslauf verstanden werden kann. Ihr wird vielmehr eine eigene Qualität und eigenständige Bedeutung zugestanden. Das ist auch von all jenen zu beachten, die als Pädagoginnen und Pädagogen mit Jugendlichen zu tun haben. Was heute noch zur Jugend gehört, war früher schon Erwachsenenalter, und wenn vor allem ältere Erwachsene heute von „Jugendlichen" sprechen, dann haben sie oft eine Altersspanne vor Augen, die eher zur pubertären Phase gehört. Schon in dieser Lebensphase muss vieles ausprobiert, angenommen oder auch verworfen werden, damit Erwachsenensein mit relativer Autonomie gelingt. Wenn fast alle Jugendlichen mit 17

Jahren schon Geschlechtsverkehr haben, dann ist das ein normales Erwachsenenverhalten. Daher sollten sich die (schon etwas älteren) Jugendarbeiterinnen und -arbeiter eines stets vergegenwärtigen:

> ***„Kennzeichnend für diesen Lebensabschnitt ist das Suchen und Ausprobieren von Neuem. Neugierde und Probehandeln sind Voraussetzungen zur Bewältigung der Entwicklungsaufgaben. Auf der Basis positiver und negativer Erfahrungen kann ein Hineinwachsen in die Welt der Erwachsenen gelingen, der eigene Lebensentwurf Profil gewinnen." (BZgA, 1997, S. 11)***

Da dieses Ausprobieren sich natürlich auch auf den Bereich der Sexualität bezieht, werden alle, die professionell mit Jugendlichen zu tun haben, immer mit verschiedenen Einstellungen und Verhaltensweisen konfrontiert. So sind die Themen „Liebe" und „Sexualität" im Alter von 11–13 Jahren für viele Jugendlichen noch peinlich und unangenehm, im Alter von 14–17 Jahren dagegen für die Mehrheit spannend und wichtig und ab 18 Jahren zwar selbstverständlich, aber noch immer nicht „ausgestanden". Noch immer sind sie von vielen Widersprüchen, Konflikten und Aushandlungsprozessen begleitet, die für den Prozess der lebenslangen sexuellen Bildung unausweichlich sind (vgl. Bauer Media Group, 2009, S. 13). Auf die von Hurrelmann benannten Entwicklungsphasen auf dem Weg zum Erwachsenwerden nehmen die intentionale Sexualpädagogik und sexuelle Bildung einschließlich der sexuellen Beratung somit erheblichen Einfluss.

Orientierung an Werten

„Wie sind Jugendliche zu Beginn des 21. Jahrhunderts einzuschätzen? Kompetent, auch im Sexuellen, autonom und ihrer Geschicke mächtig, oder verführbar, konsumfixiert und ohnmächtig? Zufrieden mit der Freiheit der Selbstwahl oder verunsichert, weil feste Orientierungen fehlen? In der jeweiligen Geschlechtsrolle selbstbewusst und gleichberechtigt, oder in ihr so traditionell organisiert, fühlend und leidend wie eh und je?"
(Sielert, 2005, S. 11)

Auf diese Fragen können repräsentative Untersuchungen erste Antworten geben. Schließlich gewähren solche Studien Einblick in die aktuelle Lebenswelt vieler Jugendlicher. Dennoch ist Vorsicht geboten: Denn sie können nur statistische Aussagen treffen und somit auch nur etwas über „Durchschnittsjugendliche" aussagen.

So wurde z. B. in der Jugendstudie der BzgA ein Schwerpunkt auf das Thema „Migration" gelegt. „Jugendliche mit Migrationshintergrund" wurden dabei folgendermaßen definiert: Jugendliche mit ausländischer Staatsangehörigkeit und Jugendliche, die aufgrund der Herkunft der Eltern als solche zu identifizieren waren (vgl. BZgA, Jugendsexualität, 2010, S. 3). Doch eigentlich ist eine solche Verallgemeinerung problematisch, bringen diese Jugendlichen doch eine enorme Vielfalt an kulturellen, religiösen und biografischen Hintergründen mit. Die Daten sollten jedenfalls nicht dazu verleiten, (Mehrheits-)Verhalten als repräsentativ für bestimmte Gruppen zu interpretieren. Aus der Tatsache, dass die 17-jährigen Mädchen mit Migrationshintergrund zur Hälfte, die deutschen Mädchen hingegen nur zu einem Drittel noch keinen Geschlechtsverkehr hatten (vgl. BZgA, Jugendsexualität, 2010, S. 120), lassen sich nicht ohne Weiteres allgemeine Aussagen treffen: Vielleicht verhalten sich kroatische Mädchen kaum anders als deutsche, vielleicht hängt die diesbezügliche Erfahrung bei türkischen Mädchen davon ab, ob die Familie aus einer großen Stadt oder einem kleinen Dorf kommt oder auch davon, welcher Religionsgemeinschaft die Familie angehört. So sind alevitische Familien meist deutlich liberaler als sunnitische. (Aber auch hier gilt natürlich nur: meistens.)

Manchen (aber nicht allen) Jungen mit Migrationshintergrund fällt es leicht, einen Freund auch einmal zu umarmen.

Noch wichtiger ist: Die Daten aus solchen Untersuchungen müssen interpretiert werden. Dabei zeigt sich oft, dass aus einer Untersuchung ganz Unterschiedliches herausgelesen werden kann. So mögen manche Menschen mit Verwunderung zur Kenntnis nehmen, dass mehr als ein Drittel der Jugendlichen (Jungen wie Mädchen) mit 17 noch keinen Geschlechtsverkehr hatte, andere aber voller Sorge darauf blicken, dass von den schon erfahrenen 17-Jährigen weit über 40 % beim ersten Geschlechtsverkehr 15 Jahre oder jünger gewesen ist (vgl. BZgA, Jugendsexualität, 2010, S. 121).

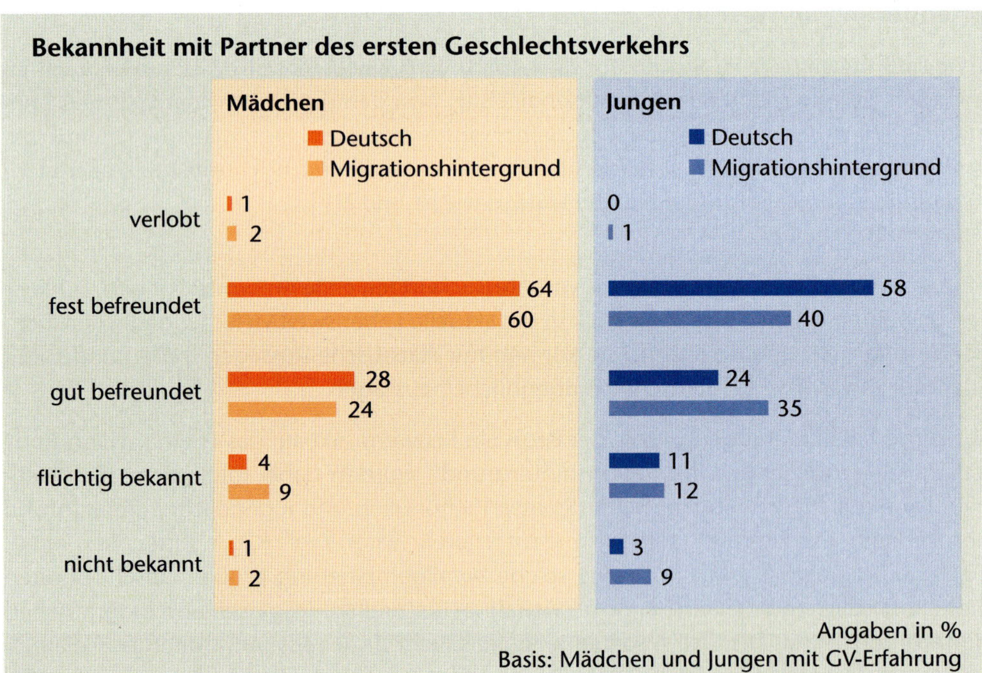

Die meisten Jugendlichen kennen den ersten Partner bzw. die Partnerin schon recht genau. (BZgA, Jugendsexualität, 2010, S. 131)

Solche Unterschiede bei den Bewertungen können auf verschiedene Themen bezogen werden. Aber ganz unabhängig davon, wie alt die Jugendlichen nun sind, wenn sie ihre ersten partnerschaftlichen sexuellen Erfahrungen machen: Allein daraus, dass sie sexuelle Erfahrungen früher als ihre Eltern machen, lässt sich nicht der Schluss ziehen, dass sie leichtfertig und verantwortungslos handeln würden. Dies zeigt sich z. B. daran, dass Jugendliche heute zwar meist im Alter zwischen 13 und 15 Jahren die erste „feste" Beziehung haben (vgl. Bauer Media Group, 2009, S. 34), es dann in aller Regel aber noch eine ganze Weile dauert, bis es zum ersten Koitus kommt. Außerdem wird in aller Regel deutlich, dass sie diese Erfahrung mit dem festen Freund oder der Freundin machen. (Nur Jungen mit Migrationshintergrund fallen hier etwas aus dem Rahmen.) Diejenigen, die schon Koituserfahrungen haben, hatten ganz überwiegend erst einen oder zwei Partner bzw. Partnerinnen, und – darauf wird noch einzugehen sein – das Thema „Verhütung" nehmen sie sehr ernst (vgl. BZGA, Jugendsexualität, 2010, S. 131–159). Auch die Tatsache, dass Mädchen und Jungen in aller Regel ein persönliches Gespräch suchen, wenn sie eine Beziehung beenden, und nicht etwa nur eine SMS oder eine E-Mail schicken (vgl. Bauer Media Group, 2009, S. 40) zeigt, dass sie durchaus verantwortlich mit den Gefühlen anderer umgehen.

Aufgabe

Empirische Untersuchungen zeigen schon seit einiger Zeit, dass die Jugendlichen meistens(!) im Alter von etwa 16 Jahren den ersten Koitus haben. Wir möchten Sie nun bitten, sich in Kleingruppen mit folgenden Fragen zu beschäftigen:

- *Wann sollten Jugendliche Ihrer Meinung nach Sex mit anderen Jugendlichen haben?*
- *Haben Sie Freundinnen oder Freunde, die deutlich jünger waren, als sie das erste Mal Sex hatten? Meinen Sie, dass sich dies auf Einstellungen und Verhalten nachhaltig ausgewirkt hat?*
- *Haben Sie Freundinnen oder Freunde, die deutlich älter waren, als sie das erste Mal Sex hatten? Meinen Sie, dass sich dies auf Einstellungen und Verhalten nachhaltig ausgewirkt hat?*
- *Stellen Sie sich vor, ein 17-jähriges Mädchen (oder auch ein Junge) wendet sich an Sie mit der Frage: „Alle meinen Freundinnen (Freunde) hatten schon Sex. Ich hab' dazu überhaupt keine Lust, obwohl ich doch schon mit einigen Jungs (Mädchen) zusammen war. Ist das normal?"*

Tatsächlich gibt es — pädagogisch betrachtet – nicht das „richtige" Alter für Sex. Und sicherlich ist es nicht richtig, Sex nur deshalb zu haben, weil die Freundinnen und Freunde diese Erfahrung schon gemacht haben oder weil der Partner (oder die Partnerin) meint, dass jetzt doch wohl der richtige Zeitpunkt dafür wäre. Jugendliche haben ein Recht auf sexuelle Selbstbestimmung, oder anders formuliert: Jugendliche haben ein Recht auf „Freiheit vor sexueller Fremdbestimmung" – von welcher Seite auch immer sie ausgeübt wird.

Wie halten es die Jugendlichen heute damit? Auch dazu gibt die BZgA-Studie einige Antworten: Am häufigsten meinen Mädchen wie Jungen, dass sowohl sie als auch ihr Partner bzw. ihre Partnerin den ersten Koitus gewollt haben. Doch recht häufig hat es sich auch „in der Situation" so ergeben. Es zeigt sich aber, dass je älter die Jugendlichen beim ersten Geschlechtsverkehr sind, desto häufiger der Sex auch von beiden gewollt ist. Wie sich dies bei den Mädchen genau darstellt, zeigt die folgende Tabelle.

Initiative beim ersten Geschlechtsverkehr
(Mädchen nach Alter beim ersten Geschlechtsverkehr)

Alter beim ersten Geschlechtsverkehr	14 Jahre und jünger	15 Jahre	16 Jahre und älter
Wir hatten beide den Wunsch	34 %	47 %	49 %
Es hat sich in der Situation so ergeben	49 %	36 %	31 %

(vgl. BZgA, Jugendsexualität, 2010, S. 129)

Wenn die Jugendlichen sich als Paar betrachten, dann nehmen die weitaus meisten ihre Partnerschaft auch sehr ernst. So zeigte die Bravo-Studie, was auch schon andere Untersuchungen zur Sexualität Jugendlicher deutlich machten: Sexuelle Treue ist ein sehr positiv besetzter Wert (vgl. Klein/Sager, 2010, S. 111–113). Jungen können sich allerdings deutlich eher vorstellen können, dass guter Sex auch ohne Liebe möglich ist (vgl. Bauer Media Group, 2009, S. 71).

Vermutlich werden die meisten Jungen und Mädchen, mit denen Sie reden, es für wichtig halten, ihrem Freund oder der Freundin treu zu sein. Dennoch werden Sie feststellen, dass die sexualmoralischen Vorstellungen auch schon einmal auseinandergehen.

Eine von vielen Teilnehmerinnen und Teilnehmern sexualpädagogischer Seminare sehr geschätzte Methode, um mit Jugendlichen zum Thema „Sexualmoral" ins Gespräch zu kommen ist die „Geschichte von Abigail und Gregor" (genauer beschrieben z. B. in BZgA, Peer Education, 2001, S. 61 f.; Renz 2007, S. 66–68; Timmermanns/Tuider 2008, S. 62–64).

Da auch in Ihrer Klasse vermutlich unterschiedliche Vorstellungen herrschen, möchten wie Sie bitten, diese Methode selbst einmal auszuprobieren

Aufgabe

Lesen Sie die folgende Geschichte durch und bewerten Sie zunächst einmal für sich das Verhalten der beteiligten Personen: Wer hat sich Ihrer Meinung nach am moralischsten verhalten, wer hat am wenigsten Moral gezeigt? Erstellen Sie dafür eine Rangordnung und diskutieren Sie dann anschließend in der Gruppe die Geschichte und die entsprechenden Bewertungen.

Die Geschichte von Abigail und Gregor

„Es war einmal ein Mädchen, das hieß Abigail. Sie lebte am Alligator-Fluss, in dem es von Krokodilen wimmelte. Ihr Freund Gregor lebte auf der anderen Seite des Flusses. Beide waren sehr ineinander verliebt und hatten große Sehnsucht, einander wiederzusehen. Unglücklicherweise hatte nämlich ein Unwetter die kleine Brücke zerstört, sodass es für beide schwer war, zueinander zu kommen.

Abigail verging beinahe vor Sehnsucht. Daher suchte sie den Fischer Sindbad auf, der das einzige Boot in der Gegend besaß. Sie schilderte ihm die Situation und bat ihn, sie über den Fluss zu fahren. Sindbad erklärte sich dazu bereit, aber nur unter der Bedingung, dass sie vorher mit ihm schliefe. Abigail war entrüstet über dieses Tauschgeschäft, weil sie Sindbad nicht liebte und deshalb nicht mit ihm schlafen wollte. Sie wies Sindbads Ansinnen zurück und ging fort, um andere Leute zu suchen, die ihr helfen würden. Sie bat viele Leute um Hilfe, doch niemand wusste einen Weg für sie.

Enttäuscht ging sie nach Hause zu ihrer Mutter und erzählte von ihren vergeblichen Versuchen und von Sindbads Vorschlag. Sie bat die Mutter um Rat. Die Mutter antwortete: ‚Schau, Abigail, du bist jetzt ein großes Mädchen. Du musst selbst wissen, was du tun willst und deine Entscheidungen allein treffen.' Sprach's und ging ihren eigenen Geschäften nach.

Abigail dachte lange nach. Schließlich entschloss sie sich, Sindbads Vorschlag anzunehmen, weil sie Gregor unbedingt wiedersehen wollte. In der Nacht schlief sie mit Sindbad. Und er erfüllte sein Versprechen und brachte sie am nächsten Morgen ans andere Ufer des Flusses.

Nach einigen glücklichen Stunden mit Gregor hatte Abigail das Bedürfnis, ihm zu sagen, was vorgefallen war. Als er die ganze Geschichte gehört hatte, geriet er außer sich vor Wut. ‚Was hast du getan?! Ich kann nicht glauben, dass du das getan hast! Du hast mit Sindbad geschlafen! Jetzt ist alles aus! Vergiss uns beide! Ich will nichts mehr mit dir zu tun haben!'

Verzweifelt ging Abigail fort. Bitter weinend traf sie einen jungen Burschen mit Namen Slug. Sie lehnte sich an seine Schulter und klagte ihm ihr Leid. Slug hörte voller Empörung zu und ging zornig zu Gregor, um ihn zu verprügeln. Abigail folgte ihm und begann zu lachen."
(Timmermanns/Tuider, 2008, S. 64)

Auch wenn Abigail sich in dieser Geschichte anders verhalten hat: Sexuelle Treue wird für sehr wichtig gehalten. Darüber hinaus wird romantische, in eine feste Liebesbeziehung eingebettete Sexualität von Heranwachsenden als einzig anerkannte Form sexueller Erfahrungen betrachtet (vgl. Klein/Sager 2010, S. 113). Obwohl sie doch Veränderungen wie Scheidungen, Trennungen und Neuverbindung der Eltern häufig und direkt miterleben, gilt diese Generation auch als sehr familienorientiert – dies machte die Shell-Jugendstudie von 2010 deutlich. Die BzgA-Jugendstudie bestätigt dies: Kinder gehören für die überwiegende Mehrheit der Jugendlichen zur Lebensplanung dazu (vgl. BZgA, Jugendsexualität, 2010, S. 192).

3.4 Sexuelle Aktivitäten und Erfahrungen

Wie bereits aufgezeigt haben die meisten 17-Jährigen bereits Koituserfahrungen. Aber das sind natürlich nicht die ersten sexuellen Erfahrungen, die sie gemacht haben. So kann es durchaus sein, dass die ersten Küsse schon im Kindergartenalter ausgetauscht werden. Auch das erste Verliebtsein, Erfahrungen über freundschaftliche Zuneigung hinaus und autoerotische Erfahrungen werden schon im Kindergarten- und Grundschulalter erlebt – dazu haben Sie im zweiten Kapitel schon einiges erfahren.

Meistens beginnen sexuelle Erfahrungen mit einem Kuss.

Die BRAVO Dr. Sommer Jugendstudie 2009 verrät uns einiges über sexuelle Aktivitäten und Erfahrungen von 11- bis 17-Jährigen. Demnach hat mit 12 Jahren die Hälfte der Befragten bereits schon mal „auf den Mund geküsst". Die ersten Zungenküsse werden dann zwischen 13 und 15 Jahren ausgetauscht (vgl. Bauer Media Group, 2009, S. 10, 59f.).

Zur gleichen Zeit etwa machen sehr viele Jugendliche ganz bewusste Erfahrungen mit der Selbstbefriedigung. Doch hier gibt es deutliche Unterschiede zwischen den Geschlechtern. Die Mehrheit der Jungen befriedigt sich das erste Mal mit ca. 13 Jahren selbst. Bei den Mädchen hat erst mit 16 mehr als die Hälfte Erfahrungen damit (vgl. Bauer Media Group, 2009, S. 10; 63). Und auch wenn sie „es" tun – sie machen es seltener als Jungen. Bei der BZgA-Studie z. B. war es nur ein Drittel der Mädchen (gegenüber mehr als drei Viertel der Jungen), die angaben, dass sie sich in den letzten 12 Monaten selbst befriedigt hätten. Auch wenn zwar, wie im ersten Kapitel ausgeführt, Selbstbefriedigung als fester Bestandteil der sexuellen Entwicklung angesehen wird und die Selbststimulation zudem eine der häufigsten Quellen für Orgasmen ist (vgl. Lautmann, 2008, S. 215) – dieses Thema scheint gerade für Mädchen sehr problematisch zu sein. Vielleicht gilt noch immer, was eine 16-Jährige in einer schon etwas älteren Interviewstudie ausführte:

„… obwohl man immer wieder liest, es ist was ganz Normales – aber ich würde es halt nicht offen zugeben. (…) Ich habe doch Angst, dass ich dann schief angeguckt werde, ih, guck mal, die macht das, und mit der gebe ich mich jetzt nicht mehr ab. (…). Und deswegen möchte ich das auch nicht so zugeben, auch so vor meinen Eltern nicht und vor meinen Freundinnen nicht, das würde ich auch, glaub ich, keinem erzählen."
(Schmidt/Schetsche, 1998, S. 83)

Eine solche Abwehrhaltung ist übrigens erst einmal zu akzeptieren. Wer als Erzieherin mit Mädchen arbeitet, sollte ihnen nicht aus missionarischem Eifer heraus, das Thema „Selbstbefriedigung" aufzwingen, weil es für die sexuelle Entwicklung als wichtig angesehen wird, den eigenen Körper ganz bewusst zu erkunden. Dieses Prinzip gilt natürlich auch für alle anderen Themen:

Anlassbezogenes sexualpädagogisches Arbeiten heißt nicht, ein Thema aufzugreifen, weil es vermeintlich „dran" ist, sondern mit den Jugendlichen ins Gespräch zu kommen, wenn bei ihnen ein entsprechender Gesprächsbedarf besteht. Das verbietet Erziehern und Erzieherinnen nicht, Jugendliche mit ihrer vielleicht anderen Position herauszufordern.

Anders als bei der Selbstbefriedigung gibt es beim Petting kaum Unterschiede zwischen den Geschlechtern (vgl. Bauer Media Group, 2009, S. 68; BZgA, Jugendsexualität, 2010, S. 108). Diese ersten intimen körperlichen Erfahrungen machen die Jugendlichen der Bravo-Studie zur Folge meistens erstmals zwischen 15 und 16 Jahren, mit 17 berichten dann fast 80 % der Befragten von dieser Erfahrung. Jedenfalls zeigen Studien zur Sexualität recht übereinstimmend: Vom ersten Kuss bis zum ersten Geschlechtsverkehr dauert es in aller Regel schon eine ganze Weile. Und wenn auch in den Medien bisweilen von 12-Jährigen die Rede ist, die Pornos gucken und von 13- oder 14-Jährigen, die Sex haben und sich zum Gruppensex verabreden: Dies sind seltene Einzelfälle. Es mag zutreffen, dass Jugendliche heute etwas früher sexuelle Beziehungen eingehen als ihre Eltern – davon, dass sie in aller Regel nicht wissen, was sie tun, kann keine Rede sein. (Kritisch zu solchen vereinfachenden Verallgemeinerungen äußern sich z. B. Matthiesen/Schmidt, 2010, S. 119).

Anderseits hilft die Statistik Erzieherinnen und Erziehern nicht weiter, wenn sie mit Jugendlichen zu tun haben, deren sexuelles Verhalten tatsächlich aus dem Rahmen fällt. Auch können sie die Verhältnisse nicht nur kritisieren, sondern müssen sich einmischen. Es ist ein zentrales Anliegen von Sexualpädagogik und sexueller Bildung, Sexualkultur mitzugestalten. Deshalb ist es unangebracht, sich angesichts sexuellen Verhaltens, das von eigenen Vorstellungen abweicht, zu empören und zu moralisieren. „Gefragt sind: Ansehen können, Hintergründe verstehen, das Faszinierende nachfühlen und schließlich Äquivalente suchen und finden" (Sielert, 2010, S. 252).

Konkret heißt das: Gespräche suchen und anbieten – und stets in Kontakt bleiben. Auch wenn dies zugegebenermaßen bisweilen schwerfällt. (Im nächsten Kapitel, in dem es darum geht, welchen Aufgaben sich Sexualpädagogik in der Erziehungshilfe stellen muss, werden einige schwierige Situationen noch genauer erörtert.)

3.5 Peerorientierung vs. Elternorientierung

„Sybille: Das Verhältnis zwischen meiner Mutter und mir während der Pubertät war die reinste Katastrophe. Ich glaube, die war viel zickiger als ich. Manchmal hatte ich den Eindruck, dass die nur total eifersüchtig auf mich war."

(BZgA, 2004, S. 40)

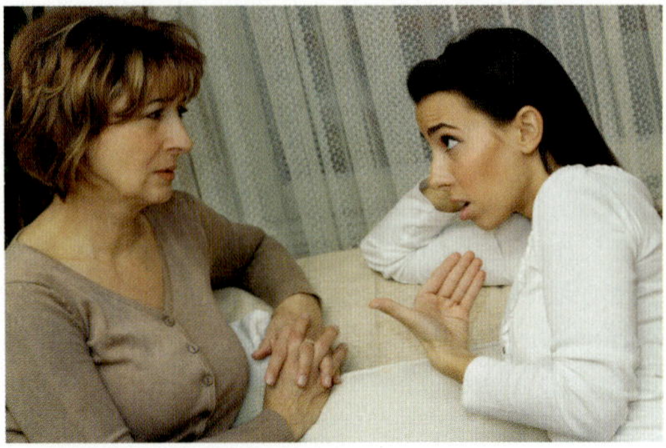

Auch wenn das Verhältnis zwischen Eltern und Kindern heute meist recht entspannt ist, gibt es während der Pubertät immer wieder Probleme.

Eltern sind, das zeigen die schon erwähnten Jugendsexualitätsstudien, die wichtigsten Personen für die Aufklärungsberatung. Und doch kommt es während der Pubertät immer wieder zu Konflikten. Das ändert aber nichts daran, dass die Eltern bedeutende Vertrauenspersonen für die Jugendlichen sind.

Mädchen und Jungen nennen am häufigsten die Mutter, doch ist für die Jungen auch der Vater oft ein möglicher Gesprächspartner. Erwartungsgemäß ist für die Mädchen die Mutter und für die Jungen der Vater wichtiger (vgl. Bauer Media Group, 2009, S. 22; BZgA, Jugendsexualität, 2010, S. 11; 21). Festzustellen ist zudem, dass Jugendliche mit Migrationshintergrund sich deutlich seltener an die Eltern wenden. Ganz besonders betrifft das die Jungen (vgl. BZgA, 2010, S. 21).

Das Gefühl, zu Hause ernst genommen zu werden, hat einen großen Einfluss darauf, wie gut sich Jugendliche aufgeklärt fühlen. Doch ist solche Aufklärung natürlich nur ein Aspekt der Kommunikation zu sexuellen Fragen. Zudem ist mittlerweile auch fast allen Eltern klar, dass diese „Aufklärung" keine einmalige Sache ist, sie vielmehr altersentsprechend fortlaufend geschehen sollte (vgl. BZgA, 2010, S. 26). Und vielleicht wissen sie ja auch, dass ihre Rolle dabei zurückgedrängt wird, die Jugendlichen zunehmend der Kontakt zu Peers für Gespräche und Erfahrungsaustausch suchen.

Jugendliche, die sich zu Hause trotz ihrer Rebellion und manchem Risikoverhalten ernst genommen fühlen, haben ein besseres Verhältnis zu den Eltern und können mit ihnen auch über Sexualität reden.

Und noch etwas: War für die Elterngeneration der Jugendlichen die Sexualaufklärung bisweilen noch mit klaren Vorgaben und Empfehlungen versehen so sieht das heute anders aus:

„Heute schreiben Erwachsene Jungen und auch Mädchen kaum noch vor, welche sexuellen Erfahrungen sie ab wann machen sollen. Das bedeutet zugleich, dass Jugendliche ihre eigenen Standards finden und sie mit ihren eigenen Bedürfnissen in Übereinstimmung bringen müssen."

(Dannenbeck, 2003, S. 39)

In diesem Zusammenhang kommt **Freunden** und **Freundinnen** eine bedeutsame Rolle zu. 18- bis 22-jährige Männer und Frauen, die zu ihren Erfahrungen mit Liebe, Freundschaft und Sexualität befragt wurden, haben keinen Bereich so ausführlich beschrieben, wie den der Freundschaften. Dabei haben sie diese Freundschaften in lose Cliquen, gute Freundinnen und Freunde sowie bester Freund bzw. beste Freundin unterteilt. Die Peers werden damit zur vielleicht bedeutendsten Ressource im sexuellen Sozialisationsprozess. Sie helfen einander bei Krisen und dabei, Orientierung zu finden und sexuelle Erfahrungen zu wagen. Ein weiterer Aspekt verdeutlicht den hohen Stellenwert, den Gleichaltrige im Prozess der (gesunden) sexuellen Sozialisation einnehmen: Mädchen und Jungen, die ihre sexuellen Erfahrungen als traumatisierend oder „nicht gut gelaufen" beschrieben, hatten wenig Bezug zu Gleichaltrigen und kaum Freunde oder Freundinnen (vgl. Dannenbeck, 2003, S. 39). Doch kann der Einfluss der Peers auch kritisch wirken und z. B. dazu beitragen, dass Jugendliche sich unter Druck gesetzt fühlen, endlich „richtigen" Sex haben zu müssen. Sie gehen dann vielleicht früher eine Beziehung ein, als sie eigentlich wollten und obwohl Bedingungen, die sie eigentlich gestellt haben, gar nicht erfüllt worden sind.

Die Aufgabe, die hier an die Sexualpädagogik gestellt wird, ist, diese wichtige „Ressource Peer-Group" zu fördern, damit sich Jugendliche gegenseitig bei sexuellen Fragen und emotionalen Prozessen unterstützen, beraten, kritisieren und sich miteinander entwickeln können (vgl. Dannenbeck, 2003, S. 46–48). Gleichzeitig muss es aber auch darum gehen, die einzelnen Jugendlichen darin zu bestärken dass sie selbst, nicht aber Freundinnen oder Freunde, bestimmen, wann sie welche Erfahrungen machen.

„Peers bilden den zentralen sozialen Ort für eigene Orientierungsarbeit im sexuellen Erfahrungsprozess auf dem Hintergrund der Unübersichtlichkeit von Angeboten und Normen, während Eltern Grundhaltungen vermitteln, insbesondere auch im Verhältnis der Geschlechter."
(Dannenbeck, 2003, S. 46)

Auch andere Studien bestätigen den hohen Stellenwert der Peers. Dies gilt für deutsche wie für Jugendliche mit Migrationshintergrund. Die beste Freundin oder der beste Freund ist für Themen rund um die Sexualität besonders wichtig. Dabei geht es weniger um Wissensvermittlung als um die emotionalen und intimen Themen. Es scheint, als würden die Peers bei älteren Jugendlichen eine noch größere Rolle spielen (vgl. Bauer Media Group; S. 17; BZgA, Jugendsexualität, 2010, S. 18). Jedenfalls stehen tragfähige und anerkennende Freundschaften bei den Jugendlichen auf der Skala der Werteorientierung ganz oben (vgl. Gensicke, 2010, S. 196 f.).

Irgendwann ist die Freundin einfach wichtiger als die Eltern.

Manchmal ist die beste Freundin sogar wichtiger als der Freund: Eine 16-jährige Gymnasiastin äußerte sich in einem Interview folgendermaßen:

„Also, es ist so, mit der Freundin kann ich über alles reden, und bei dem Freund schränkt sich das noch ein bisschen ein (...) Und es ist auch so, dass man seiner besten Freundin doch mehr vertraut, also auf jeden Fall. Weil ich meine, die war vorher da, die ist hinterher da (...) und ja, die ist immer da. Und der Freund eben nicht."

(Schmidt/Schetsche, 1998, S. 39, leicht verändert)

Weitere Orientierungshilfen zum Thema „Sexualität"

Die Peers spielen zwar auch beim Wissen zum Thema eine Rolle, wichtiger sind sie allerdings bei emotionalen Fragen. In Wissensfragen spielen die Eltern eine wichtige Rolle, daneben auch Beratungsstellen und Lehrkräfte sowie – besonders bei den Mädchen – Ärzte und Ärztinnen (vgl. BZgA, Jugendsexualität, 2010, S. 21). Für Jungen ist die Schule ganz offenbar eine wichtige Informationsquelle, für Jungen mit Migrationshintergrund ist sie sogar der wichtigste Ort der sexuellen Aufklärung (vgl. BZgA, Jugendsexualität, 2010, S. 12). Schule ist also nach wie vor wichtig, doch Themen wie Schwangerschaftsabbruch, sexuelle Gewalt, Homosexualität, sexuelle Praktiken (und vermutlich auch andere „schwierigere" Themen wie „Prostitution" sowie „Pornografie") sind laut BZgA offensichtlich eher randständig (vgl. BZgA, Jugendsexualität, 2010, S. 42f).

Mitarbeiter und Mitarbeiterinnen von Pro-Familia-Beratungsstellen, zum Teil auch von anderen Institutionen, arbeiten in vielen Städten mit Schulen zusammen, damit das Thema „Sexualität" in der Schule nicht auf die Vermittlung von biologischem Faktenwissen beschränkt bleibt. Wenn Sie als pädagogische Fachkraft an einer Ganztagsschule arbeiten, sollten Sie sich vor Ort nach Kooperationsmöglichkeiten erkundigen, insbesondere wenn Sie beabsichtigen, ein Projekt zum Thema „Sexualität" mitzugestalten.

Seit einiger Zeit wird viel darüber diskutiert, wie sich Medieninhalte auf das (sexuelle) Verhalten von Jugendlichen auswirken können. Oft wird gemutmaßt, dass der relativ einfache Zugang zu pornografischem Material (über das Internet) zu einer generellen sexuellen Verwahrlosung beiträgt, schließlich würden dort sexistische und Geschlechtsrollen verfestigende Muster als Realität präsentiert. Im sechsten Kapitel wird ausführlich auf die tatsächlichen und vermeintlichen Wirkungen von Medien eingegangen. An dieser Stelle soll es genügen, darauf hinzuweisen, dass Medien für die (sexuelle) Sozialisation in der Tat bedeutsam sind. Dabei spielen derzeit für Mädchen Printmedien wie Jugendzeitschriften, Bücher und kostenlose Aufklärungsbroschüren die größte Rolle. Bei den Jungen und besonders bei Jungen mit Migrationshintergrund führt laut der BzgA-Studie tatsächlich kein Weg mehr am Internet vorbei. (Dies sollte aber nicht zu dem voreiligen Schluss verleiten, dass sie sich zum Thema „Sexualität" vornehmlich über Pornos informieren würden.) Zudem ist festzustellen, dass das Internet bei beiden Geschlechtern mit zunehmendem Alter an Bedeutung gewinnt (vgl. BZgA, Jugendsexualität, 2010, S. 56f.). Im Folgenden soll auch in dieser Frage ein Impuls gesetzt werden.

Zum Thema „Pornografie“ in ein Gespräch kommen

Pornografie ist ganz sicher ein Thema in der Schule – vermutlich jedoch eher selten im Unterricht. Zwar gilt auch hier, dass es wenig sinnvoll ist, männlichen Jugendlichen (die vielleicht dafür bekannt sind, dass sie pornografisches Material austauschen) gegen ihren Willen ein Gespräch zum Thema aufzuzwingen, doch eine „freundliche“ Einmischung kann durchaus sinnvoll sein. Wichtig aber ist, nicht von vornherein moralisch zu argumentieren: „Das ist doch frauenverachtend. Das sind doch alles nur Klischees. Deine Freundin findet es bestimmt nicht toll, wenn du dir das anschaust.“ Mit solchen Bewertungen ist ein Gespräch kaum in Gang zu bringen. Pornografiekonsum kann schließlich erst einmal gedeutet werden als die Verwirklichung des Wunschs, etwas über Sexualität zu erfahren, das bei Gesprächen in Schule und Elternhaus gerade nicht Gegenstand ist, und Erregung zu erfahren. Wenn die Jugendlichen sich ernst genommen und sich nicht ihres Verhaltens wegen verurteilt fühlen, kann ein solches Gespräch sehr fruchtbar sein und deutlich machen, dass die Jugendlichen durchaus reflexiv mit dem Material umzugehen in der Lage sind. Vielleicht gelingt es sogar, die zur Schau gestellte Coolness zu hinterfragen. Ein solches Gespräch jedenfalls ist allemal besser, als ein Handy einzubehalten und es den Eltern auszuhändigen mit dem Hinweis: „Sie sollten sich mal dafür interessieren, was Ihr Sohn in seiner Freizeit macht.“

Sich im Internet Pornos anzuschauen, ist für Jungen ein ganz normales Verhalten. Das heißt aber nicht, dass sie diese auch als „Realität“ ansehen.

Denkbar ist es auch, mit den Jugendlichen ein Quiz zum Thema durchzuführen. Überlegen Sie sich selbst einmal Fragen (und verschiedene Antwortmöglichkeiten) für ein solches Quiz, und diskutieren Sie diese in der Klasse. Mögliche Fragen (z. T. aber nicht mehr ganz aktuell) finden Sie bei Timmermanns/Tuider, 2008, S. 120–124).

3.6 Verhütung und Teenagerschwangerschaften

In der sexualpädagogischen Arbeit mit Jugendlichen spielt das Thema „Verhütung“ eine zentrale Rolle. Vielleicht ist es aber vor allem ein Lieblingsthema der Erwachsenen, wenn es darum geht, mit Jugendlichen über das Thema „Sex“ zu reden. Denn durch die Einschränkung auf dieses Thema lässt sich möglicherweise ein grundsätzliches Gespräch über Sexualität, Gefühle und Beziehungen umgehen (vgl. Weidinger u. a., 2007, S. 65). Das Thema „Verhütung“ – und dabei sollte dann nicht nur auf die Verhütung einer ungewollten Schwangerschaft, sondern auch auf sexuell übertragbare Infektionen wie HIV eingegangen werden, kann dennoch als Einstiegsthema für anderes genutzt werden.

Wichtig ist das Thema für die Jugendlichen allemal, denn auch wenn sie über das Thema „Verhütung“ vergleichsweise gut informiert sind, so haben sie dennoch viele Fragen dazu. Deshalb wollen wir an dieser Stelle nicht detailliert auf die verschiedenen Verhütungsmethoden eingehen (Hierfür bieten sich z .B. die Materialien der BZgA (Bundeszentrale für gesundheitliche Aufklärung) an, die im Internet zu bestellen sind), sondern vor allem einige Fakten zum Verhütungsverhalten und dem Wissen darüber darstellen. Außerdem wollen wir aufzeigen, wie das Thema aufgegriffen werden könnte, ohne eine Reaktion wie „Nicht schon wieder!" hervorzurufen.

Informationen rund um das Thema „Verhütung"

Tatsächlich sind die meisten Jugendlichen in dieser Frage recht gut informiert. Schule und Eltern leisten im Prinzip gute Arbeit, auch wenn in der Regel Jugendliche mit Migrationshintergrund lange nicht so gut Bescheid wissen (vgl. BZgA, Jugendsexualität, 2010, S. 30f., 42f.).

Dieser unterschiedliche Informationsstand schlägt sich dann beim Verhütungsverhalten nieder. Während deutsche Jugendliche sehr darauf achten, schon beim ersten Sex zu verhüten, sind insbesondere jugendliche Migranten oftmals etwas leichtsinnig. Bei den deutschen Mädchen fällt zudem auf, dass am ehesten die besonders jungen etwas nachlässig und unvorsichtig sind. Hierbei handelt es sich eher um Hauptschülerinnen (weil diese früher „anfangen") als um Gymnasiastinnen (vgl. BZgA, Jugendsexualität, 2010, S. 148f.).

Und *wie* verhüten die Jugendlichen? Beim ersten Sex und auch danach? Hier zeigt sich, dass das Kondom an Bedeutung gewonnen hat. Kondom und Pille sind, einzeln oder in Kombination, die beliebtesten Verhütungsmittel. Vor allem beim ersten Mal wird ein Kondom benutzt. Dauert eine Beziehung länger an, wird es häufig durch die Pille ersetzt (vgl. BZgA, Jugendsexualität, 2010, S. 152, 162; Bauer Media Group, 2009, S. 88).

Kondom und Pille sind übrigens auch die Verhütungsmittel, die Eltern ihren Kindern empfehlen. Dabei beraten sie geschlechtsspezifisch. Eltern von Jungen ziehen fast ausschließlich das Kondom als einziges Verhütungsmittel in Betracht, Eltern von Mädchen empfehlen meistens die Pille, allein oder in Kombination mit dem Kondom. Andere Verhütungsmittel werden kaum genannt (vgl. BZgA, Jugendsexualität, 2010, S. 38f.).

Positiv zu vermerken ist sicher, dass die meisten Jugendlichen meinen, Verhütung sei ein gemeinsames Thema in der Partnerschaft (vgl. Bauer Media Group, 2009, S. 87).

Diese Ausführungen haben deutlich gemacht, dass das Verhütungsverhalten Jugendlicher wenig Anlass zum Stirnrunzeln gibt. Jedoch zeigt sich an dem einen oder anderen Punkt ein nicht ganz ungefährliches „Halbwissen": so glauben z. B. gar nicht so wenige Jugendliche, dass eine Schwangerschaft nur möglich sei, wenn die Regelblutung eines Mädchens regelmäßig sei, oder auch, dass diese nur bei ungeschütztem Sex direkt nach der Regelblutung eintreten könne und dass „Aufpassen" eine geeignete Verhütungsmethode sei (vgl. Bauer Media Group, 2009, S. 18f.). Auch mit anderen Mythen werden pädagogische Fachkräfte, die das Thema „Verhütung" aufgreifen, bisweilen konfrontiert,

z. B. dass beim ersten Mal schon nichts passieren würde oder dass eine Scheidenspülung Samenzellen ausspüle usw.

Aufgabe

Sammeln Sie Mythen rund um das Thema „Schwangerschaftsverhütung" – und überlegen Sie, wie diesen zu begegnen ist. Suchen Sie dazu nach Informationen, z. B. auf den Internetseiten der BZgA oder fragen sie bei einer Pro-Familia-Beratungsstelle nach. Nehmen Sie diese Aufgabe ernst! Selbst wenn Sie eigentlich wissen, dass es sich bei einer Aussage um einen Mythos handelt – es ist wichtig, solches „Wissen" fundiert widerlegen zu können.

Wie kann das Thema „Verhütung" interessant gemacht werden?

Manchmal werden die Jugendlichen schon in der siebten Klasse über Verhütungsmittel aufgeklärt. Sie sind dann 12 oder 13 Jahr alt, haben vielleicht auch schon einmal Freund oder Freundin geküsst, denken aber überhaupt nicht an weiter gehende Aktivitäten und finden das Thema deshalb nur mäßig spannend. Die Details der Informationen werden bald wieder vergessen. Bleibt es bei dieser einmaligen Aufklärung, dann kann es schon sein, dass Jugendliche, wenn sie drei oder vier Jahre später Sex haben, nicht mehr so genau wissen, was sie beachten sollten.

Und noch etwas ist zu bedenken: Wenn Jugendlichen Wissen zum Thema „Verhütung" vermittelt wird, weil unterschwellig davon ausgegangen wird, dass die 14-Jährigen bald ihr erstes Mal erleben werden, die Jugendlichen selbst aber eigentlich gar nicht so sehr daran interessiert sind, kann bei ihnen auch der Eindruck entstehen, dass sie nicht ganz normal seien, wenn sie nur mäßiges Interesse am Thema aufbringen.

Wie schon ausgeführt ist bei einem Gespräch über Verhütung zu beachten, dass dieses nicht als Ersatz für ein Gespräch zum Thema „Sexualität" herhalten sollte, sondern höchstens als Einstieg in dieses komplexte Thema dienen kann. Allerdings wäre es grundsätzlich besser, einen anderen Einstieg zu wählen. Doch gibt es noch ein paar andere Tipps, wie das Interesse der Jugendlichen zu wecken und aufrechtzuerhalten ist:

- klarstellen, wann das Thema „Verhütung" für die meisten Jugendlichen aktuell wird, aber darauf hinweisen, dass es zu diesem Zeitpunkt nicht für alle ein wichtiges Thema ist (siehe dazu Kap. 3.4),
- beim Thema auf die Lebensrealität der Jugendlichen eingehen – also auch darauf, wie Verhütungsmittel erhältlich sind, welche Kosten entstehen, welche Probleme und Pannen möglich sind,
- das Thema sinnvollerweise schon bei Jüngeren ansprechen, sie aber nicht mit zu viel Detailwissen überfrachten, sondern auf ihre konkreten Fragen eingehen,
- grundsätzlich mit Beispielen und Erfahrungsberichten arbeiten,

- klarmachen, dass Verhütung ein rationales Handeln voraussetzt, dass aber dies beim Sex nicht immer gegeben ist – und es auch deshalb zu „Unfällen" kommt,
- deutlich machen, dass es zwar anzustreben ist, solche „Unfälle" zu vermeiden, sie aber dennoch immer wieder passieren – und dass den Beteiligten deshalb kein Vorwurf zu machen ist, sondern ihnen Hilfe angeboten werden sollte,
- wenn die Jugendlichen signalisieren: Wir wissen genug, sie auf die Probe stellen und z. B. ein Quiz zum Thema durchführen.

(vgl. Weidinger u. a., 2007, S. 66 f.)

Ein Erfahrungsbericht zu einem „Verhütungsunfall" kann eine Diskussion darüber in Gang setzen, ob, wenn dieser sich zwei Tage vor der erwarteten nächsten Regelblutung ereignet hat, das Paar erst einmal abwarten solle oder sich besser gleich darum kümmern sollte, die „Pille danach" zu bekommen. (Wichtig sind in diesem Zusammenhang natürlich auch Informationen darüber, wie diese zu erhalten ist.)

Viele Männer empfinden Kondome als sehr störend, andere sehen sich durch deren Benutzung überhaupt nicht beeinträchtigt. Die möglichen Vorbehalte sind ernst zu nehmen und nicht herunterzuspielen – andererseits sollte auch klargemacht werden, dass es Situationen gibt, in den es keine Alternative zur Kondombenutzung gibt.

Aufgabe

Überlegen Sie sich Quizfragen zum Thema „Verhütung", die Sie in einer Gruppe einsetzen könnten. Eventuell bietet es sich an, auch andere Fragen zum Thema „Sexualität" einzubeziehen

Eine Bemerkung zum Schluss: Wenn beim Thema „Verhütung" das Gespräch auf Kondome kommt, sollte die Gelegenheit genutzt werden, über die HIV-Infektion und die Krankheit Aids zu reden. Der Kenntnisstand der Jugendlichen heute ist zwar recht gut, doch gibt es sicher noch einigen Aufklärungsbedarf (vgl. Bauer Media Group, 2009, S. 20 f.). Darauf einzugehen, den Jugendlichen aber auch unnötige Ängste zu nehmen, ist sicher eine weitere wichtige Aufgabe sexualpädagogischer Arbeit. An vielen Orten bieten die örtlichen Aidshilfen Präventionsarbeit für Jugendliche an, ansonsten finden sich aktuelle Informationen zu dem Thema auf den Internetseiten der BZgA (www.bzga.de) oder auch der Deutschen Aids-Hilfe (www.aidshilfe.de).

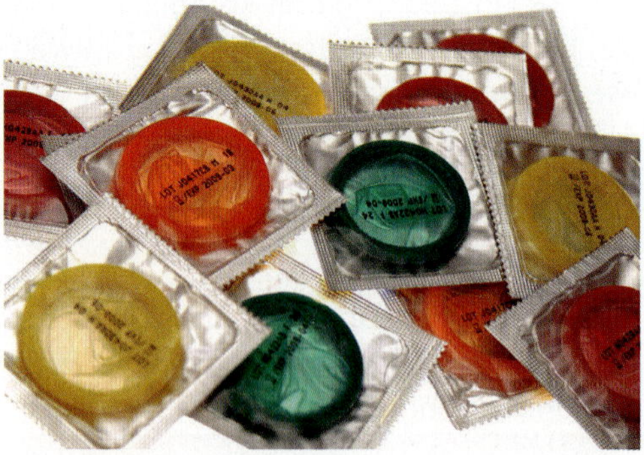

Von allen Verhütungsmitteln schützen nur Kondome sowohl vor einer ungewollten Schwangerschaft als auch vor einer HIV-Infektion.

Jugendschwangerschaften

Auch wenn die meisten Mädchen, zumal wenn sie regelmäßig Sex mit einem Jungen haben, auf Verhütung großen Wert legen: Es passiert gelegentlich schon, dass ein Mädchen ungewollt schwanger wird. Mit der Frage konfrontiert, was es für sie bedeuten würde, wenn sie (bzw. die Partnerin) schwanger werden würden, meinen über 90 % aller Befragten, dass dies eine Katastrophe oder doch zumindest sehr unangenehm sei. Noch schlimmer als für deutsche Mädchen wäre – aus individuell nachvollziehbaren Gründen – eine ungewollte Schwangerschaft für junge Migrantinnen (vgl. BZgA, 2010, S. 188–190). Nur für 1 % der Mädchen wäre eine ungeplante Schwangerschaft eine erfreuliche Angelegenheit.

Allerdings gibt es ja auch im Jugendalter geplante Schwangerschaften. **Lebensplanung** erweist sich somit als wichtiges Thema für die Jugendarbeit. Neben der beruflichen Lebensplanung machen sich Jugendliche früh Gedanken über ihre private Zukunft. Familie und Beruf bzw. Partnerschaft und Beruf sollen unter einen Hut gebracht werden. Vielen ist bewusst, dass das nicht immer ganz einfach ist. Es ist wichtig, darüber mit ihnen ins Gespräch zu kommen, auch weil ihre Ideen nicht immer ganz realistisch sind. So haben manche Jugendliche vielleicht die Vorstellung, sie müssten ihr Elternhaus bereits verheiratet verlassen und dann direkt ins neue Eigenheim ziehen. Andere, vor allem Mädchen, haben ganz andere Vorstellungen. Sie sehen gar nicht erst die Notwendigkeit, eine Ausbildung zu beginnen oder einen höheren Schulabschluss anzustreben. Für sie ist klar: Ich werde Mutter! Finanzielle Unabhängigkeit oder eine feste Partnerschaft werden nicht unbedingt mit eingeplant. Sie wissen von anderen, die ohne Partnerschaft und Job eine Familie gegründet haben. Sorgen und Nöte, die diese Situationen auslösen können, werden nicht in Betracht gezogen oder für unwichtig gehalten.

So kommt es, wie schon angedeutet, auch zu geplanten Schwangerschaften von Jugendlichen. Hierüber werden hitzige Diskussionen geführt. Denn Teenagerschwangerschaften werden kritisch bewertet und grundsätzlich problematisiert. Aber: „Entgegen vieler Medienberichte halten sich die Zahlen von Teenagerschwangerschaften in Deutschland seit Jahren auf niedrigem Niveau und sinken tendenziell" (Gnielka, 2008, S. 499).

So waren zu Anfang des Jahrtausends bei nur etwa 1 % der Geburten die Mütter minderjährig, und Schwangerschaftsabbrüche nehmen bei Minderjährigen nur 6 % der Gesamtzahl ein (vgl. Gnielka, 2008, S. 500). Die Zahlen mögen gering sein, jedoch muss den Betroffenen natürlich geholfen werden. Wie dies präventiv geschehen kann bzw. was an Unterstützungsleistungen nötig ist, zeigt die folgende Tabelle.

Im Vorfeld einer möglichen Schwangerschaft	
Schwangerschaftsbegünstigende Einflüsse	**Präventionsmöglichkeiten**
– evtl. unbewusster) Kinderwunsch – unrealistische, idealisierende Vorstellung vom Leben mit Kind – unsichere Paarbeziehung – niedriges Bildungsniveau und fehlende Berufsperspektiven – wenig, mangelhaftes oder falsches Körper- und Sexualwissen – Hemmnisse im Zugriff auf bzw. im Verwenden von Verhütungsmitteln	– frühzeitig beginnende, altersangemessene Körper- und Sexualaufklärung im Elternhaus – institutionelle, zielgruppenspezifische sexualpädagogische Maßnahmen zu den Themen „Fruchtbarkeit", „Verhütung" und „Elternschaft" – Entwicklung attraktiver Berufsperspektiven – unverstellter Zugang zu Verhütungsmitteln und vertrauter Umgang damit

Situation des möglicherweise eine Schwangerschaft auslösenden Geschlechtsverkehrs	
Risikofaktoren	**Sicherheitsfaktoren**
– erster Geschlechtsverkehr – geringes Alter des Mädchens – geringer Bekanntheitsgrad des Sexualpartners – spontane Entscheidung zum Sex – fehlendes Risikobewusstsein evtl. verstärkt durch Alkohol oder Drogen – mangelnde Kommunikationsfähigkeit und fehlendes Durchsetzungsvermögen – keine oder unsichere Verhütungsmittel zur Hand – mangelnde Übung und Fehler bei Kondom- oder Pillenbenutzung; andere Widerstände	– Wissen um die eigene Fruchtbarkeit und Wahl einer zuverlässigen Verhütungsmethode – Anwendungssicherheit bei Verhütung – klare Ablehnung einer Schwangerschaft – Sex mit einem vertrauten Partner – Selbstsicherheit und Kommunikationskompetenz

Kurz nach einem ungeschützten Geschlechtsverkehr	
Schwangerschaftsbegünstigende Faktoren	**Interventionsmöglichkeiten**
– Unwissenheit über „Pille danach" oder „Spirale danach", über Fristen und Modalitäten, diese für sich zu nutzen – hochschwellige und zum Teil behindernde Zugangsmöglichkeiten zur „Pille danach"	– zeitnahe Information und neutrale Beratung Jugendlicher – Nachverhütung mit der „Pille danach" bis maximal drei Tage später – Einsetzen einer Spirale bis zu fünf Tage später („Spirale danach")

Zeit der ersten drei Schwangerschaftsmonate	
Faktoren für ein Austragen der Schwangerschaft	**Interventionsmöglichkeiten**
– Unwissenheit über gesetzliche Regelungen – Angst vor einem Abbruch – moralische Bedenken – ungeklärte Eltern-Kind-Konflikte; Trotzverhalten – Nichtbemerken oder Verschweigen der Schwangerschaft vor Ablauf der 3-Monats-Frist	– rechtzeitige Information über den Schwangerschaftsabbruch – altersgerechte, situationsangemessene und neutrale Beratung, evtl. unter Einbeziehung der Eltern – Klärung von Zukunftsperspektiven und Handlungsalternativen (z. B. Adoption) – auf Wunsch der Schwangeren: Abbruch der Schwangerschaft

Zeit vor, während und nach der Geburt	
Risikofaktoren im Hinblick auf die Elternschaft	**Hilfsmöglichkeiten**
– Ablehnung der kommenden Elternschaft – Ablehnung der körperlichen Veränderungen während der Schwangerschaft – ungeklärte Vaterschaft – soziale Isolation unter den Gleichaltrigen – fehlende Unterstützung der Eltern oder ähnlicher Personen – sporadische oder fehlende Vorsorgeuntersuchungen – medizinische Risiken bei der Geburt aufgrund des Alters – Angst vor der Geburt	– schwangerschaftsbegleitende Beratungs- und Unterstützungsangebote – Vorbereitung auf das Leben mit oder ohne Kind (Adoption) – Einbeziehung des biologischen und/ oder sozialen Vaters – Klärung offener rechtlicher, finanzieller und medizinischer Fragen – altersgemäße Geburtsvorbereitung und Klärung der Geburtsbegleitung – evtl. Aufnahme in ein Mutter-Kind-Wohnheim – Beratung und Unterstützung nach der Geburt

Spezifische Formen der Prävention und Intervention, Hilfe und Begleitung vor, während und nach einer Teenagerschwangerschaft (vgl. Gnielka, 2008, S. 503 f.)

Es steht außer Frage, dass eine ungewollte Schwangerschaft im Teenageralter die Lebensplanung junger Menschen ganz schön durcheinanderbringen kann. Deshalb soll an dieser Stelle noch einmal ein Überblick darüber gegeben werden, welchen Aufgaben sich die Sexualpädagogik hier zu stellen hat.

Überblick: Aufgaben der Sexualpädagogik in Bezug auf Lebensplanung, Verhütung, Teenagerschwangerschaften

- Wissensvermittlung in Bezug auf Verhütung, über sichere Alternativen zur Pille informieren, auf Kosten hinweisen (Verhütung muss vor allem für Jugendliche bezahlbar sein),

- Kondom als besonderes Verhütungsmittel (schützt als einziges Verhütungsmittel vor Ansteckung mit HIV *und* Schwangerschaft) weiter ins Bewusstsein rücken, sichere Anwendung üben,
- Aufklärung über sexuell übertragbare Infektionen; Mut machen, schnellstmöglich zum Arzt bzw. zu einer Ärztin zu gehen,
- Verhütung geht beide an! Gleichberechtigte und gemeinsame Verhütungsplanung, gemeinsame Entscheidung treffen bzw. Konsens finden, Kosten miteinander teilen, gemeinsam z. B. an die Pille denken,
- Lebensplanung thematisieren: Was bedeutet eine frühe Schwangerschaft für die Lebensplanung? Wie kann Elternschaft gelingen? Im Falle einer Schwangerschaft: Vermittlung an eine Beratungsstelle, ggf. Begleitung anbieten,
- vielfältige Lebensweisen als Möglichkeiten aufzeigen,
- Vermittlung der Übertragungswege und Risiken von HIV und anderen sexuell übertragbaren Krankheiten, Sensibilisieren gegen die Stigmatisierung von Menschen, die HIV-positiv sind, Solidarität, Leben mit HIV.

3.7 Schlussgedanken

Jugendliche sind heute recht gut aufgeklärt und die Aufgaben, die sie auf dem Weg zum Erwachsenwerden zu bewältigen haben, meistern sie im Großen und Ganzen gut. Sie haben gelernt, mit den Freiheiten, die sie im Vergleich zu ihren Eltern haben, umzugehen – und doch gibt es noch immer einen Informations- und Aufklärungsbedarf und damit einen sexualpädagogischen Handlungsbedarf. Dabei ist aber auch auf der Seite der Fachkräfte eine stetige Reflexion angesagt.

So können das kritische Reflektieren von Vorurteilen und das Hinterfragen von Stereotypen neue Handlungsmöglichkeiten eröffnen. Es lässt sich auch noch einmal anders – z. B. auf „schwierige" Jugendliche – schauen, wenn Situationen individuell erfasst werden, anstatt sie allein auf der Grundlage erlernter Deutungsmuster oder Erfahrungen zu interpretieren. Jugendliche wenden sich nur dann mit Fragen rund um Sexualität an Ältere, wenn sie sich ernst genommen fühlen. Somit sind sie in ihrer Individualität wahrzunehmen, ihren Diskriminierungserfahrungen sollte empathisch und verständnisvoll begegnet werden. Wer Jugendlichen die Möglichkeit bietet, Unterstützung annehmen zu können, schafft eine tiefe Vertrauensbasis, die Grundlage einer gelungenen Beziehungsarbeit ist.

Denn auch wenn die Jugendlichen es gelernt haben, mit Freiheiten und Optionen verantwortungsbewusst umzugehen, auch wenn sie eigene Kontrollmechanismen nutzen und wissen, wie sie sich mithilfe der verschiedensten Medien Informationen beschaffen können, sie suchen auch Gespräche, und zwar sowohl mit Gleichaltrigen als auch mit Älteren. Genau hier bieten sich viele Möglichkeiten für sexuelle Bildung im Jugendalter.

Die Hauptaufgabe liegt dabei nicht in der Wissensvermittlung, sondern darin, Reflexionsfähigkeit zu bestärken und dazu beizutragen, dass sich eine integre, verantwortungsbewusste, tolerante und respektvolle Persönlichkeit entwickelt. Die Werte orientieren sich in der Regel an den Menschenrechten. Haltungen, Äußerungen und Verhaltensweisen, die diesen widersprechen, müssen reflektiert und dürfen kritisiert werden. Gelegentlich ist aber auch Sachwissen gefragt. Wissensfragen sollten konkret und sachlich korrekt beantwortet werden. Deshalb sollten Aufklärungs- und Informationsbroschüren greifbar sein, und – auch zusammen mit den Jugendlichen – das Internet genutzt werden.

Zu bedenken ist aber: Selbst die bestmögliche Sexualpädagogik kann nicht alle Probleme aus dem Weg räumen, sie kann vielleicht nicht einmal dazu beitragen, dass Jugendliche auf alle sie bewegenden Fragen zufriedenstellende Antworten bekommen. Sie kann ihnen aber dabei helfen, die Orientierung in einer auch in sexueller Hinsicht unübersichtlicher werdenden Welt nicht zu verlieren. Darüber hinaus kann sie Jugendliche auch dabei unterstützen, über ihr sexuelles „Schicksal" mitzuentscheiden. So kann sie, sicherlich nicht in jedem Einzelfall, aber doch prinzipiell, dazu beitragen, dass sexuelle Biografien individuell und sozial gelingen. Und das ist sicherlich eine ganze Menge.

4 Sexualpädagogik in ambulanter und stationärer Erziehungshilfe

4.1 Ein Handlungsfeld mit besonderen Herausforderungen

In diesem Kapitel geht es darum, wie Fachkräfte in Heimeinrichtungen und in der ambulanten Erziehungshilfe mit der Sexualität von Kindern und Jugendlichen und deren Bezugspersonen konfrontiert werden. Thema ist auch das professionell angemessene Verhalten bei Kenntnis von sexuellen Übergriffen, sexuellen Gewaltfantasien von Kindern, Jugendlichen und Erwachsenen oder sexuellen Auffälligkeiten inner- und außerhalb des Heimkontextes. Hauptziel dabei ist es, den Menschen Ressourcen zurückzugeben oder auch erstmals zur Verfügung zu stellen, „die sie brauchen, um sich lebenskompetent und sozialintegriert zurechtzufinden" (Sielert, 2010, S. 250).

Häufig geschehen die Auseinandersetzungen mit dem Thema „Sexualität" in der stationären und ambulanten Erziehungshilfe aufgrund aktueller Vorfälle spontan, doch sollte sexualpädagogisches Handeln einer vorab überlegten und geplanten Didaktik folgen. Dabei ist die Vielschichtigkeit der Bedürfnisse aller Beteiligten, vor allem bei den Klientinnen und Klienten, zu berücksichtigen.

Neben den sogenannten „Regelbedürfnissen" (z. B. Aufklärung über Verhütungsmittel) lassen sich „spezielle Bedürfnisse" ausmachen. Man spricht dann von funktionaler Sexualpädagogik, die bei kritischen Lebensereignissen (z. B. bei Vergewaltigung, ungewollter Schwangerschaft usw.) zur Beseitigung oder Abmilderung schwieriger Lebensphasen beitragen soll.

Das sexualpädagogische didaktische und methodische Repertoire sollte folglich groß und flexibel gestaltet sein.

Pädagoginnen und Pädagogen in diesem Arbeitsfeld müssen:

- beherzt im Sinne der Kinder, Jugendlichen und Familien agieren,
- eine planvolle, zielgerichtete Sexualpädagogik durchführen,
- im Bedarfsfall rechtliche Schritte durch Polizei und Jugendamt professionell initiieren,
- eine professionelle, sexualpädagogische Beziehungs- und Handlungskompetenz mit Blick auf „die Klienten" besitzen.

Sie müssen an der Gestaltung einer Sexualkultur mitwirken, die Kindern und Jugendlichen ein Recht auf Selbstbestimmung zubilligt, sie aber auch zu einem verantwortungsvollen, gesellschaftlich akzeptierten Handeln befähigt.

Pädagogische Fachkräfte, die direkt mit den Problemlagen der ihnen anvertrauten Menschen befasst sind, erleben deren Krisen unmittelbar und sollen diese lösen helfen. Darauf auch mit Betroffenheit zu reagieren, bezeugt Empathie und muss sexualpädagogisches Handeln nicht behindern. Doch wird auch professionelle Distanz erwartet, weil nachfühlendes Interesse allein noch keine Problemlösung ist. Professionelle Distanz kann in schwierigen Situationen zudem als Empowerment wirksam werden.

Definition
Unter Empowerment wird ein Prozess der – durch pädagogische Intervention erlernten – Autonomie (Unabhängigkeit), Selbstbestimmung und auch Selbstbefähigung verstanden.

Die professionelle Distanz der Fachkräfte ermöglicht den „Klienten" einen neuen Blick auf die Probleme und hilft ihnen bei der Bewältigung. Vor allem aber ist sie notwendig, um didaktisch und methodisch zielgerichtet und helfend handlungsfähig zu bleiben.

Schließlich müssen die sozialpädagogischen Fachkräfte gegebenenfalls vor Dritten (z. B. Jugendamt, Polizei, Familiengericht, institutionellen Trägern) die Verantwortung für ihr Handeln rechtfertigen. Ihnen sollte bewusst sein, dass ihre sexualpädagogischen Interventionen weitreichende Folgen haben können (z. B. wenn aufgrund physischer oder psychischer Gefährdung eine Inobhutnahme – das Herausnehmen eines oder mehrerer Kinder aus der Familie – notwendig wird).

Zum professionellen Handwerkszeug sexualpädagogisch tätiger Fachkräfte gehört es auch, transparent und zeitnah Informationspolitik nach allen Seiten zu betreiben – soweit die Intimsphäre der ihnen anvertrauten Personen gewahrt bleibt. Und das heißt, dass nicht alle Probleme, Sorgen und Nöte Einzelner auch mit allen beteiligten Personen (bzw. Institutionen) zu besprechen sind.

Sexualpädagogisch verantwortungsvoll zu handeln ist schwer und spannungsreich, auch weil unterschiedliche Interessen zum Tragen kommen.

4.2 Sexualpädagogik in der ambulanten Erziehungshilfe

Aufgabe

Bevor Sie weiterlesen, sollten Sie folgende Fragen beantworten:

- *Was ist ambulante Erziehungshilfe?*
- *Was können sexualpädagogische Angebote in der ambulanten Erziehungshilfe sein?*

Kinder und Jugendliche haben ein Recht auf Erziehung, Elternverantwortung und Jugendhilfe. Ambulante Erziehungshilfe ist Bestandteil dieser Rechte.

Geregelt ist dies im SGB VIII. Dazu gehören z. B.:

1. Sozialpädagogische Familienhilfe (SPFH) (§ 31),

2. Einzelfallhilfe in der Familie (§§ 30, 35),
3. ambulante Beratung (§ 28),
4. Trainingsangebote (§ 29).

Der ambulanten Erziehungshilfe geht das Prinzip der Kenntnisnahme vorweg. Das bedeutet, dass das **Jugendamt** Kenntnis über einen bestimmten Sachverhalt nimmt, indem

- sich Eltern, Kinder oder Jugendliche zur freiwilligen Beratung beim Jugendamt melden und um Hilfe bitten,
- Meldungen durch Dritte (z. B. Schule, Kita, Nachbarn, Eltern anderer Kinder) an das Jugendamt gelangen,
- das Jugendamt durch die Polizei, die Staatsanwaltschaft informiert wird.

Nach dieser Kenntnisnahme muss das Jugendamt seinem „Wächteramt" nachkommen, den Informationen nachgehen und den Sorgeberechtigten Hilfen anbieten. Zu diesem Zweck wird ein Besuchstermin in der Familie oder im Jugendamt vereinbart.

Die dann präsentierten Angebote verlaufen nach dem Grundprinzip „anbieten statt aufzwingen" (Reichel, 2009, S. 1 ff.) Sie können folglich nur stattfinden und erfolgreich sein, wenn die Eltern ihnen zustimmen oder sie sogar selbst beantragen. Das Jugendamt prüft, ob es die Hilfe selbst durchführen kann oder ob externe Institutionen der ambulanten Jugendhilfe den Auftrag übernehmen sollen. Die beauftragten Fachkräfte vereinbaren zunächst Besuchstermine mit der Familie. In manchen Fällen soll eine „Clearingstelle" innerhalb weniger Tage den Problemumstand der Familie, des Kindes oder des Jugendlichen ausmachen.

Definition
Unter einem Clearing kann eine Analyse der Netzwerke der Klienten, seiner Ressourcen und der individuellen Lösungs- und Handlungsmöglichkeiten verstanden werden. Hierzu wird mit Methoden der systemischen Beratung (Organigramm, Familienaufstellung usw.) die Gesamtsituation erhoben: eine Einschätzung des Verhaltens, besondere Problematiken der Kinder und Jugendlichen in einer Familie, alle Familienbeziehungen und die Mehrgenerationseffekte (z. B. innerfamiliärer, sexueller Missbrauch über mehrere Generationen hinweg).

Bei Verdacht auf sexuellen Missbrauch innerhalb einer Familie haben die betroffenen Kinder, Jugendlichen und Familien ein Recht auf intensive Betreuung und Begleitung.

Danach findet ein erstes **Hilfeplangespräch** statt. Bei den schon im ersten Hilfeplangespräch festgelegten Interventionen steht zunächst die Bewältigung einer aktuellen, kritischen Situation, möglicherweise auch ein problematisches Sexualverhalten, im Vordergrund. Dabei ist oft schnelles und schützendes Handeln wichtig.

Im Folgenden soll auf einige solcher Situationen und wie darauf zu reagieren ist, eingegangen werden.

Kritische Situationen, die eine sexualpädagogische Intervention notwendig machen

Sexueller Missbrauch an Minderjährigen in der Familie

> ***Definition***
> ***Unter sexuellem Missbrauch innerhalb einer Familie werden sexuelle Übergriffe von Familienmitgliedern ersten oder zweiten Grades (Vater, Mutter, Großvater, Großmutter, Bruder, Schwester, Tante, Onkel) oder Personen, die nicht verwandt sind und dennoch im Haushalt leben, gegenüber minderjährigen Familienmitgliedern verstanden. Unterschieden wird zwischen Handlungen an und mit dem Kind (Hands-on-Übergriffe) und vor dem Kind (Hands-off-Übergriffe, z. B. Masturbieren vor dem Kind).***

Bei sexuellem Missbrauch ist zur Verhinderung weiterer Taten in vielen Fällen die **Inobhutnahme** (darauf wird noch genauer eingegangen) angesagt, doch sind auch andere Maßnahmen zu erwägen, z. B. die Entfernung des Täters/der Täterin aus der Familie. Diese wird mit der Vermeidung weiterer traumatischer Erfahrungen für das Opfer und der sofortigen Unterbrechung der Tat begründet. Nicht immer ist eine Einzelfallentscheidung angesagt. In einigen Fällen bestimmen die Institutionen die Handlungsrichtung und legen fest, ob Opfer oder Täter gehen soll. Bleibt das Opfer in der Familie, bedeutet die sexualpädagogische Intervention, dass eine therapeutische Behandlung initiiert und eventuell begleitet wird. Eine ähnliche Hilfestellung ist notwendig, wenn als Folge des Missbrauchs eine Schwangerschaft oder Geschlechtskrankheit eingetreten ist.

Aber es geht nicht nur um die Betreuung des direkten Opfers. Schließlich wird eine Familie begleitet, die sich damit auseinandersetzen muss, dass ein nahestehender Mensch eine Sexualstraftat begangen hat. Sexualpädagogische Intervention bedeutet hier sicher auch, dass Gespräche über Scham- und Verantwortungsgefühle der Familienmitglieder geführt werden.

Minderjährige, schwangere Heranwachsende in der Familie

Pädagogische Fachkräfte in der ambulanten Jugendhilfe können Familien und minderjährigen schwangeren Frauen folgenden Hilfekatalog anbieten:

- Initiierung einer fachärztlichen Betreuung, evtl. Begleitung oder Erinnerung an die Termine der Vorsorgeuntersuchungen,
- Hilfe bei der Inanspruchnahme einer Schwangerenberatungsstelle (z. B. bezüglich der finanziellen Versorgung von Mutter und Kind),
- Aufklärung über Nikotin-, Alkohol-, Drogenkonsum in der Schwangerschaft und Stillzeit (hinsichtlich der Folgen für Mutter und Kind),

- Aufklärung über Symptome der Schwangerschaft,
- Aufklärung und möglicherweise Begleitung bei einer Fehlgeburt,
- Aufklärung über Geburtsmöglichkeiten,
- Initiierung der Teilnahme an einem Geburtsvorbereitungskursus,
- Unterstützung und Planung der Geburt,
- Stärkung der Beziehung zwischen Kindsvater und Kindsmutter, sowie deren Sorgeberechtigten, oder Aufarbeitung einer Trennung,
- möglicherweise Unterbringung in einem Mutter-Kind-Heim,
- Initiierung der Begleitung von Mutter und Kind durch eine Hebamme,

Die guten und die schlechten Seiten einer frühen Mutterschaft sollten sexualpädagogisch begleitet werden.

- Unterstützung und Aufklärung in der Stillzeit (um z. B. Verhütungsmythen: „Wenn die Mutter stillt, kann sie nicht schwanger werden" und Angst auslösende körperliche Veränderungen wie Ausbleiben der Periode, Brustschmerzen zu begleiten).

Zustand nach einer Vergewaltigung nach (freiwilligem oder unfreiwilligem) Drogenkonsum

> ***Beispiel:*** *Mit Erschütterung vernahm die junge Familienhelferin die Geschichte der Mutter über die Erlebnisse am Wochenende. Bei einem Grillfest in der Nachbarschaft habe sie Alkohol getrunken. Ob sie richtig betrunken war, konnte die junge Frau nicht mehr sagen. Als sie auf dem Rücksitz des Autos erwachte, hatte sie sehr starke Kopfschmerzen und war „unten herum" nackt. Ob sie Geschlechtsverkehr hatte und mit wem, konnte sie nicht sagen. Die Familienhelferin initiierte eine sofortige fachärztliche Untersuchung und riet ihr, zu einer Strafanzeige gegen Unbekannt. Die alleinerziehende Frau vermutet, dass ein Nachbar, der sich ihr gerne als Helfer anbietet, „K. O.-Tropfen" (Liquid Ecstasy) in eines ihrer Cola-Rum-Getränke gemischt habe. Sie hat Angst, dass er sie sexuell missbraucht habe und hat den Kontakt zu ihm abgebrochen.*
>
> *In langen Gesprächen mit der Familienhelferin arbeitet die junge Frau Erfahrungen mit ihren Angst-, Scham- und Wutgefühlen auf. An manchen Tagen erlebt sie „Flashbacks", kurze Erinnerungsfetzen an den Abend und die Geschehnisse im Auto, z. B. dass sie vergeblich versucht habe, ihre Unterhose festzuhalten. Die Pädagogin dokumentiert mit ihr gemeinsam die Erinnerungen und hält sie schriftlich fest.*
>
> *Im Laufe der Zeit klagt die Mutter über zunehmende soziale Ängste, sie traut sich nicht mehr allein vor die Tür, auch ihre Kinder dürfen das Haus nicht allein verlassen. Die Familienhelferin hält sie dazu an, therapeutische Hilfe in Anspruch zu nehmen. Nach einer Mutter-Kind-Kur verstärkt sich bei der Klientin der Wunsch nach neuen Sozialkontakten und es*

gelingt ihr, eine freundschaftliche Beziehung zu einer alleinerziehenden Frau aus der Nachbarschaft zu knüpfen. Doch die Angst vor neuen Übergriffen hält sie zunächst vom gemeinsamen Ausgehen ab. Erst als sich die Pädagogin anbietet, mitzugehen, kann die junge Frau wieder ausgehen. Kontakte zu Männern lehnt sie bis heute ab.

Junge Frauen, die Opfer sexueller Übergriffe geworden sind oder an der Ausübung ihrer freien Sexualität (z. B. durch Gang-Bang-Treffen) gehindert wurden, zeigen aus Selbstschutzgründen oft ein distanziertes, desinteressiertes Verhalten. Ruhe, Verständnis und eine immerwährende Hilfsbereitschaft können diese Verhaltensweisen verändern.

Initiierung eines Gang-Bang-Treffens durch Jugendliche

Die Verabredung von Jugendlichen zu einem Gang-Bang-Treffen ist ein direkter Fall von „Gefahr in Verzug". Zum Schutz des Kindeswohls muss schnell gehandelt werden und ggf. sind Polizei und Jugendamt hinzuzuziehen. Die Pflegeeltern einer 14-Jährigen und der Familienhelfer sind, nachdem sie von der Organisation eines Gang-Bang-Treffens Kenntnis bekamen, wie folgt vorgegangen:

- sofortige Verhinderung des Treffens unter Einbeziehung der Polizei, Platzverweis für diverse Beteiligte als präventive Maßnahme,
- Aufklärung der Pflegetochter über Gefahren solcher Treffen (körperliche Schäden, strafrechtliche Sanktionen usw.) durch den Familienhelfer, Überarbeitung der Ausgeh-Regeln für die Jugendliche und der Kontrollmechanismen in der Familie,
- sexualpädagogische Auseinandersetzung mit dem Thema: (sexuelle) Verantwortung für sich und andere,
- sexualpädagogische Auseinandersetzung zum Thema „sexuelle Fantasien, Gewaltfantasien" (auch als Gruppenarbeit, um Gruppendruck zu nutzen, solche sexuellen Fantasien negativ zu besetzen)
- allgemeine Gewaltpräventionsmaßnahmen.

Die Beispiele zeigen: Sexualpädagogische Arbeit in der ambulanten Erziehungshilfe ist oft Familienarbeit, bei der die Familien vertrauensvoll gestützt und begleitet werden. Sie brauchen Hilfestellung zum Umgang mit ihrer Scham, bei Anfeindungen und Schuldzuweisungen untereinander und zur Abwendung oder Abpufferung weiterer kritischer Ereignisse. Zudem ist die Aktivierung oder Reaktivierung der familieneigenen Ressourcen (Zusammenhalt in der Familie, gegenseitige Liebe usw.) in den Fokus zu nehmen.

Ein wesentlicher Bestandteil dieser Familienarbeit ist die Elternarbeit. Bagatellisieren Eltern z. B. die Schwangerschaft ihrer 14-jährigen Tochter, eine drohende HIV-Infektion ihres Sohnes oder sexuelle Übergriffe ihres Kindes, so kann daraus ein großer Schaden für das Kind und andere Beteiligte entstehen. Eine Konfrontation der Eltern mit den genauen Umständen, eventuell auch eine Beratung durch externe Fachstellen (z. B. Pro Familia, der weiße Ring usw.) kann erforderlich sein, um eine realistische Auseinandersetzung mit der Situation herbeizuführen. Solche Kooperation muss im **Hilfeplangespräch** mit den Sorgeberechtigten und dem Jugendamt abgestimmt werden. Bei fachärztlicher Konsultation, z. B. zur Überprüfung körperlicher Versehrtheit nach angeblichem sexuellem Missbrauch oder zur Beendigung einer Schwangerschaft durch die „Pille danach", sind alle beteiligten Personen und Institutionen vorab zu informieren. Eine derartige sexualpädagogische Begleitung dürfen die Fachkräfte nur in Absprache mit dem Arbeitgeber, z. B. einer externen Institution der ambulanten Erziehungshilfe und dem Auftraggeber, z. B. mit dem Jugendamt, durchführen. Das folgende Beispiel zeigt, wozu die Nichtbeachtung führen kann.

> ***Beispiel:*** *Das Kondom ist gerissen, die fünfzehnjährige Jenny hat große Angst. Nach diversen Sexualkontakten zum vierzehnjährigen Gastbruder ihrer Pflegefamilie ist sie vielleicht schwanger geworden. Die Pflegegeschwister wollen die Schwangerschaft aus Angst und Scham sofort beenden. Sie haben sich im Internet erkundigt, was sie gegen eine drohende Schwangerschaft unternehmen können und entscheiden sich für die „Pille danach". Da sie sicher sind, dass die erfahrene Familienhelferin sie nicht so ohne Weiteres ins Krankenhaus fahren wird, wenden sie sich an die Praktikantin aus dem Jugendamt, die in der letzten Woche die Familie besucht hat. Diese fährt Jenny ins Krankenhaus, da sie weiß, dass die „Pille danach" innerhalb der ersten 78 Stunden nach der möglichen Befruchtung verabreicht werden sollte. Da eine Vertreterin des Jugendamtes dabei ist, hat die behandelnde Gynäkologin keine Bedenken, die „Pille danach" zu verschreiben. Leider ist weder der Gynäkologin noch der Praktikantin (wohl aber der Familienhelferin) bekannt, dass Jenny unter starken Depressionen leidet. Diese brechen durch den Umstand des möglicherweise verhinderten Lebens auf, sodass Jenny in der Folge vollstationär in der Kinder- und Jugendpsychiatrie betreut und behandelt werden muss.*

Sexualpädagogische Maßnahmen in der ambulanten Erziehungshilfe sind schnelle Interventionen, oft zunächst zur Unterbrechung oder Abwendung einer akuten Problemsituation. Ziel ist immer der Schutz des Kindes, des Jugendlichen. Am Anfang steht das aufklärende Gespräch, eventuell gefolgt von der Inanspruchnahme verschiedener externer Fachkräfte (z. B. Ärzte, Therapeuten, Sexualpädagogische Beratungsstellen usw.). Die Planung dieser sexualpädagogischen Maßnahmen erfolgt zeitnah und in enger Absprache mit allen beteiligten Institutionen. Besonders in Fällen mit innerfamiliärem, sexuellem Missbrauch sind enge Verzahnungen notwendig. Ob Sexualstraftaten zur Anzeige gebracht werden, entscheiden in der ambulanten Erziehungshilfe in der Regel die beteiligten Opfer und ihre Sorgeberechtigten selbst (Opferschutz). In einigen Fällen kommt es zur Selbstanzeige von Straftätern. Verweigert die Familie die Mitarbeit zu einer Verbesserung der Situation (z. B. den Auszug des Sexualstraftäters aus der Familie), so können die Pädagogen nach § 8a SGB VIII (Schutzauftrag bei Kindeswohlgefährdung), nach § 42 SGB VIII eine Inobhutnahme anstrengen oder den Fall durch die Mitarbeiter des Jugendamtes an das Familiengericht weiterleiten. In einem solchen Verfahren kann die ambulante Erziehungshilfe enden und in eine Maßnahme der stationären Erziehungshilfe münden.

Aufgabe

Diskutieren Sie folgende Fragen nun noch einmal in der Gruppe:

- *Was ist ambulante Erziehungshilfe?*
- *Was können sexualpädagogische Angebote in der ambulanten Erziehungshilfe sein?*

§ 8a des SGB VIII regelt den Schutzauftrag bei Kindeswohlgefährdung und besagt, dass das Jugendamt beim Vorliegen wichtiger Anhaltspunkte für die Gefährdung des Kindeswohls den Erziehungsberechtigten Hilfsmaßnahmen anzubieten hat. Dies wird durch Fachkräfte sichergestellt, die das Jugendamt informieren, falls die Hilfen nicht ausreichen, um die Gefährdung abzuwenden. Wenn die Erziehungsberechtigten nicht in der Lage sind, bei der „Abschätzung des Gefährdungsrisikos" mitzuwirken, muss das Jugendamt das Familiengericht anrufen, bei dringender Gefahr für das Kind ist das Jugendamt verpflichtet, eine Inobhutnahme zu veranlassen. Wenn ein Tätigwerden anderer Leistungsträger, Einrichtungen der Gesundheitshilfe oder der Polizei zur „Abwendung der Gefährdung" notwendig wird, muss das Jugendamt auf die Erziehungsberechtigten einwirken, dies in Anspruch zu nehmen oder diese Stellen auch selbst einzuschalten.

Inobhutnahme

Die Inobhutnahme von Kindern und Jugendlichen ist im § 42 SGB VIII geregelt. Das Jugendamt ist dazu berechtigt und verpflichtet Kinder und Jugendliche fremd unterzubringen, wenn diese darum bitten oder eine dringende Gefahr für das Wohl des Kindes oder Jugendlichen dies erfordert und die Personensorgeberechtigten dem nicht widersprechen oder eine familiengerichtliche Entscheidung nicht rechtzeitig eingeholt werden kann. Inobhutnahme kann auch verfügt werden, wenn ein ausländisches Kind unbegleitet nach Deutschland kommt.

Das Wohl des Kindes ist ein zu schützendes Gut!

Ausgangspunkt allen sexualpädagogischen Handelns in der Erziehungshilfe ist eine genaue Beobachtung oder Evaluation der tatsächlichen Situation. Hierbei ist es notwendig zu erkennen, wann ein Sachverhalt eine strafrechtliche Verfolgung oder Intervention durch das Jugendamt notwendig werden lässt. Der Verdacht, dass ein Kind oder ein Jugendlicher eines besonderen Schutzes bedarf, sollte begründet sein. Von selbst durchgeführten Befragungen der Opfer oder Täter ist wegen eines möglichen Strafverfahrens abzusehen. Dadurch können die Ermittlungsergebnisse verfälscht und Täter nicht belangt werden, weil die Zeugenaussagen „verwässert" sind. Erzählen Kinder oder Jugendliche von sexuellen Übergriffen, berichten Zeugen von erzwungenen sexuellen Handlungen, klagen Kind oder Jugendlicher über Schmerzen im Genitalbereich oder weisen sogar Verletzungen an den Genitalien auf, darf eine § 8a-Meldung beim Jugendamt erfolgen, um eine Inobhutnahme zu veranlassen.

Definition
Eine § 8a-Meldung ist eine schriftliche Information an das Jugendamt, die einen begründeten Verdacht zur Kindeswohlgefährdung enthält.
Sie ist an die § 8a-Beauftragten des Jugendamtes zu richten. Eine § 8a-Meldung beinhaltet sachliche Beschreibungen der erlebten Situationen, eine sachliche Wiedergabe der Erzählungen der Betroffenen und eine Information über die Sorgen der Pädagogen.

Die Spezialisten des Jugendamts nehmen nun ihr „Wächteramt" wahr und sind zu sofortigen Entscheidungen angehalten. Das kann so aussehen, dass sie die Betroffenen direkt einer medizinisch-körperlichen Überprüfung zuführen. Sie können Kontakt mit allen Beteiligten (Sorgeberechtigten, Lehrkräften, Erzieherinnen/Erziehern, Therapeutinnen/Therapeuten usw.) aufnehmen, um den Sachverhalt aufzudecken. Die pädagogischen Fachkräfte der beteiligten Institutionen sind dazu angehalten, offen und mit professioneller Distanz mit den „§ 8a-Mitarbeitern" des Jugendamts zusammenzuarbeiten. Wichtig ist, dass alle Angaben der Wahrheit entsprechen und auf tatsächlichen Beobachtungen beruhen, Mutmaßungen, die Wiedergabe von Gerüchten oder Ausschmückungen erschweren es dem Fachpersonal der § 8a-Stellen, den Sachverhalt klar und im Sinne der Betroffenen zu erfassen.

Die § 8a-Beauftragten des Jugendamtes führen vor der Inobhutnahme eine Einschätzung des Gefährdungsrisikos durch. In einer Empfehlung des Bayerischen Landesjugendamts wird dazu ausgeführt:

„Zur richtigen Abwägung und Bewertung muss sich die Fachkraft ein eigenes Bild über den Zustand des Kindes, über die Lebensbedingungen und Entwicklungsperspektiven verschaffen. Wesentliche Kriterien liegen in der Art und Schwere einer Gewaltanwendung, wie der körperlichen und seelischen Vernachlässigung, der körperlichen und/oder seelischen Misshandlung oder der sexuellen Gewalt. Weiterhin maßgebend ist die Schutzbedürftigkeit des Minderjährigen, die sowohl von seinem Alter, seinem Entwicklungsstand und seinen persönlichen und sozialen Ressourcen als auch von seiner aktuellen gesundheitlichen Situation abhängt. Je jünger das Kind desto höher ist das Gefährdungsrisiko einzuschätzen, zudem bei bereits vorhandenen Entwicklungsverzögerungen, bei (chronischer) Krankheit oder einer Behinderung. Anhaltspunkte hierzu sind insbesondere:

- das Erscheinungsbild und das Verhalten des Kindes,
- die Beziehung der Familienmitglieder zueinander und ihr Verhalten dem Kind oder Jugendlichen gegenüber,
- die häusliche und soziale Situation der Familie und
- das Kooperationsverhalten der Familienmitglieder.

Zur Prüfung der Gewährleistung des Kindeswohls zählen die Problemakzeptanz, die Problemkongruenz und die Hilfeakzeptanz aller betroffenen Familienmitglieder."
(Zentrum Bayern Familie und Soziales, Bayerisches Landesjugendamt, 2011)

Die „§ 8a-Beauftragten" können direkt Strafanzeige bei der Polizei stellen, Verfahren beim Familiengericht beantragen und sofortige Schutzmaßnahmen für das Kind oder den Jugendlichen einleiten. Das Kind oder der Jugendliche kann in eine Schutzstelle, ein (Übergangs-)Heim, eine Pflegefamilie, eine Clearingstelle, andere verwandte Familien oder in ein Krankenhaus, gebracht werden. Die Dauer einer Inobhutnahme ist kurzfristig angelegt (wenige Tage), bis die Problemsituation in ihrer Gesamtheit erfasst wurde. Hiernach schließt sich das Verfahren zur längeren Unterbringung in ein Heim an.

In § 8a-Verfahren ist es absolut notwendig, alle Dinge wahrheitsgemäß und ohne Übertreibungen an die Fachkräfte des Jugendamts weiterzugeben. Dies kann schriftlich in Form einer § 8a-Meldung oder mündlich, als Zeugenaussage innerhalb des Gesamtverfahrens zur Gefahrenrisikoeinschätzung, geschehen.

4.3 Sexualpädagogik in der stationären Erziehungshilfe

Aufgabe

Versuchen Sie zunächst folgende Fragen zu beantworten:

1. *Was ist eine Heimunterbringung?*
2. *Wie können sexualpädagogische Angebote in der stationären Erziehungshilfe aussehen?*

Manchmal muss – zum Schutz des Kindeswohls – über die ambulante Hilfe hinausgehend interveniert werden. § 34 SGB VIII regelt die Unterbringung von Kindern und Jugendlichen in einem Heim.

Definition
Unter Heimunterbringung wird der Wechsel des Lebensraums „Familie" in den Lebensraum „Heim" verstanden. Mithilfe pädagogischer und/oder therapeutischer Begleitung soll eine Wiederaufnahme des Lebens in der Familie oder in anderen Sozialgemeinschaften ermöglicht werden.

In der Heimpädagogik wird heute noch zwischen einem **Kleinstheim** (mit in der Regel bis zu zwei Gruppen) oder einem **Großheim** (mit mehr als zwei Wohngruppen und eigener Infrastruktur – Schulen, Ausbildungsplätze) unterschieden. Beide Heimformen bieten Angebote des sogenannten Regelbedarfs, aber auch „Spezialgruppen". Kleine altersgemischte, geschlechtsgemischte Wohngruppen sind in der heutigen Heimpädagogik trendgebend, doch sind bei bestimmten Problemlagen auch reine Mädchen- oder Jungengruppen sinnvoll.

Bei vollstationärer Unterbringung mit sogenanntem „Regelbedarf", aber auch in speziellen Heimeinrichtungen (z. B. für jugendliche Sexualstraftäter, Mutter-Kind-Heime) werden Kinder und Jugendliche nach Anordnung des Familien- bzw. Jugendgerichts oder des Jugendamts in einer Wohngruppe untergebracht. Dem Aufenthalt geht eine Clearing- oder Diagnosephase voran. Dort wird festgelegt, welche besonderen therapeutischen oder pädagogischen Hilfen sinnvoll sind. Nur in den seltensten Fällen werden sexualpädagogische Maßnahmen bereits an diesem Punkt in den Hilfekatalog aufgenommen.

Die Frage nach sexualpädagogischen Angeboten stellt sich meist erst, wenn eine Problemsituation im Heim aufgetreten ist oder in einer Therapie die Notwendigkeit einer sexualpädagogischen Ergänzung erkannt wird. Nicht selten verläuft Sexualpädagogik in der ambulanten Erziehungshilfe nach dem „Feuerlöscherprinzip": Ist ein Notfall aufgetreten, wird nach Lösungen gesucht.

Die sexualpädagogische Intervention im Heimalltag soll korrigierend wirken. Zeigt z. B. eine jugendliche Heimbewohnerin offenes, freizügiges Verhalten, so ist die häufigste Reaktion darauf, dieses Verhalten direkt zu unterbinden. Denkbar sind hier Ermahnungen, Bestrafungen (z. B. Zimmerarrest), verbale Ausschmückung verschiedener Schreckensszenarien bis hin zu körperlichen Auseinandersetzungen (z. B. Herunterziehen von Röcken oder T-Shirts). Manchmal wird sexuell auffälliges Verhalten auch gespiegelt oder abfällig kommentiert, um eine Verhaltensänderung herbeizuführen. Die dabei zu beobachtenden Effekte sind als gering einzustufen, führen in der Praxis oft zu mehr Widerstand und verschärfen das auffällige Verhalten. Allerdings stehen aussagekräftige Daten zur Überprüfung solcher Methoden aus. Aktuell wird auch diskutiert, ob nicht sexualpädagogische Gruppenarbeit (beispielsweise indem das sexuell auffällige Verhalten durch Mitbewohner und Mitbewohnerinnen bewertet wird) effektiver zu Verhaltensänderungen führt. Auch dazu gibt es noch keine Daten, doch sind die Effekte vermutlich ähnlich hoch, wie bei anderen pädagogischen Angeboten der sozialen Gruppenarbeit im Heim.

Sexualpädagogische Maßnahmen in Heim-Wohngruppen sind sicher Aufklärungsgespräche in Face-to-Face-Situationen, wobei darauf zu achten ist, dass diese nicht nebenbei und auch in einem geschützten Raum zu führen sind (z. B. Hobbyraum oder Küche). Schlafräume hingegen sollten nicht dafür genutzt werden, da dies zu einer Verschiebung der Intimsphäre der Betreuungspersonen, aber auch der Jugendlichen führen kann.

Darüber hinaus gibt es auch konkrete Vorfälle, die sexualpädagogische Maßnahmen notwendig machen. Einige Beispiele sollen nachfolgend besprochen werden.

Vorfälle, die sexualpädagogische Maßnahmen notwendig machen

Sexualisierte Beschimpfung von Betreuungspersonen durch jugendliche Bewohnerinnen oder Bewohner

Werden die Pädagoginnen und Pädagogen persönlich angegriffen, kann ein Handlungskonzept zur Situationsbewältigung hilfreich sein, um professionelle Distanz zu wahren und sexualpädagogisch handlungsfähig zu bleiben. Dieser konzeptuelle rote Faden kann wie folgt aussehen:

- sofortige Unterbrechung der Beschimpfung durch Aufforderung in Richtung des/der Jugendlichen, eventuell Verlassen des Raums,
- Sanktionierung des Verhaltens nach bestehenden Gruppenregeln (z. B. Medienverbot),
- Gruppengespräche zur Bewertung des Verhaltens mit dem Ziel der nachhaltigen Verhaltensänderung,
- sexualpädagogisches Gespräch zur Begründung des Verhaltens (vornehmlich im Gruppengespräch, um weitere negative Verhaltensweisen zu vermeiden),
- sexualpädagogische Maßnahmen zu Themen wie „Verantwortung für andere", „Miteinander", „Beziehungsstrukturen", „Kommunikationsformen", „verbale Gewalt", „Gewaltprävention" usw.

Prostitution von jugendlichen Heimbewohnern und Heimbewohnerinnen

Die Entscheidung, den eigenen Körper zu prostituieren, kann vielerlei Gründe haben. Sei es die Ausübung der Prostitution als Folge einer Aufforderung durch Dritte, um sich selbst die persönliche Unabhängigkeit zu beweisen, um nahestehende Personen finanziell zu unterstützen, zur Finanzierung eigener Bedürfnisse (Drogenkonsum, Luxusgüter) oder als vermutete einzige Möglichkeit auf vermeintlich liebevolle, körperliche Bedürfnisbefriedigung nach Nähe.

Wenn Jugendliche der Prostitution nachgehen, gelingt es den Erzieherinnen und Erziehern oftmals nicht sofort, diese Verhaltensweise zu unterbinden. In diesem Falle geht es darum, den Betroffenen möglichst viel Schutz und Sicherheit mitzugeben, z.B. Aufklärung über Geschlechtserkrankungen, Verhütung, Beachtung von Hygienemaßnahmen, um gravierende Schäden abzuwenden. Auch sollten Ausgangregeln und Kontrollmechanismen angepasst werden, und es darf auch die Polizei hinzugezogen werden, wenn Bewohner/-innen (insbesondere Minderjährige) abgängig sind.

Wenn sich Jugendliche Mädchen und Jungen prostituieren, kann dies ein Ausdruck von Einsamkeit, also des Bedürfnisses nach Nähe und Liebe, sein.

Doch sollte über diese Kontrollmaßnahmen hinausgehend sexualpädagogische Arbeit zu den Themen „Selbstwert“, „Körperlichkeit“, „wertvolle, erfüllende Sexualbeziehungen“ erfolgen. Der Schutz des eigenen Selbst sollte ein höherer Wert sein als der Besitz der neuesten Designermode oder das vermeintliche Gefallen eines anderen Menschen.

Bei sich früh prostituierenden Kindern/Jugendlichen ist auch Kontrolle ein Bestandteil sexualpädagogischer Maßnahmen.

Sexuelle Übergriffe eines Heimbewohners gegenüber Jüngeren

Das folgende Fallbeispiel zeigt auf, wie mühsam es für Erzieherinnen und Erzieher sein kann, ein gestörtes Vertrauensverhältnis wieder ins Lot zu bringen – auch wenn sie selbst gar nicht dafür verantwortlich sind.

> ***Beispiel:*** *Zunächst legte sich Alex (acht Jahre) zur Schlafenszeit nur unter das Bett der kleinen dreijährigen Kinder der Wohngruppe, später kroch er unter ihre Laken, damit sie sich auf ihn legten. Die Kinder bekamen zunehmend Angst und kontrollierten ihr Bett vor dem Schlafengehen. Alex suchte sich andere Wege, um seine Bedürfnisse zu befriedigen. Er baute kleine, enge Buden im Außengelände und lud andere Kinder ein, ihn zu besuchen, forderte sie auf, sich auf ihn zu legen, da die Bude sonst zu klein ist. Im Freibad gelang es ihm, mit den jüngeren Kindern in einen Umziehschlauch aus Frottee zu schlüpfen und sich in der Enge mit direktem Haut-auf-Haut-Kontakt umzuziehen. Die Erzieher der Wohngruppe schöpften zunächst keinen Verdacht. Erst als die jüngeren Kinder weinten und sich weigerten, mit Alex in einen Umziehschlauch zu klettern, bemerkten die Pädagogen das Ungewöhnliche an Alex' Verhalten. Sie beobachteten ihn verstärkt und erkannten, dass er bewusst Situationen herbeiführte, in welchen er sich an jüngeren Kindern reiben konnte und unterbanden solche Situationen durch eine kontrollierende Aufsichtsführung.*
>
> *Da die pädagogischen Fachkräfte keine Ursache für sein Verhalten ausfindig machen konnten, nahmen sie Kontakt zu einem Therapeuten auf und initiierten eine therapeutische Behandlung. (Diese Maßnahme wurde auf die Opfer seiner sexuellen Übergriffe ausgeweitet, da diese sein Verhalten nachstellten). Doch die Therapie allein zeigte keine ausreichenden Effekte oder eine dauerhafte Veränderung seines Verhaltens. Alex wurde in eine Spezialgruppe für infantile und jugendliche Sexualstraftäter gebracht.*
>
> *Die Pädagogen und Opfer blieben in der Wohngruppe des Heims zurück. Bald danach stellten die Pädagogen fest, dass die Kinder, die Opfer geworden waren, ihnen nicht mehr vertrauten: Sie weinten, sobald die Erzieher mit ihnen ins Schwimmbad fuhren, ließen sich nicht ins Bett bringen und schliefen schlecht. Mit mühevoller, zeitintensiver pädagogischer Intervention konnte das Vertrauensverhältnis wieder aufgebaut werden.*

Einsetzen der Menstruation bei einer kindlichen Bewohnerin

Weil eine Heimunterbringung häufig eine dauerhaft angelegte Maßnahme der Jugendhilfe ist, verbleiben die Kinder auch über die Dauer ihrer verschiedenen Stadien der sexuellen Entwicklung hinweg in der Einrichtung. Für die sexualpädagogische Arbeit mit heranwachsenden Mädchen bedeutet dies eine Auseinandersetzung und Begleitung der Pubertät, bei den Mädchen also auch bei der ersten Menstruation. Hier können die Erzieher/-innen folgende Maßnahmen anbieten:

- Aufklärung über körperliche Veränderungen, Hygiene,
- Abbau von Mythen und Ängsten (z. B. das Blut kann auch in den Bauchraum laufen, Tampons können innere Blutungen hervorrufen),
- Begleitung auf dem Weg zum „Erwachsenwerden" anbieten,
- sexualpädagogische Arbeit zu folgenden Themen: Frau werden, Akzeptanz in der Gruppe (besonders bei Mitbewohnerinnen, die ihre Periode noch nicht bekommen haben), Fruchtbarkeit, usw.

Selbstbefriedigung in den eigenen Schlafräumen in der Wohngruppe

In der oftmal großen räumlichen Nähe von Jugendwohngruppen bleibt das sexuelle Verhalten Einzelner nicht unbeobachtet und wird oftmals auch kommentiert.

> ***Beispiel:*** *„Der Mattias macht es sich schon wieder selber!", teilte der zwölfjährige Mitbewohner Juri seiner Bezugspädagogin mit. Dabei differenzierte er: „Aber der stöhnt nicht so laut wie Ceren, wenn die das macht." Die Selbstbefriedigung einiger Bewohner der Wohngruppe ist schon länger Thema im Heim. In Absprache mit der Heimleitung und dem Träger-Vorstand wird Selbstbefriedigung als Ausdruck einer eigenen, befriedigenden Sexualität gesehen und grundsätzlich akzeptiert. Die Jugendlichen haben in sich wiederholten Aufklärungsgesprächen gemeinsam mit den Erzieherinnen und Erziehern die Gruppenregeln erarbeitet, sodass sie in ihrem eigenen Zimmer, bei geschlossener Tür masturbieren dürfen. Ein „Bitte nicht stören"-Schild wird gut sichtbar außen an der Tür platziert. In Gegenwart anderer Bewohner zu masturbieren, ist verboten, das Gleiche gilt in Gemeinschaftsräumen (Wohnzimmer, Badezimmer, Hobbyräume usw.). Die Geräusche regen immer wieder zu sexualpädagogischen Gesprächen in der Gruppe an.*

Ganz grundsätzlich geht es darum, wechselseitig Rücksicht zu nehmen auf die Bedürfnisse der anderen.

Einvernehmlicher Geschlechtsverkehr zweier Bewohner

Es kann immer wieder beobachtet werden, dass Jugendliche, die in einer Wohngruppe wie Geschwister leben, sich ineinander verlieben, was Fragen aufwerfen kann. Festzuhalten ist, dass es sich bei Verliebtsein und einvernehmlichen sexuellen Kontakten nicht verwandter Jugendlicher einer Wohngruppe nicht um eine inzestuöse Beziehung handelt und somit eine sexuelle, einvernehmliche Beziehung zwischen sechzehnjährigen Jugendlichen im Heim rechtlich erlaubt ist.

In vielen Fällen verstoßen diese Beziehungen jedoch gegen die Statuten der Einrichtung. Hierfür kann es vielerlei Gründe geben, z. B. die Angst vor Regressansprüchen bei Schwangerschaft oder die Sorge, dass Beziehungskrisen den Gruppenalltag stören können. Doch grundsätzlich können Liebesbeziehungen unter Jugendlichen zum *Aufbau einer sozialverträglichen Sexualkultur* beitragen. Zu beachten wäre, dass

- eine Absprache mit der Heimleitung zu treffen ist, inwieweit Sexualkontakte in der Wohngruppe erlaubt sind (eventuell Zustimmung der Sorgeberechtigten einholen),

- die Jugendlichen über Verhütung, Schamregeln, Fruchtbarkeit usw. aufgeklärt werden,
- sexualpädagogisch an den Themen Liebe, Beziehung, evtl. Streit, Eifersucht, Familienplanung, Umgang mit Liebesbeziehung und Trennung in der Wohngruppe usw. zu arbeiten ist.

In einer Beziehung zwischen Heimbewohnern gibt es immer wieder Höhen und Tiefen, die sexualpädagogisch begleitet werden sollen.

Sexuelle Übergriffe eines jugendlichen Bewohners gegenüber einer Pädagogin

In Fortbildungsseminaren einer pädagogischen Ausbildung zum Thema „Sexualpädagogik" berichten viele Teilnehmerinnen von ausgeführten oder versuchten sexuelle Übergriffe durch Heimbewohner und Heimbewohnerinnen. Manchmal sind dies verbale, scheinbar spaßhafte Grenzüberschreitungen (z. B. „Schläfst du heute Nacht mit mir?"), manchmal tätliche Angriffen (z. B. Griffe an die Brüste oder den Po). In der Regel versuchen die betroffenen Pädagoginnen diese Übergriffe sofort zu unterbrechen. Doch wo sind die Grenzen?

Dies mit der Heimleitung und dem Träger abzuklären, ist unerlässlich. Selbstschutz ist ein häufig diskutierter Punkt, in einigen Einrichtungen wird der Standpunkt vertreten, dass Pädagoginnen und Pädagogen flüchten, sich aber nicht verteidigen dürfen, in anderen heißt es, man dürfe sich selbst verteidigen, jedoch ohne dem anderen körperliche Schäden zuzufügen. Wieder andere vertreten die Ansicht, dass zum eigenen Schutz, Verletzungen der Bewohner in Kauf genommen werden können.

Allgemein gilt, dass die ausgeführten Handlungen der Situation angemessen sein müssen. Angriffe dürfen abgewehrt werden, eine körperliche Sanktion oder das Einschließen (Freiheitsberaubung) der angreifenden Person ist allerdings nicht als Selbstverteidigung zu werten.

Bei besonders schweren sexuellen Übergriffen können die Dienstpläne überarbeitet werden, sodass die betroffenen Pädagoginnen/Pädagogen nicht alleine mit dem Täter im Dienst sind, eventuell muss der übergriffige Bewohner (oder auch die Bewohnerin) die Wohngruppe verlassen.

Grenzen und Regeln des Zusammenlebens sind immer wieder neu auszuhandeln, in Gruppengesprächen ist gewaltpräventiv an Themen wie „Verantwortung für andere" und „sexuelle Fantasien" zu arbeiten.

Bedrohung einer jungen Mutter durch den Kindsvater in einem Mutter-Kind-Heim

__Beispiel:__ „Du kommst jetzt sofort runter und tust, was ich will, sonst passiert was!" brüllt der junge Mann quer über die Straße. Die junge Frau (eine siebzehnjährige Mutter eines drei Monate alten Säuglings) steht verschüchtert und traurig am Fenster. Die beiden haben sich vor zwei Jahren an einem Kiosk in der Nähe der Schule des Mädchens kennengelernt, gingen eine Beziehung ein und blieben zusammen, als sie mit 16 schwanger wurde Doch waren ihre Zukunftspläne sehr unterschiedlich, er wünschte sich eine Familie im klassischen Sinne, sie wollte ihren Schulabschluss und eine Ausbildung machen. Schließlich trennte sie sich von ihrem Partner und zog in ein Mutter-Kind-Heim.

Aggressiv kämpft der junge Mann um seine Beziehung, bedroht die Ex-Freundin. Zu ihrem Schutz mischen sich die Erzieher ein, sie unterbrechen die bedrohlichen Situationen, führen Gespräche mit dem Mann, schicken ihn weg oder lassen ihn von der Polizei des Platzes verweisen. Zudem wird die Mutter zur Arbeit gebracht und wieder abgeholt.

Durch Gespräche und positive Aufmunterung wird sie in ihrem Selbstwert und Selbstbewusstsein gestärkt, sie nimmt, als Bestandteil der Hilfe zur Selbsthilfe, an einem Kommunikationstraining zur Vertretung eigener Interessen und zur Gewaltprävention teil. Denn sie soll lernen, sich selbst zu wehren, da der Aufenthalt im Mutter-Kind-Heim zeitlich begrenzt ist.

Als der Vater einen Antrag auf alleiniges Sorgerecht für den Sohn beim Familiengericht stellt, unterstützt ein Pädagoge des Heims die junge Mutter auch vor Gericht. Es kann durchaus diskutiert werden, ob eine solche Parteinahme professionell ist. Letztlich aber geht es hier um den Schutz des Kindeswohls, und Risikoeinschätzungen können auch mithilfe von Beobachtungen beteiligter Fachkräfte, z. B. vom Jugendamt, von therapeutischen Einrichtungen, von Schulen usw. vorgenommen werden.

Grundsätzlich aber sollte in der Begleitung von Sorgerechtsverfahren durch Erzieher und Erzieherinnen im Heim immer mit Bedacht und in rechtlicher Hinsicht durch einen Anwalt unterstützt werden.

Eine sexualpädagogische Arbeit mit der Mutter an den Themen „Zukunftsplanung", „Ausdifferenzierung familiärer Beziehungen" (zum Kindsvater, zu den Eltern der Mutter) und dem alltäglichen Rollenverständnis als Mutter aber sind unumgänglich.

Einvernehmlicher Sexualkontakt zweier Bewohner in einer Spezialgruppe für jugendliche Sexualstraftäter

Auch Jugendliche, die in Spezialgruppen für infantile und jugendliche Sexualstraftäter leben, haben Bedürfnisse nach Liebe und Nähe. So können sich in einer Spezialwohngruppe durchaus Liebesbeziehungen zwischen Bewohnern ergeben. Sexualpädagogisch tätige Erzieher/-innen sollten

- prüfen, ob in ihrer Institution Sexualkontakte zwischen den Bewohnern in Spezialgruppen mit jugendlichen Sexualstraftätern akzeptiert werden. In einigen Einrichtungen werden Sexualkontakte zwischen Tätern strikt verboten und unter Strafe gestellt, um weitere Straftaten oder ihre Planung zu vermeiden. Andere Einrichtungen versuchen, Sexualkontakte tagsüber zuzulassen und sprechen mit den Jugendlichen darüber, weil davon ausgegangen wird, dass die Täter so eine sozialadäquate Sexualkultur lernen können, die vor Rückfällen schützt.

- generelle sexualpädagogische Arbeit zu den Themen „Beziehung", „Verantwortung" und „Selbstkontrolle in sexuellen Handlungen", Abbau von Mythen („der Penis wächst zu, wenn ein Mann nicht regelmäßig Sex hat") durchführen, damit den Jugendlichen deutlich wird, dass eine sexuelle Beziehung aus anderen Gründen als aus falschem ‚Selbstschutz oder aus Gründen der „Selbstbestrafung" eingegangen werden sollte, Gespräche über Liebe, Zärtlichkeit, Erotik, Respekt und Achtung unter Sexualpartnern sind anzubieten.

Die hier ausgeführten Beispiele erfüllen weder einen Anspruch auf Vollständigkeit noch sind sie als die am häufigsten anzutreffenden Fälle zu betrachten, die zwingend erlebt werden müssen. Die Konfrontationen mit dem Thema „Sexualität" sind sehr vielschichtig. Grundsätzlich gilt:

> ***Sexualpädagogische Arbeit in der Erziehungshilfe ist die Vermittlung einer Sexualkultur, die zu selbstbestimmtem, befriedigendem und sozial verantwortungsvollem sexuellen Handeln befähigt.***

Sexualpädagogische Angebote in der Erziehungshilfe sind alle sozialarbeiterischen, erzieherischen Methoden, die eine sexuelle Problemlage verhindern, unterbrechen und ihren Fortlauf vermeiden helfen. Sie sollen durch Gespräche, Beratung und Begleitung bei rechtlichen oder fachärztlichen Maßnahmen, durch Selbsterfahrungsangebote bei den „Klienten" Ressourcen wecken und stärken, die zur Lebensweltorientierung beitragen.

Die pädagogischen Fachkräfte müssen sich der eigenen Einstellung zur Sexualität bewusst sein, die gemachten Beobachtungen sind stets zu reflektieren. So kann z. B. ein distanzloses, sexuelles Verhalten eines Kindes als sexuelles „Anbiedern" oder aber als ein Anzeichen für erlebten sexuellen Missbrauch gedeutet werden.

Aufgabe

Bitte diskutieren Sie nun noch einmal in Gruppen die anfänglich formulierten Fragen:

- *Was ist eine Heimunterbringung?*
- *Wie können sexualpädagogische Angebote in der stationären Erziehungshilfe aussehen?*

4.4 Lineare Sexualpädagogik: Konzeptionelles zur Erziehungshilfe

Die Debatte über Sexualpädagogik in Heimerziehung und ambulanter Erziehungshilfe nimmt vornehmlich die Arbeit mit Tätern oder Opfern sexueller Gewalt, ungewollte Elternschaft, die sogenannte „sexuelle Verwahrlosung" und den Umgang mit Geschlechtserkrankungen in den Blick. Ziel der sexualpädagogischen Arbeit ist es dabei, Problemlagen vorab zu verhindern oder sie zu unterbrechen und somit weiterhin zu vermeiden.

Dementsprechend kommt Präventionsangeboten eine große Bedeutung zu, die in eine oder mehrere ineinandergreifende Zielkategorien gefasst werden.

Die sexualpädagogische **Intervention in ambulanter Erziehungshilfe** oder im **Heim** kann

- **primär präventiv** sein, soll also Probleme verhindern, wobei die Feinziele weitestgehend situationsunspezifisch festgelegt werden (z. B. Sexualkundeunterricht, allgemeine Aufklärungsgespräche, Informationsbroschüren),
- **sekundär präventiv** sein, also besonders risikogefährdete Kinder und Jugendliche ansprechen. Die Ziele werden situationsspezifisch festgelegt und können z. B. den Schutz des Kindes vor sexuellen Übergriffen, die Unterbrechung von Verabredungen zu Straftaten, die Verhinderung einer HIV-Infektion bei Kontaken zu einem erkrankten Sexualpartner sein,
- **tertiär präventiv** sein, was bedeutet, dass die Fortführung einer Problemsituation unterbrochen und in Zukunft verhindert werden soll.

Diese Überlegungen bilden in vielen Konzepten der Erziehungshilfe den Kerngedanken der sexualpädagogischen Rahmenvorgaben, auch wird dort ausgeführt, dass Sexualpädagogik stattfinden muss, um eine Erziehung zur Selbstständigkeit und zur Lebensweltorientierung zu garantieren. Zu den Zielen, zur Didaktik und Methodik oder zu einem institutionellen Regelwerk ist jedoch selten etwas zu entdecken. Dafür mag es verschiedene Gründe geben.

So kann z. B. die Sexualpädagogik in einem konfessionellen Großheim abgelehnt werden, da die Glaubensrichtung mit den Zielen moderner Sexualerziehung kollidiert. (Es gibt aber auch konfessionelle Institutionen, denen eigene sexualpädagogische Beratungsstellen angegliedert sind, so ist z. B. an den Sozialdienst katholischer Frauen die Beratungsstelle „Esperanza" angeschlossen.) Andere Institutionen haben bisher noch keine Erweiterung ihres Konzepts vorgenommen, da sie sich hilflos fühlen, keinen Bedarf sehen, Schwierigkeiten mit Vorstand und Trägern befürchten oder „keine schlafenden Hunde wecken" wollen. Eine differenzierte Betrachtungsweise der Sexualpädagogik in Heim und Familie in institutionellen Konzepten ist aber dringend geboten, um professionelle, sexualpädagogische Interventionen frühzeitig zu stützen und sicherzustellen. Sie ist auch wichtig, damit sich die Fachkräfte bei ihrer Arbeit sicher fühlen können.

Träger in der Erziehungshilfe übersehen oft, dass sich ihre **Garantenpflicht** (Schutzpflicht der Institution und der einzelnen Fachkräfte gegenüber Kindern und Jugendlichen) auch auf die Sexualerziehung als Erziehung zur Lebensweltorientierung bezieht. Dabei kann eine

Unterlassung sexualpädagogischer Maßnahmen durchaus als eine „Verletzung der Fürsorge der Erziehungspflicht" (und somit von § 171 StGB angesehen werden, wenn Kinder und Jugendliche gefährdet sind, „in ihrer körperlichen oder psychischen Entwicklung erheblich geschädigt zu werden, einen kriminellen Lebenswandel zu führen oder der Prostitution nachzugehen" (vgl. Roeder, 2011, S. 3). Dies bezieht sich zunächst auf die Aufsichtspflicht in der Erziehungshilfe, kann aber auf das Untätigbleiben nach Kenntnisnahme sexueller Auffälligkeiten jeder Art ausgeweitet werden.

Das sexualpädagogische Konzept sollte schriftlich in der Einrichtung vorliegen und den pädagogischen Fachkräften bei Bedarf zugänglich sein.

In Erziehungshilfekonzepten sollten genaue Angaben zur **Aufsichtspflicht** in Wohngruppen oder Familienhilfe gemacht werden. Darüber hinaus sollte jedoch auch ein Leitfaden bezüglich sexualpädagogischer Reaktionen und präventiver Interventionen festgelegt werden. Dabei gilt sicher, dass die Aufsichtspflicht (verantwortungsvolles, erzieherisches Handeln, auch Beobachtung und Kontrolle) nicht 24-Stunden-Überwachung bedeuten kann. In Spezialgruppen (z. B. mit jugendlichen Sexualstraftätern) aber sind engmaschige, regelmäßige Kontrollen in Familie oder Wohngruppe notwendig.

Sexuelle Handlungen zwischen unter 16-Jährigen sind in der Erziehungshilfe nach Ermessen der Institution erlaubt. In Heimen wird dies unterschiedlich gehandhabt. In einigen Institutionen sind sexuelle Handlungen mit der schriftlichen Genehmigung durch die Sorgeberechtigten (Eltern, gesetzlicher Betreuer) bei 14-oder 15-Jährigen erlaubt. In anderen Einrichtungen sind solche Handlungen zwischen unter 16-Jährigen verboten und durch pädagogische Strafen wie z. B. Medienverbot, Ausgangsverbot sanktioniert. In Spezialgruppen (mit jugendlichen Straftätern) werden häufige Kontrollen, auch während der Nachtwachen, oder Warnsysteme (Lichtschranken, akustische Signale) konzeptionell festgehalten und umgesetzt. Ein absolutes Verbot sexueller Erfahrungen steht aber dem Lernziel, zu einer positiven Sexualkultur beizutragen, kontraproduktiv gegenüber. Ein Mittelweg im konzeptionellen Regelwerk ist folglich gewünscht, „leichte" Sexualkontakte sind tagsüber erlaubt, sexuelle Handlungen im „unkontrollierten Raum" (nachts oder in unbeobachteten Räumen) bei Strafe verboten.

Die Sorge, dass nach dem § 180 StGB (Förderung sexueller Handlungen Minderjähriger) durch sexualpädagogische Intervention Straftaten innerhalb der ambulanten und stationären Erziehungshilfe initiiert werden, kann in der Regel als nicht zutreffend abgelehnt werden. Denn um diesen Tatbestand zu erfüllen, muss dem „Vorschub" geleistet werden, d. h., sexuelle Handlungen unter Minderjährigen werden, ohne Rücksprache mit den gesetzlichen Vertretern, gewährt oder die Gelegenheit dazu wird ihnen verschafft. Sexuellen Handlungen Minderjähriger Vorschub geleistet würde z. B. durch die Einrichtung eines Kuschelraums, in dem die Jugendlichen ungestört sein können, die Aufforderung, sexuelle Handlungen auszuprobieren, ein Pornokino zu besuchen oder eine Prostituierte aufzusuchen.

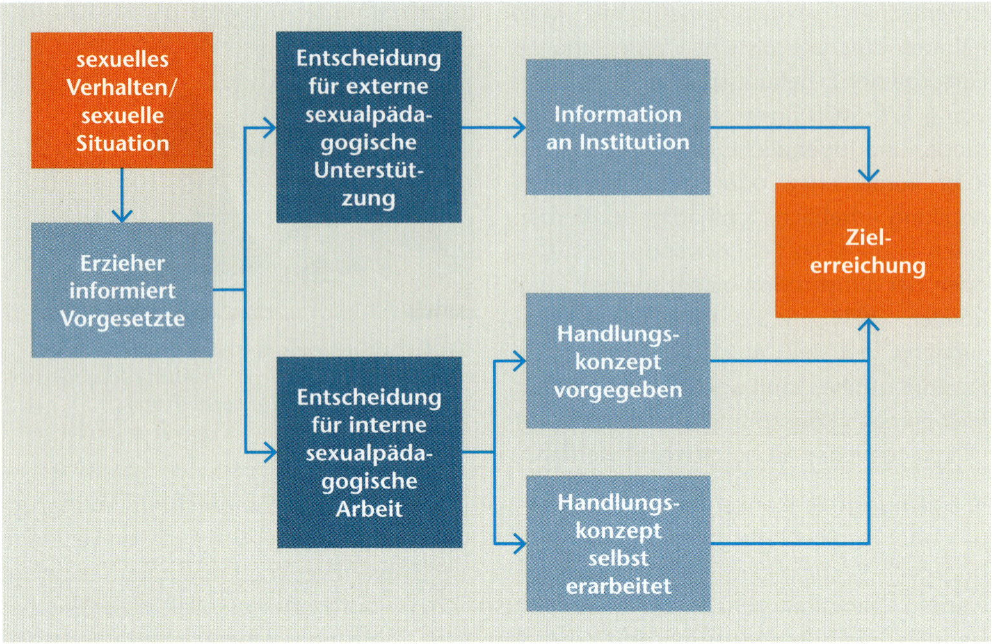

Beispielhafte Darstellung eines sexualpädagogischen Konzepts in der ambulanten und stationären Erziehungshilfe

Wer in der ambulanten Erziehungshilfe arbeitet, braucht konzeptionell überschaubare Rahmenhandlungen, um in Notsituationen schnell reagieren zu können. Solche Konzeptionen können helfen, voreilige Handlungen zu verhindern, Verfahrensfehlern vorzubeugen und zielgerichtet handlungsfähig zu sein und zu bleiben.

Aufgabe

Beantworten Sie die folgenden Fragen:

- *Wie könnten Ihrer Meinung nach konzeptionelle Vorgaben für die sexualpädagogische Arbeit in einem Heim oder in der ambulanten Erziehungshilfe gestaltet sein?*
- *Welche sexualpädagogischen Konzepte kennen Sie bereits?*

Aus den Konzepten der Institutionen ergibt sich ein „Regelwerk" über den Einsatz verschiedener sexualpädagogischer Methoden in Familien oder Wohngruppen. Aber dieses beschreibt meist nicht, wie die tatsächliche Umsetzung zu erfolgen hat. Vielmehr spielt die Individualität der pädagogischen Fachkräfte eine wichtige Rolle. Diese sollten aber darauf dringen, dass die sexualpädagogische Arbeit in Familie oder Heim linear verläuft. Sie selbst sollten den Kindern, Jugendlichen und erwachsenen Beteiligten auf Augenhöhe begegnen und sich nicht bewusst oder unbewusst über die Klienten stellen. Klarzustellen ist, dass die Hilfesuchenden mit ihren Problemen nicht allein sind, sondern professionelle Hilfe bekommen und diese auch einfordern können. Aussagen wie: „Das wäre mir nicht

Die Grundlage der funktionalen, zielführenden Sexualpädagogik ist sexualpädagogische Tätigkeit in linearer Form, also auf Augenhöhe.

passiert!" sind überhaupt nicht zielführend und können sexualpädagogische Maßnahmen scheitern lassen, weil die „Klienten" sich möglicherweise schämen, sich zurückziehen und sich einer effektiven Zusammenarbeit verweigern.

Ebenso sind Handlungen zu vermeiden, die Druck ausüben. Aussagen wie: „Sie müssen jetzt sofort den Kontakt abbrechen!" oder „Wir bleiben jetzt hier so lange sitzen, bis du mir gesagt hast, was passiert ist!" sind nicht akzeptabel.

Es ist nicht immer ganz einfach, dieses Prinzip der „gleichen Augenhöhe" aufrechtzuerhalten (z. B., wenn Klienten grob fahrlässig gehandelt haben). Doch nur, wer sich dies wieder vergegenwärtigt, bleibt sexualpädagogisch professionell und handlungsfähig und manövriert sich und seine Klienten nicht in eine ausweglose Situation.

4.5 Ziele der Sexualpädagogik in der ambulanten und stationären Erziehungshilfe

Die Sexualpädagogik in Familie und Heim verfolgt immer bestimmte Ziele. Und Kinder und Jugendliche haben ein Recht darauf, dass die Ziele der präventiven Sexualpädagogik, die oft miteinander verzahnt sind, in ihrem Sinne verfolgt werden.

Hierbei wird, wie in vielen pädagogischen Maßnahmen, zwischen Grob- und Feinzielen unterschieden.

Definition
Unter Grobzielen können in der ambulanten und stationären Erziehungshilfe alle vorgelagerten Ziele, d. h. Ziele, die sofort auf der Hand liegen, verstanden werden. So können Grobziele der ambulanten und stationären Erziehungshilfe z. B. sein:

- ***Prävention von sexueller Gewalt,***
- ***Prävention, Beratung und Begleitung bei früher Schwangerschaft,***
- ***Prävention von Geschlechtskrankheiten,***
- ***Prävention der sogenannten sexuellen Verwahrlosung und vieles mehr.***

Aus den Grobzielen ergeben sich die **Feinziele** situativ. Zu verstehen sind darunter alle nachgelagerten Ziele: Ein Kind fordert durch provokantes Verhalten sofortige sexualpädagogische Reaktionen ein, eine Familie kämpft in der Auseinandersetzung mit sexuellem Missbrauch in der Familie um ihren Zusammenhalt.

Von den pädagogischen Fachkräften wird gefordert, dass sie mögliche Feinziele aus den bereits erkannten Grobzielen extrahieren können. Ihre Sexualpädagogik sollte somit vorausschauend und flexibel planbar sein.

Aufgaben

1. *Lesen Sie das folgende Fallbeispiel und versuchen Sie, Grob- und Feinziele zu bestimmen.*

   Beispiel: *Als Familienhelferin betreuen Sie eine Familie mit einem 8-jährigen Mädchen und einem 5-jährigen Jungen. Sie wurden in die Familie bestellt, weil beide Kinder in Schule und Kindergarten regelmäßig einkoten. Die Mutter berichtet beim Jugendamt über Überforderungen in der Erziehung. Die Kinder seien aggressiv und würden nicht auf sie hören. Bei Besuchskontakten in der Familie war der Vater immer abwesend. Sie hatten bereits den Verdacht, dass sexueller Missbrauch vorliegen könnte. Bei einer medizinischen, stationären Aufnahme berichtet der Junge der Krankenschwester, dass der Papa zu Hause immer in sein Bett käme, aber dass das „ja im Krankenhaus nicht ginge". Der Junge wird ca. zwei Tage im Krankenhaus bleiben müssen. Es ist bisher geplant, dass er hiernach in die Familie zurückkehrt.*

2. *Überlegen Sie sich für einen Fall aus der stationären Erziehungshilfe, wie sich Grob- und Feinziele bestimmen lassen.*

4.6 Konfrontative vs. verstehende sexualpädagogische Gesprächsführung

Hinter der Diskussion, ob in der Erziehungshilfe Problematiken mit sexuellem Hintergrund konfrontativ oder verstehend angegangen werden sollen, steckt die Überlegung, ob es zielführender und damit effektiver ist, Kinder und Jugendliche mit ihrem sexuellen Fehlverhalten zu konfrontieren oder in Anbetracht der Ursachen für ihr Verhalten verständig auf sie einzugehen. Was besser, was effektiver ist, lässt sich bis heute nicht eindeutig ausmachen.

Eine Konfrontation mit dem Umstand einer erfolglosen Verhütung ist bei ungewollter Schwangerschaft oder einer HIV-Infektion wenig hilfreich. Vielmehr sind hier Verständnis und professionelle Hilfestellung angezeigt.

Ebenso ist zu hinterfragen, ob eine verständnisvolle Gesprächsführung einen jugendlichen Vergewaltiger diesen dazu befähigt, eine Verhaltensänderung vornehmen zu wollen.

Die individuelle Entscheidung – und eventuell die konzeptionelle Vorgabe – für den konfrontativen oder den verstehenden Kommunikationsstil bestimmen die Art und Weise des sexualpädagogischen Gesprächs. Hierbei handelt es sich oft um Einzelfallentscheidungen.

Gespräche mit einem verständigen Charakter erlauben, tiefer und intimer über bestimmte Themen zu sprechen, als dies durch eine konfrontative Gesprächsführung möglich ist. Grundsätzlich haben die Klienten ein Recht auf wahrheitsgemäße Äußerungen, bei Unsicherheiten sind diese zu benennen, und das persönliche Wissen ist mithilfe von Fachkräften oder Fachliteratur zu aktualisieren. Werden die eigenen Intimgrenzen berührt, darf auch dies benannt, das Gespräch umgelenkt oder unterbrochen werden. Dabei ist aber wichtig zu vermitteln, dass das Gespräch zu einem anderen Zeitpunkt wieder aufgenommen wird. Egal, ob konfrontative oder verstehende Gesprächsführung: Die gewählten Begrifflichkeiten sollten gesellschaftlich akzeptierten Normen entsprechen und den am Gespräch beteiligten Schützlingen sexuelle Kommunikationsformen aufzeigen, die weniger aggressiv und negativ sind, als die von ihnen gewählten.

Konfrontative Gesprächsführung

Im Sexualkundeunterricht einer Förderklasse für jugendliche Sexualstraftäter wird das Thema „Kennenlernen von Mädchen" besprochen. Ein Schüler sagt dazu: „Pah, für mich ist das einfach, mich will jede haben, ich bin ein Sexgott!". Die sexualpädagogisch tätige Lehrerin konfrontiert ihn: „Nein, das stimmt nicht, du bist kein Sexgott, du bist ein Sexualstraftäter!" Weiter fragt sie: „Was ist denn der Unterschied zwischen einem Sexgott und einem Sexualstraftäter?"

Verstehende Gesprächsführung

In einem Freizeitzentrum berichtet ein Mädchen von den Kontaktversuchen eines jungen Mannes. Das Mädchen hat gehört, dass dieser junge Mann ein „Loverboy", ein Zuhälter sei. „Ich glaube, er will, dass ich für ihn anschaffen gehe." Der um Hilfe gebetene Pädagoge antwortet: „Warum, glaubst du, will er, dass du dich für ihn prostituierst?". „Er sagt immer, ich hätte einen geilen Hintern, den ein Mann nicht für sich alleine haben sollte", antwortet sie. Der Pädagoge fragt: „Macht dir das Angst? Wie könntest du dich vor ihm schützen?"

Trotz der Emotionalität, besonders in konfrontativen Gesprächen, sollte die Gesprächsaussage immer sachlich geäußert werden.

Aufgabe

Spielen Sie folgende sexualpädagogischen Gespräche durch:

- *Ein 11-jähriges Mädchen informiert Sie, dass es schon mehrfach mit dem 11-jährigen Nachbarsjungen geschlafen habe.*
- *Eine 15-jährige Mutter berichtet in einem Mutter-Kind-Heim beim gemeinsamen Frühstück in sehr plakativen, aggressiven Worten über den Zeugungsakt ihres Kindes.*

Probieren Sie die Kommunikationsformen jeweils konfrontativ und verstehend.

4.7 Schwierige Sexualbiografien

Sexualanamnese

Eine geeignete Methode zur Erhebung des sexuellen Gefährdungspotenzials, bisheriger sexueller Erfahrungen und sexueller Fantasien ist die Sexualanamnese. Sie kann erste Ansatzpunkte für sexualpädagogische Gespräche und Ziele der sexualpädagogischen Intervention vorgeben.

Nur sehr wenige Einrichtungen nennen die Sexualanamnese als Bestandteil des Clearing- und Diagnoseprozesses, der am Anfang einer Maßnahme der Erziehungshilfe durchgeführt wird. In der Clearingphase wird zunächst erhoben, welche Erfahrungen Kinder/Jugendliche bisher gemacht haben, welches originelle Verhalten sie sich angewöhnt haben und welche sonstigen Problemlagen und auch Fähigkeiten der Kinder und Jugendlichen vorhanden sind.

Hierbei auch die Sexualbiografien zu betrachten, ist besonders dann notwendig, wenn das sexuelle Verhalten „auffällig" war. Diese Erhebungen werden in der Regel im Gespräch mit den Kindern und Jugendlichen in Begleitung ihrer Sorgeberechtigten durchgeführt und sollten von oder in Begleitung erfahrener Sexualpädagogen vorgenommen werden. So kann verhindert werden, dass erschreckende Aussagen das Anamneseverfahren und die Art und Weise der Gesprächsführung verfälschen, indem sie bei der fragenden Person zu starke Betroffenheit und Parteilichkeit hervorrufen.

„Sexuelles Erleben und sexuelle Kompetenz sind mit den vier großen Entwicklungsbereichen verknüpft: mit der Geschichte unserer Bedürfnisse, mit der Geschichte unseres Körpers, mit der Geschichte unserer Beziehungen und viertens mit unserer Geschlechtsgeschichte. Alle diese Erfahrungen beeinflussen unsere sexuelle Entwicklung und Persönlichkeit grundlegend."
(Schmidt, 2010, S. 9)

Bei Menschen, die in einem schwierigen Umfeld aufwachsen, die das Ignorieren existenzieller Bedürfnisse, körperliche Angriffe und Verletzungen sowie instabile Beziehungen erlebt haben, die in der sozialen Sexualität abweichendes Verhalten aufweisen, sind diese Entwicklungen gestört. Die Sexualanamnese lässt dann oft erkennen, dass sie selbst

Opfer oder Zeuge sexueller Übergriffe geworden sind, in jungen Jahren erste Sexualkontakte erlebt haben, sie sich zur Finanzierung der eigenen Drogensucht oder der Sucht eines Partners prostituieren mussten, früh Mutter oder Vater geworden sind, bereits viele Trennungen erlebt oder Erfahrungen mit lebensverändernden Geschlechtserkrankungen gemacht haben. Wenn sie dann selbst Täter sexueller Übergriffe geworden sind, zeigt sich, dass sie ein hohes Aggressionspotenzial mit instabilem Selbstwertgefühl haben, emotional einsam sind, einen unsicheren Bindungsstil haben, Probleme im Bereich der Selbstbehauptung aufweisen und zusätzliche Erfahrungen körperlicher Misshandlungen nicht-sexueller Natur erlebt haben (vgl. Fangerau/Matthes, 2009, S. 37).

Hier kann Sexualpädagogik als Bestandteil eines Resilienztrainings oder als Stärkung der individuellen Selbstwirksamkeit einhaken.

Resilienz meint, dass Kinder und Jugendliche trotz bisheriger, widriger Lebensumstände nicht zerbrechen, sondern stabil bleiben.

Um diese Stabilität zu erreichen, können externe Faktoren, z. B. eine enge Bindung zu mindestens einer kompetenten, stabilen Person, oder interne Faktoren, z. B. ein positives Selbstbild, Selbstkontrolle, Selbstvertrauen, Planful Competence (Orientierung zur Problemlösung) wirksam werden (vgl. Werner, 1999, S. 28).

Jugendliche Biografien verlaufen nicht linear und sind selten genau vorauszuplanen, Pädagogen in der Erziehungshilfe sollten ebenso flexibel reagieren, wie sich die Lebenswege darstellen.

Im Resilienztraining lernen die Kinder und Jugendlichen, wie wichtig solche Faktoren sind. Als Methode werden häufig Selbstbeobachtungs- und Selbstreflexionsbögen benutzt (ein Beispiel dafür ist unter www.apa.org – in englischer Sprache – einzusehen). Mithilfe dieser Bögen bewerten und verarbeiten die Menschen Situationen, die sie erlebt haben, neu und erarbeiten ein verbessertes Handlungskonzept für wiederkehrende oder ähnliche Situationen. Um einer solch planvollen Selbstreflexion folgen zu können, sollten die Kinder nicht jünger als neun Jahre alt sein. Durch das Resilienztraining können stabilisierende Faktoren der Emotionalität bearbeitet werden. Menschen mit niedrigem Selbstwertgefühl können zunächst in sexualpädagogischen Gesprächen wieder lernen, dass sie als Menschen wertvoll und liebenswert sind.

Dafür kann z. B. die im Folgenden vorgestellte Methode eingesetzt werden:

Beispiel: Methode Zeitstrahl
Der Schützling schreibt mithilfe der pädagogischen Fachkraft seine bisherige Sexualbiografie in einem Zeitstrahl auf. Nun wird besprochen, welche Stationen positiv, planvoll verlaufen sind und welche negativ erlebt wurden. Es werden Handlungsmuster, Ziele

und gewünschte Veränderungen für die Zukunft erarbeitet, z. B. Familienplanung, Beziehungsaufbau, Geschlechtsrollendefinition, aber auch feinere Ziele, wie z. B. Styling, Zugehörigkeit zu einer Peergroup usw.

Die erarbeiteten Handlungen werden durch Rollenspiele und Erprobung im Alltag in die individuelle Lebenswelt übertragen.

So erleben Kinder und Jugendliche ihre eigene Selbstwirksamkeit als Faktor gegen möglicherweise erlebte Ohnmacht in der bisherigen Sexualbiografie. Die Pädagoginnen und Pädagogen in der Erziehungshilfe sollten beachten, dass auch wenn die Biografiearbeit an der Zeitskala linear verläuft, diese in der Lebenswelt der Klienten immer wieder abweicht. So ist ein stetiges Anpassen oder Wiederholen verschiedener Methoden und Ziele notwendig. Zu bedenken ist ganz grundsätzlich: Helfende Sexualpädagogik zur Bewältigung schwieriger Sexualbiografien erstreckt sich zeitlich über einen längeren Zeitraum, eventuell über mehrere Monate oder sogar Jahre. Sie ist ein begleitendes, funktionales Instrument und kann sowohl in der ambulanten als auch in der stationären Erziehungshilfe angeboten werden.

4.8 Intimität

„Alleine bin ich nur im kleinen Zimmer", so äußert sich ein 8-jähriges Mädchen einer alters- und geschlechtsgemischten Wohngruppe. Gemeint ist der Vorratsraum neben der Wohnküche, den sie einmal am Tag allein betreten darf, um sich aus ihrer Dose Süßigkeiten herauszuholen. Ihr Schlafzimmer teilt sie sich mit einem anderen Mädchen, gebadet und sich gewaschen wird im Gemeinschaftsbadezimmer. Kinder und Jugendliche in Heim-Wohngruppen oder in Familien mit knappem Wohnraum erleben den Verlust oder das Fehlen der Intimität tagtäglich. Mangelt es dann noch an sexuellen Schamgrenzen im Alltag, ist das Erlernen einer angemessenen Sexualkultur schwierig. Durch das defizitäre Erlernen von Körperscham und Intimität kann sich ein sexuelles Verhalten entwickeln, das oft fälschlich mit „sexueller Verwahrlosung" umschrieben wird. Doch handelt es sich um ein Verhalten sexueller Offenheit, bei welchem Grenzen und Regeln fehlen, die nie gelernt wurden.

Auch für das Erlernen von Scham und zum Erleben von Intimität haben Pädagoginnen und Pädagogen in Heim und Familie einen Erziehungsauftrag. Den Kindern und Jugendlichen ist freie Zeit, allein, in ihrem Zimmer zuzubilligen und sie sollten ihre Türen schließen dürfen. Das Anklopfen an eben diese Türen sollte für alle selbstverständlich werden. Auch Körperscham bei Nacktheit im Gemeinschaftsbad ist zu respektieren. Vorhänge oder Raumteiler können hier das Wohlgefühl verbessern.

Wenn Kinder und Jugendliche im Heim einen respektvollen Umgang erfahren, erleben sie ihren persönlichen Wert gesteigert, fühlen sich wertgeschätzt und können diesen Umstand in ihre Lebenswelt transportieren. Das Erleben von Intimität, die damit gegebene Möglichkeit der lustvollen Auseinandersetzung mit dem Körper, führt zu einer befriedigenden, sexuellen Entwicklung, die in einer verantwortungsvollen, erotischen Sexualkultur münden und vor weiteren sexuellen Schwierigkeiten im späteren Jugendalter oder Erwachsenenalter schützen kann.

Kinder mit einem niedrigeren Selbstbewusstsein zeigen im pädagogischen Alltag weniger Körperscham, die Intimsphäre anderer Personen wird seltener gewahrt. Dabei kann Selbstbewusstsein als die wichtigste Voraussetzung zur Ausbildung von Schamgefühlen angesehen werden.

Kinder und Jugendliche, die schwierige Sexualbiografien und die damit einhergehenden Verhaltensauffälligkeiten (und ein niedriges Selbstwertgefühl) vorweisen, zeigen oft auch Besonderheiten in ihrem schamhaften Verhalten. Sexualpädagogische Arbeit am Schamgefühl ist eng mit der sexualpädagogischen Arbeit am Selbstwert verknüpft.

Unbewusste oder bewusste Grenzüberschreitungen führen im pädagogischen Alltag zu Spannungen. Regeln sollten daher zum Schutz der Kinder und der Harmonie eingehalten werden.

„... das Kind muss ein ‚Bewusstes sein' von sich als einer eigenständigen Person haben. Es lernt dann langsam, dass es von anderen in seinem Verhalten bewertet wird und welche Regeln für richtiges Verhalten im sozialen Miteinander gelten."
(Schuhrke, 2010, S. 20)

Auch in Familien und besonders, wenn dort viele Menschen auf engem Raum leben, ist sexualpädagogisches Bearbeiten von Schamregeln und Intimität angezeigt. Oft zeigt sich schon in ersten Gesprächen wo, wann und in welcher Form Schamregeln verletzt werden. Besonders in der Arbeit mit pubertierenden Jugendlichen ist der Faktor des „Fremdschämens" zu beachten.

Entwicklungsgemäß schämen diese sich nämlich für ihre Eltern. Daher gilt es, Verhaltensregeln für alle zu entwickeln (z. B. dass der Vater nicht in Unterwäsche auf der Couch sitzt, dass Kinder ihre Eltern nicht in der Öffentlichkeit beschimpfen). Manche Streitpunkte lassen sich so aus der Welt schaffen. Auch gilt es, zum Schutz der Kinder, weitere Scham- und Intimitätsregeln festzulegen. Eltern sollten z. B. nur Pornofilme konsumieren oder Geschlechtsverkehr haben, wenn ihre Kinder nicht im selben Raum anwesend sind. Der Umgang mit Nacktheit wird in den Familien zumeist selbst geregelt, von außen muss nur eingegriffen werden, um Kinder und Jugendliche zu schützen, wenn z. B. Familienangehörige Täter sexueller Übergriffe sind und sich möglichen Opfern in der Familie nackt zeigen oder wenn sich für die Kinder „fremde" Sexualpartner der Eltern nackt in der Wohnung „präsentieren".

In Institutionen der stationären Erziehungshilfe müssen die Regeln für Scham und Intimität von den pädagogischen Fachkräften, aber unter Einbeziehung der männlichen und weiblichen Bewohner/-innen, festgelegt und umgesetzt werden. Ein evaluierendes Gespräch mit den Kindern und Jugendlichen ist sinnvoll, um Scham-Situationen zu definieren.

Aufgaben

1. *Welche Schamregeln kennen Sie?*
2. *Welche Schamregeln finden Sie für das Zusammenleben in der stationären Erziehungshilfe wichtig?*
3. *Welche Schamregeln sind Ihrer Meinung nach für die ambulante Erziehungshilfe wichtig?*

4.9 Soziale Gruppenarbeit

Die soziale Gruppenarbeit findet aktuell in der ambulanten wie auch in der stationären Erziehungshilfe viel Anklang. Die rechtliche Grundlage dazu findet sich im § 29 SGB VIII (Soziale Gruppenarbeit – Hilfen zur Erziehung). Gemeint ist hier die soziale Gruppenarbeit in der ambulanten Erziehungshilfe, doch wird diskutiert, Gruppenarbeit in Heim-Wohngruppen wieder verstärkt aufzunehmen. Begründet wird dies damit, dass Kinder und Jugendliche im Heim zwar in Gruppen leben, jedoch einzeln gefördert werden (vgl. Hartwig u. a., 2009, S. 7). Täglich durchgeführte soziale Gruppenarbeit kann dazu beitragen, dass sich in den Wohngruppen ein verbessertes Zusammengehörigkeitsgefühl einstellt, mehr Einfühlungsvermögen, Rücksichtnahme und Kooperation mit anderen erreicht wird. Trainiert wird dies durch verschiedene Maßnahmen (gegenseitige Massagen, Gespräche über Gefühle, Hören verschiedener Geschichten, gemeinsame Ausflügen usw.).

In der ambulanten Erziehungshilfe werden besondere Projektgruppen in Kindergarten, Schule oder Freizeitzentrum installiert und soziale Gruppenarbeit von pädagogischem Fachpersonal durchgeführt. Der Zeitrahmen beträgt in der Regel ein bis vier Wochenstunde(n). Die soziale Gruppenarbeit in der ambulanten Erziehungshilfe kann in z. B. einem Themenrahmen „Wir sind die „Astronautengruppe" eingebettet sein. Im „Astronautentraining" (z. B. Umgang mit fremden Lebensformen in einem Rollenspiel) können die Kinder „gute Astronauten" werden. Nach diesem Training landen sie auf der Erde und müssen nun beweisen, dass ihre Astronautenfähigkeiten dort ebenso funktionieren.

Im Heim kann die soziale Gruppenarbeit täglich, z. B. während oder nach dem Abendbrot stattfinden. Ein allabendliches „Blitzlicht", bei dem sich alle zu einem vorgegebenen oder auch selbst gewählten Thema äußern können, ist eine mögliche Methode. Rahmenthema in einer „Regelgruppe" kann z. B. das Thema „Intimität" sein, in einer „Spezialgruppe" hingegen „Wie spreche ich ein Mädchen an, ohne übergriffig zu werden?" und in einem Mutter-Kind-Heim der Themenkomplex „Meine Rolle als Mutter". Einen jeweils ausreichenden Zeitrahmen zur Verfügung zu stellen, ist wichtig. Ausgehen kann man von ca. 10 Gruppenstunden für einen Themenkomplex, doch können mehr oder weniger Stunden benötigt werden. Gehören in einem Heim therapeutische Gruppenstunden zum Angebot, ist es wichtig, eine Abgrenzung von sozialer und therapeutischer Gruppenarbeit herzustellen und mit Therapeut oder Therapeutin abzusprechen, welche Themen in der Therapie aufzugreifen sind. Jede soziale Gruppenstunde sollte mit einem pädagogischen Feedback abschließen. Dies bedeutet, dass die Kinder und Jugendlichen den Auftrag bekommen, einen bestimmten Faktor (z. B. Kommunikation ohne sexuelle Schimpfwörter) zu überdenken und ihr Verhalten sozialadäquat zu verändern.

Die Gruppenzusammensetzung in der sozialen Gruppenarbeit kann aus den gesamten Wohngruppen bestehen oder aus einzelnen Bewohnern, die Gemeinsamkeiten aufzeigen, z. B. Alter, gemeinsame Interessen usw.

Aufgabe

Beantworten Sie folgende Fragen:

1. *Zu welchen sexualpädagogischen Themenkomplexen können Sie sich eine Gesprächsreihe der sozialen Gruppenarbeit vorstellen? Welches Thema sagt Ihnen am meisten zu?*
2. *Welche Ziele wollen Sie mit diesem Thema verfolgen?*
3. *Würden Sie diesen Themenkomplex in der ambulanten oder in der stationären Erziehungshilfe anbieten? Wo genau würden Sie dieses Angebot machen wollen (im Heim, in der Schule, im Freizeithaus usw.)?*
4. *Für welche Personengruppe ist das von Ihnen gewählte Thema geeignet (Kinder, Jugendliche, Eltern)?*
5. *Wie viele Zeiteinheiten würde das von Ihnen gewählte Thema genau in Anspruch nehmen?*
6. *Welche Materialien benötigen sie, um Ihr Thema anschaulich zu gestalten (z. B. Verhütungsmittel zum Thema „Verhütung ist kein Kinderspiel“)?*
7. *Welche weiteren Methoden würden Sie anbieten wollen?*
8. *Glauben Sie, dass Sie Ihre Planung in die Praxis umsetzen können?*

4.10 Gewaltprävention

In vielen schwierigen Sexualbiografien ist Gewalt ein immer wiederkehrender Faktor. Täter von Sexualdelikten zeigen häufig schon früh gewaltbereites Verhalten (vgl. Wolff-Dietz, 2007, S. 30), Opfer haben mit den aggressiven Folgen der Taten zu kämpfen. Aggressiv distanzloses Verhalten, verbale Kraftausdrücke, scheinbar situationsfremde aufreizende Kleidung oder Bewegungen, sexuelle Handlungen in öffentlichen Räumen usw. werden vielfach Opfern sexueller Gewalt zugeschrieben (vgl. Hartwig/Hensen, 2003, S. 36ff.). Doch können diese Handlungsmuster ebenso bei Tätern, aber auch bei jugendlichen Eltern oder einfach nur bei Pubertierenden beobachtet werden. Für alle Heranwachsenden ist die beginnende Sexualität mit all ihren Facetten und Möglichkeiten ein irritierender, zuweilen beängstigender Faktor. Bei Kindern und Jugendliche aus schwierigen, familiären Verhältnissen, denen oft stabile Bindungen und Bezugspersonen fehlen, werden die pädagogischen Fachkräfte zu Bezugspersonen, sie sollen bei der Orientierung helfen, Vorbild sein und damit auch Gewaltprävention betreiben. Die Beobachtung tatsächlich gelebten, aggressiven Verhaltens der Schützlinge stellt den Beginn der pädagogischen Handlungen dar. Pädagoginnen und Pädagogen können solche Angebote starten, in bereits bestehende Angebote einsteigen oder auch Angebote weitergeben. Nicht zielführend ist es jedoch, alte Beobachtungen, nach dem Hören-Sagen oder ausschließlich nach Aktenlage als Ausgangspunkt zu nehmen. In solchen Fällen kann ins Leere oder am Ziel vorbei gearbeitet werden.

Manche aggressive, körperliche Auseinandersetzung kann auch Ausdruck von gelebter Sexualität sein. Um zu differenzieren, ist genaues Hinschauen notwendig.

Das gewalttätige Verhalten wird also nach aktueller „objektiver" Beobachtung kategorisiert in

- Sachbeschädigung,
- körperliche Gewalt gegen andere (wobei sich diese als Beziehungsgewalt äußern kann oder auch gegen zufällige Opfer gerichtet sein kann),
- körperliche Gewalt gegen sich selbst.

Beziehungsgewalt

„Beziehungsgewalt ist immer dann gegeben, wenn der Auslöser einer Tat in der jeweiligen Beziehung selbst liegt. Beziehungsgewalttaten sind von jenen Taten abzugrenzen, bei denen die Beziehungsnähe lediglich Gelegenheit zur Tat war und das Opfer austauschbar ist. Bei Be-

ziehungsgewalttaten handelt es sich um wiederholte Handlungen gegenüber ein und demselben Opfer, d. h., Beziehungsgewalt ist ein Verlaufsphänomen, bei dem in den wenigsten Fällen von einer einmaligen Gewalthandlung auszugehen ist."
(Rapitz-Suhr, 2010, S. 3)

Beziehungsgewalt kann auch als Sachbeschädigung von Besitztümern anderer wirksam werden – und schon Kleinkinder können sich in dieser Form delinquent betätigen, z. B. durch das Urinieren auf Kopfkissen oder Bettdecke eines Familien- oder Wohngruppenmitglieds. Dann ist korrigierend einzugreifen. Solches Verhalten kann durch Kontrolle, direkte Ansprache, Sanktionen und Wiedergutmachung verändert werden. Besonders wichtig ist an dieser Stelle die Beziehungsarbeit, diese soll zwar die Bindung untereinander verbessern, aber eine mögliche Cliquenbildung innerhalb einer Wohngruppe gilt es zu vermeiden. Die Sachbeschädigung kann sich in leichte körperliche Auseinandersetzungen steigern, z. B. schubsen, drängeln und schieben. Die nächste Steigerungsform wäre grobe Körperverletzung, z. B. schlagen, treten, beißen bis hin zur Anwendung von Waffengewalt. Auch hier sind kontrollierende, beobachtende Maßnahmen und klärende Gespräche die Methoden erster Wahl, da nur die Behebung der Ursache der Beziehungsgewalt zu einem Ende der aggressiven Auseinandersetzung führen kann. Die Ursache von Beziehungsgewalt kann nicht generell geklärt werden, ursächliche Auslöser dafür können z. B. sein:

- Eifersucht,
- Überforderung in der Wahrnehmung der anderen Person (z. B. zu laut, zu schnell, zu hektisch, zu leise usw.),
- Organisation eines systemischen Machtgefüges (z. B. „ich war zuerst in dieser Wohngruppe, Familie"),
- oder auch der Kampf um die Stellung in dieser Gruppe (z. B. „ich bin der/die Beste, Größte, Schönste, mich mögen alle ...).

Hier sexualpädagogisch präventiv zu handeln, bedeutet eine Auseinandersetzung mit den Ursachen aggressiven Verhaltens. Es gilt dafür zu sensibilisieren, die Intimsphäre des anderen zu wahren (einer Person nicht ungefragt zu nahezukommen, körperlich wie auch durch das Offenlegen intimer Geheimnisse), sich mit negativen Gefühlen, wie z. B. Eifersucht und Neid, zu beschäftigen, Zusammenhänge von Machtverhältnissen und Beziehungsmustern verstehen, nachvollziehen, hinterfragen und positiv verändern zu lernen.

Wie dies beispielhaft geschehen kann, zeigt die folgende Methode.

Methode: Schulung der Achtsamkeit

Die Kinder und Jugendlichen sollen in Situationen, in denen sie mit der ungeliebten Person zusammentreffen, beobachten, wie sie sich fühlen. Wie sich ihre Haut verändert, ob Geräusche lauter werden, ob das Herz schneller schlägt usw. Sie sollen lernen, durch verschiedene Entspannungstechniken die körperlichen Symptome zu kontrollieren. Der Effekt ist, dass sie in bedrohlichen Situationen ruhiger werden und sich konzentriert mit der Ursache ihrer Ablehnung und Wut beschäftigen können. Im verstehenden Gespräch werden Fragen, wie z. B.

- Was macht dich an dieser Person besonders wütend?
- An welchen Tagen ist deine Wut auf diese Person besonders schlimm?
- Was fühlst du, wenn dir diese Person begegnet?

zur weiteren Ausdifferenzierung und Arbeit an der Ursache gestellt.

In Ruhephasen können zu einem späteren Zeitpunkt, und nicht in der akuten Wut, Fragen gestellt werden, wie z. B.:

- Was findest du an dieser Person liebenswert?
- Was bedeutet dir diese Person?

Jede Form von Gewalt beginnt zunächst harmlos und steigert sich im Zeitverlauf, wenn keine Intervention erfolgt.

Gewalt gegen zufällige Opfer

Entstehen körperliche Übergriffe spontan und ohne ersichtlichen Grund gegen zufällige Personen, so ist die präventive Arbeit zunächst in der Unterbrechung der Tat angesiedelt. Die Ursachen von Aggressivität gegenüber unschuldigen Opfern sind vielfältig, hier seien nur einige Ursachen genannt (vgl. Train, 1998, S. 58 ff.):

- um Aufmerksamkeit zu bekommen,
- um die Umwelt zu beeindrucken,
- um Wut und Druck abzubauen,
- um auf „widrige" Umstände aufmerksam zu machen (z. B. Gewalterfahrungen in der Familie, Ablehnung durch die Eltern, Alkohol- und Drogenmissbrauch in der Familie usw.),
- körperliche „Missstände" und Erkrankungen (auch in der frühen Kindheit).

Um diesen Ursachen etwas entgegenzusetzen, ist das Verstehen und Nachvollziehen wichtig. Eine klare, für die Kinder und Jugendlichen überschaubare Linie, ein deutliches Nein, um aggressives Verhalten zu stoppen, ist die Methode mit dem schnellsten Effekt. Vorwürfe und ständiges Kreisen um vergangene aggressive Handlungen und Situationen sowie Stigmatisierungen helfen dem Klienten nicht aus seinem Teufelskreis heraus. Präventive Methoden können hier das konfrontative oder verständige Gespräch, ein Anti-

Aggressionstraining oder das professionelle, empathische Begleiten der aggressiven Person sein. Ziel ist, dass die Schützlinge selbstständig Auswege aus gewalttätigen Situationen erarbeiten.

Sexuelle Gewalt

Diese kann als Beziehungstat oder scheinbar wahllose, körperliche Gewalt auftreten. Die Ursachen sexueller Gewalt sind zahlreich, z. B.:

- als Folge selbst erlebter sexueller Gewalt als Opfer oder als Zeuge,
- um ein System zu ordnen und regulierende Machtverhältnisse zu erreichen (z. B. um „Besitzansprüche" zu verdeutlichen),
- um eine „Familienschande" zu sühnen (z. B. wenn ein weibliches Familienmitglied eine nicht eheliche Beziehung hat),
- um sich vor einem vermeintlich eintretenden körperlichen Schaden zu bewahren (z. B. geistige Beeinträchtigung bei Homosexualität, zuwachsende Genitalien bei fehlendem Geschlechtsverkehr usw.).

In der sexualpädagogischen Arbeit zur Prävention sexueller Delinquenz reicht es nicht aus, ausschließlich an den Ursachen zu arbeiten. Ziele der sexualpädagogischen Maßnahmen sind hier die Taten zu unterbinden, neue Taten zu verhindern, aber auch den Tätern/Täterinnen zu einer sozial adäquaten Sexualkultur zu verhelfen. Die Wertschätzung anderer Menschen, die Verantwortung gegenüber einzelnen Personen sind weitere Feinziele sexualpädagogischer Intervention. Auch hierzu soll eine Methode vorgestellt werden:

Methode: Vorurteilsbilder

(für die Arbeit mit infantilen und jugendlichen Sexualstraftätern)

Gezeigt werden ausgewählte Zeichnungen oder Fotos verschiedener Personen, z. B. von Jungen, Mädchen, jungen Frauen. Die Klienten sollen möglichst schnell eine Einschätzung der jeweiligen Person vornehmen und entscheiden, ob sie ihrer Meinung nach

- für sexuelle Handlungen allzeit bereit ist,
- Geschlechtsverkehr besonders gerne mag,
- schüchtern oder dominant ist,
- hilflos ist,
- sich gut selbst verteidigen kann,
- einen guten oder schlechten Charakter hat,
- in der Schule gut oder schlecht ist,
- aus „gutem" Hause kommt,
- arm ist,

- ein guter oder schlechter Freund/eine gute oder schlechte Freundin wäre,
- Geheimnisse für sich behalten kann oder alles ausplaudert,
- ein Mensch ist, in den man sich verlieben könnte,
- ein Mensch ist, der den Klienten lieben könnte,
- eine Person ist, mit der man eine Familie planen könnte.

Die Meinungen werden anschließend besprochen. Die Kinder und Jugendlichen sollen erkennen, dass die Charaktereigenschaften eines Menschen nicht nur am Äußeren einer Person abgelesen werden können, sondern dass dafür vielmehr eine Auseinandersetzung, ein Kennenlernen notwendig ist. Dabei erleben sie sich als Menschen mit Vorurteilen anderen gegenüber und reflektieren, dass sie Vorurteile an der eigenen Person erfahren haben. Es kann darüber gesprochen werden, welche Vorurteile über ihre eigene Person der Wahrheit entsprechen und welche ihnen angedichtet werden. Sie entscheiden selbstständig, welches vorurteilsbehaftete, aggressive Verhalten sie mit weiterer pädagogischer Hilfe ändern wollen.

Diese Methode ist bei der Evaluation sexualpädagogischer Ziele und zur Prävention weiterer Sexualstraftaten hilfreich.

Methode: Arbeit mit Geschichten

Ist die Bereitschaft vorhanden, verantwortungsloses Verhalten anderen Personen gegenüber zu verändern, kann die Methode der Arbeit mit bestimmten Geschichten angewandt werden. Eine Beispielgeschichte über ein verantwortungsloses Verhalten kann gelesen, vorgelesen oder gemeinsam auf einem vorbereiteten Tonträger gehört werden, z. B. dass ein Junge seine Freundin von einer Party mit einem älteren Mann aus der Nachbarschaft nachts alleine nach Hause schickt, obwohl ihm bekannt ist, dass dieser Mann bereits ein Mädchen gegen ihren Willen angefasst hat. Anschließend werden „bessere" Verhaltensmuster besprochen. Wird diese Methode in der sozialen Gruppenarbeit angewandt, können die Gruppenmitglieder dazu angehalten werden, sich gegenseitig mit ihrer Einschätzung des ehrlichen Verhaltens zu konfrontieren.

Methode: Kumpeltest

(zur Unterstützung therapeutischer Arbeit zum Thema „sexuelle Fantasien")

Gearbeitet wird mit Karten, auf denen sexuelle Fantasien notiert sind, z. B. „In der vollen U-Bahn darf ich mich an einem Mädchen reiben", zudem gibt es eine Ja- Karte und eine Nein-Karte. Der Kumpeltest wird zu zweit gespielt, eine offene, ehrliche Auseinandersetzung mit den Themen ist anzustreben. Ein Spieler ist der Themengeber, er legt alle Themenkarten zunächst vor sich, dreht sie um und legt sie mittig auf den Tisch. Dann sagt er: „Ich darf mich in der vollen U-Bahn an einem Mädchen reiben." Der Spielpartner muss nun mit der Ja- oder Nein-Karte antworten und diese Entscheidung begründen Im Spiel kann auf diese Weise erfahren werden, wie der „Kumpel" über sexuelle Fantasien denkt. Eventuell decken sich die vorgegebenen Fantasien mit den individuellen Fantasien. So kann ein spielerischer Austausch mit dem Thema stattfinden, ohne den Druck, sich rechtfertigen zu müssen. Die pädagogischen oder therapeutischen Fachkräfte fungieren nur als „stille Beobachter/-innen", die starke Auseinandersetzungen, aber auch Absprachen zu neuen Sexualdelikten, zwischen den Spielenden verhindern sollen und erst später bei sexualpädagogischen Gesprächen Stellung beziehen.

4.11 Fazit

Abschließend bleibt festzuhalten, dass die sexualpädagogische Arbeit in der ambulanten und stationären Erziehungshilfe in ihrer Komplexität, Themenvielfalt und enormen Bandbreite der Ziele nur durch einen flexiblen, weiten Methodenkatalog zu bedienen ist.

Wer in diesem Arbeitsfeld tätig wird, sollte wach und offen sein und darüber hinaus über eine stabile Selbstkenntnis verfügen, er sollte konzeptionell gestützt und idealerweise supervisorisch begleitet werden. Intime Gespräch zu führen, konfrontativ oder verstehend, in einem professionellen, geschützten, eventuell auch distanzierten Rahmen, mit einem sozial angemessenen Vokabular – dies alles sollte beherrscht werden. Eine lineare Handlungsweise zur Bewältigung von Problemsituationen sollte die Basis der sexualpädagogischen Arbeit in der ambulanten und stationären Erziehungshilfe bilden.

Die Kenntnis über die sexuelle Entwicklung von Kindern und Jugendlichen ist notwendig, um eine Abgrenzung zu gängigen Verhaltensauffälligkeiten zu erkennen. Trotzphase, Vorpubertät oder die Vollpubertät sind keine Verhaltensauffälligkeiten, die medikamentös oder therapeutisch behandelt werden müssen, sondern vielmehr Teil des sexuellen Reifeprozesses, in dem Kinder und Jugendliche von den pädagogischen Fachkräften Begleitung, Verständnis und Unterstützung erhoffen dürfen.

Sexualpädagogische Maßnahmen in der ambulanten und stationären Jugendhilfe können dazu beitragen, die sexuelle Sozialisation benachteiligter Kinder und Jugendlichen so mitzugestalten, dass auch diese eine positive Sexualkultur entwickeln können.

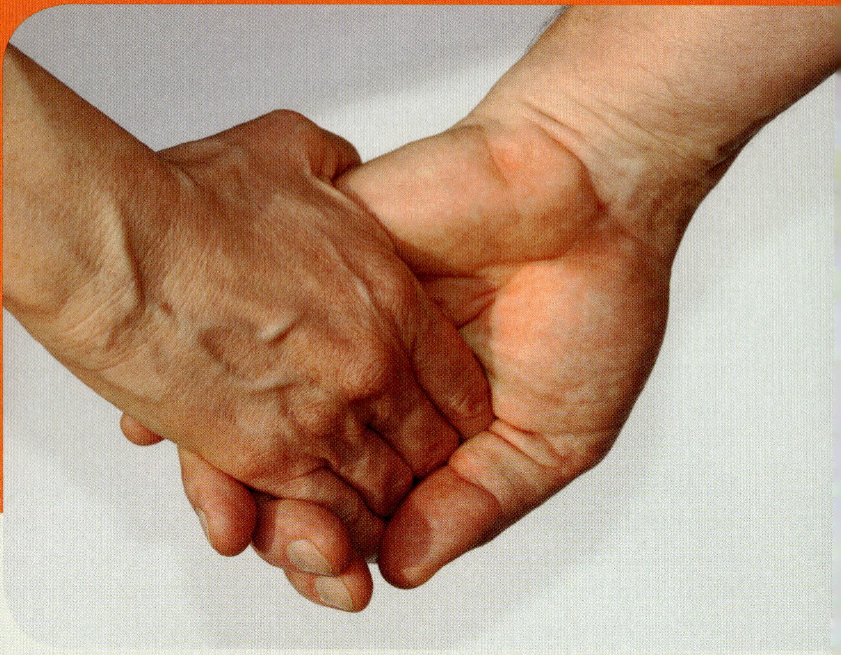

5 Sexualpädagogik und Menschen mit Behinderung

5.1 Einleitung und Reflexionsangebot

In diesem Kapitel werden zwei menschlich bedeutsame Phänomene in Beziehung gesetzt: „Sexualität" und „Behinderung". Sexual- und Sonderpädagogik sind Schwesterdisziplinen, die sich am Menschen und seinen Bedürfnissen orientieren. Die Mutter der beiden Disziplinen, die allgemeine Pädagogik, lebt ihr eigenes arbeitsreiches Leben und es scheint, als wüsste sie manchmal gar nicht mehr so recht, was ihre Töchter denken und tun. Beide Fachbereiche sind relativ jung und haben eine nicht nur ruhmreiche Geschichte hinter sich.

Unser Blick soll aber nach vorne führen und dann erkennen wir, dass die Sexualpädagogik, aber auch die Sonderpädagogik heute – das zeigt sich in fast allen Veröffentlichungen – eine wissenschaftlich begründete, zeitgemäße, offene und tolerante Sichtweise von Behinderung und menschlicher Sexualität haben. Nachdem der Alltag in vielen Einrichtungen der Behindertenhilfe bis weit in das 20. Jahrhundert durchaus sexualfeindlich war und die verschiedensten (eben auch sexuellen) Bedürfnisse der Menschen (mit Behinderungen) meist einfach ignoriert wurden, erleben wir spätestens seit den 1990er-Jahren eine positive, ja deutlich sexualfreundlichere Entwicklung. Sonderpädagogische Einrichtungen erkennen heute das Recht auf Sexualität an und bemühen sich immer öfter um sexualpädagogische Konzepte und häufig auch um eine entsprechende Aus- und Fortbildung ihrer pädagogischen Mitarbeiter und Mitarbeiterinnen.

Es bedarf einer sprachlichen und gedanklichen Achtsamkeit, wenn über die vielfältigen sexuellen Ausdrucksformen von Menschen (mit Behinderungen) nachgedacht werden soll, zumal es „die" Sexualität des Menschen nicht gibt und jede/-r eigentlich nur als „Experte" der eigenen Person über ihre bzw. seine persönliche Sexualität sprechen kann.

Ungleich schwerer ist es aber als (nicht behinderter Autor und sicher auch als Leser/-in) über das Wesen einer wie auch immer gearteten Behinderung nachzudenken. Wenn hier also über das Thema „Behinderung" im Zusammenhang mit „Sexualität" nachzudenken ist, dürfen nicht sofort Kategorien, „wissenschaftliche" Kriterien und Normen gesucht und in gedankliche Schubladen abgelegt werden. Wir bedürfen einer deutlich bescheideneren und vorsichtigeren Haltung. Wir müssen also versuchen, die Wechselwirkungen zwischen Sexualität und Behinderung bewusst aus der Perspektive eines respektvollen Fremden zu betrachten.

Mit dieser Haltung wird hier eine erste Möglichkeit zur Reflexion vorgeschlagen. Die folgenden vier Fragenkomplexe dienen einer vielleicht noch unvoreingenommenen Diskussion.

1. Fragenkomplex

Die Entwicklung der menschlichen Sexualität vollzieht sich nicht ohne innere und äußere Einflüsse. Wenn z. B. Kinder oder Jugendliche aufgrund ihrer Behinderung abgelehnt werden und in der Folge nie oder nur selten eine zarte Berührung auf ihrer Haut spüren konnten, werden sie auch kaum ein positives Gefühl zum eigenen Körper entwickeln oder das Gefühl der Geborgenheit bzw. des Angenommenseins verspüren.

Reflexionsfrage

Welche gesellschaftlichen oder biologischen Faktoren erschweren oder verhindern gar eine möglichst ungestörte Entwicklung des Sexuallebens von jungen Menschen (mit Behinderungen)?

2. Fragenkomplex

Die meisten nichtbehinderten Menschen verspüren im Lauf ihres Lebens den Wunsch, eine Familie zu gründen und mit eigenen Kindern zusammenzuleben. Vielen dieser Familien gelingt über weite Strecken tatsächlich ein glückliches Zusammenleben. Häufig erfüllen sich die Wunschvorstellungen aber nicht und sie scheitern. Auch nichtbehinderte Eltern vernachlässigen, beschimpfen oder missbrauchen ihre Kinder, rutschen an den Rand der Gesellschaft, werden arbeitslos, depressiv, einsam, gewalttätig, und es gelingt ihnen nicht mehr, ausreichend gut für ihre Kinder zu sorgen. Solche Familien erhalten oft verschiedenste Hilfs- und Schutzangebote vonseiten des sozialen Netzwerks.

Reflexionsfrage

- *Haben Menschen mit einer sogenannten „geistigen Behinderung" ebenso das Recht, von einem Kinderwunsch zu träumen und diesen schließlich zu realisieren, auch wenn sie vermutlich damit rechnen müssen, in vielen Situationen Hilfe in Anspruch zu nehmen?*
- *Beachten Sie auch die Perspektive der jeweiligen Kinder, die gezeugt werden.*

3. Fragenkomplex

Glücklicherweise gibt es im 21. Jahrhundert kaum jemanden mehr, der glaubwürdig und ernsthaft bestreiten kann, dass Sexualität ein wichtiger Bestandteil des menschlichen Lebens ist.

Wie allerdings verhält es sich mit dem Sexualleben oder dem Bedürfnis nach vertrauensvoller Partnerschaft bei Menschen mit schwersten, umfassenden und mehrfachen Behinderungen?

Diese Menschen bedürfen intensivster Unterstützung in fast allen Lebensbereichen.

Reflexionsfrage

Welche Hilfen könnten oder sollten diesen Menschen für ein einigermaßen befriedigtes Sexualleben angeboten werden?

4. Fragenkomplex

Reflexionsfragen

- *Welche psychischen Folgen für die Entwicklungsmöglichkeiten ihres Sexuallebens bzw. auch ihres Lebens in menschlichen Beziehungsformen ergeben sich für junge Menschen (mit Behinderungen), wenn sie fühlen müssen, nicht in die allgemeine ästhetisch-harmonische Ordnung zu passen?*
- *Wer definiert „Schönheit"?*
- *Was fühlen wir vermutlich (oder wie viel Lust auf einen Flirt verspüren wir), wenn wir im Zugabteil einer stark verkrüppelten jungen Frau gegenübersitzen, die von der „Norm", d. h. von unseren internalisierten harmonischen Körperidealen, stark abweicht, z. B. aufgrund ihrer Fehlbildungen, ihrer Narben und ihrer ungewohnten Artikulationsweise?*
- *Wie ist unser inneres (z. B. erotisches) Empfinden, wenn wir beim Besuch eines guten Freundes, dem 25-jährigen schwerstmehrfachbehinderten und im Bett liegenden Bruder vorgestellt werden und diesem aufgrund seiner Behinderung ständig übelriechender Speichel aus dem verzerrten Gesicht läuft?*

Manche Spiegelbilder ermöglichen hilfreiche und notwendige Verunsicherungen.

5.2 Menschen mit Behinderung? – Ein sonderpädagogisches Dilemma

In einem ersten Schritt soll die Aufmerksamkeit auf den Personenkreis gerichtet werden, um dessen verschiedenste Ausdrucksformen von Sexualität es in diesem Kapitel geht.

Aufgabe

Imaginationsübung

- *Denken Sie an eine Ihnen gut bekannte Person (ohne Behinderung), versuchen Sie, gedanklich in ihre Haut zu schlüpfen, fühlen Sie sich ein in ihr Wesen, ihre Träume, ihre Ängste. Denken Sie an die Lebensgeschichte dieser Person und die verschiedenen Rollen (z. B. als Tochter, junger Frau, Freundin, Schülerin, ...), in denen sie agiert. Und jetzt versuchen Sie, diesen Menschen wissenschaftlich korrekt so zu beschreiben bzw. zu definieren, dass Sie diesen Menschen im Kern seines Wesens tatsächlich sprachlich abbilden. Gelingt es Ihnen, das Bewusstsein oder gar das verborgene Unterbewusste dieses Menschen zu beschreiben?*

Nun wird es noch schwieriger:

- *Denken Sie jetzt an einen Menschen, der als „geistig behindert" gilt. Wie genau fühlt sich solch eine „geistige Behinderung" an? Können Sie oder sogenannte „Experten" diese „geistige Behinderung" so erkennen, erfühlen und sprachlich fassen, dass Sie sie als allgemeingültige Begriffsbestimmung in Worte fassen können? Ist eine „geistige" Behinderung für Sie denk- oder fassbar?*

Im Alltag wird über Menschen (mit Behinderungen) und dann auch noch über „deren" Sexualität geschrieben, gesprochen oder nachgedacht. Dabei kommt es immer wieder zu unglücklichen sprachlichen Etikettierungen oder Missverständnissen, die viele der gemeinten Menschen falsch, einseitig oder unzureichend beschreiben, sie verunglimpfen oder unzulässig in „einen Topf werfen", den es eigentlich gar nicht gibt und auch nicht geben sollte.

Wer mit einer Definition versucht, einen Menschen zu beschreiben oder zu vermessen, wird ihn vermutlich nicht finden und schon gar nicht die Menschen, die mit einem Handicap leben.

Hier soll deshalb vorab „nur" geklärt werden, dass es sich bei Menschen (mit Behinderungen) natürlich und selbstverständlich um „Menschen" handelt. Lapidar gefragt: „Was denn sonst?" Das gemeinsame Menschsein ist das verbindende und entscheidende Moment zwischen Menschen, wie immer ihre unterschiedlichen Lebensbedingungen auch sein mögen. Es scheint absurd, dies erst klarstellen zu müssen, aber es gibt immer wieder defizitorientierte Sichtweisen, die dazu führen, die Behinderung eines Menschen unzulässig in den Vordergrund zu schieben. Obwohl wir alle Individuen sind: Männer, Frauen, mit

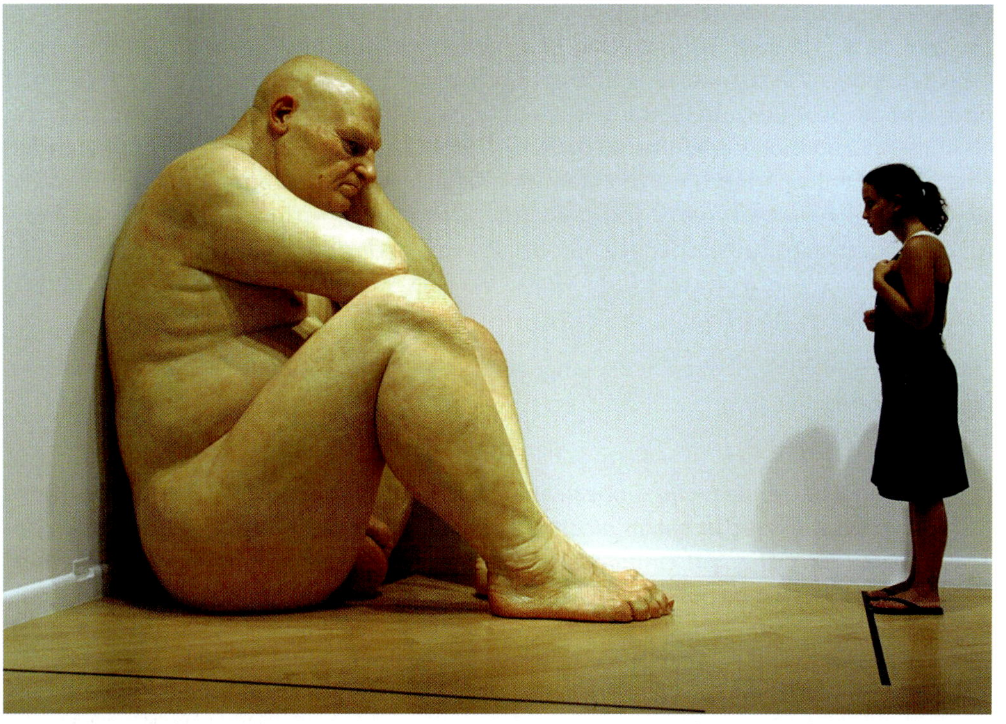

Die Betrachtung eines Menschen kann uns zum Innehalten oder zum Definieren verleiten (Skulptur des Künstlers Ron Mueck).

persönlich verschiedensten Ausprägungen, körperlichen Möglichkeiten, verschiedenen Lebenswegen, Schicksalen, Herkunftskulturen, Hautfarben, differenten Wünschen, Ängsten ..., so sind wir doch alle Menschen, mit eben ganz unterschiedlichen Besonderheiten.

Menschen (mit Behinderung)?!
Die angehängte Klammer „(mit Behinderung)" hat eine vorsichtige, vielleicht unbeholfen anmutende sprachliche Hilfsfunktion. Sie ist ein bescheidener Versuch, für einen zeitlich begrenzten, sprachlichen Konsens zu sorgen, mit dem Ziel, einander zu verstehen und den hier gemeinten Personenkreis behutsam zu benennen.

Menschen (mit Behinderungen) sollen ausdrücklich nicht auf ihre Behinderung reduziert werden, auch nicht mit irgendwelchen Kriterien einer konstruierten oder statistisch vorhandenen „Normalität" verglichen werden. Alle Menschen und endlich auch *Menschen* (mit Behinderungen) leben ihre individuellen Eigenheiten und persönlichen Besonderheiten. Auch sogenannte „Geistigbehinderte gibt es nicht" (vgl. Feuser, 2000, S. 149), die sogenannte „geistige Behinderung" ist wie ein Phantom, welches wir weder finden noch definieren können. Es gibt weder den „perfekten" noch den „imperfekten" Menschen.

Differenz ist nicht länger ein Kriterium für Ausgrenzung von gesellschaftlicher Teilhabe, sondern eine natürliche und begrüßenswerte Eigenschaft, die zum Leben in einer freien und offenen menschlichen Gesellschaft dazugehört.

Vermutlich erleben die meisten Menschen, die in Abhängigkeit einer Situation mit ihrem „Sosein" bzw. mit ihrer Behinderung konfrontiert werden und gehandicapt sind, auch viele Situationen, in denen sie sich ihrer sogenannten „Behinderung" gar nicht bewusst sind, weil die Behinderung für ihr gefühltes Menschsein nicht oder kaum relevant ist bzw. als immer dazugehörig erlebt wird (vgl. Saal, 1994, S. 28f.). Die negative Wahrnehmung einer Behinderung erfolgt erst in einem sich täglich wiederholenden unglücklichen Zusammenspiel zwischen dem Menschen (mit seiner biologisch existierenden Behinderung) und seinen Mitmenschen (seiner sozialen Außenwelt), wenn einseitige oder falsche Zuschreibungen und Vorurteile über Menschen (mit Behinderungen) zu deren Stigmatisierung führen.

„Menschen werden wohl mit einer Behinderung geboren, doch zum ‚Behinderten' werden sie erst später gemacht."
(Klee, 1987, S. 28)

Ohne eine respektvolle Einbeziehung der Menschen, über die hier nachgedacht werden soll, wird es einem nichtbehinderten Menschen nicht gelingen, sich an das Wesen bzw. die real empfundene Wirklichkeit einer sogenannten „Behinderung" heranzutasten oder diese individuelle Erfahrung zutreffend zu definieren.

Daher ist es häufig sehr zweifelhaft, sprachlich vorsichtige und dennoch möglichst passende(?) Formulierungen zu suchen, wenn wir von außen über Menschen (mit Behinderungen) anthropologisch nachdenken. In dem Verein „Mensch zuerst – Netzwerk People First Deutschland e.V." haben sich beispielsweise einige Menschen zu Wort gemeldet, die üblicherweise als „geistig behindert" bezeichnet werden. Sie haben sich organisiert, protestieren gegen die übliche Fremdsicht und werben auf ihrer Internetseite darum, nicht mehr als „Geistig Behinderte", sondern als „Menschen mit Lernschwierigkeiten" bezeichnet zu werden (vgl. www.people1.de bzw. www.menschzuerst.de).

Inwiefern andere Menschen (mit Lernschwierigkeiten) diesen Beschreibungsversuch für sich selbst als passend oder nicht passend bewerten, wird die Zukunft zeigen. Wichtig ist nur, dass sie sich einmischen, mitmischen, wehren, sich selbstbewusst ihrer eigenen Themen und somit auch ihres eigenen Sexuallebens annehmen und nicht länger fremddefinieren bzw. fremdbestimmen lassen. Vergleichbar und ebenso selbstbewusst ist auch die sogenannte „Krüppelbewegung". Diese wünscht eine selbstbestimmte Teilhabe ohne Bevormundung, Entmündigung bzw. nett gemeinte Stellvertretung. „Krüppel" handeln und sprechen in eigenem Namen für ihre (auch sexuellen) Interessen. Diesen Prozess der Selbstbestimmung zu unterstützen, ist notwendig, will man sich nicht der Besserwisserei verdächtig machen.

Respekt vor dem Mut, sich trotz Gegenwind Gehör zu verschaffen. Rudi Leist – Sänger der Gruppe „Die Combo" singt beim Europäischen Songfestival vor Tausenden.

5.3 Sexualpädagogik und Inklusion

Die Achtung des Menschen mit all seinen individuellen Ausprägungen, vielfältigen Erscheinungsformen, auch unterschiedlichen sexuellen Bedürfnissen, ist gesellschaftliches Ziel in der (sonder- und sexual-)pädagogischen Diskussion.

Unterstützt von einem breiten Spektrum verschiedenster gesellschaftlicher Gruppen, selbstorganisierten Einrichtungen und Elternverbänden suchen *Menschen* (mit Behinderungen), sich mit zunehmendem Erfolg von unangemessener Bevormundung zu emanzipieren und sich in verschiedensten Lebensbereichen einen würdevolleren Alltag in unserer Gesellschaft zu gestalten.

Dies gilt auch für das Sexualleben. So wird denn auch in den geisteswissenschaftlichen, insbesondere den sexual- und sonderpädagogischen Disziplinen, die sich mit diesem Thema befassen, von einem Paradigmenwechsel gesprochen, der diese Veränderung dokumentiert (vgl. Leue-Käding, 2004, S. 7; Hartmann, 2004, S. 60). Bildungs- und gesellschaftspolitisch wird dieser Emanzipationsprozess derzeitig mit dem (sonder-) pädagogischen Begriff „**Inklusion**" beschrieben (vgl. Bürli, 1997, S. 63f.).

Hier soll aber auch aufgezeigt werden, dass diese eigentlich eher sonderpädagogische Diskussion sehr wohl auch eine sexualpädagogische ist. Geschichtlich lässt sich der Weg zu einer inklusiven Pädagogik in vier Schritten beschreiben.

- Hintergrund dieses Begriffs ist die historisch-pädagogische Entwicklung, in der früher bereits junge Menschen (mit Behinderungen) zunächst via **Exklusion** von jeglicher nennenswerten schulischen oder gesellschaftlichen Teilhabe ausgeschlossen wurden. Dies war der Versuch, Behinderung zu ignorieren.
- In der Folge war und ist das Zusammenleben und -lernen bis heute meist geprägt von **Separation**, d.h., junge Menschen (mit Behinderungen) besuchen, separiert von nichtbehinderten Schüler/-innen, extra eingerichtete Förderschulen, erhalten einen gesonderten Arbeitsplatz in Werkstätten für Menschen (mit Behinderungen) und wohnen in separaten Wohnheimen für Menschen (mit Behinderungen). In der Gesellschaft dominiert deutlich der oft zwanghafte Wunsch zur „Normalität". Vielfalt, Abweichungen oder Heterogenität irritieren und verunsichern viele Menschen, sodass abseits des gesellschaftlichen Lebens Orte ähnlich wie Indianerreservate errichtet wurden bzw. erhalten werden.
- Seit den 80er-Jahren gibt es verstärkt Bemühungen um die sogenannte „**Integration**", besonders von Menschen (mit Behinderungen), in das allgemeine Schulwesen. Es geht dabei um eine Wiedereingliederung, nachdem Menschen (mit Behinderungen) zuvor ausgesondert waren. Die Befürworter des Integrationsgedankens bemühen sich, trotz stetigen gesellschaftspolitischen Gegenwinds möglichst vielen Menschen (mit Behinderungen) ein Lernen und Leben unter Berücksichtigung ihrer besonderen Bedürfnisse in einer „normalen" Schule und Welt zu ermöglichen. Dieser Prozess hält nach wie vor an und überschneidet sich häufig mit den anderen Phasen und ist auch bis heute längst nicht überall im ursprünglich gedachten Sinn wirksam geworden. Die Kernproblematik der Integrationsbemühungen ist, dass einzelne inte-

grative Modelle die klassisch und bis heute fein säuberlich getrennten Lebenswelten von Menschen (mit und ohne Behinderungen) ergänzen, diese aber nicht ersetzen (vgl. Boban/Hinz, 2003). Die Ursachen liegen in dem nach wie vor stark separierenden Denken unserer Gesellschaft. So sind häufig die Lerngruppen und Lernangebote auch in „integrativ" arbeitenden Schulklassen zweigeteilt (für sogenannte „nichtbehinderte Kinder" und für Kinder mit Behinderungen).

- In der Mitte der 1990er-Jahre tauchte aus Nordamerika schließlich auch im deutschsprachigen Raum der Begriff **„Inklusion"** auf. Nun soll das (sonder-)pädagogisch-integrative Denken nicht mehr ausschließlich um die Menschen (mit Behinderungen) kreisen, sondern ebenso um andere Dimensionen menschlicher Eigenschaften und gesellschaftliche Randgruppen mit besonderen Bedürfnissen. Es geht darum, dass wir die Verschiedenheit (Heterogenität) von Menschen als bereichernde Vielfalt sehen und „(...) alle Kinder, unabhängig von ihren physischen, intellektuellen, sozialen, emotionalen, sprachlichen oder anderen Fähigkeiten aufnehmen sollen. Das soll behinderte und begabte Kinder einschließen, Kinder von entlegenen oder nomadischen Völkern, von sprachlichen, kulturellen oder ethnischen Minoritäten sowie Kinder von anders benachteiligten Randgruppen oder -gebieten." (Salamanca-Erklärung 1996, S. 14, deutsche Übersetzung).

Seit dem 26.03.2009 gilt auch in Deutschland das Übereinkommen der Vereinten Nationen über die Rechte von Menschen (mit Behinderungen). Im Kern dieser Menschenrechtskonvention wird eine **inklusive Bildung** garantiert. Geregelt ist dies im Gesetz zu dem Übereinkommen der Vereinten Nationen vom 13. Dezember 2006 über die Rechte von Menschen (mit Behinderungen) (S. 1436, Artikel 24). Fälschlicherweise ist in der Konvention das englische Wort „inclusion" mit „Integration", statt mit „Inklusion" übersetzt worden, damit kommt die Bundesrepublik Deutschland eigentlich bis heute ihren völkerrechtlichen Verpflichtungen nicht nach. Tatsächlich aber versuchen Vertreter/-innen und Befürworter/-innen einer inklusiven Pädagogik den integrativen Ansatz qualitativ zu verbessern und zu erweitern.

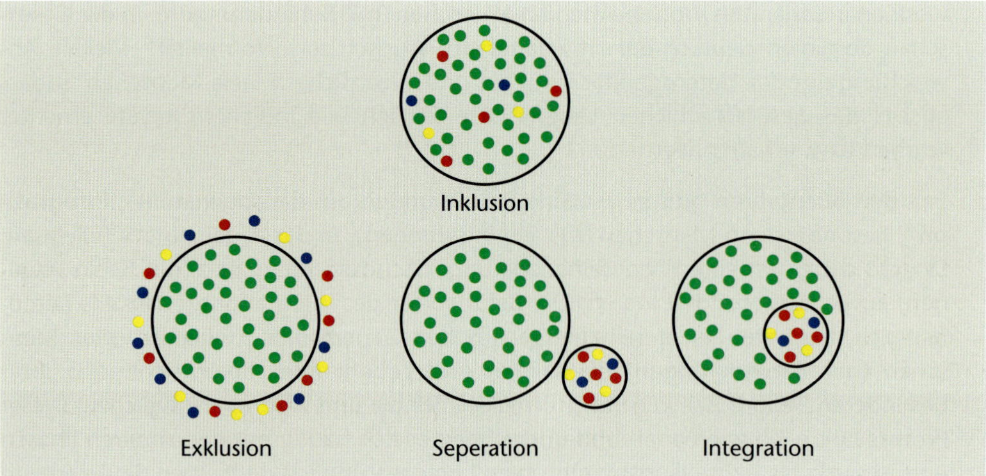

Inklusion avanciert zu einem Menschenrecht.

Inklusive Pädagogik geht ausdrücklich nicht mehr davon aus, dass es eine menschlich-homogene Norm oder einen am Ende einengenden „Normalzustand" gibt.

Allenfalls ist menschliche Heterogenität die zu beschreibende Norm. Auch gibt es in einer Schulklasse, Familie oder Gruppe keine wirklich homogenen Interessen, diese stellen sich immer individuell und vielseitig dar. Für eine inklusive Sexualpädagogik bedeutet dies, dass sich sexuelle Interessen und Bedürfnisse jeglicher Art heterogen und prinzipiell gleichwertig darstellen. Das heißt, Inklusion fordert auch vielfältige individuelle (sexual-)pädagogische Bildungsangebote für tatsächlich alle Menschen von Anfang an und über die Schule hinaus. Das heißt dann auch, dass Menschen, die bisher in irgendeiner Randgruppe gelernt oder gelebt haben, nicht länger einer irgendwie gearteten „Normalität" hinterherjagen sollen. Sie dürfen auch nicht mehr in diese „hineinintegriert" werden.

Inklusive Sexualpädagogik bekennt sich zur Verschiedenheit der Menschen und begrüßt die Heterogenität sexueller Ausdrucksformen.

Inklusive Pädagogik wird damit Bestandteil einer „Pädagogik vielfältiger Lebensweisen" (vgl. Hartmann, 2004, S. 59–77), einer Pädagogik, die sich ausdrücklich auf eine nichthierarchische und flexiblere Sichtweise von Sexualität bezieht und in der sich sexuelle Lebensweisen kontinuierlich auch verändern dürfen und immer gleichwertig nebeneinander ihre Berechtigung haben.

Eine „inklusive Sexualpädagogik" erachtet die menschliche Vielfalt sexueller Lebenswege für wertvoll und möchte alle Menschen in einer Gemeinschaft wissen, in der jeder Mensch entsprechend seiner Individualität und seinen Bedürfnissen individuell differenzierte sexualpädagogische Angebote bekommt, um seine persönliche Sexualität leben zu können. Voraussetzung dafür ist, dass er auch die Bedürfnisse anderer respektiert. So geht es einer inklusiven (Sexual- und Sonder-)Pädagogik letztlich um die Wertschätzung jedes einzelnen Menschen in einer gemeinsamen Welt.

5.4 Sexualität von Menschen mit Behinderung – wieder eine Frage der Definition

Der von und für Menschen (mit Behinderungen) angestoßene und oben bereits angedeutete Emanzipationsprozess verläuft weder linear noch automatisch harmonisch in Richtung eines glücklicheren Sexuallebens. Rückschritte und viele einzelne, kleine und große Enttäuschungen (auch Dramen) säumen den Lebensweg dieser Menschen. Eine genaue und aktuelle Beschreibung der verschiedenen Lebensbereiche, ihrer kulturellen Teilhabe (z. B. Bildung, Arbeit, Wohnen, Freizeit, ...) könnte diesen Zusammenhang passend veranschaulichen. Doch ist unser Blick hier nur auf den Lebensbereich der Sexualität von Menschen (mit Behinderungen) gerichtet.

Aufgabe

Imaginationsübung

Lesen Sie bitte den kleinen Text und formulieren Sie dann Ihre Gedanken dazu. Sie können diese Situation auch als Rollenspiel darstellen.

Versuchen Sie sich vorzustellen, Ihre Kommunikations- und Bewegungsfähigkeiten seien nach einem schweren Unfall so stark eingeschränkt, dass Sie aktiv keine (schrift-) sprachlichen Informationen mehr mitteilen können, bzw. dass Ihre Umwelt die undeutlichen Versuche Ihrer unbeholfenen Botschaften nicht mehr versteht. Hinzu kommt, dass bezüglich Ihrer immer noch existenten sexuellen Wünsche und Bedürfnisse, Ihrer Sehnsucht nach körperlicher Zuwendung, nach Zärtlichkeit, Ihrer körperlichen, aber auch kognitiven Wahrnehmungsfähigkeit bei Ihrem sozialen Umfeld Unkenntnis und Skepsis herrscht. Angesichts Ihres persönlichen sexuellen Empfindens und dessen, was man Ihnen in Zukunft als Sexualleben zutraut und zugesteht, nehmen nun andere Personen „Ihre" persönlichen sexuellen Interessen wahr. Eltern, Mediziner/-innen, Juristen/Juristinnen, Therapeuten und Therapeutinnen, Sonderpädagogen und Sonderpädagoginnen, Sexualpädagogen und Sexualpädagoginnen und andere geben dabei unterschiedliche Antworten auf die Frage nach „Ihrer" Sexualität. Es wird behauptet, dass Sie in Ihrem Zustand eigentlich auch kein Interesse mehr an Sexualität hätten.

Wie fühlt es sich an, wenn andere Ihre Sexualität definieren, wenn andere („Experten") beschreiben, welche sexuellen Gefühle und Wünsche Sie haben?

Eine klare, überprüfbare Beschreibung, eine konkrete Definition oder eine eindeutige Bestimmung dessen, was die „spezifische" Sexualität „von Menschen (mit Behinderungen) sei und wie sie sich womöglich von der Sexualität anderer Menschen abgrenzt, soll hier nicht erfolgen, auch wenn es vielleicht recht einfach erscheint, dem Bedürfnis nach einer „wetterfesten" Definition nachzugeben. Es ist aber weder Fantasielosigkeit noch Feigheit vor den möglichen sprachlichen Fettnäpfchen, dies hier nicht zu tun. Stattdessen wird hier folgende Überzeugung vertreten:

> ***Sexualität wird so unterschiedlich und individuell gelebt, wahrgenommen, empfunden, beschrieben, besungen, gedeutet, bedacht, geträumt, verklärt, geliebt, ersehnt, aber auch erlitten, gefürchtet, unterdrückt, verdrängt, verachtet, verleumdet, erzwungen oder eben auch behindert, dass sich der Versuch, „Sexualität" begrifflich mit einer „wissenschaftlichen"Definition allgemeingültig zu fassen, in eine Illusion verwandelt und daher überflüssig macht.***

Da es weder „den" Menschen (mit „der" Behinderung) gibt, kann es auch nicht „die" Sexualität geben und schon gar nicht „die" Sexualität von Menschen (mit „den" Behinderungen). Insofern verbietet es sich bei Menschen, die wir mit einer sogenannten „Behinderung" in Verbindung bringen, an eine sogenannte „Sondersexualität" zu denken, zumal diese den inklusiven Aspekt von Sexualerziehung ad absurdum führen würde (vgl. Leue-Käding, 2004, S. 64). Der Pädagoge Joachim Walter hat diese Sichtweise auf den Punkt gebracht, wenn er schreibt:

„(...) Sexualität ist bei Behinderten nichts anderes als bei Nicht-Behinderten auch: eine Energie, die Beziehungen aufnehmen, Zärtlichkeit und Liebe erfahren und geben lässt. Sexualität existiert nie als Abstraktum, sondern immer in der individuellen Ausformung durch einzelne Menschen. Und so, wie jeder Mensch einmalig und einzigartig ist, mit oder ohne irgendwie geartete Behinderung, so erhält die Sexualität eines Menschen durch seine Behinderung, lediglich eine weitere Facette an individueller Eigenartt'."

(Walter, 1996, S. 35 unter Bezug auf Schröder, 1996, S. 129)

Sexualität zeigt sich in einer Gesellschaft in ganz unterschiedlichen, aber gleichberechtigt und nebeneinander gelebten Formen. Und dazu gehört eben auch die Sexualität von Menschen (mit Behinderung), und auch diese ist wiederum unterschiedlich und vielfältig.

5.5 Besondere Akzente im Sexualleben von Menschen mit Behinderung

Häufig wird Menschen (mit Behinderungen) eine besondere und unvollkommene Sexualität zugeschrieben, die oft auch geringer wertgeschätzt und verzerrt wahrgenommen und dann leicht in eine falsch verstandene behinderungsspezifische Sexualitätsschublade einsortiert wird.

Der Pädagoge Joachim Walter hat einige dieser klassischen und immer wiederkehrenden Vorurteile herausgearbeitet. Mal werden Menschen (mit geistigen Behinderungen) ewig als „Kind" betrachtet, dessen Sexualität ignoriert wird, mal werden sie als „Wüstlinge" diffamiert und mal als „klebrig Distanzlose" (vgl. Walter, 1996, S. 32f.). Dass solche negativen Zuschreibungen bei Menschen (mit einer sogenannten „geistigen Behinderung") vorgenommen werden, darf verwunderlich erscheinen, zumal die sexuelle Entwicklung im Gegensatz zur kognitiven Entwicklung meist so verläuft, wie wir es mit „normal" beschreiben würden. Auch

Alle Menschen sind sexuelle Wesen.

junge Menschen (mit Behinderungen) begehren andere Menschen, sehnen sich nach zärtlichen oder wilden Berührungen, nach Liebe, nach nackter Haut, auch sie befriedigen sich selbst, wenn ihnen danach ist, stöbern heimlich im Internet, kennen Liebeskummer und Beziehungskrach, und auch sie wünschen sich oft nichts sehnlicher als ein eigenes Kind.

Gleichzeitig können wir oft beobachten, dass Menschen (mit einer Behinderung) ganz offensichtliche, auch individuelle und tatsächlich durch ihre Behinderung geprägte Schwerpunkte in ihrem Sexualleben zum Ausdruck bringen (vgl. Bader, 1996, S. 148–158). Diese stehen aber nicht in irgendeinem Widerspruch zu oder außerhalb der oben beschriebenen vielfältigen sexuellen Ausdrucksweisen des Menschen.

Eine uns vielleicht noch fremd oder unpassend anmutende sexuelle Ausdrucksform von Menschen (mit Behinderungen) darf weder ausgegrenzt noch abgewertet werden, da „es kein ‚richtiges' Sexualverhalten im Sinne einer zu erfüllenden sexuellen Norm gibt" (Ortland, 2009, S. 8).

Folglich gibt es auch kein „falsches" Sexualverhalten, es sei denn, andere Menschen werden in ihrer Freiheit über Gebühr, d. h. über eine zumutbare Grenze hinaus, durch dieses Verhalten eingeschränkt. Sofern dies nicht der Fall ist, müssen wir befremdend, seltsam oder „behindert" anmutende sexuelle Ausdrucksweisen weder unterdrücken noch an eine so nicht mehr existierende „Norm" anpassen.

Sexualität hat ganz grundsätzlich – darauf haben wir schon hingewiesen – auch eine Identitätsfunktion, und es ist unsinnig,

„ (...) bestimmte Ausdrucksformen und Lebensweisen bei Menschen zu diskriminieren, weil sie nichts mit Fortpflanzung zu tun haben, so z. B. die Sexualität von Kindern, Sexualität im Alter, Masturbation und Homosexualität. Die Anerkennung ihrer Bedeutung ermöglicht, die ganze Wirklichkeit menschlichen Sexualgeschehens zu beschreiben und zu verstehen. Dieser Sexualitätsbegriff gesteht den Menschen zu, dass es verschiedene Sexualitäten gibt."
(Sielert, 2005, S. 52)

Wird nämlich der Begriff „Sexualität" befreit von der üblichen Verengung auf den Fortpflanzungs- und Lustaspekt betrachtet und der Bedeutungsgehalt von Sexualität um die Aspekte Kommunikation, Beziehung und Identität erweitert, wird also von einer ganzheitlichen Bedeutung menschlicher Sexualität ausgegangen, dann wird offensichtlich, warum Sexualität selbstverständlich auch für Menschen (mit Behinderungen) ein Lebensthema der ersten Kategorie ist.

Bei der Betrachtung der verschiedenen uns begegnenden sexuellen Ausdrucksformen von Menschen (mit Behinderungen), müssen wir bedenken, welche Lebenserfahrungen und Sozialisationsbedingungen sie haben bzw. nicht haben. Die Bedeutung dieser meist erschwerten sozialen und sexuellen Entwicklungsmöglichkeiten ist in der Regel wichtiger für das Erleben und Erlernen von Sexualität als die irreführend so bezeichnete „Behinderung" selbst. Es gibt einen deutlichen Zusammenhang von solch „behindernden" Entwicklungsmöglichkeiten und der „Pathologisierung der Sexualität" (vgl. Feuser, 1980, S. 201).

Wenn Menschen nur selten die Erfahrung gemacht haben, wirklich gerne in den Arm genommen worden zu sein, wenn sie nur selten Zärtlichkeit, Berührungen, einen Kuss, ein aufrichtiges Lächeln, Geborgenheit oder gar Liebe und Lust eines anderen Menschen spüren durften oder niemals Gelegenheit hatten, selbst zärtlich zu einem anderen Menschen zu sein, oder auch ihren eigenen Körper und seine erogenen Bereiche nie wirklich lustvoll entdecken durften und wenn ihre eigene Intimsphäre ungefragt und oft regelmäßig verletzt wird oder wurde, dann dürfen wir uns nicht wundern, wenn sich solche Menschen zurückziehen, in ihrem Verhalten seltsam „behindert" wirken oder (auto-) aggressiv werden und sich eine ganzheitlich verstandene Sexualität nicht mehr oder nur sehr gestört entwickeln kann.

Eine sich so verkümmert entwickelnde und „behinderte" Sexualität folgt ihrer verbleibenden „Entwicklungslogik", sie ist aus Not heraus geboren und für die Menschen mit solch einem sexualfeindlichen Lebenshintergrund eine verstehbare Notwehrreaktion, aber keineswegs ein typischer behindertenspezifischer Ausdruck von Sexualität (vgl. Feuser, 1980, S. 201).

Wer als Kind und Jugendlicher (mit Behinderungen) ständig solch einsam-traurige Erfahrungen sammelt – in der Welt der begehrten Peers (ohne Behinderungen) nicht wirklich willkommen zu sein, mit seinem individuellen Anderssein bei Klassenkameraden nicht akzeptiert zu werden, wer immer wieder zu spüren bekommt, dass sich andere Jugendliche in der Öffentlichkeit abwenden, wer immerzu erfährt, Dinge nicht zu dürfen oder zu können, bei der Kontaktaufnahme zu versagen, beim Tanzen oder Fußball nicht gewählt zu werden, nicht den „genormten" ästhetischen oder modischen Äußerlichkeiten zu entsprechen, bei einem Fest nicht eingeladen zu werden, niemals ein Flirtpartner zu sein, gegen eine Wand von hartnäckigen Vorurteilen zu rennen – dessen Selbstwertgefühl verkümmert unweigerlich, wenn es überhaupt entstehen konnte.

Kinder und Jugendliche, die in ihrer Entwicklung ausgebremst, „behindert" werden, tun sich verständlicherweise schwer mit einer einigermaßen „natürlichen" Gestaltung ihres jugendlichen Sexuallebens, da ihnen viele sozial isolierende und psychische Stolpersteine in den Weg gelegt werden.

Sexuelle Identität entwickelt sich nicht „naturgegeben", sondern konstruiert sich erst in sozialen und kulturellen Prozessen. Umso sichtbarer eine Behinderung ist, umso stärker erfahren Menschen (mit Behinderungen) die Ablehnung ihrer sozialen Umwelt bzw. umso weniger gelingt ihnen auch die Akzeptanz ihres eigenen Körpers und umso geringer ist auch ihr Selbstbewusstsein bezüglich ihrer sexuellen Attraktivität.

Menschen mit sichtbaren Behinderungen werden weder als sozial noch als sexuell attraktiv erlebt. Durch die meist ablehnenden Reaktionen ihrer Mitmenschen lernen Jugendliche (mit Behinderungen) ihre Behinderung neu kennen. Eine „behinderte Identität" schält sich heraus: „Ich bin behindert!" Mädchen und junge Frauen (mit einer körperlichen Behinderung) leiden noch mehr unter dieser identitätsrelevanten Erfahrung, als dies junge Männer tun (vgl. Hermes unter: www.behinderte.de/frau/infobf200291.htm). Eine Frau mit einer Körperbehinderung berichtet:

„Wir wurden also nicht wie andere Mädchen erzogen, dass wir später irgendwann einmal heiraten und Kinder kriegen würden. (...) Dieser Einfluss ist so stark, dass wir zum Teil selber daran glauben, dass sexuelle Beziehungen oder gar eine Ehe für uns nicht in Frage kommen. Wir werden geschlechtsneutral erzogen. Wir erleben uns dann selbst so und werden auch als Neutrum von anderen behandelt."
(Radtke, 1996, S. 15)

Aufgabe

In einer zweigeteilten Gruppe (Pro und Kontra) könnten Sie folgenden Gedanken kontrovers diskutieren:

„Unsere Gesellschaft und Wertvorstellungen sind darauf angelegt, behinderte Frauen, noch mehr als Männer, von der Sexualität auszuschließen. Behinderte Mädchen werden zu behinderten Frauen erzogen .(...) Das innere Gefühl des ‚Nichtgenügens' ist programmiert."
(Eggli, 2002, S. 101)

5.6 Sexualität und Menschen mit schwersten Behinderungen

Im folgenden Abschnitt soll der Versuch unternommen werden, sich der sexuellen Erlebnisfähigkeit von Menschen mit sehr umfassenden Behinderungen anzunähern. Diesen Menschen und ihren vitalsten Grundbedürfnissen wurde in den letzten beiden Jahrzehnten glücklicherweise immer mehr Aufmerksamkeit geschenkt.

„‚Schwerstbehindert' (...) ist immer eine komplexe Beeinträchtigung des ganzen Menschen in allen seinen Erlebnis- und Ausdrucksmöglichkeiten. Emotionale, kognitive und körperliche, aber auch soziale und kommunikative Fähigkeiten sind erheblich eingeschränkt oder verändert."
(Fröhlich, 1994, S. 11)

Das gegenseitige Verstehen zwischen Menschen ohne und mit schwersten Behinderungen gestaltet sich als äußerst schwierig, weil bereits die elementarste interaktive Begegnung von Unsicherheit und Missverständnissen geprägt sein kann. Die grundlegenden Bedürfnisse dieser Menschen haben Beachtung gefunden, doch

Recht auf SINNlichkeit?!

wurde der Lebensbereich „Sexualität" fast immer übersehen, absichtlich ignoriert oder bestenfalls nachgeordnet. Über schwerste Wahrnehmungsstörungen und deren Förderung gibt es unendlich viel sonderpädagogische gute Literatur, über die taktile Wahrnehmungsfähigkeit im Genitalbereich (oder gar deren Förderung) hingegen, gibt es nichts.

Menschen mit schwersten, sehr intensiven und häufig mehrfachen Behinderungen werden meist gar nicht mit Sexualität in Verbindung gebracht. Es wird ihnen oft die Erlebensfähigkeit von Sexualität bzw. auch ein Bedürfnis danach abgesprochen. Das Wissen über ihre Sexualität ist sehr gering. Schließlich können sie ihre sexuellen Wünsche, ihre Meinung und gegebenenfalls ihre Wut, ihren Frust und ihre Unzufriedenheit darüber selbst nur begrenzt bzw. eigentlich kaum verständlich zum Ausdruck bringen, da ihre kommunikativen und kognitiven Möglichkeiten zu sehr eingeschränkt sind. Ihre sexuellen Bedürfnisse werden oft auch deshalb nicht gesehen, weil Menschen ohne Behinderungen die eventuell gesendeten, aber nur schwer entschlüsselbaren nonverbalen Botschaften (z. B. Sehnsucht nach zärtlicher Berührung, ...) nicht richtig oder nur bruchstückhaft verstehen oder sogar missverstehen. Gerne werden solche Botschaften auch einfach ignoriert. Wenn aber Sexualität, Zärtlichkeit, Nähe niemals eine relevante, gar positive Rolle im Leben eines Menschen (mit schwersten Behinderungen) spielen durften, erscheint es logisch, wenn einige dieser Menschen den Kontakt zu uns abbrechen und wir keine sexualitätsbezogenen Zeichen erkennen können.

> ***Sexualität bei Menschen (mit schwersten Behinderungen) und die ihr zugehörige Lebensenergie liegt häufig verschüttet unter unpassenden, fehlenden oder gar sexualfeindlichen „pädagogischen" Angeboten.***

Die gedankliche Assoziation „Sexualität und Menschen (mit schwersten Behinderungen)" scheint aber oftmals auch kein Thema zu sein, weil Sexualität häufig zu einseitig mit der klassischen Genitalsexualität verknüft wird: „Sex? Das können die ja eh nicht!"

Umso wichtiger ist es, noch einmal darauf hinzuweisen, dass alle(!) Menschen sexuell fühlen und (er)leben können, jeder auf eine individuelle und trotzdem gleichwertige Weise. Da der Mensch ein sexuelles Wesen ist, ist dies selbstverständlich auch ein Mensch (mit schwersten Behinderungen). Am Beispiel solcher Menschen, deren Sexualität, „queer" zu den bekannten und üblichen Formen genitaler Sexualität, unsere „Normalität" durchaus irritieren kann, lässt sich aufzeigen, wie vielseitig Sexualität zu verstehen ist. Warum also soll eine „Pädagogik vielfältiger Lebensweisen", in der Pluralisierung von sexuellen Erscheinungsformen ihren Ausdruck findet (vgl. Hartmann, 2002) nicht ganz selbstverständlich auch für Menschen (mit schwersten Behinderungen) gelten?

Menschen (mit schwersten Behinderungen) haben in der Regel keine genitalgeschlechtliche Sexualität, wenn sie nicht Opfer sexueller Gewalt werden, was – auch wenn dies kaum fassbar erscheint – auch passiert. Sie haben die Schwerpunkte ihrer sexuellen Erlebnisfähigkeit auf anderen sexuellen Ebenen. Doch ist wenig bekannt über ihre sexuellen und erotischen Wahrnehmungsmöglichkeiten. Die Nichtübereinstimmung zwischen dem sogenannten „Intelligenzalter" und dem „Sexualalter" ist bei Menschen (mit schwersten Behinderungen) noch größer als bei anderen Menschen. Das heißt, sie können ihren körperlichen Reifungsprozess gerade auch in der Pubertät nicht wirklich selbst verstehen. Menschen (mit schwersten Behinderungen) begegnen uns und sich selbst besonders mit ihrem Leib. Sie können vielleicht nur kleinste, aber für sie qualitativ bedeutsame „sexuelle Empfindungen“ wahrnehmen, unabhängig von ihrer Behinderung, ihrer Wachheit oder ihrer individuellen Kommunikationsfähigkeit. Sie können angenehme Berührungen, Zartheit, Wärme, menschliche Nähe, liebevolle Ansprache oder häufig auch festere basale Berührungen und andere Stimulationen fühlen und wahrscheinlich auch genießen, selbst wenn der Körper vielleicht häufig schmerzt oder sich taub anfühlt.

Verschiedene Konzepte zur Förderung von Menschen (mit schwersten Behinderungen) haben gezeigt, dass auch sie solch grundlegende Sinneserfahrungen machen können, die ihnen einen „Weg in die Außenwelt, am Ende gar zur Begegnung mit anderen“ ermöglichen können (Fröhlich, 1994, S. 5).

Unumgängliche Voraussetzung für das Erleben oder Erlernen eines qualitativ gesteigerten sexualitätsbezogenen Körperbewusstseins bei Menschen (mit schwersten Behinderungen) bzw. für eine sensiblere Wahrnehmungsfähigkeit von zwischenmenschlichen, zarten (auch erotischen) Berührungen ist die bewusste Zulassung von passenden Begegnungsmöglichkeiten in Form eines transparenten sexualpädagogischen Angebots.

Häufig bleiben Menschen (mit schwersten Behinderungen) in verschiedenen Einrichtungen am Tag nur die wenigen Minuten, in denen sie aus rein hygienischen und pflegerischen Gründen gewaschen, gebadet, gewickelt, medizinisch versorgt, an- oder ausgezogen werden, in denen sie ihren Körper lustvoll spüren „könnten“. Meist besteht für sie überhaupt nur in diesen Momenten die Möglichkeit, den eigenen Körper oder gar erogene Zonen (allein oder mit Hilfestellung) sinnlich zu entdecken, zu erkunden und zu genießen – was aber in der Realität nicht passiert, weil Pflege aus Kostengründen und Personalmangel schnell gehen soll. Und weil es vielleicht auch für die Pflegenden problematisch ist, „dabei“ Hilfe zu leisten. Schließlich passt „Sexualität“ bei Menschen (mit schwersten Behinderungen) bisher meist nicht in das pädagogische Konzept der Institutionen.

Es gibt also in der Regel weder die notwendige Zeit noch ein hinreichendes sexualpädagogisches Konzept und kaum sexualpädagogisch geschultes Fachpersonal, welches eine solche Pflegesituation oder einen anderen offeneren Begegnungsrahmen für eine bewusste körpernahe, sinnliche, ja erotische Gestaltung nutzen könnte. Um überhaupt auch ein Gefühl für Scham zu entwickeln, müsste verstärkt auf Privatsphäre und Intimität geachtet werden. In zahlreichen Alltagssituationen könnten wir anstatt der häufig nur notdürftigen und intimitätsverletzenden Pflege, Versorgung und Behütung von Menschen (mit schwersten Behinderungen) transparente und sexualpädagogisch verantwortbare Angebote entwickeln. Menschen mit schwersten Behinderungen sind keine Fürsorge-Objekte, sondern Menschen mit einer anders geprägten, aber gleichwertigen Sexualität.

Wichtig ist, dass Pädagogen und Pädagoginnen ihre Verantwortung erkennen, Kreativität und sexualpädagogische Ideen entwickeln und sich sensibel und qualifiziert diesen Menschen und der ihnen möglichen und von ihnen gewünschten Form individueller Sexualität mit Angeboten nähern. Schließlich sollte Sexualerziehung *allen* Menschen die

Möglichkeit bieten, „den eigenen Körper positiv zu erleben, Intimität aufzubauen und Schamgefühl zu entwickeln, sich als Mädchen bzw. Junge zu erleben, Beziehung zu anderen wahrzunehmen und zu gestalten" (Ortland, 2009, S. 23).

5.7 Sexualpädagogische Haltungen und Konzepte

Professionalisierung und Selbstreflexion

Für die professionelle Arbeit bedarf es einer speziellen Qualifikation, die in der Regel durch eine gute Ausbildung erworben wird. In der institutionalisierten Behindertenpädagogik ist es aufgrund der zahlreichen Arbeitsfelder unumgänglich geworden, über den klassisch sonderpädagogischen Tellerrand zu sehen. Verschiedene Kooperationsformen, Weiter- und Fortbildungen in anderen Fachdisziplinen sind notwendig. So müssen Erzieher und Erzieherinnen im sonderpädagogischen Arbeitsfeld beim Thema „Sexualität" selbstverständlich auch die Zusammenarbeit mit den Kollegen und Kolleginnen der sexualpädagogischen Profession suchen und umgekehrt. Einrichtungen für Menschen mit Behinderung und auch die Wohlfahrtsverbände haben diese Erfordernisse erkannt. Längst gibt es entsprechende Berufsakademien, Aus- und Fortbildungsinstitute mit unterschiedlichsten und teilweise sogar sehr spezifischen Weiterbildungsangeboten.

Erzieher/-innen müssen für die verschiedenen Ausdrucksformen von Sexualität bei sich selbst, im Allgemeinen und im Besonderen natürlich auch bei Menschen (mit Behinderungen) offen sein. Sie sollten sich bewusst machen, dass eine emanzipatorisch verstandene und transparent angebotene Sexualerziehung auch diese darin unterstützen kann, individuelle Vorstellungen von Sexualität möglichst selbstständig zu realisieren. Der Eigentümlichkeit der Sexualität anderer Menschen (mit Behinderungen) geduldig und respektvoll zu begegnen und diese zu verstehen, wird nur gelingen, wenn die eigenen Einstellungen und die persönliche (sexuelle) Lebensgeschichte bewusst sind, gleichzeitig aber von diesen Erfahrungen Abstand genommen wird, um sich ganz auf die immer nur begrenzt erfahrbare Welt des anderen einzulassen.

Wer das Thema „Sexualität und Behinderung" am Ende einer gründlichen Auseinandersetzung überwiegend mit Skepsis betrachtet, es nicht mit sinnvollen sexualpädagogischen Angeboten füllen kann und innerlich vielleicht sogar zurückweisen möchte, sollte das Thema (auch aus Selbstschutz) besser an andere Kolleginnen und Kollegen weitergeben.

Sexualpädagogische Konzepte für sonderpädagogische Einrichtungen

Erzieher und Erzieherinnen in den verschiedenen sonderpädagogischen Arbeitsfeldern (Frühförderung, Kindergarten, Schule, Wohnen, Arbeit, Therapie, Beratung, Intensiv- und Altenpflege) werden mit den unterschiedlichen Erscheinungsweisen menschlicher Sexualität konfrontiert und sollten möglichst professionell reagieren. In den verschiedenen Einrichtungen müssen selbstverständlich jeweils recht verschiedene Interessen und

Bedürfnisse berücksichtigt werden. Es entstehen dabei sexualpädagogische Konzepte unterschiedlichster Art, je nach sexualpädagogischer Sichtweise, Professionalisierungsgrad und häufig auch abhängig von finanziellen und personellen Möglichkeiten.

Möglichst alle Aspekte menschlicher Sexualität sollten ausgewogen beachtet werden. Erfahrungen in der Vergangenheit haben gezeigt, dass auch darauf geachtet werden muss, Sexualerziehung nicht zu sehr in eine Ecke zu drängen, sie nur noch einseitig als „Gefahrenabwehrpädagogik" (Sielert, 2008, S. 41) zu betrachten. Tatsächlich sind sexuelle Gewalt, ungewollte Schwangerschaften, Aids, Prostitution oder Pornografie problematische Themen, bei denen auch Menschen (mit Behinderungen) sexualpädagogische Aufklärung und Unterstützung benötigen. Diese Themen sollen selbstverständlich nicht ausgeschlossen oder verharmlost werden. Doch ist es eine besondere sexualpädagogische Gratwanderung, Menschen vor unschönen und gefährlichen Situationen zu schützen, ihnen gleichzeitig aber auch keine allzu große Angst vor der Wirklichkeit zu machen.

Auch Menschen (mit Behinderungen) sollten nicht nur die eher negative Seite von Sexualität kennenlernen bzw. vor ihr geschützt werden, sondern auch die bereichernden und für die Identität positiven Seiten der Sexualität erleben dürfen.

Eine sexualpädagogische Konzeption soll daher auch ganz bewusst sensibilisieren für eine sexualfreundliche Sichtweise der Sexualität, die nicht ständig nur überschattet wird von Ängsten, Gefahren und Tabus.

Mutige, offene und für die Adressaten interessante sexualpädagogische Bildungsangebote können helfen, dass Menschen (mit Behinderung) eine ganzheitliche, befriedigende, ja identitätsstiftende Beziehung zu ihrer eigenen Person und Sexualität entwickeln.

Ebenso muss sichergestellt werden, dass Menschen (mit Behinderungen) mit ihren individuellen Bedürfnissen, ihren Gefühlen, Wünschen, Ängsten und Erfahrungen in einem geschützten Rahmen vertrauensvoll über Sexualität sprechen können. In der sexuellen Beratung und Bildung von Menschen (mit Behinderung) müssen Erzieher und Erzieherinnen daher auch lernen zuzuhören.

Respekt und Eigensinn

Es ist eine pädagogische Aufgabe, alle Menschen in ihrem Alltag dort zu unterstützen, wo sie ihr Recht(!) auf sexuelle Selbstbestimmung umsetzen möchten. Und es ist eine berufsethische Frage in der Zusammenarbeit mit Familien, Einrichtungen und Ämtern alles zu tun, damit gut gemeinte Äußerungen keine Lippenbekenntnisse bleiben, sondern praktische Realität werden können. Denn abseits bestehender Modelleinrichtungen warten sehr

Jeder Mensch sollte seinen EIGENen (Lebens-)SINN entwickeln dürfen.

viele Menschen noch immer auf eine Einlösung ihrer bestehenden Menschen- und Bürgerrechte.

Ein von sexueller Selbstbestimmung geleitetes Konzept orientiert sich konkret und deutlich an den Bedürfnissen der Menschen, für die es gemacht wird. Deshalb sollten die Betroffenen so weit wie möglich bei der Konzepterstellung mit einbezogen werden. In dem Maße, in dem Menschen (mit Behinderungen) ermutigt und befähigt werden, ihre Wünsche zu artikulieren, müssen oft auch Erzieher und Erzieherinnen, Eltern und andere Entscheidungsträger ermutigt werden, mehr Selbstbestimmung zuzulassen. Walter proklamiert für die Menschen (mit Behinderungen) sowohl das „Recht auf sexuelle Selbstbestimmung" als auch das „Recht auf Eigensinn" als „Menschenrechte" (vgl. Walter, 2004, S. 20–30).

Dieses „impliziert auch das Recht, alles ganz anders zu sehen und machen zu können, als Eltern und Assistentinnen und Assistenten für einen behinderten Menschen entscheiden wollen" (Walter, 2004, S. 30).

Aufgabe

In einem Interview wurde folgende Überzeugung von einem unbekannten Menschen (mit Behinderung) formuliert:

„Ich finde, man soll uns Menschen mit Behinderung unsere eigenen Erfahrungen machen lassen, auch schlechte. (...) Ich bin in meinem Leben eher an den schlechten Erfahrungen gewachsen als an den guten."
(Gilbers/Winkler, 2004, S. 74)

Erinnern Sie sich in kleinen Gruppen an eigene schlechte Erfahrungen und zeigen Sie auf, wie auch Sie an diesen Ereignissen lernen konnten. Diskutieren Sie in einem zweiten Schritt mögliche Lernerfahrungen von Menschen (mit Behinderungen).

5.8 Arbeit mit Eltern und Familien

Eltern und Behinderung

Die Zusammenarbeit mit Eltern ist kein freiwilliger, sondern ein notwendiger Teil professioneller sexualpädagogischer Arbeit. Den Mitarbeitern und Mitarbeiterinnen einer Einrichtung (in der Behindertenhilfe) sollte bewusst sein, dass Eltern ihnen sehr oft und bisweilen berechtigt auch mit Vorbehalten begegnen. So stößt z. B. eine mit institutioneller „Macht" durchgesetzte, aber von Eltern inhaltlich nicht geteilte sexualpädagogische Konzeption notwendigerweise auf kontraproduktive Widerstände. Eine bewusste (sexualpädagogische) Kooperation mit Eltern kann dagegen Grundlage für eine gegenseitige Wertschätzung sein und die Elternschaft mit ihren oft wichtigen Erfahrungen für eine gelungene (sexual-)pädagogische Arbeit gewinnen.

Es ist anzustreben, sich mit Eltern über die unterschiedlichen Blickwinkel auf die sexuelle Entwicklung ihrer Kinder, Jugendlichen oder jungen Erwachsenen (mit Behinderungen) auszutauschen.

Manchen Eltern gelingt es nur schwer, die Behinderung ihres Kindes anzunehmen. Jugendliche und Kinder spüren das und entwickeln daher häufig ein gestörtes Verhältnis zu sich selbst, zu ihrer Behinderung und zu ihrem Körper. Diese jungen Menschen erfahren dann noch eine weitere gesellschaftliche Ablehnung und entwickeln infolgedessen zwangsläufig auch eine „behinderte" Identität. Hilfreich und fast unumgänglich für eine natürlichere Einstellung zur eigenen Sexualität ist die Akzeptanz der eigenen Behinderung. Das ist oft begleitet von Trauerarbeit, aber auch von der Entdeckung verbliebener, alternativer und individueller Erlebniswelten. Erzieher und Erzieherinnen können mit Eltern und deren Kindern zusammenarbeiten, diese Prozesse gemeinsam verstehen lernen und den jungen Menschen helfen, über die besonderen Erfahrungen mit der jeweiligen Behinderung zu sprechen.

Für junge Menschen (mit Behinderungen) ist es wichtig, sich ihres eigenen Werts, ihres Menschseins sicherer zu werden und sich nicht mehr nur über eine Behinderung zu definieren bzw. definieren zu lassen.

Diese Kompetenz ist für Menschen (mit Behinderungen) nicht nur von Bedeutung für die Gewinnung eines positiven Körperkonzepts und einer positiven Einstellung zur eigenen Sexualität, sondern auch, wenn es eines Tages darum geht, einen Partner bzw. eine Partnerin zu finden, der oder die eventuell ebenfalls eine Behinderung hat.

Eltern und die Selbstbestimmung ihrer Kinder

Ein weiteres Hindernis in der möglichst ungestörten sexuellen Entwicklung ist die häufig zu beobachtende Überbehütung, Überpflege und Überbewachung von Kindern, Jugendlichen, aber oft auch noch Erwachsenen (mit Behinderungen). Nicht nur Eltern laufen Gefahr, aus lauter Unsicherheit gegenüber ihren Kindern ihnen zu wenig Selbst- oder wenigstens Mitbestimmung zuzutrauen. Dies gilt auch für Erzieher und Erzieherinnen.

Erzieherisch verantwortliche Personen müssen lernen, Menschen (mit Behinderungen) mehr zuzutrauen, sie zu begleiten, sie aber auch zu ermutigen, mehr Verantwortung zu übernehmen.

Pädagogische Mitarbeiter bzw. Mitarbeiterinnen können auch hier die Kooperation mit Eltern und Familien suchen, Formen der „Infantilisierung" und zusätzlichen „sekundären" Behinderung besprechen und gemeinsam mit den Betroffenen überlegen, in welchen Bereichen Menschen (mit Behinderungen) ihre Sexualität tatsächlich selbstbestimmt leben können bzw. in welchem Umfang sie nach und nach mehr Eigenverantwortung übernehmen können und sollen.

In der Zusammenarbeit mit Eltern, aber natürlich auch im eigenen Umgang mit Kindern, Jugendlichen und erwachsenen Menschen (mit Behinderungen) ist das Verhalten der Eltern und das eigene Tun immer wieder kritisch dahingehend zu überprüfen, ob nicht unangemessene Einschränkungen (rigide Regeln, sexualfeindliche Reaktionen, unterlassene sexualpädagogische Bildungsangebote usw.) eine mögliche sexuelle Entwicklung hemmen oder sogar ganz verhindern. Nicht selten werden den Kindern und Jugendlichen die Folgen eines sexualfeindlichen Denkens und Handelns von Eltern und pädagogischem Personal als primäre Behinderung angelastet. Es lässt sich ein Zusammenhang zwischen der eigentlichen „primären Behinderung" und der häufig zusätzlich gesellschaftlich erzeugten „sekundären Behinderung" nachweisen.

„Die Sexualität geistig behinderter Menschen und ihr jeweiliges Sexualverhalten [sind] in erster Linie abhängig (...) von der Toleranzbreite der moralischen Einstellungen und den Verboten ihrer Eltern und BetreuerInnen."
(Walter, 2004, S. 16)

Diesen Zusammenhang gilt es zu erkennen und aufzulösen – und auch hier kann eine Zusammenarbeit mit den Eltern und Familien der Menschen (mit Behinderungen) zusätzliche und unnötige Erschwernisse, „Behinderungen" und Ungerechtigkeiten verhindern oder wenigstens reduzieren helfen.

Eltern und ihre Ängste

Eltern von Menschen (mit Behinderungen) tragen eine besondere Verantwortung für das Lebensglück ihrer Kinder, und das meist über viele Jahrzehnte. Viele Eltern leisten dabei unendlich viel, schenken in deutlich höherem Maße als andere Eltern oder pädagogische Mitarbeiter/-innen ihre Kraft, Energie und Lebenszeit und stehen dabei häufig allein, ohne hinreichendes Verständnis anderer gesellschaftlicher Gruppen.

Die Erfahrung, dass ihre pubertierenden jugendlichen Kinder auch ganz normale sexuelle Wesen sind, ist für sie häufig eher ein Anlass für große Sorgen als Grund für eine freudige Überraschung. Eine bewusst emanzipatorische Sexualerziehung wird daher oft skeptisch betrachtet, weil der eigene Wille häufig auch sehr unbequem sein kann und Eltern mit vielleicht unrealistisch anmutenden Selbstbestimmungswünschen ihrer jugendlichen Kinder ihre Schwierigkeiten haben dürften. Hier gilt es, dennoch alle Vorzüge einer emanzipatorischen Sexualerziehung für Menschen (mit Behinderungen) zu nennen. Auch bei der Erarbeitung eines sexualpädagogischen Konzepts können/sollten Eltern mit einbezogen werden, immer wieder sind offene Gespräche über die Ängste und diesbezügliche Interessen von Eltern anzubieten.

Wichtig ist, die Ängste von Eltern kennenzulernen, zu verstehen und dennoch für eine emanzipatorische sexuelle Bildung von Menschen (mit Behinderungen) zu werben.

So fürchten viele Eltern – nicht ohne Recht – beispielsweise, dass ihre Kinder Opfer sexueller Gewalt werden könnten. Schließlich haben viele Menschen (mit Behinderung) kaum eine Chance, sich gegen solch einen sexuellen Missbrauch ihrer Person zu wehren. Auch hier gilt es, Eltern für eine gemeinsame Sexualerziehung zu gewinnen, in denen die

Kinder und Jugendlichen lernen, lautstark für ihre Interessen einzutreten, d. h. auch, sich gegen einen sexuellen Missbrauch zur Wehr zu setzen.

Die elterliche Furcht vor den psychischen Folgen sexueller Gewalt ist häufig auch verknüpft mit der Angst vor einer ungewollten Schwangerschaft bzw. vor der Elternschaft ihrer erwachsenen Kinder – und natürlich gibt es diese Angst auch unabhängig davon. Gemeinsam mit den Betroffenen und den Eltern können pädagogische Mitarbeiterinnen und Mitarbeiter über Sexualität und das Recht auf eigene Kinder von Menschen (mit Behinderungen) nachdenken, Argumente abwägen und vielleicht auch streiten. Am Ende eines beratenden Prozesses geht es aber letztlich darum, dass Eltern wie auch Erzieherinnen und Erzieher lernen müssen, die Entscheidung der ihnen Anvertrauten zu akzeptieren und zu respektieren.

5.9 Elternschaft bei Menschen mit geistiger Behinderung

Bis 1992 konnten Eltern ihre noch nicht volljährigen Kinder (mit geistiger Behinderung) relativ einfach ohne deren Zustimmung sterilisieren lassen. Seit Inkrafttreten des Betreuungsgesetzes (§ 1900 Abs. 5 BGB) bedarf es auch bei volljährigen Menschen (mit geistiger Behinderung) deren Zustimmung, d. h., heute entscheiden einwilligungsfähige Menschen selbst über ihren Körper und ebenso über die Frage, ob sie schwanger werden wollen oder nicht. Dennoch wird seit vielen Jahren eine oft hitzige Debatte darüber geführt, ob erwachsene Menschen (mit geistigen Behinderungen) eigene Kinder haben sollten oder nicht – meist ohne, dass diese daran beteiligt werden.

Die Sehnsucht vieler Menschen (mit geistiger Behinderung), Mutter oder Vater werden zu wollen, ist ein natürlicher Wunsch und daher kaum verwunderlich. Mit eigenen Kindern in einer eigenen Wohnung zusammenzuleben, bietet auch ihnen die Möglichkeit, Familienglück zu erleben und fordert sie gleichzeitig unausweichlich auf, mehr Verantwortung zu übernehmen und erwachsen zu werden – trotz der Umstände, die wir „geistige Behinderung" nennen. Ebenso bietet die Übernahme der Mutter- und Vaterrolle auch eine natürliche Identifikationsmöglichkeit, sich als erwachsene Frau bzw. erwachsener Mann zu fühlen, statt sich ewig als nichtzeugungsberechtigte/-r „Behinderte/-r" bevormunden zu lassen. In der Elternschaft von Menschen (mit geistiger Behinderung) liegt also auch ein großes Reifungs- und Entwicklungspotenzial.

Darf eine Gesellschaft den Versuch, glücklich zu sein, verwehren?

Das Kindeswohl ist berechtigterweise ein wichtiges Kriterium in dieser Diskussion. Bestehende Vorurteile gegenüber Menschen (mit geistigen Behinderungen) führen dazu, dass es vermutlich nicht wenig Menschen gibt, die es als Zumutung für die Psyche eines Kindes erleben, wenn die Eltern eines Kindes eine „geistige Behinderung" haben. Das Unbehagen mit der möglicherweise gefährdeten Lebenssituation, den begrenzten kognitiven Entwicklungsmöglichkeiten und der ungewissen Zukunft der Kinder von Menschen (mit geistigen Behinderungen) wird häufig als Argument gegen eine Elternschaft genannt.

> ***Die Skepsis bezüglich des Kindeswohls oder auch der Überforderung der Eltern (mit geistiger Behinderung) ist berechtigt, solange es keine tragfähigen Unterstützungssysteme für solche Familien gibt.***

Dass Menschen mit (geistiger Behinderung) ohne gesellschaftliche oder auch familiäre Hilfestellung schneller mit den anstehenden Aufgaben überfordert sind als die meisten Menschen ohne Behinderungen, ist unumstritten. Dies ist aber noch kein hinlänglicher Grund, ihnen das Recht auf Elternschaft abzusprechen. Für ihre Interessen aber gibt es kaum eine öffentliche Lobby. So fehlt es meist an konkreter, kreativer, kooperativer, finanzieller, personeller und somit ausreichender gesellschaftlicher Unterstützung für diese Familien.

Nach und nach bekommen diese bislang entrechteten Menschen ihre Bürger- und Menschenrechte zwar zuerkannt. Seit 1994 verbietet der § 3 Abs. 3, Satz 2 im Grundgesetz die Benachteiligung von Menschen (mit Behinderungen). Ebenso verweist die Sozialgesetzgebung (SGB IX) seit 2001 auf deutlich größere Selbstbestimmungsrechte von Menschen (mit Behinderungen) genau wie das Allgemeine Gleichstellungsgesetz (AGG) von 2006, das die Benachteiligung von Menschen aufgrund einer Behinderung ebenso verbietet wie die bereits oben erwähnte UN-Menschenrechtskonvention von 2009. All diese rechtlichen Maßnahmen sind deutliche Richtungsschilder, begleiten die wissenschaftliche und gesellschaftliche Diskussion und weisen ihr letztlich den Weg, den wir beschreiten müssen. So unbequem die überfälligen rechtlichen Zugeständnisse an Menschen (mit geistigen Behinderungen) auch sein mögen, die Öffentlichkeit muss akzeptieren, dass auch Menschen (mit Behinderungen) Menschen- und Bürgerrechte haben. Und dies sollte ihnen auch die Möglichkeit bieten, selbst mitzuentscheiden, ob sie eine Familie gründen wollen.

Schließlich zeigt auch der Alltag, dass es Menschen und Paaren gelingt, mit entsprechender Unterstützung Kinder gut aufwachsen zu lassen (vgl. Pixa-Kettner, 1999 und 2006). Gleichwohl sind die bestehenden Strukturen und Unterstützungssysteme oft nicht ausreichend und es gibt auch viele häufig wiederkehrende Problemsituationen, „ z. B. Analphabetismus, Armut, Probleme mit der Haushaltsführung, Partnerkonflikte, unangemessenes Erziehungsverhalten" (Pixa-Kettner, 2003, S. 17). Doch auch andere gesellschaftliche Gruppen, Menschen mit Suchtproblemen, mit psychischen Erkrankungen, Minderjährige, Prostituierte oder Menschen mit kriminellen Verhaltensweisen, haben mit ähnlichen oder den gleichen Problemen zu kämpfen (vgl. Pixa-Kettner, 2003, S. 17), glücklicherweise ohne dass deren Recht auf Elternschaft diskutiert wird.

Zwar können tatsächlich bei manchen Familien, in denen einer der Partner oder auch beide eine sogenannte „geistige Behinderung" haben, die Probleme im Laufe des Zusammenlebens mit dem Kind trotz begleitender Hilfsangebote so groß werden, dass die Ausübung des Sorgerechts infrage gestellt wird. Jedoch muss auch hier immer überlegt werden, ob tatsächlich alle möglichen und denkbaren Unterstützungsangebote ausreichend lang versucht wurden. Eine unfreiwillige Trennung von Eltern und Kind darf nur das letzte Mittel sein, um einen vermuteten Schaden vom Kind abzuwenden.

Fehlende oder nicht hinreichende regionale Unterstützungsangebote und der Mangel an konzeptionellen, materiellen oder personellen Hilfen können als Argumente das Recht auf Elternschaft von Menschen (mit geistiger Behinderung) nicht außer Kraft setzen.

Aufgabe

Imaginationsübung

Lesen Sie den folgenden Text und formulieren Sie dann Ihre Gedanken dazu.

Stellen Sie sich vor, Sie haben ein von Ihnen sehnlichst gewünschtes Kind geboren und das Jugendamt teilt Ihnen wenige Tage später mit, dass man Ihnen aufgrund Ihrer „geistigen Behinderung" das Sorgerecht und somit Ihr Kind wegnehmen wird.

1. *Welche Gefühle empfinden Sie?*
2. *Wie könnte eine sogenannte „Trennungsbegleitung" aussehen, die Sie in dieser Lebensphase unterstützt und vielleicht helfen kann, Ihren Schmerz zu reduzieren?*

5.10 Sexualassistenz und Sexualbegleitung bei Menschen mit Behinderungen

Menschen (mit schwersten Behinderungen) können häufig ihre Sexualität nicht ohne Hilfe von anderen Menschen erleben und somit eine eigene sexuelle Identität nur begrenzt entwickeln. Sie leiden häufig sexuelle Not. Wenn z. B. ein Mensch so sehr in seiner Bewegungsfähigkeit eingeschränkt ist, dass er sich alleine nicht berühren oder gar selbst befriedigen kann, er sehr wohl aber masturbieren möchte und um Hilfe bittet, dann benötigt dieser Mensch hilfreiche Angebote, die ihn beim Erleben seiner Sexualität unterstützen. Die sexuellen Bedürfnisse sind meist sehr unterschiedlich und meist auch abhängig vom Grad der Behinderung, manche Menschen haben den starken Wunsch nach sinnlichen Berührungen und manche sehnen sich nach Sex.

Aufgabe

Imaginationsübung

Lesen Sie bitte den folgenden Text und formulieren Sie dann schriftlich oder mündlich Ihre Gedanken dazu.

„Er wollte seine Hose überhaupt nicht ausziehen, nur mich ganz fest umarmen und kuscheln. Er hat mir erzählt, dass er überhaupt noch nie eine nackte Frau gesehen und angefasst hat. Ihm ging es nicht um Geschlechtsverkehr, aber schon um Sexualität und um Körperkontakt und die Nähe zu einem anderen Menschen."
(Balás, 2004, S. 96)

Wenn die üblichen sexualpädagogischen Möglichkeiten, verbalen Anleitungen, Erläuterungen, Filme, technischen Übungen an einem Modell u. a. keinen Erfolg mehr versprechen, dann könnte ein nächster Schritt gegangen werden. Spezifische Fortbildungen, Supervisionen und fachliche Beratung von außen können pädagogische Einrichtungen bei solchen zunächst noch ungewohnten Angeboten seriös begleiten. Professionell geschulte Vertrauenspersonen aus dem pädagogischen Team sollten gemeinsam mit der betroffenen Person über eine andere Form der sexuellen Begleitung nachdenken.

Wichtig dabei ist immer, dass die Initiative, bzw. der Wunsch nach sexueller Assistenz deutlich vom Menschen (mit Behinderung) selbst ausgeht. Gerade bei Menschen mit stark eingeschränkten kommunikativen Möglichkeiten sollte der Wunsch nach sexueller Hilfestellung mehrfach überprüft werden, damit nicht übereifrige, unbedarfte oder gar bewusst sexuell übergriffige Begleitpersonen wehrlosen Menschen Sexualität gegen ihren Willen aufzwingen. Ein Maximum an Transparenz kann helfen, sexuelle Gewalt zu verhindern bzw. auch einem unberechtigten Missbrauchsverdacht ausgesetzt zu werden. Die Gefahr, sexuelle Gewalt zu erleben, ist besonders auch bei Frauen (mit Behinderung) recht groß. Das Thema „Sexuelle Gewalt und Menschen (mit Behinderung)" ist ein eigenes und besonders wichtiges Thema, das hier aber nicht vertieft werden soll.

Bezüglich der Forderung nach sexueller Assistenz zeigt sich jedenfalls, dass Frauen (mit Behinderungen) zurückhaltender sind und sie weniger direkt ansprechen. Sie sehnen sich oft nach einer eher „weiblicheren" Form von Sexualität und finden vielleicht auch mehr Vertrauen, wenn sie eine weibliche Ansprechpartnerin haben, um über ihre eigenen sexuellen Bedürfnisse sprechen zu können.

Was wird heute unter „Sexualassistenz", bzw. „Sexualbegleitung" verstanden?

- Wir sprechen von **passiver Assistenz**, wenn Menschen (mit Behinderung) eine individuelle sexualpädagogische Beratung, Informationen oder andere Hilfen benötigen. Vielleicht werden Sie als Erzieher oder Erzieherin gebeten, einen intimen, gemütlichen Rückzugsraum bereitzustellen oder Hilfsmittel verschiedenster Art zu besorgen (z. B. Sextoys, Internetpornografie). Vielleicht wünschen sich einzelne Menschen nur Zeit, Ruhe, Alleinsein, Zweisamkeit mit ihrem Partner oder ihrer Partnerin, Kerzen und schöne Musik, vielleicht aber auch erotische oder pornografische Bilder, Filme oder Literatur. Es kann aber auch sein, dass Menschen Hilfe benötigen bei der Kontaktaufnahme zu einer Prostituierten, einem Callboy, zu einer professionell ausgebildeten Sexualbegleitung, zu einer Selbsthilfegruppe usw.

- Von **aktiver Assistenz** wird gesprochen, wenn eine möglichst geschulte Person, z. B. eine sogenannte „*Sexualassistentin*“ bzw. ein „*Sexualassistent*“ (nicht Familienangehörige und auch kein pädagogisches oder pflegerisches Personal) deutlich „aktiver“ als bei der „passiven“ Assistenz den Menschen bei der Realisierung seiner gewünschten sexuellen Möglichkeiten begleitet. So hilft diese Person beispielsweise einem Menschen (mit Behinderungen) überall dort, wo er z. B. wegen seiner körperlichen Behinderung oder Bewegungsbeeinträchtigung Hilfestellung benötigt, etwa beim zärtlichen Körperkontakt, beim sexuellen Kontakt mit einer befreundeten anderen Person, zur bequemeren Lagerung oder beim Masturbieren. Möglich sind auch bewusst erotische Körperkontaktangebote, Massagen bis hin zur direkten sexuellen Interaktion. Vielleicht mag die Person (mit Behinderung) auch nur, wenigstens einmal, eine andere Person nackt betrachten, einmal einen Po, eine Wange zärtlich berühren und dabei in ein vertrautes Gespräch kommen. Aktive Sexualassistenz ist bei geäußertem Wunsch eines zurechnungsfähigen Erwachsenen mit Behinderung(en) bzw. seines gesetzlichen Vertreters rechtlich kein Problem, in der Heimpraxis aber noch selten anzutreffen. Vor allem Heime mit konfessioneller Trägerschaft haben aus religiösen Gründen oft Widerstände dagegen.

Wenn wir die sexuelle Selbstbestimmung von Menschen ernst nehmen wollen, dann müssen Pädagogen und Pädagoginnen lernen, den „betroffenen“ Menschen zuzuhören und deren Meinungen, Bedürfnisse und Wünsche auch zu respektieren.

Wir können Angebote zur sexuellen Selbstbestimmung machen, aber ob sie diese Angebote annehmen oder ablehnen, sollten die Menschen (mit Behinderungen) selbst entscheiden.

Abschließend sollen deshalb „Betroffene“ zu Wort kommen. So betrachtet eine körperbehinderte Autorin das Angebot sexueller Assistenz als eine „Chance für Wachstum und persönliche Reife – was nicht mit Glück und Zufriedenheit gleichzusetzen ist. Auch schmerzliche und desillusionierende Erfahrungen sind oft nicht zu vermeiden“ (Biller-Pech, 2004, S. 48). Diese sind aber Teil der menschlichen Entwicklung.

Verliebt zu sein ist eben öfter auch mit Liebeskummer verbunden. Dass sich auch die meisten Menschen (mit Behinderungen) ein Leben wünschen, eingebettet in eine glückliche, vertrauensvolle, harmonische Beziehung, in der jede/-r ihre/seine sexuellen Bedürfnisse ausleben kann, macht ein anderer, ebenfalls behinderter Autor deutlich. Wer mit einer Behinderung lebt, weiß um „die Härte des Alleinseins“ (Vernaldi, 2004, S. 55) und die oft nicht erfüllten Sehnsüchte nach vertrauter menschlicher Nähe.

> ***„Mehr als eine erste deutliche Antwort auf die sexuelle Not vieler behinderter Menschen kann Sexualhilfe nicht sein. Das dieser Not zugrunde liegende Problem wird damit nicht gelöst“ (Vernaldi, 2004, S. 56).***

Mit diesem Fazit sind vorerst auch die Grenzen sexueller Assistenz aufgezeigt, denn reine Sexualität ohne eine personale Bindung an einen Partner bzw. eine Partnerin ist langfristig nur selten befriedigend. Ratsuchende sollen in schwierigen Lebenssituationen unterstützt werden, selbst zu bestimmen, welche Lösungswege oder Entscheidungen zu ihrem Leben passen.

5.11 Wer könnte Menschen (mit Behinderungen) sexuelle Assistenz konkret und kompetent anbieten?

Um die jeweils eigenen emotionalen Grenzen zu wahren und auch um bereits bestehende Abhängigkeiten nicht noch weiter zu verstärken, ist es sinnvoll, die Beziehungen zwischen den Menschen (mit Behinderungen) auf der einen Seite und den Familienangehörigen, den pädagogischen und den in der Pflege tätigen Mitarbeitern und Mitarbeiterinnen auf der anderen Seite nicht durch solch sensible und intime sexuelle Angebote zu belasten.

So ist es auch für die Erzieher oder Erzieherin aus dem Nahbereich der Menschen eine Entlastung, wenn sie die konkrete sexuelle Begleitung an andere abgeben können. Deutlich passender scheint daher eine sexuelle Assistenz durch **professionelle Sexualbegleiter bzw. Sexualbegleiterinnen**. In der täglichen Praxis arbeiten derzeit verschiedenste Menschen (Prostituierte und ebenso meist weibliche Sexualbegleiterinnen, -assistentinnen) auf unterschiedliche Weise mit ebenso unterschiedlichem Anspruch in diesem noch jungen und ungewöhnlichen Dienstleistungsbereich. Häufig behelfen sich Einrichtungen in der Behindertenhilfe mit Dienstleistungen von Menschen, die Prostitution gewerbsmäßig betreiben. Nach kurzer Zeit wird aber meist klar, dass es sich hier meist um Bedürfnisse differenzierter Art handelt. Die sexuelle Begleitung eines Menschen (mit Behinderung) erfordert meist deutlich mehr Sensibilität, Kompetenz, Menschlichkeit, Geduld und Zeit (vgl. Balás, 2004, S. 98).

Es entwickeln sich bereits verschiedene Konzepte und Ideen, basierend auf vielfältigsten Erfahrungen zu einem immer professionelleren Berufsfeld verknüpft mit einer anspruchsvollen Berufsethik. So wird es in Zukunft wohl auch deutlich geschlechtsspezifischere Angebote geben, weil Frauen häufig andere Erwartungen haben als Männer. Es gilt, einen befriedigenden Mittelweg zu finden, auf dem man sich des Dilemmas bewusst ist zwischen notwendiger Distanz und gewünschter personaler Nähe, zwischen einer Sexualbegleitung und einem Menschen, der Hilfe benötigt, um wenigstens kleine Teile seiner Sexualität zu erfahren.

Um sich vor unseriösen Angeboten, Vorurteilen, Verleumdungen und anderem zu schützen, aber auch um die Angebote spezifischer an den Bedürfnissen der Betroffenen auszurichten bzw. um die Qualität der Assistenz zu verbessern, gibt es bereits verschiedene Beratungs-, Fortbildungs- und Ausbildungsmöglichkeiten, bei denen es um die Integration von Sexualität, Behinderung und Pflege geht (z. B. die Gesellschaft für partnerschaftliche Kommunikation, München, oder die ASL – Arbeitsgemeinschaft für selbstbestimmtes Leben schwerstbehinderter Menschen e. V. Berlin).

5.12 Anregungen für den Beginn der sexualpädagogischen Arbeit

Die Befürworter und Vertreterinnen einer „inklusiven Pädagogik" tragen in ihren Bemühungen um bessere Lebensbedingungen – auch im Bereich der Sexualität – die Hoffnung in sich, dass es eines Tages keiner „inklusiven Pädagogik" mehr bedarf. Diese hat sich erfolgreich überflüssig gemacht, wenn die Gesellschaft und die „allgemeine Pädagogik" und in deren Gefolge der sogenannte „normale" Erzieher und die ebenso „normale" Erzieherin sich selbstverständlich wieder der (sexual-)pädagogischen Verantwortung für alle(!) Menschen stellen. Sexuelle „Vielfalt" gilt in ferner Zukunft als „Normalfall". In diesem Sinne ist es für eine „inklusive Sexualpädagogik" ein Erfolg, wenn ein Fachbuch für Sexualpädagogik eines Tages ohne einen gesonderten Beitrag über die Sexualität von Menschen (mit Behinderungen) auskommt bzw. wenn dieser Beitrag wenigstens von Menschen (mit Behinderungen) verfasst wird.

Folgende Abschlussfragen können als Anlass zum gemeinsamen oder individuellen Weiterdenken verstanden werden:

Aufgaben

1. *Wie könnte ein Modellprojekt „Unterstützte Elternschaft (mit geistiger Behinderung) und ihre Kinder" aussehen? Denken Sie dabei an die Bereiche Wohnen, Kindergarten, Schule und Arbeit.*
2. *Stellen Sie sich vor, Sie sollen gemeinsam mit erwachsenen Menschen (mit Behinderungen) einen Projekttag mit verschiedenen Workshops für Studenten und junge Erwachsene (mit Behinderung) zum Thema „Sexualität" planen. Welche Inhalte und methodischen Vorgehensweisen schlagen Sie vor?*
3. *In einer Schule für Menschen (mit geistiger Behinderung) ist ein Gesamtelternabend zum Thema „Sexualität" geplant. Wie könnte dieser Abend inhaltlich und methodisch gestaltet werden?*
4. *Sie arbeiten in einer großen Einrichtung, in der Abteilung für Menschen (mit schwersten Behinderungen) und sollen konzeptionelle Vorschläge machen für die sexuellen Bildungsmöglichkeiten von Menschen (mit schwersten Behinderungen).*
5. *Zwei Frauen in einem Wohnheim für Menschen (mit Behinderungen) kommen zu Ihnen, weil sie im Frauenbadezimmer wiederholt durch einen männlichen Mitbewohner sexuell belästigt wurden. In diesem Wohnheim gibt es noch kein sexualpädagogisches Konzept. Vertreten Sie in einem imaginären Gespräch mit dem Vorstand der Einrichtung die Notwendigkeit für die Erarbeitung eines sexualpädagogischen Konzepts.*

6 Sexualpädagogik, Medien und Pornografie

6.1 Einstieg und Selbstreflexion

Kindern und Jugendlichen ein Bild von Sexualität zu vermitteln, sie in ihrem sexuellen Werden angemessen zu begleiten, scheint für viele Erzieherinnen und Erzieher eine schwierige Aufgabe zu sein.

Hinzu kommt, dass viele Jugendliche heute scheinbar permanent in den Medien, insbesondere im Internet, unterwegs sind und Sexualität dort häufig eines der zentralen Themen ist. Dies könnte zumindest ein erster Eindruck sein. Tatsächlich wird die sexuelle Sozialisation von Jugendlichen nicht nur von Menschen geprägt, sondern auch von Medien. Wer also professionell mit Kindern und Jugendlichen tätig wird und in seiner Arbeit auch das Thema „Sexualität" nicht ausklammern möchte, muss sich darüber im Klaren sein, dass diese Aufgabe nicht im Alleingang übernommen wird und das eigene Verständnis nur eine Sichtweise von Sexualität darstellt, die neben vielen verschiedenen anderen steht. Diese Idee, dieses Bild gilt es sorgsam zu prüfen. Deshalb soll am Anfang dieser Auseinandersetzung mit dem Thema „In Medien gezeigte Sexualität und ihre Wirkung auf Jugendliche" die eigene Position grundsätzlich reflektiert werden:

Reflexionsfragen

- *Welches Bild von echter oder guter Sexualität habe ich?*
- *Wie nehme ich das Bild wahr, das gesellschaftlich von Sexualität gezeichnet wird?*
- *Wie gehe ich mit möglichen Differenzen zwischen diesen Bildern um?*

Diese Auseinandersetzung mit dem eigenen Bild von Sexualität muss aber noch weiter gehen, denn bevor die Frage zu klären ist, wie Medien auf die Sexualität von heutigen Jugendlichen wirken oder wie diese Medien für ihr Wissen zum Thema „Sexualität", aber auch für ihr konkretes sexuelles Handeln nutzen, sollte der Frage nachgegangen werden, welche Rolle medial dargestellte Sexualität für die Entwicklung der Erzieherinnen und Erzieher gespielt hat, die mit den Jugendlichen arbeiten. Spricht man heute von Medien und Sexualität, denken viele Menschen direkt an Internetpornografie. Doch auch vor Web 2.0 hat es Medien gegeben, die Sexualität zum Thema hatten. Neben pornografischen Darstellungen gab und gibt es Darstellungen mit Informations-, Kultur- oder Unterhaltungsschwerpunkt. Somit ist davon auszugehen, dass auch die meisten Erzieherinnen und Erzieher in ihrer eigenen Kindheit und Jugend mit Sexualität in den Medien in Kontakt gekommen sind:

Reflexionsfragen

- *Wie habe ich in meiner Kindheit (sexualitätshaltige) Medien genutzt?*
- *Wie haben Medien (nicht nur sexualitätshaltige) auf die Entwicklung meiner Sexualität gewirkt?*
- *Was hat mir gezeigte Sexualität gebracht?*

Die Auseinandersetzung mit Medien, Sexualität und Jugendlichen ist gesellschaftlich aktuell stark diskutiert. Häufig wird angenommen, das Spannungsfeld dieser drei Faktoren wäre permanent davon bedroht, zu explodieren oder sich gar zu einer ausgewachsenen „sexuellen Tragödie" (vgl. Siggelkow/Büscher, 2009) zu entwickeln. Eine solche Annahme lässt sich medial gut präsentieren und wird von manchen Medienorganen gerne weiterverfolgt.

Die weniger laute als vielmehr um Differenzierung bemühte Fachwelt setzt dagegen im Wesentlichen auf Sachlichkeit (vgl. Schetsche/Schmidt, 2010). In diesem Kapitel wird es schwerpunktmäßig um die Darstellung gesicherter Fakten und vorsichtiger Wahrnehmungen aus der Praxis gehen. Ziel soll es dabei sein, professionell mit Kindern und Jugendlichen arbeitenden Menschen für die sexualpädagogische Arbeit zu gezeigter Sexualität in den Medien Orientierung zu geben. Gerade in Zeiten, in denen ein Thema wie „Pornografie und Jugendsexualität" mit großer Emotionalität diskutiert wird, ist es unumgänglich, unaufgeregt auf der Basis von gesicherten Fakten und fundiertem Wissen die jeweils konkret vorliegende Situation zu beurteilen und erst danach zu handeln. Dabei soll die eigene Handlungskompetenz nicht unterschätzt, aber auch nicht überbewertet werden. Um gesellschaftlichen Strömungen nicht zu schnell zu folgen, gilt es, die dahinterliegenden Annahmen wahrzunehmen und zu prüfen. Für das Thema „Umgang mit Medien" gibt es (mindestens) zwei zentrale gesellschaftliche Thesen, deren Wahrheitsgehalt Sie diskutieren und reflektieren sollten:

- „Gerade neue Medien haben eine negative Wirkung auf Menschen."
- „Medien wirken auf Jugendliche stärker als auf Erwachsene."

Aufgabe

Wie ist Ihre Meinung zu diesen beiden Thesen?

6.2 Sexuelle Sozialisation und Medien

In diesem Buch wurden immer wieder Reflexionsfragen gestellt. Solche Fragen dienen der Professionalisierung pädagogischen Handelns. Schließlich tragen Pädagoginnen und Pädagogen Verantwortung für die Wechselwirkung von eigenem Handeln und eigener Geschichte. Und die eigene (sexuelle) Sozialisation spielt für die Arbeit zum Thema „Sexualität" eine nicht zu vernachlässigende Rolle. Der Blick zurück fällt vielen deshalb nicht leicht, weil die für das Thema „Pornografie" relevanteste Lebensphase Pubertät vielleicht schon lange zurückliegt und eben nicht nur positive Erinnerungen hervorruft. „Was bewegt mich dazu, Dinge zu tun oder nicht zu tun?", ist also die zentrale Frage.

Im weiteren Verlauf dieses Kapitels wird immer wieder auf die Kompetenz eines jeden Einzelnen im Umgang mit den Medien hingewiesen werden. Der Zusammenhang zwischen sexueller Sozialisation und Medien ist nicht so sehr als Einbahnstraße zu verstehen: auf der einen Seite das Medium, das durch seine Inhalte und seine Form auf den Konsumenten, der auf der anderen Seite steht, einwirkt. Vielmehr sind die „Konsumenten" stets auch „Rezipienten", die den eigenen Sozialisationsprozess (auch mithilfe von Medien) selbst gestalten. Für eine solche Annahme gibt es gute Gründe (vgl. erstmals Katz/ Foulkes, 1962), dennoch soll an dieser Stelle – ganz im Sinne einer eigenen offenen Selbstreflexion – nicht verheimlicht werden, dass der Autor dieses Kapitels sich selbst als „Kind der Medien" bezeichnet. Und zwar als ein Kind, dass „seine" Medien von Anfang an geschätzt hat. Von den Kinderbüchern Astrid Lindgrens über die Hörspielkassetten der „???" bis zu den Abenteuern von Colt Seavers (dem Colt für alle Fälle). In den Geschichten von Pippi Langstrumpf war zu lernen, wie unerschrocken Mädchen, bei den „???" wie schlau und mutig Jungen sein konnten, und bei Colt Seavers gab es einen tollen Held mit einer tollen Frau an seiner Seite – und man konnte lernen, dass das alles immer noch keine Garantie für ein glückliches Liebesleben war. Diese kurze persönliche Darstellung soll Folgendes deutlich machen:

Sexuelle Sozialisation findet auch mit und durch Medien statt.

Die sexuellen „Skripte", also das, was später die Vorstellungen von gelungener Sexualität ausmacht, werden im Wesentlichen in der Kindheit ausgebildet. Eine zentrale Rolle fällt dabei der allgemeinen Beziehungsgestaltung zu, die Kinder täglich erleben. Außerdem spielt eine Rolle, wie der allgemeine Umgang mit Sexualität gehalten ist (vgl. Kapitel „Kindliche Sexualität"). Kommen Kinder dann in die Pubertät, wird das Thema „Sexualität" und die Fragen zum Thema zunehmend konkret und differenziert. In der Kindheit geht es etwas vereinfacht um die Fragen, wie ein Kind a) in den Bauch reinkommt und b) wie heraus. Der sexuelle Sozialisationsprozess in der Jugend wird dann individueller und braucht auch individuellere Informationen. Diese werden von immer unterschiedlicheren Personen und eben auch durch Medien bezogen.

Dabei gibt es Jugendliche, die von Anfang an ihre sexuelle Sozialisation stark über die Medien gestalten und solche, die dies weniger tun. Grundsätzlich aber braucht die Sozialisation für ihre Ausgestaltung auch im Sexuellen jetzt mehr Input. Und für diesen spielen auch Medien eine Rolle – und sei es als Möglichkeit der Abgrenzung. Schließlich gehören Ausprobieren und Abgrenzen ganz zentral zur Jugendphase dazu.

Bei der Suchbewegung, die zu einer sexuellen Identität führt, können Medien eine wichtige Rolle übernehmen: als Möglichkeit zur Information, zur Provokation, zur Kommunikation, zur Abgrenzung oder zur Sammlung von Erfahrung.

Sexuelle Sozialisation braucht neben Informationen auch Erfahrungen. Auch sie spielen eine zentrale Rolle für die Entwicklung des sexuellen Ichs. Wie wird z. B. mit Selbstbefriedigung oder Pornografie im Elternhaus umgegangen – bei Jungen und Mädchen? Wie werden erste eigene Erfahrungen erlebt oder kommentiert? Gerade in der Pubertät sind Jugendliche für Kommentare von außen besonders sensibel, weil ihnen die innere Sicherheit, die Stabilität noch fehlt. Bedeutung gewinnen deshalb jetzt immer mehr Freunde und Freundinnen, die gemeinsame Lebenswelt der Peergroup. Medien spielen hier also auch nur eine Rolle neben anderen Faktoren.

„Eine Gefahr für die Sozialisation oder – konkreter – Sexualisation von Kindern und Jugendlichen geht wahrscheinlich nicht von sexuellen Erregungen aus, sondern vom Mangel an sinnlichen Anregungen, außer denen der realen und medial aufbereiteten Gewalttaten auch inmitten sexueller Interaktionen."
(Herrath, 2000, S. 351)

6.3 Wie nutzen Jugendliche Medien?

Für Jugendliche spielen Medien eine sehr große Rolle; sie nutzen verschiedene Medien täglich für Freizeit und Schule. In den letzten Jahren hat sich dabei vor allem die Selbstverständlichkeit, mit der das Internet genutzt wird, bei den Jugendlichen erheblich erhöht. Waren 2004 gut die Hälfte der Jugendlichen täglich oder mehrmals pro Woche im Internet unterwegs, sind es aktuell 91 %, und inzwischen greifen sie auch immer häufiger zum selbstverständlich eigenen Handy.

Doch auch andere Medien spielen nach wie vor eine Rolle. Wenngleich es vielfach anders vermutet wird, so werden doch auch die „alten Medien", also Zeitungen, Bücher und Radio von Jugendlichen genutzt. Wichtigstes Medium ist inzwischen aber für Jugendliche das Internet geworden – nur Musik hören ist ihnen etwas wichtiger. Diese Entwicklung wundert nicht, steht doch das Internet für Jugendliche und auch schon für Kinder vor allem für seine große Vielfalt.

Das World Wide Web wird für Kommunikation, Unterhaltung und Informationsbeschaffung genutzt.

Es mag Jugendliche geben, die über das Internet nur Musik konsumieren, doch etwa zwei Drittel der Jugendlichen nutzen das Internet täglich oder mehrfach pro Woche für alle drei Bereiche. Innerhalb der Bereiche werden sogar unterschiedliche Varianten täglich bzw. mehrfach pro Woche genutzt. Also etwa Instant Messenger (ICQ, MSN) und Online-Communities (Schüler VZ, Facebook) oder Suchmaschinen und Wikipedia. Der Hauptschwerpunkt liegt etwas stärker auf Kommunikation und Unterhaltung und verändert sich je nach Alter der Jugendlichen, wobei ältere Jugendliche das Internet erwartungsgemäß stärker als die Jüngeren nutzen. Dies zeigt eine aktuelle Studie, die Jugendliche von 12–19 Jahren zu ihrem Medienkonsum befragt hat. Und auch wenn sich mit

Web 2.0 für die Nutzer die Möglichkeiten zur aktiven Gestaltung der Inhalte im Internet deutlich verbessert haben, so werden diese (sieht man von der Gestaltung eigener Seiten in Rahmen von Online-Communities einmal ab) nur von einem Drittel der Jugendlichen und auch nur einmal pro Woche genutzt (vgl. Medienpädagogischer Forschungsverbund Südwest, 2010, S. 25).

Jugendliche begreifen ihre Welt ganz selbstverständlich als eine mediale Welt, die sie nutzen und gestalten.

Gerade wenn es um den Bereich **neuer Medien** geht, treffen Jugendliche mit ihrer selbstverständlichen Art häufig auf Irritationen und Besorgnis bei Erwachsenen. Die Besorgnis Erwachsener wird dabei unter anderem aus der Unsicherheit gegenüber dem neuen Medium gespeist. Sie fragen: Was ist das für ein Medium, wie funktioniert es und was bringt es mir für einen Gewinn? Und sie werfen Fragen auf wie: Welche Gefahren stecken denn dahinter, ist das alles zu kontrollieren und wie wirkt sich das auf Kinder aus? Der Effekt, den diese Skepsis zur Folge hat, ist ein doppelter: Die Erwachsenen halten zu dem neuen Medium erst einmal großen Abstand und die Jugendlichen, die sich mit solchen Fragen nicht aufhalten, nutzen und beherrschen das neue Medium sehr viel schneller und bekommen so ein Feld geboten, in dem sie ihr Jugendlichsein einigermaßen ungestört ausleben können. Und – um ein heute geflügeltes, weil medial ordentlich verbreitetes Wort zu nutzen – das ist auch gut so.

Jugendliche brauchen die Möglichkeit, sich auszuprobieren und von der Erwachsenenwelt abzugrenzen.

Seit Mitte der 1980er- und der 1990er- Jahre gibt es im **Fernsehen** Formate, die sich ganz speziell an Jugendliche richten – und die sich im Lauf der Zeit auch immer wieder sehr ändern. Doch gilt ganz grundsätzlich: Fernsehen dient vor allem der *Unterhaltung*. Unterhaltung ist dabei aktiv und passiv gemeint, denn die Lieblingssendungen und Vorbilder der Jugendlichen bestimmen auch außerhalb des Fernsehens breite Teile der jugendlichen Kommunikation: Meinungen und Informationen werden dazu auf dem Schulhof oder im Netz gesammelt und ausgetauscht. Die gängigsten Formate im Jahr 2010 waren Stefan Raab mit „Schlag den Raab" für 32 % der Jungen, Heidi Klum mit „Germany's next Topmodel" für 35 % der Mädchen und Dieter Bohlen mit „Deutschland sucht den Superstar" für 18 % der Jugendlichen (vgl. Medienpädagogischer Forschungsverbund Südwest, 2010, S. 22). Dies sind die Zahlen für die beliebtesten Sendungen im Fernsehen. Es gibt, wie kaum anders zu erwarten, Unterschiede zwischen den Geschlechtern. Doch was die meisten Jugendlichen eint, ist das Vorhandensein solcher Lieblingsserien bzw. Lieblingssendungen. Wenn man bedenkt, dass Jugendliche im Schnitt zwei Stunden täglich fernsehen (wobei sie gelegentlich gleichzeitig ein oder zwei weitere Medien nutzen), stellt sich also die Frage, wie Medien ganz allgemein auf Jugendliche wirken.

6.4 Grundzüge der Medienwirkungsforschung

Im Jahr 2007 erschien in der Zeitschrift „Stern" ein Beitrag über den Umgang Jugendlicher mit dem Thema „Pornografie": „Voll Porno" (vgl. Wüllenweber, 2007). Dieser Artikel eröffnete eine Diskussion darüber, wie pornografiehaltige Medien auf Jugendliche wirken. In der Zwischenzeit sind dazu einige Forschungsergebnisse veröffentlicht worden. Dazu im Kapitel über Pornografie mehr. Doch zunächst soll dieser Frage grundsätzlicher nachgegangen werden: Wie wirken Medien überhaupt und (wie) wirken sie besonders auf Jugendliche? Einfache Antworten dafür sind nicht zu haben:

„Zur Frage nach der Wirkung von Medien ist man sich heute sowohl in der Medienforschung als auch in der Medienpädagogik einig: Die Vorstellung einer kausalen, d.h. einseitigen und direkten Wirkung von Medien sieht man nicht als geeignetes Modell an. Vielmehr spielen vielfältige Faktoren auf Seiten der Medien (z.B. die Bedeutung von Musik, realistische oder unrealistische Darstellung, Realfilm oder Zeichentrickfilm) sowie auf Seiten ihrer Nutzer (z.B. sozialer Hintergrund, kognitive Entwicklung, emotionale Situation) eine Rolle. Beide Seiten – die Medien und deren Nutzer – stehen in einem wechselseitigen Verhältnis zueinander. Die Medien bieten ein breites Spektrum von Themen, Charakteren und Geschichten, die die Nutzer jedoch nicht einfach übernehmen, sondern interpretieren."
(Aufenanger, 2003, S. 28)

Dieses Interpretieren geschieht natürlich ganz individuell und verweist darauf, dass Erzieher/-innen und Pädagogik jeweils die konkrete Person im Blick haben müssen.

Es gibt nicht DIE Jugend – und es gibt auch nicht DIE Wirkung von Medien auf Jugendliche.

Die ihnen gelegentlich zugesprochene Allmacht scheint den Medien jedenfalls nicht zuzukommen.

„In der Auswertung aller Anstrengungen der Medienwirkungsforschung ergibt sich als sichere Erkenntnis lediglich, dass Massenmedien gewöhnlich verstärkende, allenfalls modifizierende, aber kaum grundsätzlich verändernde Wirkung auf bestehende Einstellungen, Meinungen und Verhaltensdispositionen haben."
(Herrath, 2000, S. 349)

6.5 Gefahren und Risiken von Medien

So lässt sich im Wesentlichen zur Wirkung von Medien sagen, dass sie einerseits nicht so stark ist, wie häufig befürchtet. Der Mensch ist nicht Ergebnis eines von Medien gestalteten Manipulationsprozesses. Problematischer erscheinen aber die konkreten und unmittelbaren Wirkungen zu sein. Dies gilt vor allem für die Frage des Datenschutzes. Sorgloses Zurverfügungstellen persönlicher Daten kann direkte finanzielle Folgen haben: durch den Zugriff Fremder auf mein Konto, die Beschädigung meines Computers durch

Viren oder Nachteile in Bewerbungsverfahren durch die Veröffentlichung persönlicher Fotos in sozialen Netzwerken.

Gerade für Letzteres hat die schon erwähnte JIM-Studie 2010 zwar eine gesteigerte Sensibilität von Jugendlichen festgestellt (vgl. Medienpädagogischer Forschungsverbund Südwest, 2010, S. 61), dennoch gilt es weiterhin, die Sensibilität von Kindern und Jugendlichen in diesem Bereich zu schärfen. Da es für Jugendliche eine Trennung von Medienwelt und realer Welt de facto gar nicht mehr gibt, gehören solche Gefahren für sie zu den normalen Gefahren des Lebens. Ein allzu sorgloser Umgang mit persönlichen Daten ist in anderen Zusammenhängen genauso wenig ratsam wie in der virtuellen Welt.

Und so, wie es außerhalb von Medien Formen von Gewalt gibt, von denen Jugendliche bedroht werden, so gibt es diese auch in den Medien. **Cybermobbing** ist eine solche Gefahr. Ein Problem des Phänomens Mobbing ist, dass niemand sich für das Thematisieren des Verhaltens verantwortlich fühlt. So erleben es viele Opfer von Mobbing z. B. in der Schule. Lehrerinnen und Lehrer beobachten zwar das Verhalten, übernehmen allerdings nur selten die Verantwortung und Initiative für eine Verhaltensveränderung. Beim Cybermobbing ist das Beobachten des Verhaltens – weil es sich komplett oder überwiegend im Netz abspielt – deutlich schwerer möglich, und damit wird es auch Erwachsenen erschwert, sich einzumischen, Verantwortung zu übernehmen. Doch selbst, wenn dies geschieht und das Mobbing aufhört, sind die Daten – also geschriebene Beiträge, Videos oder Fotos – nur sehr schwer restlos aus dem Netz zu entfernen. Auch wenn kein neues Mobbing mehr stattfindet, wirkt also das bereits Veröffentlichte lange nach.

Dies macht deutlich, dass der virtuelle Raum kein Paradies ist. Gefahren lauern (nicht nur für Kinder und Jugendliche) überall.

Kinder und Jugendliche brauchen Erwachsene, die ihnen in ihrer medialen Welt Unterstützung und Orientierung bieten. Dazu sind gesicherte und aktuelle Kenntnisse der Gefahrenlagen notwendig.

Für viele Erwachsene, die Kinder und Jugendliche in ihrer Entwicklung begleiten und fördern sollen, sind die neuen Medien eine neue, eher unbekannte Welt. Orientierung bieten kann aber nur, wer sich selbst auch auskennt. Und die Entwicklung innerhalb eines Mediums geht meist schneller als die pädagogische oder therapeutische Aufarbeitung. So gibt es natürlich bereits etablierte Ansätze, um Mobbing, z. B. in Schulklassen, zu bearbeiten – für den Bereich des Cybermobbings müssen diese erst noch umgearbeitet werden.

Literaturhinweis

Die Landesstelle Jugendschutz Niedersachsen hat aktuell eine Broschüre zum Thema herausgebracht: „Cyber-Mobbing. Medienkompetenz trifft Gewaltprävention. Handlungsanleitung für Intervention und Prävention" – und es lohnt sich sicher, das Netz dafür zu nutzen, um hier auf dem Laufenden zu bleiben.

Gleiches gilt auch für die Bearbeitung eines weiteren Problems, das mit den neuen Medien verbunden wird: die **Online-Sucht** bei Jugendlichen. Doch z. B. für die Sucht nach Online-Rollenspielen – hier wird (aktuell) häufig das Spiel „World of Warcraft" genannt – lassen sich Informationen sicher genauso finden wie zu anderen Suchtfeldern auch.

6.6 Konsequenzen für den Umgang mit Medien

Damit besteht eine pädagogische Konsequenz unmittelbar darin, vorhandene pädagogische Konzepte den neuen Medien anzupassen. Es gilt, jeweils neue Formate frühzeitig zu erkennen, die Ausgestaltung zu beobachten und gegebenenfalls pädagogisch zu begleiten. Dabei ist Besonnenheit hilfreich. Allzu große Skepsis ist allerdings wenig hilfreich. Wenn Kinder und Jugendliche ihre erwachsenen Bezugspersonen als „ihrem" Medium gegenüber feindlich erleben, ist eine Anschlusskommunikation kaum möglich. Auch wenn eine Pädagogin Heidi Klums Konzept von „Germany's next Topmodel" als menschenverachtend empfindet – muss, wenn sie mit Mädchen professionell arbeitet, ihre Kommunikation zu diesem Thema freundlich bleiben. Im Umkehrschluss heißt diese Konsequenz aber auch, dass eine gute Kenntnis von der Medienwelt Jugendlicher pädagogisch Tätigen Türen öffnen kann. Gerade Jungen bauen über solche Sachthemen einfacher Beziehungen auf (vgl. Matzner/Tischner, 2008, S. 402). Es geht dabei nicht darum, selbst zum Fan bestimmter Medien/Fernsehformate zu werden, vielmehr ist es wichtig, Interesse und Verständnis zu zeigen – eine alte pädagogische Weisheit.

> ***Beispiel:*** *Wenn ein Junge erzählt, dass er gerne „World of Warcraft" spiele, erzeugt dies oft kritische Nachfragen: „Ist das nicht so ein Ballerspiel? Oder kann man davon nicht süchtig werden?" Während die erste Reaktion auf einen Jungen, der davon erzählt, dass er gerne angele, eher ist: „Oh, wie spannend, die Natur und die Ruhe, wie toll! Wo angelst du denn?" Und eben nicht: „Ist das nicht ein Sport, bei dem man total vereinsamt und auch noch Tiere quält?"*

Damit soll jedoch nicht ausgedrückt sein, dass das Zustandebringen eines Gesprächs über eine Freizeitbeschäftigung Ziel aller pädagogischen Bemühungen ist. Auch wenn das Finden eines Zugangs für viele Jugendliche im Hilfesystem schon ein wichtiger Schritt ist. Medien können ein Türöffner sein. Ziel ist, um im Bild zu bleiben, jedoch der Raum, der hinter der Tür liegt. Diese Räume sind so unterschiedlich, wie es die Jugendlichen, die Pädagoginnen und Pädagogen und die Aufträge auch sind. Für die Sexualpädagogik lässt sich z. B. vom Thema „Rap" eine Brücke zum Thema „Homosexualität" bzw. der negativen Haltung dieser gegenüber schlagen – allerdings erst, wenn eine Beziehung bereits aufgebaut worden ist und nicht als Vorwurf gegenüber der gesamten Hip-Hop-Kultur.

Diesen ersten pädagogischen Konsequenzen liegt eine Haltung zugrunde, die nicht länger eine innere Trennung von den Medien – also der sogenannten „virtuellen Realität" – und der realen Welt vornimmt, sondern vielfältige und komplexe Bezüge zwischen beiden erkennt und für die Praxis zu nutzen versucht (vgl. Tillmann, 2010, S. 2).

Draußen in der Natur zu sein, ist nicht automatisch besser oder pädagogisch vorteilhafter für die Entwicklung von Kindern und Jugendlichen als draußen in den Weiten des WWW unterwegs zu sein.

Beides ist außerhalb meiner selbst und doch elementarer Bestandteil meiner Welt. Beide Bereiche bieten Chancen und Risiken, die abschätzen zu lernen, Teil kindlicher und jugendlicher Entwicklung sein sollte. Ein Gradmesser, der dieses Abschätzen ermöglichen kann, ist die Entwicklung eines inneren Wertesystems.

„Dies ist für heranwachsende Mädchen und Jungen deswegen von großer Bedeutung, da sie im alltäglichen Umgang mit Medien immer wieder neu in Situationen geraten können, in denen sie selbst entscheiden müssen, ob sie sich bestimmten Medieninhalten aussetzen möchten oder nicht. Dafür benötigen sie Hilfen und Orientierungen."
(Urban, 2008, S. 483)

Beides können Erzieherinnen und Erzieher in ihrer täglichen Arbeit sehr gut leisten und dabei sind sie nicht auf sich allein gestellt. Zum einen gibt es die Möglichkeit, sich umfangreich über konkrete Risiken und mögliche Schutzmaßnahmen zu informieren. Das Internetportal „klicksafe.de", eine Kooperationsprojekt der Landeszentrale für Medien und Kommunikation (LMK) Rheinland-Pfalz und der Landesanstalt für Medien Nordrhein-Westfalen (LfM), hat sich unter anderem dieser Aufgabe angenommen. So setzt „klicksafe" in Deutschland den Auftrag der Europäischen Kommission um, Internetnutzern die kompetente und kritische Nutzung von Internet und Neuen Medien zu vermitteln und ein Bewusstsein für problematische Bereiche dieser Angebote zu schaffen (vgl. www.klicksafe.de) Hier wird explizit auf Gefahrenpotenziale hingewiesen, und das in einer auch für Kinder und Jugendliche verständlichen Sprache. Darüber hinaus gibt es zahlreiche andere Publikationen, die Hilfestellungen für die pädagogische Arbeit mit Medien bieten.

Selbst mit Medien zu arbeiten, stellt eine gute Möglichkeit zur Entwicklung von Medienkompetenz dar – bei Kindern, Jugendlichen und Pädagogen.

> § „(...) zum Ausdruck bringen, dass sie ausschließlich oder überwiegend auf die Erregung eines sexuellen Reizes bei dem Betrachter abzielen und dabei die im Einklang mit allgemeinen gesellschaftlichen Wertvorstellungen gezogenen Grenzen des sexuellen Anstandes eindeutig überschreiten". (BT-Drs. VI/3521, S. 60)

Einfache Pornografie ist in Deutschland nicht verboten, wohl aber die sogenannte „harte Pornografie" und das **Verbreiten von Pornografie an Kinder und Jugendliche**. Der umgangssprachliche Begriff „Hardcore Pornografie" – so könnte eine etwas sinnentnehmende Deutung des Begriffs nahelegen – ist jedoch nicht automatisch juristisch gesehen auch harte Pornografie (§ 184 StGB).

Definition
Harte Pornografie umfasst folgende Bereiche: Gewaltpornografie, Pornografie mit Tieren/Zoophilie, Kinderpornografie/Jugendpornografie.

„Einfache Pornografie ist von § 184 StGB erfasst und für Personen über 18 Jahren freigegeben. Aus jugendschutzrechtlichen Gründen darf sie jedoch Kindern und Jugendlichen unter 18 Jahren nicht zugänglich gemacht werden. Dafür sind im Strafgesetzbuch (StGB, § 184, Abs. 1), im Jugendschutzgesetz (JuSchG, §§ 15, Abs. 2, 27), insbesondere im Jugendmedienschutz-Staatsvertrag (JMStV, § 4) [...] sowie im aktuellen Rundfunkstaatsvertrag (RStV, § 4) [...] entsprechende Regelungen über Angebotsverbote und Angebotsbeschränkungen getroffen. Diese gelten für sog. Telemedien, womit die Übermittlung von Inhalten per Internet, Chat-Rooms oder E-Mail eingeschlossen ist."
(Altstötter-Gleich, 2006, S. 7)

Diese Regelung soll Kinder und Jugendliche davor schützen, durch den Konsum von Pornografie Schaden zu nehmen. Schon bei der Einführung dieses Gesetzes war man sich nicht sicher, ob es einen solchen Schaden wirklich geben würde, und die Praxis in anderen Ländern zeigt, dass die Regelungen einer gewissen Willkür unterliegen. (In den Niederlanden ist Pornografie z. B. ab 16 Jahren freigegeben.) Gleichzeitig hat diese Regelung in der Praxis niemals dazu geführt, dass Jugendlichen der Zugang zu pornografischem Material tatsächlich unmöglich gemacht wurde. Zweifelhaft erscheint darüber hinaus eine Trennung in Telemedien und Trägermedien, bei der gleiche Inhalte je nach unterschiedlichem Medium juristisch anders behandelt werden (vgl. auch für andere juristische relevante Fragen: www.lehrer-online.de). Heute ist es mit den Möglichkeiten des Internets darüber hinaus leicht, eine Internetseite zu finden, die zwar auf Deutsch verfasst, aber nicht in Deutschland beheimatet und damit nicht der deutschen Rechtsprechung unterworfen ist. Die allgemeine Rechtslage zu Pornografie hat für Pädagogen und Pädagoginnen darüber hinaus jedoch einige Nachteile:

- Forschung direkt mithilfe pornografischer Materialien ist nicht zulässig und kann somit nur bedingt Licht ins Dunkle bringen.
- In der Arbeit mit Jugendlichen kann zwar über Pornografie geredet werden – aber eine tatsächliche, kritische Arbeit mit dem Medium ist verboten, weil man sich kein Material ansehen darf. Worüber geredet wird, kann nur „irgendwie" klar werden. Positivere Beispiele von Pornografie sind damit auch nicht zu zeigen.

Sprechen über Pornografie ist jedoch nicht verboten. In der pädagogischen Praxis können Erzieherinnen und Erzieher also Stellung beziehen und müssen nicht so tun, als würden sie die entsprechenden Seiten gar nicht kennen.

Wie in vielen anderen pädagogischen Bereichen kann die Gesetzeslage nur wenig zur Klärung pädagogischer Fragestellungen helfen. Die Hoffnung – gerade von Berufsanfängerinnen und Berufsanfängern – hier eine eindeutige Antwort zu finden, zerschlägt sich also. Gleiches gilt für die Lösung der um die Pornografie herum thematisierten gesellschaftlichen Probleme. So wurde die Gesetzesveränderung zur Handhabung von Internetseiten mit kinderpornografischen Inhalten erst als ein großer Sieg gefeiert, hinterließ dann jedoch einen faden Beigeschmack von Hilflosigkeit und so kann auch eine Strafrechtsverschärfung ohne die bzw. anstelle der auf die gesellschaftlichen Bedingungen von Kindesmissbrauch bezogenen sozialen Maßnahmen als reiner Populismus verstanden werden (vgl. Böllinger, 2010, S. 62).

6.8 Forschungswissen zur Pornografie

Zwar lassen sich einige negative Wirkungsrisiken empirisch belegen

„Negative Wirkungen treten jedoch nicht bei jedem im gleichen Maße ein. Die Forschung hat gezeigt, dass die individuelle Disposition, die Persönlichkeit und auch die Lebensumstände entscheidend dafür sind, ob eine Person problematische Einstellungen und Verhaltensweisen entwickelt, bzw. ob diese verstärkt werden. Nicht zu unterschätzen ist der geschlechtsspezifische Aspekt. Frauen reagieren auf Pornografie anders als Männer. Hinzu kommt, dass Wirkungen nicht nach einmaliger Pornografierezeption gemessen werden können, sondern dass negative Wirkungen über einen längeren Zeitraum nach intensivem Pornokonsum eintreten."
(Grimm u. a., 2010, S. 23 f.)

Eine einfache Übertragung dieser negativen Ergebnisse auf Jugendliche ist schwierig. Kinder und Jugendliche, die noch in der Entwicklung stecken und die noch keine regulierenden, echten(?!) Erfahrungen mit Sexualität haben und deren Medienkompetenz als grundsätzliche niedriger bewertet wird, müssten doch viel stärker von diesen Folgen betroffen sein. So wird schnell und nicht ohne sinnvollen Zusammenhang geschlussfolgert. Fachlich professionell ist eine so schnelle und einfache Schlussfolgerung jedoch nicht, und so hat diese Fiktion keine wissenschaftliche Substanz (vgl. Starke 2010, S. 101). Es gilt also genauer zu prüfen, wie die Wirkung von Pornografie auf Jugendliche ist. Dabei ist die forschende Haltung einseitig. Doch wer Wirkungen erforscht, kann nicht nur in eine Richtung untersuchen. Schließlich ließe sich auch fragen, ob Pornografie nicht vielleicht auch eine aufklärende oder angstnehmende oder Sinnlichkeit stiftende Wirkung haben kann?

Andere Dinge sind jedoch inzwischen gut erforscht, z. B. ob Kinder und Jugendliche überhaupt Kontakt zu sexualitätshaltigen Medien haben und wie dieser Kontakt aussieht. Die Bravo-Studie (auf die im Kapitel „Sexualerziehung in der Jugendarbeit" schon ausführlich eingegangen wurde) hat repräsentativ herausgefunden, dass der Konsum von Pornografie bei den ab 13-Jährigen deutlich zunimmt.

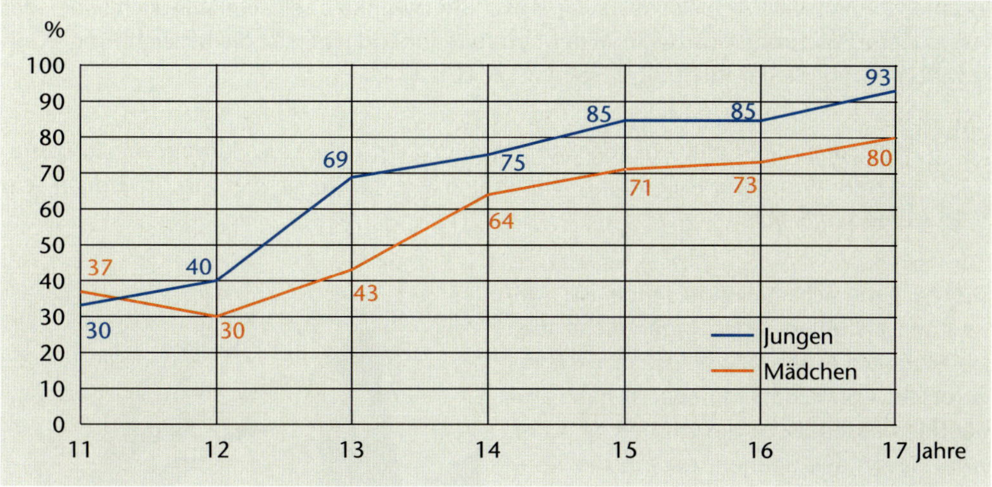

Pornografiekonsum bei Jugendlichen im Alter von 11 bis 17 Jahren (Bauer Media Group, 2009, S. 97)

Bei den 12-Jährigen haben 30 % der Mädchen und 40 % der Jungen Pornografie konsumiert. Danach gehen die Zahlen bei Jungen und Mädchen kontinuierlich nach oben, und zwischen den Geschlechtern bleiben etwa 10 % Unterschied. Die Zahlen sind hoch, jedoch sind sogar bei den 16-Jährigen noch 15 % der Jungen ganz ohne Kontakt zu Pornografie.

Aufgabe

Was halten Sie angesichts dieser Zahlen von der Aussage des bekannten Sexualforschers Gunter Schmidt?

„‚Was, so wenige?' Schließlich handelt es sich doch um eine Altersgruppe, in der sexuelle Neugierde überaus adäquat ist, und ein Zeitalter, in dem Jugendliche sich jederzeit mit wenigen Mausklicks in die freundlicheren oder finsteren Gefilde Pornotopias beamen können."

(Schmidt, 2009, S. 27)

Auch sagen die Zahlen nichts darüber aus, wie oft und *was* die Jugendlichen gesehen haben. Interessanterweise geben von den Jugendlichen 43 % an, dass sie Pornografie im Fernsehen sehen, danach nennen 38 % das Internet und 30 % DVDs/Videofilme. Im Fernsehen aber sind keine Filme zu sehen, die juristisch in den Bereich „Pornografie" fallen, und so stellt sich natürlich die Frage, was für Filme denn die Jugendlichen für „Pornos" halten.

Wenn die Jugendlichen zudem zu 50 % angeben, sie würden zusammen mit Freunden Pornos gucken, und nur 33 % meinten, dies allein zu tun, und wenn nur 8 % der Jungen und 1 % der Mädchen regelmäßig Pornografie konsumieren (vgl. Bauer Media Group, 2009, S. 99), dann erscheint es doch nicht angemessen zu sein, von einer „Generation Porno" zu sprechen.

Jugendliche konsumieren Pornos zwar mehr oder weniger selbstverständlich, aber das wesentliche Beschreibungsmerkmal der heutigen Jugendlichen ist die Bezeichnung „Generation Porno" sicher nicht (vgl. Gernert, 2010).

Viele, aber nicht alle Jugendlichen geben in Gesprächen zu, Pornografie zu konsumieren. Was genau sie damit meinen und wie häufig sie dies tun, ist jedoch sehr unterschiedlich.

Die nächste sich stellende Frage ist: Mit welchen Gefühlen sehen Jugendliche dieses Material? Auch dazu wurde inzwischen geforscht – ohne dass es dabei zu ganz eindeutigen Ergebnissen gekommen ist. Es ist wohl davon auszugehen, dass in der Konfrontation mit sexuellen Inhalten positive („angemacht sein") wie negative Emotionen („Ekel") nahe beieinander liegen, vor allem beim Konsum klassischer Pornos, also der Darstellung von normalem Geschlechtsverkehr, nackten Personen, Homosexualität unter Frauen, Oralverkehr oder Gruppensex. Dabei neigen die Jungen etwas eher dazu, angemacht zu sein, als die Mädchen.

Ganz überwiegend negativ sind dagegen die Emotionen, wenn es um harte Pornografie geht, und zwar unabhängig vom Geschlecht (vgl. Altstötter-Gleich, 2006, S. 44). Ekelig empfinden Jugendliche vor allem gezeigte Sexualität mit älteren Menschen, korpulenten oder ungepflegten Menschen oder Homosexualität unter Männern (vgl. Altstötter-Gleich, 2006, S. 33). Homosexualität oder Sexualität im Alter werden scheint angstbesetzt und identitätsbedrohend erlebt.

Eine andere Studie machte die geschlechtsspezifischen Unterschiede noch deutlicher. Die hier durchgeführten Interviews mit Jugendlichen zeigten, dass für Jungen das Ansehen von Pornos ein normaler Bestandteil des täglichen Medienkonsums ist, für sie die Grenze zwischen tolerierbarer und nicht mehr tolerierbarer gezeigter Sexualität nah an der juristischen Grenze zur harten Pornografie verläuft.

Bei Mädchen – für die Pornografie gleichzeitig normal und ekelig ist – verläuft die Toleranzgrenze auf der anderen Seite: an der Abgrenzung zur Pornografie selbst. Alles was pornografisch ist, ist nicht mehr tolerierbar.

Die Wirkungen von Pornografie genauer zu bestimmen, darauf zielte eine Fragebogenstudie an der Universität Potsdam, bei der Jugendliche im Alter von 15 bis 25 Jahren befragt wurden. Dabei wurde differenziert nach Jugendlichen, die gerne Sexszenen sehen („Gernseher") und Jugendlichen, die solche Szenen nicht gerne sehen („Weniger-Gernseher"). Anschließend wurde überprüft, ob sich die beiden Gruppen in Bezug auf Körperselbstbild und sexuelle Erfahrung unterscheiden. Vermuten könnte man ja ein schlechteres Selbstbild der Gernseher und weniger sexuelle Erfahrung nach dem Motto: „Wer gerne sieht, hat nicht selber". Doch es zeigte sich, dass die „Gernseher" im Vergleich mit den „Weniger-Gernsehern" ein positiveres Körperselbstbild hatten und auch deutlich sexuell erfahrener waren (vgl. Hoffmann, 2008, S. 162).

Allerdings wird hier auch durchaus deutlich, dass die Wirkung von Pornografie schwer zu erforschen ist, hatte doch die schon erwähnte Interview-Studie einen Zusammenhang zwischen dem Konsum von Pornografie und Leistungsdruck bei Jugendlichen festgestellt. Der Konsum von Pornografie scheint damit zwar einerseits den Leistungsdruck zu erhöhen, allerdings andererseits keine negative Wirkung auf die Wahrnehmung des eigenen Körpers zu haben. Hinweise darauf, dass die Rezeption von Körperlichkeit, Nacktheit und Sexualität risikoreiche Folgen für die eigene sexuelle Entwicklung mit sich bringt, lassen sich jedenfalls nicht ohne Weiteres ausmachen (vgl. Hoffmann, 2009, S. 14).

Da in den bisher erwähnten Untersuchungen Jugendliche selbst befragt wurden und so versucht wurde, ein Bild von der unmittelbaren Wirkung von Pornografie zu entwickeln, ließ sich über mögliche langfristige Wirkungen natürlich nichts aussagen. Da sexuelle Skripte schon in der Kindheit entwickelt werden, ist die Frage aufzuwerfen, wie sich diese Skripte verändern, wenn Menschen in ihrer Jugend oder sogar in ihrer Kindheit sexualitätshaltige Medien konsumieren.

Eine Studie, in der Studentinnen und Studenten mit ganz unterschiedlichem Pornokonsum in ihrer Jugend befragt wurden, konnte dafür erste Ergebnisse liefern. Diese Untersuchung zeigt, dass die sexuellen Skripte von Erwachsenen in unterschiedlicher Weise eine Nähe zu „Pornoskripten" aufweisen und sie sich auch im Ausmaß der Intimität in der gewärtigen Beziehung unterscheiden. Jedoch steht diese Trennung nicht, wie man annehmen könnte, im Zusammenhang mit dem Konsum von Pornografie in der Jugend. Sie ist vielmehr vom Geschlecht der Befragten abhängig. Männer haben eine höhere Nähe ihrer Skripte vom besten Sex zum Pornoskript. Die Realität in pornografischem Material scheint also tatsächlich in der Tendenz die Fantasie von Männern richtig wiederzugeben. Frauen hingegen erleben in ihrer aktuellen Beziehung ein höheres Maß an Intimität. Und das heißt, dass

> „(...) die Häufigkeit des Pornografiekonsums in Pubertät oder Adoleszenz keinen statistisch belegbaren Einfluss auf die Nähe des Skripts vom ‚besten Sex' zum ‚pornotypischen Skript' und auf das Ausmaß der Intimität in der gegenwärtigen Beziehung und die Zufriedenheit mit der gegenwärtigen Sexualität hat".
> *(Štulhofer u. a., 2009, S. 16)*

Sich über DIE Jugend im allgemeinen Sorgen zu machen, scheint also nicht angeraten zu sein. Auch die aktuelle Jugendsexualitätsstudie der Bundeszentrale für gesundheitliche Aufklärung, auf die in diesem Buch schon ausführlich eingegangen wurde, zeigt keine besorgniserregenden Tendenzen. Damit soll nicht ausgeschlossen werden, dass neue Studien Ergebnisse liefern, die eine andere pädagogische Denkweise für ratsam halten. Schon jetzt davon auszugehen, dass die aktuellen Ergebnisse nicht stimmen, nur weil sie nicht in die öffentliche Wahrnehmung passen, ist jedoch unseriös. Denn wenn man sich Sorgen um die Jugend der „Unterschicht“ oder sogar um die Jugend insgesamt macht, ist pädagogisches Handeln nur schwer möglich.

Zusammenfassend kann man also sagen:

„Pornografischen Materialien kann es nicht gelingen, etwas zu vermitteln, wofür es nicht eine Anknüpfungsmöglichkeit im Bewusstsein und Unterbewusstsein der RezipientInnen gibt.“
(Herrath, 2000, S. 352)

In diesem Zitat steckt zum einen die beruhigende Aussage, dass es um die Jugend nicht schlecht steht. Zum anderen ist in ihr jedoch auch ein sehr klarer Auftrag enthalten.

Bleiben Sie im Kontakt auch und gerade mit schwierigen und anstrengenden Kindern und Jugendlichen! Denn gerade die Kinder und Jugendlichen, bei denen gewalthaltige, menschenverachtende oder selbstgefährdende Darstellungen Anknüpfungspunkte zu ihrer Lebenswelt haben, brauchen Ihre Unterstützung und Begleitung.

6.9 Jugendliche und Pornografie

Das Reden über Sexualität und Pornografie kann bei einer solch zugewandten pädagogischen Haltung dem Klienten gegenüber ein guter Indikator für schwierige Lebensumstände sein. Es gibt Lebensumstände, die ein besonnenes und dennoch hartnäckiges Handeln unbedingt notwendig machen.

„Es gibt Jugendliche, die Sex mit mehreren Menschen haben. Es gibt 10-Jährige, die sexuell interagieren. Die Erreichbarkeit von Pornografieprodukten aller Art ist nicht erst seit ‚Youporn‘ kinderleicht. Es gibt Familien, in denen die sexuellen Aktivitäten der Familienmitglieder familienöffentlich stattfinden. Es gibt sexuelle Nötigungen und gewalttätige Grenzüberschreitungen unter Jugendlichen und auch Kindern in diversen Schattierungen – und einige davon werden mit Handy festgehalten und weitergeleitet. Es gibt Heranwachsende, die über sexuelle Leistungen Identität bilden, und natürlich hat medial transportierte Sexualität einen Lerneffekt. Das zu bestreiten, zu verharmlosen oder zu ignorieren, wäre fahrlässig und unverantwortlich.“
(Herrath, 2008, S. 1 f.)

Diese Beschreibung trifft aber, wie im vorigen Kapitel deutlich wurde, nur auf wenige Jugendliche zu. Und dennoch ist das Thema „Pornografie“ ein Thema der Jugend. Die allermeisten Jugendlichen haben mit 16 Jahren pornografische Medien genutzt. Pornografie ist Teil der Jugendkultur (s. o.).

Der Begriff selbst wird heute häufig auf seinen ersten Teil beschränkt: Porno. Er hat in der Jugendsprache eine neue Bedeutung erfahren. Ähnlich erging es in den 1980er-Jahren dem Wort „geil", das ursprünglich so viel wie „lüstern" bedeutet. Spätestens seit dem Erfolg des Liedes „Geil" (von Bruce & Bongo 1986) steht „geil" zumindest umgangssprachlich für „gut". Tatsächlich lässt sich an sexuellen Begriffen die Welt (jugendsprachlich) in gut und böse einteilen. Gut ist dabei alles, was „Porno" oder auch „voll Porno" ist. Und schlecht ist alles, was „schwul" oder „voll schwul" ist. Nicht nur an der inflationären Benutzung des Wortes „Porno" wird deutlich, wie sehr die Jugendphase von Sexualität geprägt ist. (Wobei Sexualität so umfangreich verstanden werden soll, wie sie im ersten Kapitel dieses Buchs definiert wurde.)

Das Thema beginnt beim Flirten und endet beim Geschlechtsverkehr, vielleicht sogar erst seinen unerwünschten Nebenwirkungen. Und sexuelle Erregung und Befriedigung wird auch in der Pornografie gesucht. Doch bedenkt man, dass fast 50 % der Jugendlichen Pornografie zusammen mit Freunden konsumieren, ist dies sicher nicht der einzige wichtige Aspekt (vgl. Bauer Media Group, 2009, S. 99). Es geht *auch* darum, mitreden zu können, über das gesellschaftlich so heiß diskutierte Thema „Pornografie", über die darin gezeigte Sexualität und zu guter Letzt auch über die eigenen Erfahrungen mit zum Teil besonders bizarren Bildern. Pornografie stellt damit eine Initiation dar.

Doch Pornografie vermag für Jugendliche noch mehr: Sie kann Antworten geben. Viele Aspekte des sexuellen Lebens sind für Jugendliche heute unproblematisch kommunizierbar mit Eltern, den Peers, Erzieherinnen oder Lehrern. Für manche schwierigen Fragen stehen inzwischen auch sexualpädagogisch ausgebildete Fachkräfte zur Verfügung, die z. B. in Schulen Projekte durchführen. Doch einige Fragen bleiben in der Regel unbeantwortet. Es geht dabei um ein sehr spezielles Wissen, doch eigentlich ist es ja schon „das Ziel der Jugendlichen, sich nicht nur zu orientieren und mitreden zu können, sondern *Handlungs*wissen [Hervorhebung im Original] parat zu haben, wenn es ‚zur Sache geht'" (Hoffmann, 2008, S. 160).

In der Wahrnehmung vieler Jugendlicher stellt Pornografie die beste **Aufklärung** dar. Gerade sogenannte Amateurfilme stehen bei Jugendlichen hoch im Kurs. Es handelt sich dabei allerdings in vielen Fällen nicht um wirkliche, private Aufnahmen von Paaren, sondern um Produktionen, die einen solchen Eindruck vermitteln sollen. Jugendliche glauben also, hier endlich die echten Bilder von echter Sexualität gefunden zu haben.

Sexualität ist durch Medien immer nur ausschnittweise darstellbar: In jeder Darstellung steckt sowohl Wahrheit als auch Fiktion.

Am einfachsten lässt sich dies daran verdeutlichen, dass Sexualität als sinnliches Erleben durch ein Medium mit seiner beschränkten Sinnhaftigkeit nur unzureichend darstellbar ist. Den Geschmack eines Kusses oder der Geruch von Schweiß ist nicht darstellbar. Und außerdem ist sowohl der Geschmack von Küssen als auch der Geruch von Schweiß unterschiedlich. Mit dem Konsum von Pornografie bekommen Jugendliche also Zugang zu einer anderen Wahrheit des Sexuellen. Dies gibt ihnen sicher Antworten auf einige ihrer Fragen. Beispiele für konkrete Fragen zum Thema „Sexualität" von Jugendlichen sind:

- Wie sieht die Vagina einer Frau tatsächlich aus?
- Wie groß ist ein Penis?
- Wie und wo mögen es Jungen/bzw. Mädchen angefasst zu werden?
- Wie erreicht man einen Orgasmus?

Doch neben den Antworten entstehen auch neue Fragen; schließlich ist die dargestellte Sexualität nicht zum Zweck der Aufklärung produziert worden. Außerdem gewährt sie einen Einblick in die Sexualität Erwachsener. Manche Aspekte passen also überhaupt nicht in das Bild – die Lebenswirklichkeit – von Jugendlichen und sorgen deshalb für große Irritation. Um es in der Sprache Jugendlicher zu sagen: Hardcore und Blümchensex passen nicht zusammen. Daraus ergeben sich also neue Fragen:

- Welche Stellung ist denn jetzt die richtige?
- Gehört zum Sex immer auch Oral- und Analverkehr?
- Stehen Frauen wirklich auf so große Penisse?
- Gehört Schreien zum Orgasmus dazu?

Solche Fragen basieren auf dem Widerspruch zwischen den bereits vorher vorhandenen Vorstellungen und den durch Pornografie vermittelten Bildern. Wenn es gelingt, ein angenehmes und vertrauensvolles Setting zu finden, in dem Kommunikation über Sexuelles möglich und erlaubt ist, werden diese Fragen vielleicht gestellt. Gerade in der intensiven und längerfristigen Arbeit bietet sich damit die Möglichkeit, beim Entwickeln eines differenzierten Bildes von Sexualität zu helfen. Schwieriger wird es, wenn Bilder von Sexualität entstehen, die gar keine Irritation hervorrufen. Und damit sind an dieser Stelle nicht nur die Jugendlichen gemeint, die sexuell oder anders verwahrlost sind. Pornografie fördert die Entstehung von **Märchen** und **Mythen** im Sexuellen. Das Besondere an der Pornografie ist ihre explizite Darstellung des Geschlechtsaktes. Kein anderes Medium zeigt dies. Die für Pornoskripte typischen Aspekte erscheinen nur deshalb ziemlich glaubwürdig, weil sie die einzigen Darstellungen sind, weswegen sie häufig nicht infrage gestellt werden. Die folgenden Fragen werden also von Jugendlichen nicht gestellt, obwohl es gut wäre:

- Stimmt es, dass ein Mann seinen Penis möglichst tief in die Scheide einführen muss und möglichst fest zustoßen sollte?
- Kommt beim Orgasmus des Mannes wirklich so viel Sperma?
- Muss man die gleiche Bewegung immer und immer wieder machen, um einen Orgasmus zu erreichen?
- Ist Sex so voller Macht und Gewalt, wie es in Pornofilemen dargestellt wird?

Woher sollen Jugendliche auch wissen, dass hier Mythen und Fantasien verarbeitet werden? Darüber hinaus spiegelt Pornografie natürlich auch die gesellschaftliche Wirklichkeit von Sexualität wider. Hier werden also keine neuen Mythen gebildet, sondern längst vorhandene nur verfestigt. Fragen, die sich hier stellen, sind im Grunde an die gesellschaftlichen Vorstellungen von Sexualität ganz allgemein zu stellen.

- Können Männer auch mal keine Lust haben?
- Können Frauen auch mal die Initiative übernehmen?
- Ist Sex für das Leben und für Beziehungen wirklich so wichtig?
- Darf beim Sex auch mal was schiefgehen?

Wer mit Jugendlichen zum Thema „Sexualität" arbeitet, sollte sich darüber bewusst sein, dass all diese oder noch ganz andere Fragen in den Köpfen oder Herzen von Jugendlichen herumspuken könnten. Es gilt, sich auf derartige Fragen vorzubereiten, Antworten parat zu haben und sie mitunter auch zu geben, obwohl die Fragen eventuell nicht explizit gestellt wurden.

6.10 Pädagogik und Pornografie: Konsequenzen

Muss ich solche Fragen überhaupt beantworten? Das ist eine berechtigte Frage und sie soll – auch wenn die Antwort: „Ja" in einem sexualpädagogischen Fachbuch vielleicht sehr nahe liegt – nicht zu schnell beantwortet werden. Vorab sollte man sich folgende Fragen stellen:

- Was empfinde ich bei sexualitätsbezogenen Fragen? Welche Gefühle empfinde ich, und was ist mein erster Impuls?
- Warum werde gerade ich gefragt? Will ich die Frage wirklich beantworten? Was passiert, wenn ich (nicht) antworte?

Führt eine solche Selbstreflexion dazu, solche Fragen nicht zu beantworten sondern die Antwort vielleicht einem Kollegen oder einer Kollegin zu überlassen, dann ist diese Reaktion zumindest nicht vorschnell und dem ersten Impuls folgend geschehen. Einen solchen Impuls verspüren viele Erzieherinnen und Erzieher, wenn es um sexualitätsbezogene Fragen geht – und noch mehr, wenn sie so konkret sind, wie sie es eben manchmal nach dem Konsum von Pornografie sind. Führt die Selbstreflexion zu einer Beantwortung der Frage, kann sie sich von eigenen Anteilen professionell distanzieren und zu einer fachlichen Antwort führen. Wer zu sich selbst auf Distanz geht, dem kann es gelingen, in Kontakt mit dem Gegenüber zu kommen. In Kontakt kommen heißt zu klären, was jeweils hinter der Frage der Jugendlichen steckt. Die Haltung, mit der man ihnen begegnet, muss also eine fragende sein (vgl. Wanielik, 2009, S. 37). Auf der Basis einer solchen fragenden Haltung kann dann versucht werden, ein differenzierteres Bild von Sexualität zu zeigen. Dieses Bild sollte jedoch nicht zu sehr in Abgrenzung zur Pornografie entwickelt werden. Dabei ist das Sexualitätsbild im Pornografischen dann dunkel bis schwarz, anderes wird gar nicht wahrgenommen: „Da sehen in der Debatte manche nur schwarz und weiß – oder gleich rot" (Gernert, 2010, S. 16).

Fragen im Zusammenhang mit Sexualität lassen nicht kalt. Weder den Fragenden noch den Gefragten.

Um der Sexualität nicht ihren Zauber zu nehmen, wird das pädagogische Bild schnell sehr „rosa" gezeichnet und alles Dunkle abgewertet. Eine solche Reaktion ist verständlich und vermutlich nur allzu menschlich. Sie hat jedoch Nebenwirkungen:

- Die Lebensrealität von Jugendlichen ist eine andere. Sie wissen eigentlich längst, dass im Sexuellen beide Anteile enthalten sind. Gerade in der Jugendphase liegen Lust und Frust nah beieinander. Eine Erzieherin oder ein Erzieher, der diese Realität leugnet, wird auf Dauer bei Fragen rund um das Thema „Sexualität" kaum ernst genommen werden.

- Gleichzeitig wirken die pädagogischen Botschaften natürlich dennoch. Durch sie wird aber ein Bild von „richtiger" Sexualität gezeichnet, an der die Lebensrealität von Jugendlichen scheitert und die damit ins Dunkle rückt. So klar und einfach fühlt das Sexuelle sich nicht immer an. Doch wo kann ein Jugendlicher, der in sich kraftvoll die Energie von Sexualität spürt und bei dem sich diese Energie manchmal nur schwer bremsen lässt, mit den aufkommenden Fragen hin?

- Wie sollen Jugendliche Widersprüche kommunizieren lernen, wenn die Existenz dieser Widersprüche immer wieder geleugnet oder in das Reich der Pornografie verbannt wird?

- Letztlich verhindert eine Tabuisierung dann das Erwachsenwerden von Sexualität. Denn jenseits aller noch so gelungener und pädagogisch gewünschter Kommunikationskompetenz gilt es, mit den verschiedenen Widersprüchen leben zu lernen. Die Energie des Sexuellen braucht sie vermutlich sogar.

Aus dieser Aufzählung wird deutlich, dass Jugendliche in manchen Bereichen die Unterstützung von Erwachsenen gut gebrauchen können. Besonders gut geeignet sind für eine solche Unterstützung häufig tatsächlich Erzieherinnen und Erzieher. Die gleichzeitig langfristige, zugewandte und ohne Leistungsdruck auskommende Rolle macht hier besonders viel möglich. So kann es gelingen, Jugendliche im Feld des Sexuellen zu begleiten. Die professionelle Rolle erlaubt es dabei durchaus, junge Menschen auch einmal „laufen zu lassen":

> ***Selbstbestimmung und Übernahme von Verantwortung will gelernt sein und muss Jugendlichen zugetraut werden.***

Zu einem solchen Lernprozess gehört es auch, Fehler zu machen oder sich gelegentlich zu überfordern. Aus den in diesem Buch geschilderten Erkenntnissen kann gegen alle gesellschaftlichen Trends gerade eine solche Haltung für Erzieherinnen und Erzieher lohnend sein. Geht es doch darum, Menschen ganz grundsätzlich auch einmal zuzutrauen, mit Widersprüchlichkeiten umzugehen.

„Das Wissen über die triebhaften und dunklen Seiten der Sexualität kann aber helfen, sich zu orientieren und ein selbstbestimmtes Leben zu führen."
(Wanielik, 2009, S. 35)

Eine solche Rolle befähigt Pädagogen und Pädagoginnen auch dazu, Jugendliche im Feld des Sexuellen zu begleiten:

> ***Es geht darum, Antworten und Orientierungen anzubieten und auch darum, Abweisungen und Desinteresse der Jugendlichen nicht persönlich zu nehmen.***

Heranwachsenden fällt es mitunter besonders schwer, zu fragen oder um Rat zu bitten. Zurückhaltendes und gleichzeitig aufmerksames Begleiten erlaubt, problematische Entwicklungen frühzeitig zu erkennen. Bei einer solchen Interpretation der eigenen professionellen Rolle kann mit etwas Übung und den richtigen Methoden das Thema „Sexualität" gerade in der Begleitung schwieriger Jugendlicher ein besonders wertvolles sein: Hier haben die Jugendlichen zumindest gelegentlich noch echtes Erkenntnisinteresse. Dabei muss Pornografie gar nicht unmittelbares Gesprächsthema sein, in dieser Frage sind die Jugendlichen mit öffentlichen „Bekenntnissen" ohnehin zunächst ziemlich zurückhaltend: Sie wollen mit Erwachsenen nicht über dieses Thema reden, weil sie ihnen eine grundsätzliche negative Einstellung unterstellen und Erwachsene ihrerseits grenzen sich vom unterstellten Pornografiekonsum Jugendlicher ab – keine gute Voraussetzung, um ins Gespräch zu kommen:

„Es gilt, den Spagat zwischen der Anerkennung der Privatsphäre der Jugendlichen und der Notwendigkeit, mit den Jugendlichen über ‚peinliche' Themen im möglichst vertrauensvollen

Gespräch zu bleiben, zu meistern [...]. Entscheidend ist, die Jugendlichen und ihr Verhalten nicht zu stigmatisieren oder gar zu kriminalisieren, um Kommunikation überhaupt erst zu ermöglichen [...]. Dies kann nur gelingen, wenn die Jugendlichen sich akzeptiert und ernst genommen fühlen, auch wenn ihre Ansichten und Aktivitäten nicht mit den Vorstellungen der Erwachsenen übereinstimmen sollten."
(Grimm u. a., 2010, S. 270 f.)

Mit einer solch zugewandten Haltung aber lässt sich mit Jugendlichen über Pornografie ins Gespräch kommen. Mögliche Fragen könnten sein:

- Wieso – glaubst du – ist Pornografie für Jugendliche verboten?
- Was kann man aus Pornos lernen – was ist schwierig daran?
- Was gehört zu glücklicher Sexualität sonst noch dazu?
- Woran kann man erkennen, dass Sex gut war?

Solche Fragen bieten einen guten Einstieg, vor allem in der Arbeit mit Jungen. Bei Mädchen ist die erste Frage sehr häufig: Warum schauen sich Jungen so etwas an? Die Antwort der Mädchen selbst ist: „Weil Jungs triebgesteuert sind!" „Triebgesteuert" ist dabei einerseits Entschuldigung, andererseits aber auch Anklage und vor allem Abgrenzung („So sind wir auf keinen Fall!"). Mit Mädchen müssen die Zugänge zum Thema andere sein, weil Pornografie von ihnen vermeintlich besonders stark geächtet werden muss. Pornografiekonsum rückt Mädchen gefährlich nah an das Image einer „Schlampe" heran, und deshalb gilt es, sich von ihm zu distanzieren. Dies gilt auch für Erzieherinnen. Und dennoch braucht auch die Arbeit mit Mädchen eine differenzierte Auseinandersetzung mit diesem Thema, die es Mädchen erlaubt, die eigenen triebhaften Anteile annehmen zu lernen.

Literaturhinweise

Möglichkeiten zur methodischen Bearbeitung bieten darüber hinaus einige aktuelle Veröffentlichungen.

- *Die Methodensammlung „Sexualität der Vielfalt" (Timmermanns/Tuider, 2008) ist am wenigsten spezialisiert und dadurch für fast alle sexualpädagogischen Aktivitäten zu nutzen.*
- *Die im Jahr 2010 erschienene „Erste allgemeine Verunsicherung" vom KJG Bundesverband (Bundesstelle der katholischen Jungen Gemeinde, 2010). Sie ist vor allem für die Jugendverbandsarbeit gedacht. Durch die übersichtliche Gestaltung und die Möglichkeit, die Arbeitspapiere direkt zu kopieren, erleichtert sie den Einsatz erheblich. Pornografie selbst wird hier nicht thematisiert, wohl aber daraus entstandene Themen wie „Werte" oder „Beziehungen".*
- *Die Arbeitsmappe „Sex. Sex? Sex!" von der AEJ (Arbeitsgemeinschaft der evangelischen Jugend in Deutschland, 2011) ist eine sehr gut sexualpädagogisch fundierte und sehr grundlegende Arbeit für den Bereich Reisen und Freizeiten mit Jugendlichen; aber auch ihre Hinweise lassen sich gut in andere Bereiche übertragen.*

- *Eine Methodensammlung, die sich direkt mit dem Thema „Pornografie" beschäftigt ist: „Let´s talk about Porno" (klicksafe, 2011). Da sie für Unterricht und Jugendarbeit gedacht ist, bietet sie für fast alle pädagogischen Gruppensettings gute Methodenideen.*
- *Das mediale Thema „Pornografie" kann man darüber hinaus auch mit dem Film „Geiler Scheiß" vom Medienprojekt Wuppertal bearbeiten. In diesem ab 12 Jahren freigegebenen Film kommen Jugendliche zu Wort, die sich intensiv und reflektiert, aber auch witzig und ehrlich mit Pornografie beschäftigen.*
- *Eine weitere mediale Lösung stellt der Hinweis auf gute Aufklärungsseiten im Internet dar, auf denen Jugendliche auch ihre Fragen stellen können und auf denen sie Antworten bekommen. Exemplarisch seien hier www.jonet.de (AOK), www.sextra.de (Pro familia)und www.loveline.de (BZgA) genannt.*

Diese medialen Angebote können eine gute Unterstützung bei der Begleitung Heranwachsender zu Verantwortung und Selbstbestimmung sein. Für manche Jugendliche reichen sie allein jedoch nicht aus. Die Arbeit mit Jugendlichen kann durch Medien oder durch externe, in die Einrichtungen kommende Fachleute unterstützt werden. Da sie eine zentrale Entwicklungsaufgabe des Jugendalters ist, darf Sexualität aber nicht aus der täglichen Arbeit verbannt werden. Die Begleitung in sexuellen Fragen muss auch von unmittelbaren Bezugspersonen geleistet werden. Deshalb sollte Sexualpädagogik in Einrichtungen der Jugendhilfe, Kindertageseinrichtungen und Schulen konzeptionell verankert sein. Darüber hinaus ist es hilfreich, Mitarbeitern und Mitarbeiterinnen auch in sexualpädagogischen Fragestellungen durch Weiterbildung Unterstützung zur Verfügung zu stellen.

Die umfangreichen Möglichkeiten, sich über Medien selbst mit Informationen, Vorstellungen, Erregung, aber auch Mythen zum Thema „Sexualität" zu versorgen, sollte eine möglichst frühzeitige sexualpädagogische Begleitung nach sich ziehen (vgl. Urban, 2008, S. 481).

Sich gerade als junge Erzieherin oder junger Erzieher mit dem Thema „Sexualität" zu beschäftigen, erfordert unter Umständen eine gehörige Portion Mut. Auch wenn Pornografie in der Regel für die meisten Jugendlichen keine gravierenden negativen Folgen hat, so sollte eine verantwortungsbewusste pädagogische Einrichtung jedoch nicht den Medien allein die Aufklärung überlassen, sondern die Bilder der Medien durch eigene ergänzen.

„Es ist doch eine uralte Erfahrung im Generationenverhältnis – und nicht nur dort: Mehr Kontrolle und Verbot erzeugen auch mehr Verbots- und Kontrollwiderstände. Zudem birgt das Ersparen und Fernhalten-Wollen das Risiko, dass sich bei Heranwachsenden keine Umgangskompetenzen mit dem als gefährlich Identifizierten ausbilden können und im Falle unbewachten Kontaktes mit zum Beispiel verstörender Pornographie diese heftiger beeinträchtigt, als wenn ein möglicher Kontakt gut vorbereitet worden wäre."

(Herrath, 2008, S. 12)

Vielleicht ermutigt diese Einschätzung dazu, sich des Themas tatsächlich anzunehmen und nicht darauf zu hoffen, dass dies vielleicht jemand anders, eine Kollegin oder ein Kollege, übernehmen möge.

6.11 Abschlussfragen

„Im Übrigen ist dem Pornografiekonsum mit Verboten ohnehin nicht beizukommen. Schließlich hat dies noch keine Erwachsenengeneration geschafft. Zu fragen wäre auch, wo eigentlich die Privatsphäre von Jugendlichen beginnt, wenn ihnen in erzieherischen Einrichtungen stets und sofort entsprechende Medien weggenommen werden (müssen)."

(Schnack/Neutzling, 2011, S. 281)

Reflexionsfragen

Es soll also in pädagogischen Settings über Pornografie geredet und dabei gleichzeitig die Privatsphäre der Jugendlichen akzeptiert und ihrem Verhalten mit Respekt begegnet werden.

1. *Wo beginnt bei den Jugendlichen in Ihrer Einrichtung die Privatsphäre?*
2. *Wie kann es Ihnen bei Ihrer Arbeit mit Jugendlichen gelingen, deren Privatsphäre – so gut es geht – zu achten und gleichzeitig in angemessener Weise Sexualität zu thematisieren?*

Die Entscheidung, wie zum Thema „Sexualität, Jugend und Pornografie" gearbeitet wird, hängt immer auch mit den institutionellen Rahmenbedingungen zusammen. Eine Klärung der jeweiligen Haltung zu diesem Themenkomplex empfiehlt sich gerade bei diesem tabuisierten und dadurch verunsichernden Thema:

Reflexionsfragen

1. *Wie ist die konkrete Haltung des Trägers zu Fragen von Jugend, Sexualität und Pornografie? Wo gibt es Möglichkeiten, Spielräume und Begrenzungen?*
2. *Wie wünscht sich Ihr konkretes Team die Arbeit zu diesem Thema? Was ist die Zielrichtung und wie ist die Haltung der einzelnen Mitarbeiter und Mitarbeiterinnen?*

Sind diese Fragen geklärt und ist der Handlungsspielraum damit festgelegt, kann die eigentliche Arbeit mit den Jungen und Mädchen beginnen. Hauptaugenmerk liegt dabei auf der Beantwortung solcher Fragen, wie sie im Kapitel „Pornografie und Jugend" bereits beispielhaft vorgestellt worden sins. Jetzt stellt sich die Frage ganz konkret für die Jugendlichen, mit denen Sie arbeiten:

Reflexionsfragen

1. *Welche Fragen gehen den Jugendlichen, mit denen Sie arbeiten, durch den Kopf und werden auch gestellt? Wie könnten die Antworten sein?*
2. *Welche Fragen gehen den Jugendlichen durch den Kopf, bleiben aber unausgesprochen, weil es schwierig ist, sie zu stellen? Welche Fragen werden unter Umständen stattdessen formuliert? Wie müsste die Antwort sein, um die dahinterliegende Frage mit zu beantworten?*
3. *Welche Fragen kommen den Jugendlichen möglicherweise gar nicht in den Sinn? Wo besteht darüber hinaus Aufklärungsbedarf? Wie kann ein Setting gestaltet werden, dass es den Jugendlichen ermöglicht, auch diese Aufklärungsbotschaften zur Kenntnis nehmen zu können?*

Zu guter Letzt: Sexualität ist vielfältig und ihre Facetten enthalten Licht und Schatten. Für eine facettenreich gelebte Sexualität könnten pornografische Medien vielleicht auch Inspiration sein.

Reflexionsfragen

Diskutieren Sie bitte die folgenden Fragen:

1. *Wie müssten pornografische Materialien sein, damit sie (für unterschiedliche Alters- und Zielgruppen) empfehlenswert wären?*
2. *Kann man diese Frage mit Jugendlichen besprechen?*
3. *Was meinen Sie: Sollten Sie solche Materialien kennen und tatsächlich empfehlen? Begründen Sie Ihre Aussage.*

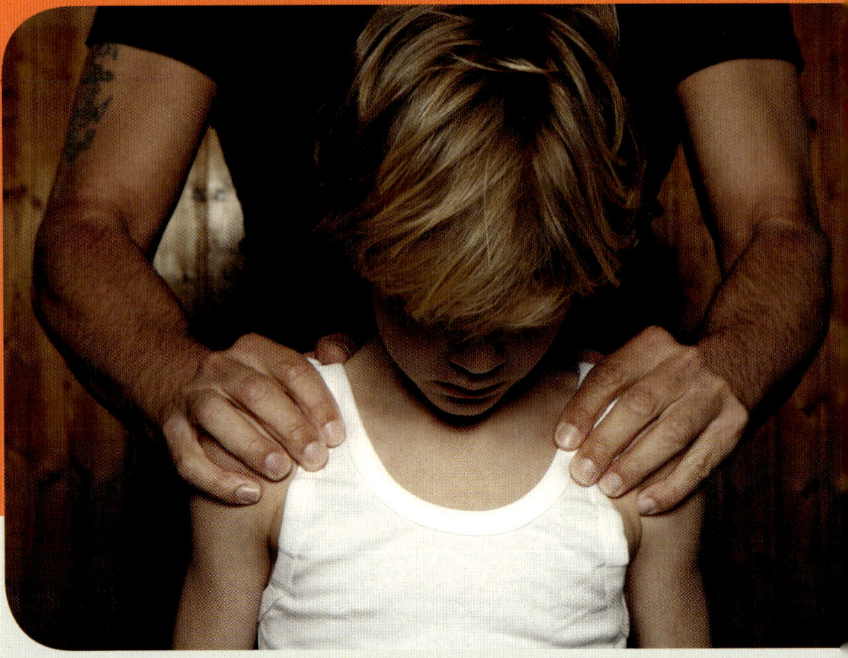

7 Sexuelle Gewalt – Basiswissen, Prävention und Intervention

7.1 Ein unangenehmes, aber wichtiges Thema der Sexualpädagogik

Zum Bereich der Sexualpädagogik gehört auch die Beschäftigung mit der Thematik des sexuellen Missbrauchs und die Auseinandersetzung mit Präventions- und Interventionsmöglichkeiten für den jeweiligen pädagogischen Arbeitsbereich. Für die präventive Arbeit gegen sexuelle Gewalt können vielfältige Bausteine der sexualpädagogischen Arbeit genutzt werden: Sexualerziehung, Sprache für Sexualität und Körperlichkeit, Gefühlserziehung, Gefühlssprache, Grenzsetzungen und Umgang mit Grenzübertretungen. Man kann es noch deutlicher sagen: Ohne sexualpädagogische Ansätze kommt Präventionsarbeit gegen sexuellen Missbrauch nicht aus!

„Wer hat den Ernst in dein Gesicht gebracht,
wer hat das Licht gelöscht in dir,
wer hat die roten Wangen bleich gemacht,
wer brach roh ein in dein Revier,
wer nahm die Leichtigkeit,
die Unbefangenheit,
wer brachte dich um deine allerschönste Zeit?“

(Hermann van Veen, Auszug aus dem Lied „Wer“; Text: Thomas Woitkewitsch, Copyright: EMI Songs Musikverlag GmbH, Hamburg)

Aufgaben

1. *Lassen Sie die Liedzeilen auf sich wirken. Wenn Sie mögen, hören Sie sich das Lied an.*
2. *Singt Hermann van Veen hier von sexuellem Missbrauch? Wo sehen Sie Berührungspunkte?*
3. *Kennen Sie (weitere) Lieder, die sexuelle Gewalt thematisieren? Sammeln Sie in einer Gruppe die entsprechenden Titel, besorgen Sie sich die Liedtexte, hören Sie sich die Lieder an und diskutieren Sie Inhalte und musikalische Umsetzungen (eine Homepage mit Liedern zum Thema „sexueller Missbrauch“ findet sich unter http://home.wtal.de/pb/musik.html).*
4. *Könnten Sie sich vorstellen, mit einem der Lieder mit Mädchen und/oder Jungen aus Ihrem Tätigkeitsbereich zu arbeiten?*

Sexuelle Gewalt ist ein brutaler Einbruch in die Unversehrtheit eines Kindes oder Jugendlichen. Täter und Täterinnen nehmen Mädchen und Jungen die Leichtigkeit des Kindseins, die Unbefangenheit am eigenen Körper, den Stolz und das Selbstwertgefühl. Dies ist manchmal für Außenstehende erkennbar, häufig aber nicht. Die Macht der Täter und Täterinnen, deren gezielte Strategien wie der Druck zur Geheimhaltung und das Ausnutzen der kindlichen Bedürfnisse nach Nähe und Zuwendung machen es den Mädchen und Jungen fast unmöglich, über die erlebte Gewalt zu reden und Hilfe zu suchen. Gefühle wie Angst, Verwirrung, Scham und Schuld bestimmen weite Teile des Alltags betroffener Kinder und Jugendlicher.

Aufgaben

1. *Wie geht es Ihnen, wenn Sie sich dem Thema des sexuellen Missbrauchs nähern?*
2. *Schreiben Sie spontan und nur für sich selbst einige Gedanken und Gefühle auf. Heften Sie Ihren Zettel so ab, dass Sie ihn zu einem späteren Zeitpunkt nochmals hervornehmen können. Dies kann z. B. dann hilfreich sein, wenn Sie in Ihrer Einrichtung einen Elternabend zum Thema „sexuelle Gewalt" geplant haben. Sie selbst haben sich dann schon länger und intensiver mit der Thematik beschäftigt. Wie aber geht es den Eltern, die an dem Abend kommen werden?*
3. *Ein Blick auf Ihren Zettel erleichtert es Ihnen vielleicht, sich wieder in eine anfängliche Gedanken- und Gefühlslage zurückzuversetzen.*

Sexueller Missbrauch ist in vielerlei Hinsicht ein hochemotional besetztes Thema. Sexuelle Gewalt gegen Kinder und Jugendliche macht betroffen, zuweilen fast sprachlos und löst viele, manchmal auch widersprüchliche Gefühle aus. Das Thema berührt ganz unmittelbar; auch die eigene Biografie, und bringt nicht selten vergessen geglaubte Gefühle und Gedanken zum Vorschein. Selbstreflexion und Selbstfürsorge sind somit ganz wesentliche Voraussetzungen für eine gelingende Präventionsarbeit. Gerade Menschen, die im pädagogischen Bereich mit Mädchen und Jungen arbeiten, haben häufig den unmittelbaren Wunsch, zu helfen und zu schützen. Zugleich spüren sie Unsicherheiten und vielleicht auch Abwehr, wenn sie dieses schwierige Thema als Teil ihrer Arbeit in den Blick nehmen. Fragen wie „Was darf ich denn noch?" tauchen im Hinblick auf pflegerische Tätigkeiten (Wickeln, auf der Toilette helfen, Waschen und Duschen), aber auch für den alltäglichen Umgang miteinander auf. Es wäre fatal, wenn eine falsch verstandene Umsetzung des Themas „Nähe und Distanz" dazu führen würde, dass die für Kinder zum gesunden Aufwachsen so wichtige – auch körperliche – Nähe (tröstend in den Arm nehmen, ankuscheln, über den Kopf streichen) Mädchen und Jungen nicht mehr gegeben wird. Eine eindeutige, eine klare Haltung kann nur einnehmen, wer für sich selbst Klarheit in Bezug auf das Thema sexualisierte Gewalt hat.

Kinder haben große Angst davor, missbraucht zu werden.

Die Angst vor sexuellem Missbrauch rangiert bei Kindern im Alter von 6–14 Jahren direkt hinter der Angst vor Schicksalsschlägen in der Familie auf Platz zwei aller Ängste von Kindern. Dies ist das Ergebnis einer Studie des Instituts für Jugendforschung. Dass Kinder die Angst vor sexueller Gewalt in einer Umfrage offen äußern können, ist nur möglich, weil das Thema des sexuellen Missbrauchs ins öffentliche Bewusstsein gerückt ist.

7.2 Begriffsbestimmung und Definitionen

Zur Beschreibung einer sexuellen Gewalttat werden verschiedene Begriffe verwendet. Zum Teil werden sie synonym (bedeutungsgleich) benutzt, zum Teil sollen sie bestimmte Aspekte der Tat hervorheben:

- sexueller Missbrauch
- sexuelle Gewalt
- sexualisierte Gewalt
- sexueller Übergriff
- sexuelle (Kindes-)Misshandlung
- sexuelle Ausbeutung
- Inzest

Aufgaben

1. *Diskutieren Sie die unterschiedlichen Begriffe.*
2. *Wo sehen Sie Stärken, wo Schwächen der jeweiligen Benennungen?*
3. *Am Begriff „sexueller Missbrauch" wird kritisiert, er impliziere vom Sprachlichen her, dass es auch so etwas wie einen legitimen Gebrauch von Kindern gäbe. Wie stehen Sie zu dieser Kritik?*

Die vorliegenden Definitionen lassen sich verschiedenen Kategoriensystemen zuordnen. So lassen sich z. B. weite und enge Definitionen unterscheiden.

Enge Definitionen versuchen durch präzise Formulierungen eine Handlung des sexuellen Missbrauchs gegenüber anderen Handlungen eindeutig abzugrenzen.

Weiter gefasste Definitionen bieten den Vorteil, auch diejenigen Missbrauchshandlungen zu erfassen, die von einer engen Definition ausgeschlossen würden, weil sie beispielsweise ohne körperlichen Kontakt stattfinden.

Häufig in den Definitionen wiederkehrende Kriterien zur Bestimmung des sexuellen Missbrauchs sind:

- die Art der sexuellen Handlung,
- die Verwendung von Drohungen oder körperlicher Gewalt (Machtmissbrauch),
- das Konzept des wissentlichen Einverständnisses,
- der Altersunterschied zwischen Opfer und Täter bzw. Täterin,
- die Folgen der Gewalttaten,
- der Druck zur Geheimhaltung,
- die Absicht des Täters bzw. der Täterin.

Im Folgenden ein Beispiel für eine Definition des Begriffs „sexueller Missbrauch“:

> ***Definition***
> ***„Sexueller Missbrauch an Kindern ist jede sexuelle Handlung, die an oder vor einem Kind gegen den Willen des Kindes vorgenommen wird. Kinder können aufgrund ihrer körperlichen, psychischen, kognitiven und sprachlichen Unterlegenheit sexuellen Kontakten mit Erwachsenen nicht zustimmen. Sexuelle Kontakte von Erwachsenen und Kindern sind deshalb immer sexueller Missbrauch. Der Täter nutzt dabei seine Macht- und Autoritätsposition aus, um eigene Bedürfnisse auf Kosten des Kindes zu befriedigen.“ (Bange, 2010, S. 4)***

Im 13. Abschnitt des Strafgesetzbuches (StGB) werden Straftaten gegen die sexuelle Selbstbestimmung erläutert und die Straftatbestände geregelt. In mehreren Paragrafen werden die unterschiedlichen Formen sexueller Gewalt behandelt. Der Gesetzestext zeigt auch auf, dass sexuelle Ausbeutung unterschiedliche Schweregrade umfasst. Aufgelistet sind z. B. der sexuelle Missbrauch an Schutzbefohlenen (§ 174 StGB), der sexuelle Missbrauch an Kindern (§ 176 StGB), sexuelle Nötigung und Vergewaltigung (§ 177 StGB), exhibitionistische Handlungen (§ 183) und Verbreitung, Erwerb und Besitz kinderpornografischer Schriften (§ 184b).

Bei den im Gesetz aufgeführten sexuellen Straftaten handelt es sich um Offizialdelikte, „d. h. nach Anzeigeerstattung ist die Strafverfolgungsbehörde uneingeschränkt verpflichtet, ein Ermittlungsverfahren einzuleiten und durchzuführen“ (Schumacher, 2010, S. 50).

Eine Anzeige kann von jedem gestellt werden, auch eine anonyme Anzeige ist möglich.

7.3 Ausmaß und Formen sexueller Gewalt

In engem Zusammenhang mit der Definition von sexueller Gewalt gegen Kinder stehen Angaben zum **Ausmaß** dieser Taten. Derzeit ist nicht bekannt, wie viele Kinder und Jugendliche in Deutschland sexuell missbraucht werden. Durch unterschiedliche Definitionskriterien, die Befragungen und Untersuchungen zugrunde liegen, kommen sehr unterschiedliche Angaben zustande. Die Häufigkeitsschätzungen ergeben sich auch aus „Dunkelfeldberechnungen“. Hierzu werden auf Grundlage der vorliegenden Zahlen der Polizeilichen Kriminalstatistik (PKS), dem sogenannten „Hellfeld“, Hypothesen aufgestellt, wie viele Mädchen und Jungen einer Bevölkerung von sexuellen Gewalterfahrungen betroffen sind. Für das Jahr 2009 weist die PKS circa 13 000 Fälle sexuellen Missbrauchs von Kindern und Jugendlichen aus (vgl. BMFSFJ, Runder Tisch. Sexueller Kindesmissbrauch, 2010, S. 7). Dabei ist zu bedenken, dass die PKS nur diejenigen Missbrauchstaten umfasst, die angezeigt bzw. polizeilich als Verdachtsfall registriert wurden. Gerade bei einer tabuisierten Gewalttat wie der des sexuellen Missbrauchs, ist das Anzeigeverhalten als eher gering zu bewerten. Man muss also davon ausgehen, dass die Anzeigerate erheblich niedriger ist als die tatsächliche Zahl der Fälle.

Fasst man die vorliegenden Untersuchungen und Angaben zur Häufigkeit zusammen, so ergibt sich

„(...) dass 10–15% der Frauen und 5–10% der Männer bis zum Alter von 14 oder 16 Jahren mindestens einmal einen sexuellen Kontakt erlebt haben, der unerwünscht war oder durch die ‚moralische' Übermacht einer deutlich älteren Person oder durch Gewalt erzwungen wurde."

(Bange, 2002, S. 25)

Sexueller Missbrauch ist in vielen Fällen eine **Wiederholungstat**. Dies gilt besonders, wenn Täter oder Täterin in einer nahen Beziehung zu dem betroffenen Kind steht. Die Formen der Gewalthandlungen reichen von erzwungenen Zungenküssen, Berührung und Manipulation der Genitalien des Kindes/Jugendlichen, dem Zwang, die Genitalien des Täters/der Täterin zu berühren und zu manipulieren bis zu vaginalen, analen und oralen Vergewaltigungen.

7.4 Beziehungsgefüge zwischen Opfer und Täter/-in

Täter und Täterinnen sind überwiegend keine Fremden, sondern Personen, die aus dem Bekannten- oder Verwandtenkreis des Kindes oder des Jugendlichen stammen. Bei den im Jahr 2009 angezeigten Taten des sexuellen Kindesmissbrauchs wurden über 50% im sozialen Nahraum begangen (vgl. Volbert/Galow, 2010). Die Erkenntnisse zum Bekanntschaftsgrad zwischen Opfer und Täter oder Täterin haben in den letzten Jahrzehnten einen deutlichen Wandel erlebt. Die Ansicht, dass die hauptsächliche Gefahr der sexuellen Gewalt für Kinder vom „fremden Mann auf der Straße" ausgehe, ist inzwischen nahezu ausgeräumt. Allerdings begegnet man nach wie vor der Überzeugung, Väter seien die Haupttäter in Missbrauchsfällen. Einer besonderen Schwere der Traumatisierung bei erlittener sexueller Gewalt durch den eigenen Vater oder Stiefvater soll keinesfalls wider-

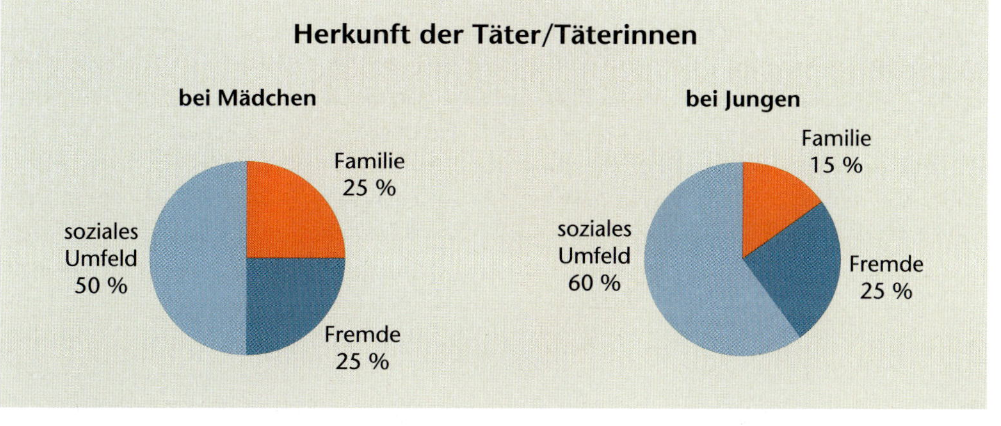

In den meisten Fällen sind die Täter bzw. Täterinnen bekannt.

sprochen werden und auch nicht die Familie als ein häufiger Tatort infrage gestellt werden. Aber dennoch müssen Forschungsergebnisse wahrgenommen werden, die belegen, dass die größte Gruppe der Täter (und der Täterinnen) aus dem sozialen und nicht dem familiären Nahfeld der Kinder stammen. Personengruppen wie Nachbarn/Nachbarinnen, Trainer/Trainerinnen, Jugendleiter/Jugendleiterinnen, Lehrer/Lehrerinnen, Babysitter/Babysitterinnen müssen als überwiegende Tätergruppen erkannt werden.

In der aktuellen Diskussion sind nach langer Tabuisierung auch verstärkt Angehörige der beiden großen christlichen Kirchen als Missbrauchstäter aus dem sozialen Nahfeld der Kinder in den Blick geraten. Die aufgelisteten Berufsgruppen weisen auf einen weiteren Punkt hin: Missbrauchstäter und Täterinnen kommen aus allen gesellschaftlichen Schichten.

Man kann davon ausgehen, dass bei missbrauchten Mädchen die Täter bzw. Täterinnen zu etwa 25 % aus der Familie kommen (Täter bzw. Täterinnen sind hier in erster Linie die Onkel und erst dann Stiefväter, Väter, Brüder, Schwestern, Mütter, Großväter etc.), zu etwa 50 % aus dem Bekanntenkreis und zu ungefähr wiederum 25 % Fremde sind (vgl. Deegener, 1997, S. 53).

Bei den Jungen ist der Täter und Täterinnenanteil aus dem Familienumfeld etwas geringer (15 %), im Bekanntenkreis höher als bei den Mädchen (60 %) und bei den Fremdtätern und Fremdtäterinnen etwa gleich hoch (vgl. Bange, 2002, S. 679).

Fasst man die Untersuchungen zusammen, so zeigt sich, dass in den meisten Missbrauchsfällen Täter bzw. Täterinnen und Opfer schon vor Beginn der sexuellen Gewalttat miteinander bekannt waren.

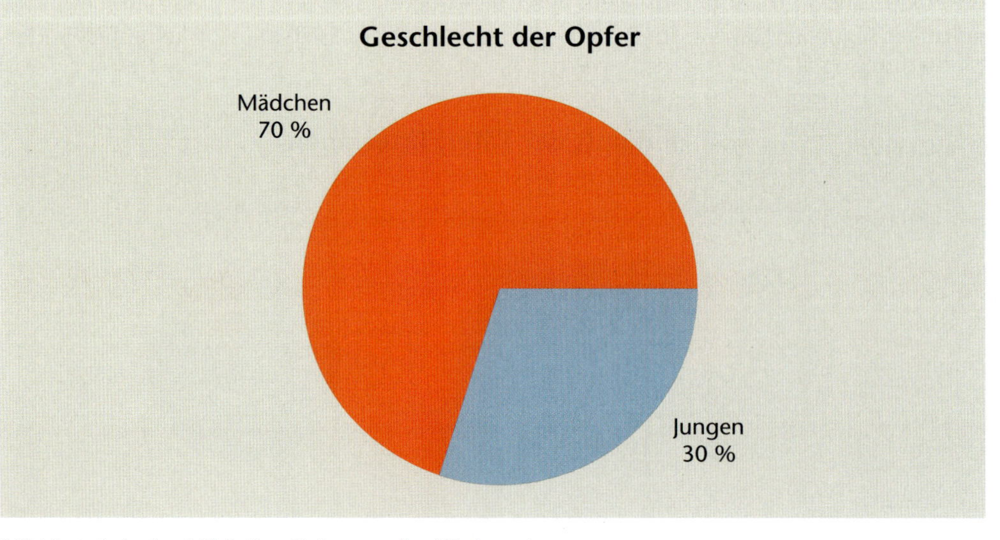

Mädchen sind sehr viel häufiger Opfer sexuellen Missbrauchs.

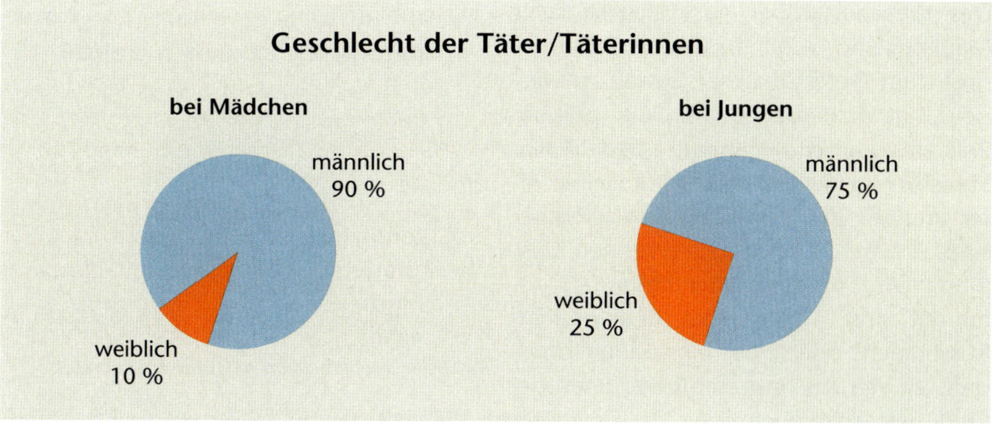

Häufiger als Mädchen werden Jungen Opfer von Frauen.

Auch die Erkenntnisse zum Geschlecht der Opfer und der Täter bzw. Täterinnen haben sich durch die Untersuchungen der letzten Jahre weiterentwickelt. Wurde zunächst davon ausgegangen, dass es sich bei Missbrauchstätern nahezu ausschließlich um Männer handelt und deren Opfer ganz überwiegend Mädchen sind, weiß man heute, dass diese Geschlechterverteilung zwar die häufigste ist, aber auch andere Konstellationen einen nicht unerheblichen Anteil der Missbrauchsfälle ausmachen. Anfang bis Mitte der 1990er-Jahre begann durch erste in deutscher Sprache erschienene Publikationen auch hierzulande die zunächst sehr zögerliche Wahrnehmung von Jungen als Missbrauchsopfer. Die Angaben zur Anzahl männlicher Opfer sind allerdings noch immer recht uneinheitlich; in eingen Untersuchungen wird das Ausmaß missbrauchter Jungen mit bis zu 30% angegeben (vgl. Boehmke, 2002, S. 246).

Auch Jungen erleben den sexuellen Missbrauch überwiegend durch Männer. Die Tatsache, dass auch Frauen Mädchen und Jungen sexuelle Gewalt antun, ist nach wie vor stark tabuisiert und erscheint vielen Menschen unvorstellbar. Von der Arbeitsgemeinschaft Kinder- und Jugendschutz (AJS) wurde dazu eine Broschüre herausgegeben (vgl. AJS, 2001).

Weibliche Opfer werden zu etwa 10% von Täterinnen und zu 90% von Tätern missbraucht. Jungen erfahren in etwa 25% der Fälle sexuelle Gewalt durch eine Frau oder ein Mädchen, in 75% von einem Mann oder Jungen (vgl. Deegener, 2000, S. 38).

Aufgabe

Im Gespräch mit Kolleginnen und Kollegen erzählen Sie von ihrer Fortbildung zum Thema „Sexuelle Gewalt". Sie erwähnen dabei, dass Sie erstaunt waren, über die gar nicht so geringe Anzahl weiblicher Täter. Ein Kollege antwortet breit grinsend: „Von einer Frau vergewaltigt zu werden … Wie soll das denn überhaupt gehen?"

Wie reagieren Sie?

Das Wissen darüber, in welchem Alter Mädchen und Jungen besonders gefährdet sind, zum Opfer sexueller Gewalt zu werden, hat insbesondere für die primäre Präventionsarbeit immense Bedeutung. Statistiken zeigen, dass Kinder in keiner Altersgruppe von sexueller Gewalt sicher sind, es lässt sich aber auch erkennen, dass Kinder im Grundschulalter besonders gefährdet sind, Opfer eines beginnenden Missbrauchs oder eines einmaligen Übergriffs zu werden. Insgesamt beginnen bei 70% der Missbrauchsopfer die Gewalttaten zwischen 0 und 12 Jahren (vgl. Wetzels, 1999, S. 120).

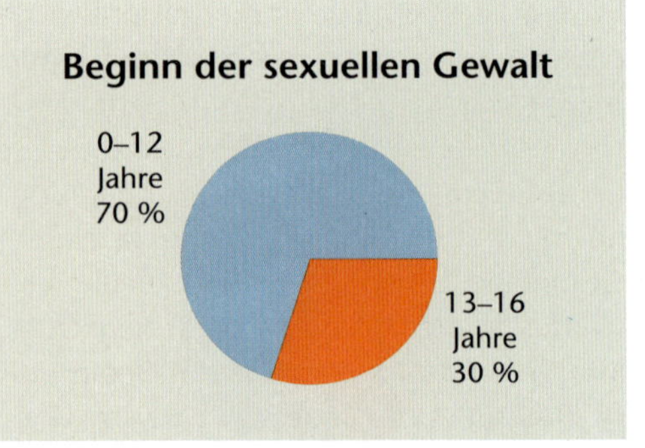

Sexuelle Gewalt beginnt meist vor der Pubertät.

Untersuchungen zum Alter der Täter/-innen zeigen, dass diese im Durchschnitt zwischen 25 und 35 Jahre alt sind und dass es eine recht hohe Zahl übergriffiger Jugendlicher und auch Kinder gibt. Zuweilen wird benannt, dass etwa ein Drittel der Straftaten gegen die sexuelle Selbstbestimmung von Mädchen und Jungen durch Heranwachsende verübt wird (vgl. Enders, 2011, S. 371). Die Abgrenzung von normalem sexuellen Experimentierverhalten bei Kindern und Jugendlichen und sexueller Gewaltanwendung ist schwierig und bedarf ausreichender Kenntnisse über kindliche und jugendliche Sexualität (vgl. Heyden/Jarosch, 2010, S. 93 f.).

7.5 Täterstrategien

Aufgaben

1. *Welche Vorgehensweisen von Missbrauchstätern oder -täterinnen sind Ihnen bereits bekannt?*
2. *Diskutieren Sie, welche Bedeutung das Wissen über Täterstrategien für Ihre Arbeit haben kann.*

Täter und Täterinnen sexueller Gewalt gehen sehr planmäßig vor. Durch die ausgefeilten Strategien, die sowohl auf das Opfer selbst als auch auf das Umfeld (im Sinne einer „Vernebelung" der Wahrnehmung) angewendet werden, ist es ihnen möglich, sehr viele Kinder zu missbrauchen und die Taten über einen langen Zeitraum fortzusetzen (vgl. auch im Folgenden Enders, 2011, S. 70ff.). Bevorzugt wird Kontakt zu Mädchen und Jungen aufgenommen, die sich unsicher und einsam fühlen, zu Hause wenig Aufmerksamkeit erfahren, nur wenige Freunde haben und insgesamt leicht zu manipulieren sind. Die Kontaktaufnahme geschieht oft an Orten, die überwiegend von Kindern und Jugendlichen aufgesucht werden (z.B. Schulen, Sportplätzen, Schwimmbädern, Spielplätzen) und zunehmend häufig auch über die von Kindern bevorzugten Orte virtueller Art im Internet.

Es wird langsam eine immer intensiver werdende Beziehung aufgebaut und ein Abhängigkeitsverhältnis hergestellt. Dem Kind werden Geschenke gemacht, ihm wird große Aufmerksamkeit erteilt, aber gleichzeitig wird es auch von anderen Kontaktpersonen isoliert. Durch scheinbar zufällige Berührungen im Intimbereich werden die Reaktionen „getestet". Zeigt das Mädchen oder der Junge keine deutliche Gegenwehr, wird das Verhältnis mit viel Fingerspitzengefühl in eine sexuelle Beziehung verwandelt. Doppeldeutige Gespräche, zaghafte und wie zufällig erscheinende sexuelle Berührungen und „Spiele" werden immer stärker in die Begegnungen mit dem Kind integriert und steigern sich in ihrer Intensität. Spätestens mit Beginn der sexuellen Handlungen achtet der Täter bzw. die Täterin in der Regel auf eine strikte Geheimhaltung der Vorgänge. Durch die Deklarierung des Missbrauchs als „gemeinsames Geheimnis" wird den Kindern eine aktive Beteiligung und Mitverantwortung suggeriert. Anschuldigungen an das Opfer (*„Du hast es doch gewollt!", „Du hast doch das Geschenk genommen!"*) oder Ankündigungen, dass niemand ihm glauben werde, hindern das Opfer daran, die sexuelle Gewalt zu offenbaren.

Bei alledem muss aber gleichzeitig bedacht werden, dass nicht jeder, der zu Kindern freundlich, einfühlend und fürsorgend ist, sexuelle Grenzüberschreitungen im Schilde führt. Nicht Kinderfreundlichkeit darf weniger werden, sondern Kinder sollten vielmehr entscheiden und transparent machen dürfen, was ihnen gut tut und was nicht.

7.6 Psychodynamik missbrauchter Kinder

Böser Wolf

„Sie malt gern Bilder von sich selbst
und riesengroßen Männern in einer Zwergenwelt
sie weiß Geschichten, die sie nie erzählt
die meisten davon hat sie selber erlebt

Wie die vom bösen Wolf, der hin und wieder kommt
und jedesmal danach von ihr verlangt
dass sie niemals ein Sterbenswörtchen sagt
weil er sie dafür sonst fürchterlich bestraft …

Wenn ihre Mama sie in den Arm nimmt
würde sie am liebsten weinen und alles gestehen
doch sie hat Angst und sie schämt sich
sie weiß keinen Rat und versucht wegzusehen

Wenn der böse Wolf, hin und wieder kommt …"

(Die Toten Hosen, Auszug aus dem Lied „Böser Wolf"; Text: Andreas Fege, Copyright: Musik Edition Discoton GmbH, Berlin)

Die musikalische Gestaltung des Liedes (z. B. das Einbinden der Melodie einer Spieluhr) ist beeindruckend (Sie können das Lied im Internet suchen und anhören). In der Arbeit mit Jugendlichen ist dieses Lied häufig ein Türöffner für Diskussionen zum Thema „sexuelle Gewalt".

Aufgabe

Der Auszug aus dem Lied „Böser Wolf" von den Toten Hosen beschreibt einige Gefühle und Verhaltensweisen eines missbrauchten Mädchens. Welche Auswirkungen und Folgen sexualisierter Gewalt sind Ihnen bekannt?

Grundsätzlich gilt: Alle Kinder können Opfer sexueller Gewalt werden, vor allem aber sind Kinder gefährdet, denen keine positiven (weiblichen oder männlichen) Bezugspersonen zur Seite stehen.

Das Erleiden sexueller Gewalt wird häufig als **Kindheitstrauma** beschrieben, weil die psychische Situation eines Missbrauchsopfers starke Parallelen zu anderen traumatischen Situationen wie z. B. Kriegssituationen aufweist. Das **Gefühlsleben des Opfers** wird massiv überfordert, erschüttert und verletzt. Jedes Kind erlebt und verarbeitet die ihm widerfahrene sexuelle Ausbeutung anders. So beeinflussen u. a. der individuelle Entwicklungsstand, die Persönlichkeit des Kindes und die Intensität der Beziehung zwischen Opfer und Täter/Täterin den Grad der Gefühlsverletzungen und die Schwere der Folgeschäden. Um das traumatische Missbrauchsgeschehen „überleben" zu können, reagieren viele Opfer sexueller Gewalt mit vergleichbaren psychischen Mechanismen wie Opfer anderer Traumata: „In dieser existenziellen Not, in dieser Todesangst, reagiert die Psyche mit Spaltung" (Steinhage, 2002, S. 471).

Diese **Dissoziation** – oft wird vereinfachend, aber anschaulich von Ich-Spaltung gesprochen – ermöglicht den missbrauchten Kindern, während der Gewalttat nichts mehr zu empfinden oder unerträgliche Erinnerungen auszublenden. Opfer schämen sich für den sexuellen Missbrauch, weil sie glauben, sie seien die einzigen, denen „so etwas" passiere oder weil sie denken, sie hätten sich nicht (genug) gewehrt. Oft haben Betroffene das Gefühl, jeder würde ihnen den erlittenen Missbrauch ansehen; sie fühlen sich beschmutzt und ekeln sich vor sich selbst. Als besonders schamvoll empfinden es Mädchen und Jungen, wenn ihr Körper auf die Stimulationen des Täters bzw. der Täterin reagiert. Je intensiver und vertrauensvoller die Beziehung zwischen Opfer und Täter bzw. Täterin ist, umso größer ist der Zwiespalt der Gefühle, in dem sich das Kind befindet. Zwischen Hass und Liebe hin und her gerissen, leidet es unter den ambivalenten Gefühlen und zweifelt zunehmend an sich selbst.

Die **Auswirkungen und Folgen sexualisierter Gewalt** (die häufig mit körperlicher Gewalt verbunden ist) können sich durch vielfältige Symptome äußern. Bestimmte Verhaltensauffälligkeiten von Kindern können Signale für erlebten Missbrauch sein. Einige „typische", zum Teil gegensätzliche Verhaltensweisen, die sich häufig – aber eben nicht nur – bei Opfern sexueller Gewalt finden, werden in der Fachliteratur immer wieder beschrieben : extreme Zurückgezogenheit, Aggression, Selbstverletzungen (z. B. Ritzen), extreme

Leistungsorientierung oder extremer Leistungsabfall, regressives Verhalten, sexualisiertes Verhalten oder zwanghaftes Verhalten (z. B. Waschzwang). Als psychosomatische Folgen treten häufig Essstörungen (z. B. Anorexie, Bulimie), Schmerzen im Bauch- und Unterleibsbereich, Verdauungsstörungen oder Hautausschläge/Allergien auf.

Die Folgen des sexuellen Missbrauchs werden nach Kurz- und Langzeitfolgen unterschieden. Zu den Kurzzeitfolgen zählen alle Reaktionen des betroffenen Kindes, die unmittelbar nach der Tat oder mittelfristig in einem Zeitraum innerhalb der ersten beiden Jahre nach Beginn der Gewalttat auftreten. Langzeitfolgen beschreiben hingegen die länger andauernden oder erst später auftretenden Folgen.

7.7 Konzeptionelles Wissen zur Präventionsarbeit gegen sexuelle Gewalt

Aufgabe

Der Einstieg in die Präventionsarbeit gegen sexuellen Missbrauch wird oftmals von zwiespältigen Gefühlen begleitet. Zum einen knüpfen Sie als pädagogische Fachkraft an Ihre präventive Arbeit Hoffnungen und Zielvorstellungen, zum anderen existieren bei Ihnen wahrscheinlich Unsicherheiten und Befürchtungen im Hinblick auf das Thema.

- *Bitte notieren Sie auf (grünen) Kärtchen Ihre Hoffnungen und Ziele, schreiben Sie auf, was Sie durch Präventionsarbeit in Ihrem Arbeitsfeld positiv bewirken möchten.*
- *Auf andere (rote) Kärtchen schreiben Sie bitte Befürchtungen und Unsicherheiten, die im Zusammenhang mit dieser Arbeit bei Ihnen vorhanden sind.*
- *Die beschriebenen Karten können anschließend entweder im Partnergespräch oder im Gesprächskreis erläutert werden. Wenn Sie die von Ihnen notierten Gedanken lieber nicht persönlich vorstellen möchten, können die Karten auch an einer Pinnwand gesammelt werden.*

Aktuelle Ansätze in der Präventionsarbeit gegen sexuellen Missbrauch

Wie können Mädchen und Jungen vor sexueller Gewalt geschützt werden? Wo liegen Möglichkeiten und Aufgaben in der pädagogischen Arbeit mit Kindern und Jugendlichen?

Diese Fragen sind nicht neu, aber die Antworten haben sich in den letzten Jahrzehnten sehr verändert. Während die älteren Ansätze als Abschreckungsprävention zusammengefasst werden können, die auf das Verhalten der Kinder gerichtet war, wird Prävention heute mehr und mehr als Aufgabe der Erwachsenen verstanden. Es geht darum, in der Öffentlichkeit, z. B. bei Eltern, Erzieherinnen und Erziehern, Lehrerinnen und Lehrern, Politikerinnen und Politikern ein Bewusstsein zu schaffen, sich dem Thema zuzuwenden.

Kinder zum Neinsagen zu ermuntern ist wichtig, doch das allein ist keine ausreichende Prävention.

Erwachsene müssen sexuelle Gewalt fördernde oder begünstigende Situationen wahrnehmen, auf diese reagieren und Veränderungen anstreben. Nur dann kann die präventive Stärkung und Aufklärung von Kindern eine längerfristige Wirkung haben. Präventive Aspekte müssen in die Gesamterziehung von Elternhaus, Kindergarten und Schule integriert werden. Pädagogisch Handelnde sollen Mädchen und Jungen mit einer präventiven Erziehungshaltung begegnen.

Aufgaben

1. *Wie interpretieren Sie das Recht von Mädchen und Jungen auf Eigenständigkeit, Selbstbehauptung, körperliche Integrität und Grenzsetzung?*
2. *Wird dieses Recht von Ihnen als pädagogischer Fachkraft gewährleistet?*
3. *Welche möglichen Schwierigkeiten bei der Umsetzung des Rechts in Ihrer Arbeit sehen Sie?*

Präventive Erziehungshaltung

Eine präventive Erziehungshaltung ermöglicht es Kindern und Jugendlichen, Halt, Orientierung und Hilfe zu finden. Mädchen und Jungen haben ein sehr gutes Gespür dafür, ob sie von Erwachsenen ernst- und wahrgenommen, ob ihre Anliegen berücksichtigt, ob ihre Fragen gehört und beantwortet werden, ob kein Geschlecht bevorzugt oder benachteiligt wird und ob Regeln eingehalten werden.

Was Sie tun können, um eine präventive Erziehungshaltung gegenüber Kindern und Jugendlichen einzunehmen:

- Nehmen Sie die Gefühle der Mädchen und Jungen wahr und achten Sie diese. Ermuntern Sie Kinder und Jugendliche, ihren Gefühlen zu trauen und diese zu benennen.

- Schenken Sie Mädchen und Jungen ehrliche Aufmerksamkeit und Zuwendung.
- Verlangen Sie keinen unbedingten Gehorsam gegenüber Erwachsenen, sondern ermöglichen Sie Kindern und Jugendlichen an vielen Stellen Mitsprache und Eigenverantwortung.
- Praktizieren Sie keine geschlechtsspezifische Erziehung bzw. hinterfragen und durchbrechen Sie entsprechende Festschreibungen.
- Legen Sie Grenzen und Regeln gemeinschaftlich fest und achten Sie auf deren Einhaltung.
- Achten Sie auf ein verantwortungsvolles und klares Nähe-Distanz-Verhältnis in der Arbeit. Gestehen Sie Mädchen und Jungen einen selbstbestimmten Körperkontakt zu. Machen Sie Angebote von Zuwendung und Nähe und lassen Sie die Kinder und Jugendlichen entscheiden, ob sie diese annehmen möchten oder nicht.

Eine präventive Erziehungshaltung erfordert von Ihnen auch eine klare Positionierung zum Thema „sexuelle Gewalt" im Kontakt mit Erwachsenen:

- Haben Sie den Mut, nachzufragen und Stellung zu beziehen, wenn Bemerkungen zweideutig sind.
- Nehmen Sie einen klaren ablehnenden Standpunkt in Bezug auf sexistische Sprüche und Verhaltensweisen ein.
- Hinterfragen und verändern Sie Strukturen, die Ihnen undurchsichtig oder (sexuelle) Gewalt fördernd erscheinen.

Sexistischen Sprüchen und Anmache muss widersprochen werden.

Reflexionskompetenz

Eine entscheidende Voraussetzung, um eine präventive Erziehungshaltung einnehmen zu können, ist Selbstreflexion. Präventionsarbeit setzt die Bereitschaft voraus, sich persönlich mit der Thematik der sexuellen Gewalt auseinanderzusetzen. Dazu müssen Sie als pädagogisch Handelnde/-r reflektieren, welche Berührungspunkte Sie selbst mit diesem Thema haben, wo Ihre Ängste, Sorgen und Unsicherheiten liegen und wie Sie mit diesen umgehen. Die Auseinandersetzung mit sexueller Gewalt beinhaltet auch die Beschäftigung mit der eigenen Sexualität. In der Beschäftigung mit dem Thema kommt immer die eigene – auch sexuelle – Biografie zum Tragen.

Mögliche Fragen zur Selbstreflexion sind:

- Welche Gefühle und Assoziationen spricht das Thema „sexuelle Gewalt" in mir an?
- Bin ich stark genug, der Realität des Missbrauchs zu begegnen?

- Welche Verantwortung habe ich in meiner pädagogischen Profession?
- Wie kann ich meine Ängste und Unsicherheiten respektieren und meine Grenzen beachten?
- Kann ich auf Fragen der Kinder und Jugendlichen antworten?
- Bei wem finde ich Anerkennung und Unterstützung für meine Arbeit?
- Wo beginnt mein eigener Schutzbereich? Über welche Dinge will und kann ich nicht mit den Kindern/Jugendlichen reden? Wie setze ich dies durch?

Präventionsarbeit als umfassende Aufgabe

Präventionsarbeit darf nicht als die Aufgabe einzelner, besonders engagierter Kolleginnen und Kollegen verstanden werden, sondern ist ein Auftrag an das gesamte Kollegium einer Einrichtung oder Institution.

Die Präventionsarbeit gegen sexuelle Gewalt ist dem Paragrafen 8a SGB (Sozialgesetzbuch) VIII zuzuordnen, in dem der Schutzauftrag bei Kindeswohlgefährdungen definiert wird. In manchen Bundesländern (z. B. Bayern und Hessen) wurde das Thema „Kindeswohlgefährdungen" in die Bildungsprogramme aufgenommen, und es wurden Hinweise und Empfehlungen für die Praxis, z. B. in Kindertageseinrichtungen, entwickelt.

Werden Konzepte zur Präventionsarbeit gegen sexuellen Missbrauch in Kindertageseinrichtung oder anderen Einrichtungen entwickelt, so handelt es sich dabei in erster Linie um primäre, d. h. vorbeugende Arbeit mit den Mädchen und Jungen. Nicht die Aufdeckung eines sexuellen Missbrauchs (sekundäre Prävention) oder die Aufarbeitung (tertiäre Prävention) sind vordringliche Gegenstände der Arbeit, sondern die Aufklärung und Stärkung der Kinder, um einen sexuellen Missbrauch nach Möglichkeit von vornherein zu verhindern. Die enge Verzahnung aller drei Präventionsstufen liegt auf der Hand. Hier bietet besonders im Elementarbereich die dort verankerte Dokumentationspflicht über den Bildungszuwachs jedes Kindes eine sehr gute Chance, Verhaltensauffälligkeiten und versteckte Hilferufe eines Kindes frühzeitig wahrnehmen und auf diese reagieren zu können.

Zu einer umfassenden Präventionsarbeit in einer Einrichtung gehört auch die **Elternarbeit**. So sollten z. B. Eltern schon beim Aufnahmegespräch ihres Kindes in die Kindertagesstätte erfahren, dass Sexualpädagogik und Präventionsarbeit im Konzept der Einrichtung verankert sind.

Wenn Sie als Erzieherin oder Erzieher Eltern über die Präventionsarbeit Ihrer Einrichtung informieren, werden Sie wahrscheinlich sehr unterschiedliche Reaktionen erhalten. Ihnen begegnen möglichweise

- Eltern, die Ihre Präventionsarbeit begrüßen, weil sie um deren Notwendigkeit wissen, die interessiert zu thematischen Elternarbeiten kommen werden und vielleicht sogar ihre Mitarbeit bei Präventionsprojekten anbieten,
- Eltern, die nichts dagegen haben, wenn Sie Präventionsarbeit durchführen, die sich aber nicht sonderlich engagieren und an inhaltlichen Elternabenden nicht teilnehmen,

- Eltern, die Vorbehalte anmelden aus Angst vor dem „Missbrauch mit dem Missbrauch". Diese Eltern äußern z. B. Bedenken gegen falsche Deutungen von Aussagen, Verhaltensweisen oder Kinderzeichnungen,
- Eltern, die möglicherweise wegen der eigenen Situation unsicher sind, weil sie (als Opfer oder Täter/-innen) selbst betroffen sind,
- Eltern, die besorgt sind wegen einer zu großen Belastung der Kinder und die befürchten, dass das Thema bei den Kindern Angst auslösen könne. Sie haben Sorge, dass bei betroffenen Kindern Ängste verstärkt werden oder Kindern, die nicht betroffen sind, Freiheit und Unbefangenheit gegenüber der Sexualität genommen werden,
- Eltern, die generell die Behandlung von Sexualität als ihr familiäres Privileg ansehen,
- Eltern aus anderen Kulturen, die den Bereich der Sexualität – auch des sexuellen Missbrauchs – anders wahrnehmen, teilweise auch deutlich stärker tabuisieren (vgl. Koch/ Kruck, 2000, S. 73).

Diesen unterschiedlichen Einstellungen und Positionen von Müttern und Vätern müssen Sie mit einer klaren, von der Einrichtung gestützten Haltung begegnen. Sensibilität hinsichtlich der Unsicherheiten und Sorgen der Eltern und ehrliche Kommunikationsbereitschaft können helfen, Widerstände zu minimieren und damit präventive Elternbildung zu ermöglichen.

Es hat sich herausgestellt, dass viele Eltern zwar ein gewisses theoretisches Wissen über sexuelle Gewalt haben, dass sie aber weder über derzeitige Präventionsansätze noch über Hilfsangebote durch Beratungsstellen ausreichend informiert sind.

Aufgabe

Beginnen Sie, eine Liste für Eltern zusammenzustellen, in der Sie für das jeweilige Alter der Kinder geeignete Medien und Materialien sammeln:

- *zur Sexualerziehung,*
- *zum Sprechen über Gefühle, Körperlichkeit, Liebe,*
- *zum sexuellen Missbrauch.*

7.8 Ziele und Inhalte der Präventionsarbeit mit Kindern und Jugendlichen

Den eigenen Körper kennenzulernen ist Teil der Präventionsarbeit.

Die Präventionsarbeit gegen sexuelle Gewalt verfolgt die Ziele, Mädchen und Jungen zu stärken, sie in ihrer ungestörten sexuellen Entwicklung zu unterstützen, sie selbstbewusst und selbstständig zu machen, sie über sexuelle Gewalt aufzuklären, sie über ihre Rechte zu informieren und ihnen Hilfsmöglichkeiten zu verdeutlichen.

Natürlich ist das oberste Ziel der Schutz der Kinder vor sexueller Gewalt. Jedoch kann auch die beste Präventionsarbeit das Machtungleichgewicht zwischen Täter und Opfer nicht beseitigen und somit auch nicht verhindern, dass sich Täter und Täterinnen über alle Abwehrversuche eines Kindes hinwegsetzen. Ein zweites wesentliches Ziel der Präventionsarbeit mit Kindern und Jugendlichen ist es deshalb, sie durch Aufklärung und Stärkung zu ermutigen, möglichst frühzeitig von sexuellen Grenzverletzungen und Übergriffen zu erzählen bzw. auf anderem Weg nach Hilfe zu suchen („Nummer gegen Kummer", Onlineberatung, Beratungseinrichtungen etc.).

Folgende **Inhalte** gehören zur Präventionsarbeit gegen sexuellen Missbrauch:

1. Aufklärung über sexuellen Missbrauch in altersentsprechender Form

Diese Aufklärung kann auch mithilfe von Büchern, Theaterstücken, Filmen erfolgen, die als Grundlage für weiterführende Gespräche genutzt werden können. Natürlich braucht ein Kindergartenkind andere Informationen mit einer anderen Wortwahl als ein 16-Jähriger. Präventionsarbeit darf niemals Angst machen! Es muss für jedes Kind, für jede Gruppe neu ausgewählt werden, welche Informationen hilfreich und verständlich sind. Wichtig ist, dass Kinder und Jugendliche ihre Fragen stellen dürfen und Antworten erhalten, die sie verstehen können. Wo nur angedeutet wird oder „drumherum geredet" wird, findet keine Aufklärung statt, sondern es werden vielmehr neue Tabus aufgebaut.

Aufgabe

Sie werden von einem Kind (von einem Jugendlichen) gefragt, was sexueller Missbrauch denn eigentlich genau sei und warum so etwas getan werde.

Formulieren Sie eine altersentsprechende Antwort, die aufklärt, ohne zu verängstigen.

2. Aufklären über Täterstrategien

Hier stehen vor allem die Themen „Geheimnisse", „Erpressung", „Bestechung" und „Bedrohung" im Vordergrund. Aber auch die Kontaktaufnahme und Belästigung im Internet sollte thematisiert werden. Beispiele und Rollenspiele können helfen, die Vorgehensweisen der Täter einzuordnen und zu durchschauen. Der Bereich „Geheimnisse" hat dabei einen besonderen Stellenwert, da Kinder Geheimnisse sehr ernst nehmen und es für Kinder auch wichtig ist, Geheimnisse haben zu dürfen. Da viele Täter/-innen den von ihnen verübten sexuellen Missbrauch als ein Geheimnis deklarieren, das unter keinen Umständen weitererzählt werden dürfe, wird den Kindern vermittelt, dass es Geheimnisse geben kann, die man nicht für sich behalten soll. Häufig wird bei jüngeren Kindern über den Begriff „Bauchwehgeheimnis" versucht, den vom Täter auferlegten Druck zur Geheimhaltung zu beschreiben und zu erklären.

3. Sexualerziehung

Präventionsarbeit gegen sexuellen Missbrauch kommt ohne eine offensive Sexualerziehung nicht aus. Kinder und Jugendliche brauchen ein ihrem Alter und Entwicklungsstand entsprechendes Wissen und eine Sprache über Sexualität und haben auch ein Recht darauf, Sexualität zu leben. Erst auf der Grundlage einer guten Sexualerziehung und einer lustvollen Haltung zu sich selbst und zum eigenen Körper kann auch über die grenzverletzenden Berührungen des sexuellen Missbrauchs aufgeklärt werden.

4. Gefühlserziehung/Gesprächserziehung

Im Rahmen der Präventionsarbeit gegen sexuelle Gewalt wird den sprachlichen Ausdrucksmöglichkeiten der Kinder große Aufmerksamkeit geschenkt. In vielfältigen Übungen zur Differenzierung sollen Kinder und Jugendliche nicht nur lernen, Empfindungen, Berührungen, Geheimnisse und Interaktionen differenziert wahrzunehmen, sondern auch diese Differenzierungen genau zu artikulieren und zu benennen. Eine Sprache für Emotionen zu finden bzw. Worte für Gefühlslagen und somit Ausdrucksformen für eigene Wahrnehmungen zu entwickeln, muss mit Mädchen und Jungen immer wieder und in vielfältiger Form geübt werden. Insbesondere Jungen fällt es oft schwer, neben „schön" und „blöd" eine differenziertere Sprache für Gefühle zu finden.

5. Information über Hilfsmöglichkeiten

Kinder und Jugendliche müssen Schritte des Hilfeholens genau kennen, um diese Möglichkeit für sich selbst oder aber auch für Freunde oder Geschwister wahrnehmen zu können. Neben lokalen Ansprechpartnern und Einrichtungen spielt besonders für Jugendliche das Internet eine große Rolle. Einige Internetforen für Jugendliche (besonders die zum Thema „Sexualität") haben einen Unterbereich, in dem es um sexuelle Gewalt geht. Daneben gibt es Foren (z. B. von Beratungsstellen oder von Betroffenen), die sich speziell mit sexuellem Missbrauch beschäftigen (z. B. Gegen-Missbrauch e. V. Die Plattform für Betroffene, Überlebende, Freunde und Partner). Jugendlichen nutzen diese Seiten als Informations- und Hilfsplattform, insbesondere aber zum Austausch bei Fragen zu sexuellen Übergriffen. Konkrete Hilfe über das Internet bietet die Onlineberatung.

Aufgaben

1. *Informieren Sie sich durch gezielte Suche, welche Informations- und welche Austauschmöglichkeiten für Jugendliche im Internet zu finden sind.*
2. *Lesen Sie einige Beiträge in den Foren.*
3. *Welche Rückschlüsse können Sie daraus für Ihre Präventions- und Interventionsarbeit ziehen?*

Oft werden die Themen „Körper", „Gefühle", „Berührungen" etc. zu allgemein behandelt, sodass das wesentliche Ziel, Kinder über sexuellen Missbrauch aufzuklären und ihnen eine Sprache zu geben, die ihnen ermöglicht, über Sexualität zu sprechen, nicht erreicht wird. Erfolgreiche präventive Arbeit gegen sexuellen Missbrauch muss alle inhaltlichen Schwerpunkte in den Blick nehmen.

„Präventionskonzepte, die gegen sexuellen Missbrauch arbeiten, aber ohne explizit sexuelle Bezüge aufklären, erreichen alles Mögliche, aber keine erfolgreiche Präventionsarbeit gegen sexuellen Missbrauch."
(Damrow, 2010, S. 26)

Grundsätzlich sind Präventionsansätze zu kritisieren, die sich ausschließlich an die potenziellen Opfer sexuellen Missbrauchs wenden. Durch diese Gewichtung wird die Verantwortung für den Missbrauch in ungerechtfertigter Art und Weise auf das Opfer übertragen. Kinder geraten unter Druck, wenn sie die Präventionsbotschaften nicht umsetzen können und unrealistische Erwartungen spüren. Trotz Selbstverteidigungstechniken sind sie Erwachsenen unterlegen.

In vielen Präventionsmaßnahmen werden Sexualität und sexueller Missbrauch nicht deutlich thematisiert, wodurch eine Tabuisierung des Themas aufrechterhalten wird. Den Kindern werden keine Ausdrucksmöglichkeiten gegeben und für viele bleibt möglicherweise unklar, was sexueller Missbrauch überhaupt ist. Die Sprache der präventiv Handelnden hat dabei einen entscheidenden Vorbildcharakter. Redet z. B. eine Erzieherin nur von „da unten", statt die Geschlechtsteile zu benennen, signalisiert sie damit, dass es ihr unangenehm ist, die Worte „Scheide" oder „Penis'"auszusprechen. Kinder nehmen dies sehr sensibel wahr und werden mit dieser Erzieherin wohl kein Gespräch über Sexualität oder sexuelle Grenzverletzungen suchen.

7.9 Beispiele der präventiven Arbeit

Die Erarbeitung der Präventionsinhalte muss durch vielfältige Angebote geschehen, die den Mädchen und Jungen ein eigenständiges Erproben und ein Handeln mit allen Sinnen ermöglichen.

Präventionsarbeit muss möglichst früh, ganzheitlich, öfter wiederkehrend und handlungsbezogen erfolgen, wenn sie eine längerfristige Wirkung haben soll.

Inzwischen liegen eine Reihe von Medien und Materialien zur Präventionsarbeit vor, mit denen dieser Anspruch erfüllt werden kann. Es gibt Spiele, CDs, Hörspiele, Computerspiele und Filme. Besonders hilfreich für die präventive Arbeit mit Kindern und Jugendlichen sind Materialsammlungen oder Präventionskoffer, die neben Medien, Spielmaterialien, Arbeitsblättern, Filmen, CDs und vielem mehr auch Informationsmaterial, Begleithefte und Leitfäden für Erwachsene enthalten.

Kinder in ihrem Selbstbewusstsein zu stärken, ist Teil der präventiven Arbeit.

Viele Möglichkeiten der präventiven Arbeit werden von Erzieherinnen, Erziehern und anderen pädagogischen Fachkräften im Alltag bereits praktiziert. Sie leisten bereits täglich wertvolle präventive Arbeit:

- Lieder mit präventiven Inhalten werden mit den Kindern gesungen, dazu wird getanzt, die Lieder werden mit Instrumenten begleitet, weiter- und umgedichtet.
- Es werden mit Mädchen und Jungen Erfahrungen rund um den Körper gesammelt: durch sportliche Übungen ebenso wie durch Körperbemalungen.
- Mit Geschichten oder Bildkarten werden mit den Kindern Anregungen zu Rollenspielen, zu Standbildern, pantomimischen Übungen oder zu kleinen Theaterszenen rund um das Thema „Gefühle“ gefunden.
- Ausdruckmöglichkeiten für Gefühle werden ferner in Farben, Tönen, Bildern und Skulpturen entdeckt.

Zur Umsetzung der Inhalte der Präventionsarbeit werden häufig **Bausteine bzw. Schwerpunktthemen** für die praktische Arbeit vorgeschlagen. Im Folgenden werden die fünf gängigsten Bausteine und exemplarisch einige konkrete Umsetzungsmöglichkeiten, überwiegend für Kinder im Kita- und Grundschulalter, vorgestellt. Ebenso wichtig wie Spiele und Übungen zu den einzelnen Aspekten sind **Reflextion und Austausch** darüber. In Gesprächen, die ihren Ausgangspunkt z. B. in der Auswertung einer Körperübung haben, können die weitergehenden Gedanken, Vorstellungen und Fragen der Kinder und Jugendlichen aufgegriffen und diskutiert werden. In der einen Gruppe ergibt sich aus dem Gespräch über eine Körperübung dann vielleicht ein Gespräch über Körperteile, und es werden Benennungen für Geschlechtsteile besprochen. In einer anderen Gruppe läuft das Gespräch vielleicht in eine andere Richtung und es bietet sich eine erste Möglichkeit für die Aufklärung über sexuellen Missbrauch.

Schon im Vorfeld, aber besonders während der Präventionsarbeit, muss gewährleistet sein, dass es bei allen Übungen und Gesprächen, besonders bei Theaterstücken, Filmen und anderen Medien, **Rückzugsmöglichkeiten** für Kinder oder Jugendliche gibt, für die die Situation zu belastend wird. Dass Präventionsarbeit auch aufdeckende Wirkung haben kann, liegt auf der Hand. **Kenntnisse über Interventionsschritte** sind deshalb eine Grundvoraussetzung für eine verantwortliche Präventionsarbeit.

Aufgabe

Die fünf folgenden Bausteine thematisieren nicht direkt den sexuellen Missbrauch.

1. *Überlegen Sie, bei welchem Baustein und in welcher Form Sie für die Mädchen und Jungen in Ihrem Arbeitsbereich die Aufklärung über sexuelle Gewalt ansiedeln würden.*
2. *Entwerfen Sie konkrete Umsetzungsideen.*

Baustein 1: Bestimmungsrecht über den eigenen Körper: „Mein Körper gehört mir"

Mit den Kindern wird ausgiebig zum eigenen Körper gearbeitet. Die Kinder sollen dabei ihren Körper besser kennenlernen, ihn intensiver wahrnehmen und eine positive Einstellung zum eigenen Körper entwickeln. Den eigenen Körper zu mögen, stärkt das Selbstbewusstsein. Wer sich in seiner Haut wohlfühlt, kann sicherer auftreten! Es ist wichtig, dass Mädchen und Jungen lernen, auf den eigenen Körper zu achten, die Signale, die er sendet, ernst zu nehmen und zu verstehen. (Ich habe Hunger. Mir ist kalt. Ich brauche eine Pause. Ich muss zur Toilette. Ich bin müde.)

Die Kinder lernen, dass ihr Körper ihnen gehört und dass sie das grundsätzliche Recht haben, über ihn zu bestimmen. Auch Sondersituationen, wie z. B. eine ärztliche Untersuchung, bei der der eigene Körper von der Ärztin/dem Arzt (evtl. auch unangenehm) berührt werden muss, sollten in dem Zusammenhang ebenfalls diskutiert werden. Ganz wesentlich ist es für die Kinder zu erfahren, dass sie über den eigenen Körper und über alle Körperteile offen sprechen können. Gemeinsam kann mit ihnen über Bezeichnungen für die Körperteile, einschließlich der Geschlechtsteile, diskutiert werden. Mädchen und Jungen lernen dabei auch, dass es unterschiedliche Wörter gibt, um über den Körper zu sprechen: Einige sagen z. B. zum Austausch von Zärtlichkeiten „Kuscheln", andere „Knuddeln", wieder andere „Schmusen".

Praktische Umsetzungsmöglichkeiten rund um den Bereich „Körper" sind z. B.:

- sich verkleiden, in andere Rollen schlüpfen,
- sich schminken, Bemalen verschiedener Körperteile, gegenseitiges Bemalen,

- Übungen zu den Themen: „So sehe ich aus"/"So würde ich gerne aussehen",
- sportliche Körperübungen, Geschicklichkeitsübungen,
- Wahrnehmungsübungen am Körper (Ein Partner legt kleine Säckchen o.Ä. auf den Körper eines Kindes: „Wo spürst du etwas?"),
- Fantasiereisen, z.B. „Ich reise durch meinen Körper" (vgl. Seyffert, 2008, S. 15),
- Übungen rund um das Thema „Körpersprache" (Mimik, Gestik), Pantomimen,
- Begrüßungsspiele mit unterschiedlichen Formen der Begrüßung (Winken, Verbeugen, Hand geben, Abklatschen, Umarmen, Nasen reiben, Küsschen geben),
- Körperumrisszeichnungen erstellen, in diese Körperteile hereinmalen, kennzeichnen, welche Körperteile man besonders mag ...,
- Bilderbücher zum Thema lesen und nachspielen: z.B. „Melanie und Tante Knuddel" (Gisela Braun/Dorothee Wolters, 2006),
- Die Wohlfühlgrenze erkennen: Aufeinander zugehen und Stopp sagen, wenn jemand die Grenze des Wohlfühlbereichs erreicht hat,
- Bewegungsanlässe, z.B. durch viele kurze Musikstücke, die jeweils eine unterschiedliche Atmosphäre transportieren (Zirkusmusik, Meditationsmusik, Filmmusik ...).

Bei der Präventionsarbeit ist es wichtig, Kindern und Jugendlichen ihre eigenen Ausdrucksformen zu lassen.

Baustein 2: Wahrnehmung von Gefühlen/der eigenen Intuition vertrauen: „Es gibt mehr als schön und blöd!"

Die Kinder sollen lernen, sich auf ihre eigenen Gefühle und Intuitionen zu verlassen und diesen zu vertrauen, wenn sie sich in Interaktionen unwohl fühlen. Gefühle sollen als wichtige Selbstschutzelemente eines Menschen erkannt werden. Gefühle unterscheiden, benennen und ausdrücken zu lernen, erfordert Übung. Die Kinder sollen lernen, zwischen angenehmen und unangenehmen Gefühlen zu unterscheiden, aber auch widersprüchliche Gefühle wahrzunehmen, mit dem Ziel, sie zu deuten und zu artikulieren. Oft fällt es besonders Jungen schwer, eine Sprache für ihre Gefühle zu finden. Durch den Austausch über eigene Gefühle wird zugleich auch die Basis für die Respektierung der Gefühle anderer gelegt.

Erwachsene müssen darauf achten, die Gefühle der Kinder nicht zu missachten, sie ihnen (unbewusst) abzusprechen, z. B. durch gut gemeinte Äußerungen wie „Tut doch gar nicht weh!" oder „Der Pulli kratzt doch gar nicht!" oder „Die Lena/Der Max ist doch so nett!".

Praktische Übungen rund um den Bereich „Gefühle" sind z. B.:

- Gefühlsbarometer: Verschiedene Gefühle werden gemeinsam gesammelt und notiert. Anschließend kann ein Gefühlsbarometer gebaut werden: Auf Tonkarton (DIN A4) wird jeweils ein Gefühl geschrieben und passend illustriert. Die einzelnen Gefühlsblätter (zur längeren Haltbarkeit laminieren) werden nebeneinander an eine gut zu erreichende Leine gehängt. Jedes Kind schreibt seinen Namen auf eine Wäscheklammer und klammert diese an das Gefühlsblatt, das seinem aktuellen Empfinden entspricht. Die Blätter sollten regelmäßig erneuert werden. Wichtig ist es, mit den Kindern zu besprechen, warum sich ein Gefühl verändert hat.
- Gefühlsrunde: Wenn mein momentanes Gefühl eine Farbe wäre, dann wäre es ..., weil ...!
- Lieder (z. B. „Das Lied von den Gefühlen", K. Hoffmann) singen und eine eigene musikalische Umsetzung von Gefühlen mit unterschiedlichen Instrumenten probieren.
- Erstellen einer Gefühlscollage: Dazu eignen sich aus Zeitungen ausgeschnittene Gesichter.
- Gefühlswürfel (Diese lassen sich zusammen mit den Kindern herstellen oder sind unter der Bezeichnung „Mimwürfel" beim Verlag an der Ruhr zu bestellen. Auf jeder Würfelseite zeigt ein Gesicht ein anders Gefühl. Zu dem gewürfelten Gesicht kann das entsprechende Gefühl genannt werden, es kann eine Geschichte erzählt werden, in der das Gefühl vorkommt, es kann eine eigene Erfahrung mit dem Gefühl geschildert werden ...).
- Tante Erna kommt – Gefühle verbalisieren: Die Kinder bekommen Kärtchen mit vorgegebenen Gefühlen (z. B. traurig, empört, verliebt, verängstigt, schüchtern, freudig, ungeduldig, genervt, triumphierend, müde, cool, angeekelt, neugierig, eigensinnig, verhasst, gelangweilt, stolz, krank) und sollen nacheinander einen Satz (z. B. „Tante Erna kommt") mit der zu dem jeweiligen Gefühl passenden Betonung und Mimik vortragen. Die anderen Kinder raten, um welches Gefühl es sich handelt.
- Gefühle-Quartett (vgl. Enders/Wolters, 2004): Dieses Quartettspiel zeigt Kinder in verschiedenen Gefühlslagen. Vier Karten zeigen jeweils das gleiche Gefühl, aber in verschiedenen Situationen. Die gezeichneten Bilder sind sehr ansprechend und regen zu Gesprächen an. Ein solches Spiel lässt sich auch selbst herstellen.
- Gefühle-Memory oder Gefühls-Domino: Hier können entweder ein Bild und ein aufgeschriebenes Gefühl zusammen ein Paar bilden oder zwei Bilder, die das gleiche Gefühl zeigen. Zu kaufen gibt es ein solches Memory nicht. Die eigene Herstellung gemeinsam mit den Kindern (gemalte Bilder oder Fotos von den Kindern) bietet sich auch aufgrund der Gefühlsgespräche während der Arbeit an.

- „Hallo, wie geht es dir?“ (vgl. Reichling/Wolters, 1994): Diese Sammlung von Merk- und Sprachspielen mit Anregungen für Pantomimen und Rollenspiele bietet viele gute Spielideen.
- Malen oder Gestalten von Gefühlen mit unterschiedlichsten Farben und Materialien.
- ABCdarium oder Gefühlsakrostichon: Beide Gedichtformen sind bei Kindern sehr beliebt. Beim ABCdarium wird zu jedem Buchstaben des Alphabets ein Gefühl gesucht (oder ein Satz, in dem ein Gefühl vorkommt). Beim Akrostichon werden zu den Buchstaben eines Gefühls Assoziationen, die in Verbindung mit dem Gefühl stehen, gesucht, z. B.:
  - **N** iemals hat der das verdient!
  - **E** igentlich bin ich viel besser!
  - **I** mmer wird der bevorzugt!
  - **D** er hatte bestimmt Beziehungen!

Baustein 3: Umgang mit angenehmen, unangenehmen und verwirrenden Berührungen: „Manches mag ich – anderes nicht!“

Die Kinder sollen sich intensiv mit Berührungen auseinandersetzen und bewusst wahrnehmen, wie viele unterschiedliche Berührungen es gibt, z. B. angenehme, unangenehme, komische und verwirrende Berührungen.

„Berührungen können zu fest, zu spitz, zu hart, zu lasch sein, sie können zart, liebevoll, spendend, erregend sein. Sie können mit kalten oder feuchten Händen geschehen oder mit warmen weichen. Sie können kindlich, geschwisterlich, mütterlich, väterlich, großelterlich, kameradschaftlich, partnerschaftlich sein. Sie können zur unpassenden Zeit oder gerade recht kommen. Sie können zu wenig oder zu viel geschehen. Sie können klar und eindeutig sein oder verwirrend wirken.“
(Garbe, 2003, S. 33)

Mit den Kindern wird geübt, Berührungen und deren Abhängigkeit von Personen, Situationen und Umständen einzuordnen und zu bewerten. Es ist für Kinder oft schwer zu verstehen, dass Berührungen anfänglich schön sein können, aber plötzlich unangenehm werden oder sogar wehtun können. Diese Erfahrung kennen Kinder oft vom Durchkitzeln. Ebenso ist das positive oder negative Empfinden von Berührungen sowohl von Personen als auch von Situationen abhängig. Berührungen können von jedem Menschen anders erlebt und empfunden werden.

Berührungen sind für Kinder lebensnotwendig. Ohne das Erleben von zärtlichen und uneigennützigen Berührungen können sich Kinder nicht gesund und normal entwickeln.

Praktische Übungen rund um den Bereich „Berührungen“ sind z. B.:

- Burgspiel: Die Kinder bilden einen Stehkreis (die Burg). Ein Kind möchte von außen in die Burg hinein. Der „Zauberschlüssel“, um hereingelassen zu werden, ist eine Berührung, die für ein Kind aus dem Kreis angenehm ist. Das Kind, das hinein möchte, probiert nun an verschiedenen Kindern unterschiedliche Berührungen aus (z. B. streicheln, klopfen, zwicken, stupsen, küssen, kraulen). Ist die Berührung unangenehm, sagt das betreffende Kind: „Nein, nein, nein, so lass' ich dich nicht ein!" Der Kreis bleibt geschlossen. Ist die Berührung angenehm, ist die Antwort: „Das war fein, du darfst rein!" und der Kreis öffnet sich (vgl. Braun, 2008, S. 43).

- Fühlkästen, Fühlwege, Fühlstationen (Die Kinder testen mit Händen und Füßen, wie sich verschiedene Dinge anfühlen, versuchen, nur durchs Fühlen herauszufinden, worum es sich handelt und diskutieren, was jemand gerne berührt und was nicht.
- Rückenmassagen (z. B. Tennisball-, Igelball-, Bürstenmassage, Pizza-, Wettermassage)
- „Wer darf das?" Ein Fragebogen rund um Berührungen. Der Fragbogen benennt verschiedene Tätigkeiten, die mit Berührungen verbunden sind (z. B. „Mir ein Pflaster aufkleben.", „Mich bürsten.", „Mich kitzeln.", „Mich abtrocknen."). In mehreren Spalten können die Kinder Personen eintragen, für die sie dann durch Ankreuzen entscheiden, wer die genannte Tätigkeit ausführen darf und wer nicht.
- Hände erkennen (Hand eines Partners ertasten und diese dann mit geschlossenen Augen,
- z. B. unter drei Händen, wiederfinden)
- Rollenspielsituationen zu Berührungen
- (Spiel-)Lieder mit Berührungsaspekten, z. B. „Katzentatzentanz" von Frederic Vahle

Baustein 4: Selbstbewusstes Zustimmen und Ablehnen: „Ich sage dir, was ich will!"

Kinder erfahren von ihrem Recht, Grenzen zu setzen, aber auch, dass dies nicht immer leicht ist. Sie dürfen gegenüber anderen Kindern, Jugendlichen und Erwachsenen ihre Empfindungen klar artikulieren und sagen, was sie möchten und was sie nicht möchten. Gleichzeitig ist es aber auch wichtig, den Mädchen und Jungen immer wieder zu vermitteln, dass es Situationen geben kann, in denen sie es nicht schaffen, Nein zu sagen, weil sie zu viel Angst haben. Oder dass ihr Nein übergangen wird, weil der oder die andere stärker ist. Kinder müssen wissen, dass es verständlich und nicht ihre Schuld ist, wenn sie es nicht schaffen, sich zu wehren. Wichtig ist, dass Kinder lernen, sich für eine missglückte Grenzsetzung nicht schuldig zu fühlen. Hilfreich ist die Überlegung, dass es oft mit Hilfe anderer besser klappt, sich durchzusetzen.

Die Präventionsarbeit greift verstärkt Erkenntnisse der Resilienzforschung auf und setzt an den Ressourcen und Stärken der Kinder an.

Die Reflexion geschlechtsspezifischer Sozialisationsmuster ist ebenfalls ein zentraler Punkt der Präventionsarbeit und lässt sich mit diesem Baustein gut verbinden. Mädchen und Jungen sollen lernen, partnerschaftlich miteinander umzugehen. Sie brauchen für ihr Verhalten jedoch entsprechende Vorbilder und Unterstützung. Sprüche wie: „Ein Junge weint doch nicht" oder „Was hart macht, macht stark" für Jungen oder die Aufforderung, lieb, nett und nicht so wild zu sein für Mädchen drängen Kinder in stereotype Geschlechterrollen. Nicht übersehen werden darf, dass es schüchterne, unsichere und wenig selbstbewusste Jungen ebenso gibt wie Mädchen, die lernen müssen, die Grenzen anderer zu respektieren und ihre Gefühle zu zeigen. Die zeitweilige Aufteilung in geschlechtsspezifische Gruppen bietet sich an, um den Mädchen und Jungen Lernerfahrungen und Möglichkeiten zum Austausch innerhalb ihrer Geschlechtergruppe zu ermöglichen.

- Nein- und Ja-Kreis: Angelehnt an das Kreisspiel „Ab durch die Mitte, alle die ...“ werden die Kinder aufgefordert, zu bestimmten Fragen laut, leise, frech, ernst usw. „Ja“ oder „Nein“ zu rufen und dabei mit viel Körperausdruck in die Mitte zu springen.

- Stoppübungen: Diese Übung hilft, eigene und fremde Grenzen zu erkennen. Zwei Kinder gehen aufeinander zu und sagen „Stopp“, wenn der andere an der Grenze zum eigenen Wohlfühlbereich angekommen ist. In einem zweiten Schritt wird die Übung mit geschlossenen Augen wiederholt.

- Lieder, z.B. „Starke Kinder“ (Rolf Zuckowski), „Mein Lieblingssinn ist Eigensinn“ (Zartbitter Köln), „Kindermutmachlied“ (A. Ebert)

- Starkes Tier: Bei diesem Bewegungsspiel mit Musik laufen die Kinder zunächst mit Bewegungsaufträgen (große Schritte, kleine, aber schnelle Schritte, hüpfen, wie eine Feder schweben ...). Nach einiger Zeit erhalten sie eine Imaginationsaufgabe: „Stell dir ein starkes Tier vor. Überlege gut, welches Tier du besonders stark findest. Dann versuche, dich so zu bewegen, wie es dein starkes Tier tun könnte. Wenn du magst, kannst du auch die Geräusche von deinem Tier nachmachen.“ Wenn alle Kinder ein Tier gefunden haben, stellen sie sich im Kreis auf. Nun werden die pantomimischen Darstellungen vorgemacht und erraten und die Stärken der Tiere noch genauer in den Blick genommen.

- Mut-Schachtel: Die Mutschachtel ist eine kleine Schachtel (z.B. Streichholzschachtel) mit einem eingeklebten Spiegel (Spiegelfolie). Die Kinder stehen/sitzen im Kreis, und es wird ihnen erzählt, dass in der Schachtel ein mutiger Mensch zu sehen sei. Nacheinander darf dann jedes Kind die Schachtel öffnen, sich diesen Menschen anschauen und die Schachtel dann schweigend weitergeben. Die Übung regt viele Gespräche und Diskussionen über den eigenen Mut an und lässt die Kinder eigene Stärken neu oder bewusster wahrnehmen.

- Mit Worten kitzeln: Die Kinder finden sich zu Paaren und setzen sich gegenüber. Nun beginnt das eine Kind möglichst viele nette Sachen über das andere Kind zu sagen. Dieses Kind beginnt in der Regel bald zu lachen, die schönen Worte haben es gekitzelt. Nach einiger Zeit wird getauscht.

- Rücken stärken: Die Kinder bekommen einen Zettel auf den Rücken geklebt, auf dem jedes andere Kind der Gruppe mindestens eine positive Sache über das Kind aufschreibt. Voraussetzung für dieses Spiel ist, dass sich die Kinder etwas näher kennen und sich an die Regel, nichts Negatives zu schreiben halten. Ruhige Musik während des Schreibens kann hilfreich sein. Das Lesen der vielen positiven Notizen ist für die meisten Kinder eine beeindruckende Erfahrung.

- Schreimauer: Ein Spiel für draußen: Die Gruppe teilt sich in zwei Kleingruppen. Eine Gruppe stellt sich in die Mitte, die andere teilt sich erneut und stellt sich rechts und links von der ersten Gruppe in zwei Reihen auf. Nun versucht die eine geteilte Kleingruppe der anderen einen Satz zuzurufen, während die mittlere Gruppe die Aufgabe hat, so laut zu schreien, dass die andere Gruppe den Satz nicht versteht. Hier üben die Kinder, zum einen wirklich einmal richtig laut zu schreien, andererseits müssen sie miteinander kooperieren, um Tricks zu finden, welche die Verständigung erleichtern.

Baustein 5: Informationen über Unterstützungssysteme: „Was machst du, wenn ...?"

Die Kinder erhalten Informationen über Personen und Institutionen, bei denen sie Unterstützung erhalten können, falls sie Hilfe benötigen. Sie erfahren, dass sie Hilfe holen und über ihre Sorgen sprechen dürfen, auch wenn es jemand ausdrücklich verboten hat. Die Schwierigkeit des Hilfeholens muss dabei jedoch explizit thematisiert werden. Neben verschiedenen Hilfsmöglichkeiten sollen die Kinder auch Handlungsalternativen kennenlernen. Sie erfahren: Jeder hat das Recht, sich Hilfe zu holen, insbesondere Kinder. Es wird besprochen, wie und wo sie sich bei Sorgen Hilfe holen können und wem sie von ihren Ängsten erzählen können. Sie sollen lernen, dass sie ihre Probleme anderen mitteilen können, wodurch leichter Lösungswege gefunden werden können. Durch Spiele und Übungen sollen Kinder erkennen, dass Hilfeholen nicht nur Schwäche, sondern auch Stärke und Mut bedeuten und darum auch schwierig sein kann.

Kinder müssen wissen, an wen sie sich wenden können, wenn sie Hilfe brauchen.

- Schifffahrt nach Sydney: Die Kinder sitzen auf Stühlen in zwei Reihen, die Rückenlehnen beider Reihen stehen aneinander. Es wird erzählt: Auf der Fahrt nach Sydney auf dem großen Dreimaster, geht die Crew (Kinder) ab und zu mal schwimmen (Musik läuft). Doch vor Australien leben riesige Haie! Deshalb müssen alle Besatzungsmitglieder, sobald Hai-Alarm (Musik geht aus) ausgerufen wird, umgehend wieder an Bord (auf die Stühle). Die Haie sind jedoch so hungrig und aggressiv, dass sie Teile des Bootes wegfressen (Stühle wegnehmen). Trotzdem soll niemand im Wasser bleiben müssen und von den Haien gefressen werden. Dieses Spiel ist bei Kindern sehr beliebt und fördert ein starkes Gemeinschaftsgefühl.
- Knotenspiele: Es gibt vielfältige Knotenspiele (am bekanntesten ist der „Gordische Knoten"), bei denen Kooperation gefragt ist, um sich gemeinsam zu „entknoten". Zumeist stehen die Kinder zu Beginn im Kreis, gehen mit geschlossenen Augen und ausgestreckten Händen aufeinander zu und ergreifen zwei andere Hände. Nun muss es

die Gruppe schaffen, wieder einen Kreis herzustellen, ohne dass die Hände losgelassen werden.

Sich einer Freundin anvertrauen zu können ist wichtig!

- Zungenbrecher (vgl. Braun, 2008, S. 36):
  „Wenn Du sagst, ich soll nicht fragen,
  soll mich nichts zu sagen wagen,
  sagt mir mein Gefühl im Magen,
  ich werd's trotzdem weitersagen!"
- Anhand verschiedener Beispiele können die Kinder erkennen, dass manche Dinge allein schwer zu bewältigen sind. Tätigkeiten, die allein nicht oder nur sehr schwer auszuführen sind (z. B. eine Decke falten, einen Tisch wegtragen, sich selbst einen Zopf flechten) werden den Kindern zur Aufgabe gemacht. Schnell werden die Schülerinnen und Schüler auf die Idee kommen, dass sie sich andere Kinder zur Hilfe holen und dadurch die Aufgabe viel leichter lösen können.
- Das Schrecklichste, was mir passieren kann: Im Gespräch oder in schriftlicher Form erzählen die Kinder, was für sie das schrecklichste Erlebnis wäre, das sie sich denken könnten. Zusammen mit den anderen Kindern und den pädagogischen Fachkräften werden Hilfsmöglichkeiten für den vorgestellten Fall gesucht.
- Kindersorgentelefon: Als eine Anlaufstelle bei Sorgen und Problemen sollte den Kindern auch das Kindersorgentelefon vorgestellt werden. Nach vorheriger Absprache mit der jeweiligen Einrichtung können das Telefonieren im Allgemeinen geübt und konkrete Anrufe beim Kindersorgentelefon durchgeführt werden.

Aufgaben

1. *Überlegen Sie an dieser Stelle, welche Elemente Ihrer derzeitigen Arbeit mit Kindern oder Jugendlichen bereits Teile der Präventionsarbeit gegen sexuelle Gewalt sind.*
2. *Welche Aspekte möchten Sie auf jeden Fall noch neu hinzunehmen?*

7.10 Arbeit mit Bilder-, Kinder- oder Jugendbüchern

Aufgaben

1. *Kennen Sie Bücher für Kinder oder Jugendliche, die sexuellen Missbrauch thematisieren? Tauschen Sie sich in einer Kleingruppe aus (Titel, Inhalt des Buches, Erfahrungen mit dem Buch in der praktischen Arbeit).*
2. *Was erwarten Sie von einem Buch zum Thema? Wo sehen Sie mögliche Chancen und wo Risiken?*

Es gibt inzwischen eine Reihe von Büchern für Kinder und Jugendliche, die die Thematik des sexuellen Missbrauchs aufgreifen und zur Präventionsarbeit genutzt werden können. Insbesondere für Kinder im Kindergartenalter gibt es zahlreiche Bücher, die allgemein präventive Themen aufgreifen. Folgend finden Sie eine Zusammenstellung von Buchtiteln aus diesem Bereich.

Literaturhinweise

- *Braun, Gisela/Wolters, Dorothee: Das große und das kleine Nein, Mühlheim a. d. Ruhr: Verlag an der Ruhr, 1991.*
- *Braun, Gisela/Wolters, Dorothee: Melanie und Tante Knuddel, Köln: Mebes & Noack, 2006.*
- *Enders, Ursula/Wolters, Dorothee: Wir können was, was ihr nicht könnt! Ein Bilderbuch über Zärtlichkeit und Doktorspiele, Köln: Mebes & Noack, 2009.*
- *Geisler, Dagmar: Mein Körper gehört mir, Bindlach: Loewe Verlag, 6. Aufl. 2011.*
- *Kreul, Holde/Geisler, Dagmar: Ich und meine Gefühle, Bindlach: Loewe Verlag, 2011.*
- *Mebes, Marion/Sandrock, Lydia: Kein Küsschen auf Kommando & Kein Anfassen auf Kommando, Köln: Mebes & Noack, 2010.*
- *Mönter, Petra/Wiemers, Sabine: Küssen nicht erlaubt, Freiburg: Kerle/Verlag Herder, 2. Aufl. 2001.*
- *Rübel, Doris: Ängstlich, wütend, fröhlich sein. Reihe: Wieso? Weshalb? Warum?, Ravensburg: Ravensburger Verlag, 2010.*
- *Zöller, Elisabeth/Reckers, Sandra/ Kolloch, Brigitte: Stopp, das will ich nicht! Vorlesegeschichten vom Nein sagen und Grenzen-Ziehen, Hamburg: Ellermann Verlag, 2007.*

Darüber hinaus gibt es auch Bilder-, Kinder- und Jugendbücher, in denen sexueller Missbrauch ganz direkt angesprochen wird. Es stellt sich die Frage, inwieweit solche Bücher geeignete Medien für die Unterstützung der Präventionsarbeit sind. Sicherlich sind nicht alle Titel geeignet! Der Einsatz einiger Bücher erscheint bedenklich, da er bei den Kindern im schlimmsten Fall Angst auslösen kann. Aber ebenso gibt es mit ausgewählten Büchern sehr positive und ermutigende Erfahrungen in der Präventionsarbeit. Es zeigt sich, dass Bücher Chancen für die Arbeit mit Kindern bieten, die bei anderen Materialien fehlen. Gerade wenn es um den Aspekt der kindgerechten Aufklärung über sexuellen Missbrauch geht, kann ein gutes Buch eine wesentliche Hilfe für die Präventionsarbeit sein.

Eine unverzichtbare Voraussetzung für den Einsatz thematischer Kinderliteratur ist die kritische Auseinandersetzung mit diesen Büchern. Ein wesentliches Kriterium zur Analyse ist z. B., ob die dargestellte Situation realistisch ist, oder ob den Kindern falsche Informationen vermittelt werden, wie etwa die Darstellung, es sei für Missbrauchsopfer leicht, über die erlebte Gewalt zu sprechen und sich Hilfe zu holen. Überprüft werden sollte auch, wie realistisch die Darstellung der Täter-Opfer-Beziehung, der Täterstrategien, der Gefühle des Opfers und der Schwierigkeiten des Hilfeholens ist. Weiter ist zu beachten, ob in dem Buch kindgerechte Texte und Bilder verwendet werden und ob stärkende, Mut machende Aspekte im Vordergrund stehen.

Als entscheidende Hoffnung verbindet sich mit dem Einsatz thematischer Bücher, dass Kinder Modelle der Handelnden im Buch übernehmen und diese im eigenen Leben ein- und umsetzen.

Literaturhinweise

Bilder- und Kinderbücher, die sexuellen Missbrauch thematisieren, sind z. B.

- *Baumann, Claudia/del Monte, Marimar: Lena hat Angst, Ruhnmark: Donna-Vita, 1994.*
- *Boljahn, Ulrike u. a.: Das Familienalbum, Oldenburg: Lappan Verlag, 1993.*
- *Ferres, Veronica/ Ginsbach, Julia: Fass mich nicht an!, München: Cbj, 2009.*
- *Franz, Cornelia/Scharnberg, Stefanie: Paula sagt Nein!, Hamburg: Ellermann, 2004.*
- *Garbe, Elke/Suarez, Kiki: Anna in der Höhle, Münster: Votum Verlag, 1994.*
- *Lauer, Katrin/Bley, Anette: Das kummervolle Kuscheltier, München: ars Edition, 2006.*
- *Mebes, Marion/Wagendristel, Eva: Katrins Geheimnis, Köln: Mebes & Noack, 2009.*
- *Nelson, Mandy/Hessel, Jenny: Gut, dass ich es gesagt habe, München: Ellermann Verlag, 1993.*
- *Pressler, Mirjam/Krömer, Astrid: Nora ist mal so, mal so, Frankfurt am Main: Alibaba Verlag,1996.*

- *Wagenhoff, Anna/Leberer, Sigrid: Jule geht nicht mit Fremden mit, Hamburg: Carlsen Verlag, 2010.*
- *Sehr bewährt haben sich für Jugendliche z. B. die Bücher „Gute Nacht, Zuckerpüppchen" von Heidi Hassenmüller (schon fast der „Klassiker" zum Thema), aber auch das Buch „Herzsprung" von Brigitte Blobel.*

Ein Anliegen von Jugendbüchern ist es, Jugendlichen, die sich noch in einem Missbrauchsverhältnis befinden, Mut zu machen, über dieses zu sprechen und sich Hilfe zu holen, um es zu beenden. Darüber hinaus sollen auch diejenigen Mädchen und Jungen zum Reden ermutigt werden, die in der Vergangenheit missbraucht worden sind und diese Erfahrungen noch nicht aufgearbeitet haben. Durch Literatur können Jugendliche, die von sexueller Gewalt betroffen sind oder waren, ferner eine Entlastung erfahren, weil sie merken, dass sie mit ihren Erfahrungen nicht allein sind und keine Verantwortung für die sexuellen Übergriffe tragen. Jugendliche, die nicht von Missbrauch betroffen sind, werden durch gute Jugendbücher über die komplexe Dynamik des sexuellen Missbrauchs aufgeklärt und für Verhaltensweisen von Betroffenen sensibilisiert. Eine dementsprechende Stärkung von Mädchen und Jungen ist von besonderer Bedeutung, da jugendliche Missbrauchsopfer häufig zunächst bei Freunden und Freundinnen Hilfe suchen.

Literaturhinweise

Jugendbücher, die sexuellen Missbrauch thematisieren, sind z. B.

- *Anderson, Laurie Halse: Sprich, Weinheim: Beltz & Gelberg, 2003*
- *Blobel, Brigitte: Herzsprung, Würzburg: Arena, 14. Auflage 2010*
- *Hanika, Beate Teresa. Rotkäppchen muss weinen, Frankfurt am Main: Fischer, 2. Auflage 2010*
- *Hassenmüller, Heidi: Gute Nacht, Zuckerpüppchen, Reinbek: Rowohlt, 24. Auflage 2011*
- *Kühn, Frauke: Es fing ganz harmlos an, Freiburg: Herder Verlag, 2. Auflage 1992*
- *Mazer, Norma: Eigentlich ist gar nichts passiert, Hamburg: Carlsen, 3. Auflage 2010*
- *Philipps, Carolin: Wofür die Worte fehlen, Wien: Ueberreuter, 2010*
- *Reuter, Elisabeth: Merle ohne Mund, München: Ellermann Verlag, 1996*
- *Steenfatt, Margret: Nele – Ein Mädchen ist nicht zu gebrauchen, Reinbek: Rowohlt,1993*
- *Wahlden, Christina: Kurzer Rock, Hamburg: Oetinger, 3. Auflage 2004*

Aufgaben

1. *Leihen Sie sich aus einer Bibliothek oder einer Beratungsstelle möglichst mehrere Kinder- oder Jugendbücher zur Thematik des sexuellen Missbrauchs bzw. mit präventiven Inhalten (Gefühle, Berührungen, Körper...) aus.*
2. *Überprüfen Sie, welche Bücher die von Ihnen erstellten Kriterien erfüllen und zum Einsatz geeignet sind.*
3. *Wählen Sie ein Buch aus und planen Sie den praktischen Einsatz des Buches.*

7.11 Arbeit mit externen Fachstellen

Aufgaben

1. *Informieren Sie sich, welche Beratungseinrichtungen, Ansprechpartner und Kooperationsmöglichkeiten zum Thema (sexuelle) Gewalt es in ihrer Region gibt.*
2. *Stellen Sie eine Liste zusammen und markieren Sie, mit wem Sie schon einmal zusammengearbeitet haben (vielleicht zu einem anderen Thema), wer Ihnen persönlich bekannt ist. Pflegen Sie diese Liste. Falls Sie bei einem Interventionsfall schnell Unterstützung brauchen, bietet Ihnen die Liste eine wertvolle Hilfe.*

Kooperationen und Vernetzungen sind in der Arbeit gegen sexuelle Gewalt ganz wesentliche Gelingensbedingungen. Dies gilt nicht nur für den Bereich der Intervention, sondern auch in der präventiven Arbeit. Eine Einbeziehung externer Anbieter in das Präventionskonzept der Einrichtung kann die eigene Arbeit bereichern, ergänzen und an manchen Stellen auch entlasten.

Ein Fehler wäre es hingegen, die Präventionsarbeit ganz aus der Hand zu geben, nach dem Motto: „Die Präventionsarbeit gegen sexuellen Missbrauch macht in unserer Einrichtung die Theatergruppe XY. Die kommen einmal im Jahr und machen gute Arbeit." So sieht keine erfolgreiche Präventionsarbeit aus. Präventionsarbeit muss in der Einrichtung verankert sein und von den dort Tätigen kontinuierlich und immer wieder mit neuen Aspekten praktiziert werden. Dann kann die Einbeziehung von weiteren (Fach-) Leuten ein wertvoller Baustein sein.

Oft gestalten Einrichtungen ihre präventive Elternarbeit mit Unterstützung von Fachkräften aus Beratungsstellen vor Ort. Diese Kooperation kann sehr hilfreich sein, da hier ein Kontakt aufgebaut und intensiviert werden kann, auf den im Interventionsfall sowohl von Seiten der Erzieherinnen und Erzieher als auch der Eltern zurückgegriffen werden kann. Oft geben die Mitarbeiterinnen und Mitarbeiter der Beratungsstelle im Rahmen eines **Elternabends** Basisinformationen zum sexuellen Missbrauch und zur Präventionsarbeit und sind für Fragen der Eltern da. Von Seiten der Erzieherinnen und Erzieher der Einrichtung kann anschließend das eigene Präventionskonzept vorgestellt werden. Sehr effektiv ist es, Medien und Materialien für die Präventionsarbeit vorzustellen und vielleicht ein Spiel oder ein Lied gemeinsam auszuprobieren.

Eine weitere Einbeziehung externer Anbieter kann z. B. durch eine Spielaktion, ein Theaterstück oder eine Ausstellung erfolgen. Es gibt mittlerweile verschiedene **Theatergruppen**, die für unterschiedliche Altersgruppen Theaterstücke zum Thema des sexuellen Missbrauchs anbieten.

So können in diesem Zusammenhang folgende Theaterstücke genannt werden:
- „Mut macht stark." (Puppentheater, Polizei Bayern),
- „Mein Körper ist mein Freund" (Eukitea, München),
- „Piccolina" (Theater na logo. Ulm),
- „Geheimsache Igel" (Olaf Krätke),
- „Mein Körper gehört mir",
- „Die Nein-Tonne",
- „Ein-Tritt ins Glück" (Theaterpädagogisches Zentrum, Osnabrück),
- „Ganz schön blöd",
- „Click it 2",
- „Bei uns (doch) nicht" (Zartbitter Köln/Comic on),
- „NEIN heißt NEIN" (Power Child e. V.).

Eine weitere Möglichkeit ist, eine **Ausstellung** zum Thema Prävention/sexueller Missbrauch in die eigene Einrichtung einzuladen. Für Kinder im Grundschulalter häufig nachgefragt wird die Wanderausstellung „ECHT KLASSE! – Spielstationen zum Starksein" vom PETZE-Institut für Gewaltprävention gGmbH, Kiel. Für Kinder (im Schulalter) mit besonderem Förderbedarf gibt es vom gleichen Anbieter die Ausstellung „ECHT STARK!" (www.petze-kiel.de/ausstellungen.htm). Diese Ausstellungen sind so aufgebaut, dass sich die Mädchen und Jungen an interaktiven Spielstationen mit verschiedenen Aspekten der Präventionsarbeit auseinandersetzen, dabei Dinge erproben und herausfinden können. Für Jugendliche kann (nach geeigneter Vorbereitung) ggf. auch auf eine für Erwachsene konzipierte Ausstellung zurückgegriffen werden.

7.12 Intervention bei sexueller Gewalt

Aufgaben

1. *Gab es in ihrer Einrichtung/Institution in der letzten Zeit einen Fall von (sexueller) Gewalt, bei dem von Ihrer Seite Interventionsschritte eingeleitet wurden? Tauschen Sie sich in der Gruppe aus, wie es dazu kam und wie die Interventionsschritte verliefen.*
2. *Wie beurteilen Sie rückblickend den Ablauf der Intervention?*
3. *Welche Aspekte sollten auf jeden Fall verändert werden, welche haben sich bewährt?*

In die Situation, Interventionsschritte gegen sexuelle Gewalt einleiten zu müssen, können pädagogische Fachkräfte durch verschiedene Anlässe gebracht werden.

Ein Mädchen oder Junge offenbart sexuelle Gewalt.

Dieser Fall ist recht selten, da es die Täterstrategien und die Beziehungsdynamik zwischen Täter/-in und Opfer den Kindern sehr schwer machen, über erfahrene sexuelle Übergriffe zu reden. Dennoch kommt dieser Fall vor und erfordert zeitnah weitere und vor allem gut durchdachte Handlungsschritte. Möglicherweise berichtet ein Kind oder ein Jugendlicher auch über sexuellen Missbrauch an einem anderen Kind (Geschwisterkind, Freundin etc.).

Ein sexueller Missbrauch wird vermutet.

Wesentlich häufiger kommt es vor, dass aufgrund von auffälligen Anzeichen, versteckten Hilferufen, Verhaltensveränderungen und zum Teil auch nur vagen Vermutungen und Ahnungen der Verdacht eines sexuellen Missbrauchs entsteht. Die Schwierigkeit des Erkennens von sexueller Gewalt führt bei pädagogischen Fachkräften oft zu Unsicherheiten. Einerseits entsteht die Sorge, Signale und versteckte Hilferufe nicht (früh genug) wahrgenommen zu haben. Andererseits wird befürchtet, gezeigte Auffälligkeiten fälschlicherweise als Anzeichen für sexuelle Gewalt zu interpretieren.

Es kommt zu Übergriffen zwischen Kindern/Jugendlichen innerhalb der Einrichtungen.

Hier gilt es, gleich in mehrere Richtungen Interventionsschritte zu unternehmen. Einerseits muss das betroffene Kind und dessen Familie Schutz und Hilfe erfahren. Doch auch übergriffige Kinder und Jugendliche und deren Familien benötigen Unterstützung. Der Grund für die ausgeübte Gewalt ist bei diesen Kindern nicht selten, dass sie ebenfalls (sexueller) Gewalt ausgesetzt sind oder aber andere Traumatisierungen erlitten haben. Besonders wichtig ist, bei Übergriffen innerhalb der Einrichtung durch einen offenen, klaren, aber dennoch sensiblen Umgang mit der Situation, Gerüchten und Vorverurteilungen entgegenzuwirken.

Es kommt zu Übergriffen durch Kollegen/Kolleginnen, Mitarbeiterinnen und Mitarbeiter oder andere erwachsenen Personen in der Einrichtung.

Für viele Pädagoginnen und Pädagogen ist es ein großer Schock, wenn sich herausstellt, dass es in den eigenen Reihen einen Täter oder eine Täterin gibt, der/die sexuelle Gewalt ausübt. Neben den vielen Fragen rund um die Übergriffe beschäftigt die Beteiligten besonders auch die Frage, weshalb sie nicht schon früher etwas bemerkt haben.

Schwierigkeiten des Hilfeholens und Hilfefindens für betroffene Mädchen und Jungen

Für missbrauchte Kinder oder Jugendliche ist es aufgrund der durch die Übergriffe ausgelösten Scham- und Schuldgefühle, der Verwirrung, der Angst etc. und insbesondere auch aufgrund der raffinierten Strategien der Täter/-innen sehr schwer, die erlittene sexuelle Gewalt zu offenbaren. Alle Opfer versuchen zunächst, sich selbst auf irgendeinem

Weg gegen die sexuelle Gewalt zu wehren. Zum Teil sind diese Widerstandsformen eher unterbewusste Reaktionen und verzweifelte Bemühungen, den Täter bzw. die Täterin an den Übergriffen zu hindern. So ziehen Kinder mehrere Kleidungsstücke übereinander an, wollen wieder Windeln tragen, gehen vollbekleidet ins Bett, bauen Barrieren aus Spielzeugen und Kuscheltieren auf, versuchen, Orte zu vermeiden, wo sie mit dem Täter/der Täterin zusammentreffen, indem sie z. B. nicht mehr zum Musikunterricht, zum Sporttraining, zur Nachbarfamilie gehen wollen. Trotz des Geheimhaltungsgebots wagen es viele missbrauchte Kinder und Jugendliche aber dennoch, auch bei Dritten Hilfe zu suchen. Neben inneren Konflikten stoßen Missbrauchsopfer jedoch oft zusätzlich auf äußere Schwierigkeiten des Hilfeholens. Aufgrund des auferlegten Redeverbots senden viele Opfer nonverbale und verschlüsselte Hilferufe und erleben dabei häufig, dass diese nicht verstanden werden. Doch auch bei ganz konkreten Schilderungen der erlebten Gewalt wird betroffenen Mädchen und Jungen oft nicht geglaubt, zum Teil werden sie für ihre Äußerungen beschimpft und als Lügner bezeichnet. Durchschnittlich müssen Kinder bis zu sechs- oder siebenmal von ihrer Not erzählen, bevor ihnen geglaubt und geholfen wird (vgl. Bundesministerium für Familie, Senioren, Frauen und Jugend, 1998, S. 5).

Schwierigkeiten des Erkennens für Helferinnen und Helfer

In den meisten Fällen nährt sich ein Verdacht durch auffällige Beobachtungen, angedeutete Äußerungen, ungewöhnliches Verhalten und merkwürdige Begründungen bei Nachfragen und vielen Vermutungen und Ahnungen. Um im Umgang mit Verdachtsmomenten mehr Sicherheit zu gewinnen, ist der erste und wichtigste Schritt, den Austausch zu suchen, z. B. in Teamgesprächen oder mittels kollegialer Beratung. Manche Erzieher/-innen oder Eltern verwechseln sexuell getönte, gleichberechtigte und gewollte Kontakte zwischen Kindern mit sexuellem Missbrauch. Hier ist einer Hysterisierung vorzubeugen, die letztlich wieder die Kinder schwächt. Das Wissen über die Psychodynamik missbrauchter Kinder und über die möglichen Folgen sexueller Gewalt ist eine Hilfe bei der Einordnung beobachteter Verhaltensauffälligkeiten. Jedoch muss bei allen Auffälligkeiten immer berücksichtigt werden, dass diese Anzeichen von sexuellem Missbrauch sein können, aber nicht müssen. Verhaltensauffälligkeiten wie Trauer, Zurückgezogenheit, Einnässen/Einkoten, Angespanntheit, Konzentrationsschwierigkeiten, Abwesenheit, aggressives ebenso wie verschüchtertes Verhalten, Distanzlosigkeit ebenso wie Furcht vor Menschen weisen darauf hin, dass hier ein Mädchen oder ein Junge in einer Problemsituation ist und Hilfe braucht. Vielleicht aufgrund sexueller Gewalterfahrungen, aber ebenso wahrscheinlich aufgrund anderer Erlebnisse oder Veränderungen in der Lebenssituation (z. B. Umzug, Streit in der Familie/zwischen Bezugspersonen, Trennung in der Familie, Eifersucht auf ein Geschwisterkind, Krankheit oder Tod von Bezugspersonen, finanzielle Probleme/Arbeitsverlust in der Familie, unsicherer Aufenthaltsstatus, körperliche oder psychische Gewalt, Mobbing).

Gerade weil sexuelle Gewalt recht selten sichtbare Spuren am Körper eines Kindes hinterlässt, müssen entsprechende Verletzungen besonders sensibel wahrgenommen werden. Aufmerksamkeit und weitere Schritte erfordern z. B. Verletzungen im genitalen, analen und oralen Bereich, Hämatome an der Innenseite der Oberschenkel, Geschlechtskrankheiten und frühe Schwangerschaften.

Nicht nur die Schwierigkeit, (sexuelle) Gewalt zu erkennen, sondern auch die belastenden Gefühle und die Unsicherheiten, die das Thema mit sich bringt, lassen eine wichtige Frage ins Blickfeld rücken: *Wo* finde ich Unterstützung und wie kann ich mich vernetzen?

Fachliche und emotionale Hilfe und Unterstützung für Helferinnen und Helfer tragen wesentlich dazu bei, dass eine Intervention gelingen kann. Austausch und Unterstützung im Team/im Kollegium und innerhalb der Einrichtung ist dabei ebenso wichtig wie die Vernetzungen und Kooperationen mit den Ansprechpartnern und Facheinrichtungen vor Ort. Zusätzlich wird inzwischen recht häufig auch das Internet als Hilfe genutzt. Die bekannteste Adresse ist hierbei: „N.I.N.A. e.V." Diese Abkürzung steht für „Nationale Infoline, Netzwerk und Anlaufstelle zu sexueller Gewalt an Mädchen und Jungen". Die Ansprechpartner sind telefonisch (01805 1234 65) oder per Mail zu erreichen (www.nina-info.de).

Handlungsschritte, wenn ein Kind/ein Jugendlicher von (sexueller) Gewalt berichtet bzw. wenn Sie diese vermuten (vgl. dazu die Ausführungen von Wirtz-Weinrich, 1997; Enders, 2011 und das Handout vom Caritasverband Ahlen, 2011):

- **Ruhe bewahren!**
  Bewahren Sie Ruhe! Wenn Sie panikartig und stark emotional reagieren, belasten Sie eventuell mit Ihrer Reaktion das Kind.
- **Unterstützung suchen**
  Suchen Sie sich Unterstützung! Sprechen Sie mit Kolleginnen/Kollegen, Freundinnen/Freunden oder anderen Vertrauenspersonen über Ihren Verdacht, Ihre Zweifel, Unsicherheiten und Ängste.
- **Dokumentieren**
  Dokumentieren Sie alle Informationen, Hinweise und Beobachtungen! Halten Sie schriftlich fest, wann Sie was von wem gehört haben oder welche Auffälligkeiten und Verhaltensweisen Sie beobachtet haben. Notieren Sie auch weiterhin, welche Personen Sie wann informiert haben und welche Schritte Sie eingeleitet haben.
- **Kontakt intensivieren**
  Versuchen Sie, den Kontakt zum Kind/Jugendlichen vorsichtig zu intensivieren, um eine positive Beziehung herzustellen und zu festigen. Schaffen Sie Möglichkeiten, in denen das Mädchen oder der Junge mit Ihnen ins Gespräch kommen kann. Rechnen Sie aber auch damit, dass Betroffene manchmal bewusst zwischen Tür und Angel eine Andeutung machen, weil Sie nicht sofort ein langes Gespräch möchten.
- **Gesprächsangebote machen, ohne das Kind/den Jugendlichen auszufragen**
  Drängen Sie das Kind/den Jugendlichen nicht zum Reden, aber signalisieren Sie stets Gesprächsbereitschaft. Ermutigen Sie betroffene Kinder und Jugendliche immer wieder, über ihre Probleme und Gefühle zu sprechen, und achten Sie darauf, dass Sie diese Gefühle nicht bewerten. Nur so ermöglichen Sie es Betroffenen, neben Angst, Wut und Hass auch über Gefühle wie Trauer, Schuld, Liebe und Lustempfinden zu reden. Verwenden Sie offene Fragen, ohne dass Sie durch ihre Fragen bereits Antworten/Details vorgeben.

- **Loben, trösten und Orientierung geben**
  Loben Sie das Kind/den Jugendlichen, wenn es/er den Mut hatte, mit Ihnen zu sprechen. Geben Sie ihm durch Worte und Ihr Verhalten die Sicherheit, dass Sie an seiner Seite sind, auch und gerade, wenn sie von seinen (sexuellen) Gewalterfahrungen wissen. Vermeiden Sie es aber, aus dem Wunsch zu trösten heraus, vorschnelle und nicht einhaltbare Versprechungen zu machen („Ich erzähle niemandem davon!"). Sprechen Sie darüber, dass Sie wissen, dass Kinder und Jugendliche missbraucht werden. Machen Sie deutlich, dass sexuelle Übergriffe verboten und falsch sind und die Verantwortung für die Tat beim Täter/der Täterin liegt.

- **Schilderungen ernst nehmen**
  Nehmen Sie die Aussagen des Kindes über (sexuelle) Gewalt ernst, auch wenn Sie möglicherweise Zweifel haben, ob die geschilderte Tat *so* stattgefunden haben kann. Oftmals testen Betroffene im Vorfeld, wie Sie auf Berichte über (sexuelle) Gewalt reagieren, bevor sie sich trauen, über ihre eigenen Erlebnisse zu sprechen.

- **Weitere Schritte und Perspektiven**
  Geben Sie dem Kind/Jugendlichen Vertrauensschutz. Überlegen Sie gemeinsam, welche nächsten Schritte unternommen werden sollten. Machen Sie dabei ruhig Vorschläge und geben Sie Anregungen, aber handeln Sie nicht gegen den Willen und ohne die Zustimmung des Kindes/Jugendlichen. Überlassen Sie die tatsächliche Aufdeckungsarbeit und alle weiteren Schritte Fachpersonen.

- **Vernetzen**
  Setzen Sie sich mit Fachleuten (z. B. Beratungsstellen, Jugendamt, Allgemeiner Sozialer Dienst) in Verbindung und nehmen Sie deren Hilfe in Anspruch! Sie können dies auch ohne Namensnennung des Kindes/Jugendlichen tun. Mit professionellen Helfern an Ihrer Seite können gemeinsam weitere Vorgehensweisen geplant werden. Es kann hilfreich sein, eine Helferkonferenz anzustreben, damit alle, die Kontakte zu der Familie haben, gemeinsam eine Strategie absprechen können.

- **Keine vorschnelle Verdachtsäußerung oder Anzeige**
  Sprechen Sie nicht mit den Bezugspersonen des Kindes/Jugendlichen über Ihren Verdacht, bevor Sie nicht fachliche Beratung und Unterstützung haben. Gleiches gilt für eine Anzeige.

Literaturverzeichnis

AJS (Arbeitsgemeinschaft Kinder- und Jugendschutz) (Hrsg.): An eine Frau hätte ich nie gedacht...! Frauen als Täterinnen bei sexueller Gewalt gegen Mädchen und Jungen, erarbeitet von Gisela Braun und Barbara Kavemann, Köln, 2001.

Albert, Mathias/Hurrelmann, Klaus/Quenzel, Gudrun: Jugend 2010: Selbstbehauptung trotz Verunsicherung?, in: Jugend 2010. Eine pragmatische Jugend behauptet sich, hrsg. von Shell Deutschland Holding, Bonn: Fischer Taschenbuch Verlag, 2010, S. 37–51.

Altstötter-Gleich, Christine: Pornografie und neue Medien. Eine Studie zum Umgang Jugendlicher mit sexuellen Inhalten im Internet, Mainz: ProFamilia Landesverband, 2006, Abruf unter: www.profamilia.de/fileadmin/landesverband/lv_rheinland-pfalz/5648.pdf (20. September 2011).

Amendt, Günter: Das Sex Buch, Reinbek: Rowohlt, (Neuauflage) 1996.

Anzieu, Didier: Das Haut-Ich, übers. von Meinhard Korte und Marie-Hélène Lebourdais-Weiss, Frankfurt am Main: Suhrkamp, 1992.

Arbeitsgemeinschaft der evangelischen Jugend in Deutschland (Hrsg.): Schulungsmappe Sex. Sex! Sex? – Umgang mit Sexualität und sexueller Gewalt bei Internationalen Begegnungen, Kinder- und Jugendreisen, Hannover: Edition aej, 2011.

Aufenanger, Stefan: Kinder mögen Medien – Medien mögen Kinder: Basis-Know-How für Eltern, Erzieher und Lehrer, in: MedienConcret – Magazin für die pädagogische Praxis. Dezember 2003, S. 27–31.

Bader, Ines: Körperlichkeit und Sexualität geistig schwerbehinderter Menschen, in: Sexualität und geistige Behinderung, hrsg. v. Joachim Walter, 4. Auflage, Heidelberg: Edition Schindele, 1996, S. 148–158.

Balás, Brigitta: Interview mit Mariana, in: Sexualbegleitung und Sexualassistenz bei Menschen mit Behinderungen, hrsg. v. Joachim Walter, Heidelberg: Edition Schindele, 2004, S. 91–104

Bange, Dirk/Körner, Wilhelm (Hrsg.): Handwörterbuch Sexueller Missbrauch, Göttingen: Hogrefe-Verlag, 2002.

Bange, Dirk: Ausmaß, in: Handwörterbuch Sexueller Missbrauch, hrsg. v. Dirk Bange und Wilhelm Körner, Göttingen: Hogrefe-Verlag, 2002, S. 20–25.

Bange, Dirk: Sexueller Missbrauch an Kindern – Definitionen, Zahlen, Daten und Fakten, in: Lernende Schule, Heft 51/2010, S. 4–7.

Barabas, Friedrich K. : Sexualität und Recht. Ein Leitfaden für Sozialarbeiter, Pädagoginnen, Juristen, Jugendliche und Eltern, 2. vollständig überarbeitete Auflage, Frankfurt am Main: Fachhochschulverlag, 2006.

Bauer Media Group: BRAVO Dr. Sommer Studie 2009. Liebe! Körper! Sexualität!, München: Heinrich Bauer Smaragd KG, 2009.

Biller-Pech, Christiane: Sexuelle Assistenz – Garant oder Zerstörung der Intimität?, in: Sexualbegleitung und Sexualassistenz bei Menschen mit Behinderungen, hrsg. v. Joachim Walter, Heidelberg: Edition Schindele, 2004, S. 43–48.

Bintinger Gitta/Marianne Wilhelm: Inklusiven Unterricht gestalten. Creating Inclusive Education, in: Behinderte in Familie, Schule und Gesellschaft 24, S. 51–60, 2001, Abruf unter: http://bidok.uibk.ac.at/library/beh2-01-wilhelm-inklusion.html, (20.11.2011).

Boban, Ines/Hinz, Andreas: Qualitätsentwicklung des Gemeinsamen Unterrichts durch den „Index für Inklusion", erschienen in: BEHINDERTE 4/5/2003, Seite 2–13, Abruf unter: http://bidok.uibk.ac.at/library/boban-qualitaetsentwicklung.html, (20.11.2011].

Boehme, Ulfert: Jugen als Opfer, in: Handwörterbuch Sexueller Missbrauch, hrsg. von Dirk Bange und Wilhelm Körner, Göttingen, Hogrefe, 2002, S. 245–253.

Böllinger, Lorenz: Strafrechtliche Normierungen von Sexualität im Kontext der Debatte über ‚sexuelle Verwahrlosung', in: Sexuelle Verwahrlosung, hrsg. v. Michael Schetsche und Renate-Berenike Schmidt, Wiesbaden: VS-Verlag, 2010, S. 51–66.

Braun, Gisela/Keller, Martina: Ich sag Nein. Arbeitsmaterialien gegen den sexuellen Missbrauch an Mädchen und Jungen, Mülheim a. d. R.: Verlag an der Ruhr, 2008.

Braun, Gisela: Der Alltag ist sexueller Gewalt zuträglich – Prävention als Antwort auf „alltägliche" Gefährdungen von Mädchen und Jungen, in: Auftrag Prävention. Offensive gegen sexuellen Kindesmissbrauch, hrsg. v. Siegfried Höfling, Detlev Drewes und Irene Epple-Waigel, München: Atwerb-Verlag, 1999, S. 135–139.

Budde, Wolfgang/Früchtel,Frank/Loferer, Andrea: Ressourcencheck, in: Sozialmagazin, Zeitschrift für Soziale Arbeit, 6/2004, S. 14–22.

Bundesministerium für Familie, Senioren, Frauen und Jugend BMFSFJ (Hrsg.): Runder Tisch. Sexueller Kindesmissbrauch, 2010, Berlin, abzurufen unter: www.rundertisch-kindesmissbrauch.de/documents/Zwischenbericht_RTKM_fBand1_000.pdf (09.11.2011)

Bundesministerium für Familie, Senioren, Frauen und Jugend (Hrsg.): Keine Gewalt gegen Kinder. Signale sehen – Hilferufe hören, Bonn, 1998.

Bundesstelle der katholischen Jungen Gemeinde (Hrsg.): Erste allgemeine Verunsicherung. Sexualpädagogik in der KJG, Düsseldorf, 2010.

Bundeszentrale für gesundheitliche Aufklärung (BZGA): Rahmenkonzept für Sexualaufklärung der Bundeszentrale für gesundheitliche Aufklärung in Abstimmung mit den Bundesländern, Köln: BZgA, 1994.

Bundeszentrale für gesundheitliche Aufklärung: Rahmenkonzept. Sexualaufklärung für Jugendliche, Köln: BZgA, 1997.

Bundeszentrale für gesundheitliche Aufklärung: Peer Education – Ein Handbuch für die Praxis, Köln: BZgA, 2001.

Bundeszentrale für gesundheitliche Aufklärung (Hrsg.): Nase, Bauch und Po. Lieder- und Notenheft, BZgA, 2003.

Bundeszentrale für gesundheitliche Aufklärung (Hrsg.): Aufregende Jahre. Jules Tagebuch, Köln: BZgA, 2004.

Bundeszentrale für gesundheitliche Aufklärung: Jugendsexualität. Repräsentative Wiederholungsbefragung von 14- bis 17-Jährigen und ihren Eltern – Aktueller Schwerpunkt Migration – Ergebnisse der Repräsentativbefragung, Köln: BZgA, 2010.

Bundeszentrale für gesundheitliche Aufklärung: Sexualität und Migration: Milieuspezifische Zugangswege für die Sexualaufklärung Jugendlicher. Ergebnisse einer repräsentative Untersuchung der Lebenswelten von 14- bis 17-jährigen Jugendlichen mit Migrationshintergrund, Köln: Bundeszentrale für gesundheitliche Aufklärung, 2010.

Bundeszentrale für gesundheitliche Aufklärung: Über den Umgang mit Liebe, Sexualität, Verhütung und Schwangerschaft, Köln: BZgA, 2011.

Bürli, Alois: Sonderpädagogik international. Vergleiche, Tendenzen, Perspektiven, Luzern: Edition SZH, 1997.

Caritasverband für das Dekanat Ahlen e.V.: Was mache ich, wenn ein Kind von (sexuellen) Übergriffen berichtet ... Handout, 2011.

Damrow, Miriam K.: Was macht Prävention erfolgreich? Zur Kritik klassischer Präventionsansätze und deren Überwindung, in: BZgA Forum Sexualaufklärung und Familienplanung, Sexueller Missbrauch, 3/2010, S. 25–29.

Dannenbeck, Clemens: Peersing – Sexuelle Sozialisation und Peers, in: Peer Education. Bildung und Erziehung von Gleichaltrigen durch Gleichaltrige, hrsg. v. Martin Nörber, Weinheim und Basel: Beltz, 2003, S. 38–49.

Deegener, Günther: Gesellschaft – Täter – Opfer – Profile. Neuere Forschungsergebnisse zum sexuellen Missbrauch, in: Sexuelle Gewalt gegen Mädchen und Jungen. Ein Thema der Grundschule, hrsg. v. Herbert Ulonska und Helmut Koch, Bad Heilbrunn: Klinkhardt, 1997, S. 41–71.

Deegener, Günther: Kindesmissbrauch – Erkennen, Helfen, Vorbeugen, Weinheim und Basel: Beltz, 2000.

Degen, Hans/Maday, Willy/Schneider, Hartmut/Moritz, Werner/Möhring, Anke: Wie du geworden und gewachsen bist. Düsseldorf: Lehrbuchverlag Wilhelm Hagemann, 1973.

Eggli, Ursula: Meinen Körper vom Zustand des Neutrums befreien, in: Leben mit Behinderung – Leben mit HIV und AIDS. Eine Annäherung, hrsg. v. Peter Wießner, Berlin: Deutsche AIDS-Hilfe, 1999, S. 99–103.

Enders, Ursula (Hrsg.): Zart war ich, bitter war's. Handbuch gegen sexuellen Missbrauch, 4. Auflage, Köln, Kiepenheuer & Witsch, 2011.

Erikson, Erik: Identität und Lebenszyklus, Frankfurt am Main: Suhrkamp, 1973.

Fangerau, Nicole/Matthes, Anna: Persönlichkeit und soziografischer Hintergrund sexuell auffälliger Kinder und Jugendlicher im Vergleich mit einer sexuell unauffälligen Kontrollgruppe; in: Zeitschrift für soziale Strafrechtspflege, Schleswig Holsteinischer Verband für soziale Strafrechtspflege; Straffälligenhilfe und Opferhilfe, 45/2009, S. 37–52.

Feuser, Georg: „Geistige Behinderung" im Widerspruch, in: Geistige Behinderung. Reflexion zu einem Phantom, hrsg. v. Heinrich Greving und Dieter Gröschke, Bad Heilbrunn: Klinkhardt, 2000, S. 141–166.

Feuser, Georg: Sexualität und Sexualerziehung bei geistig Behinderten, in: Geistige Behinderung 19, 1980, S. 194– 208.

Fischer, Wolfgang: Neue Tagebücher von Jugendlichen. Grundfragen der Pädagogik, Freiburg im Breisgau: Lambertus, 1955.

Freud, Sigmund: Drei Abhandlungen zur Sexualtheorie, Frankfurt am Main: Fischer,1989.

Freund, Ulli; Riedel-Breidenstein, Dagmar: Sexuelle Übergriffe unter Kindern. Handbuch zur Prävention und Intervention, Köln: Mebes & Noack, 4. Auflage 2010.

Fritz, Jürgen/Sielert, Uwe: E-learning und Sexualpädagogik. Grundlagen und Konzeptideen. Eine Expertise im Auftrag der BZgA, Köln: BZgA, 2009.

Fröhlich, Andreas: Basale Stimulation, 5. Auflage, Düsseldorf: Verlag Selbstbestimmtes Lernen, 1994.

Garbe, Elke: Martha: Psychotherapie eines Mädchens nach sexuellem Missbrauch, Münster: Votum Verlag, 2003.

Gensicke, Thomas: Wertorientierungen, Befinden und Problembewältigung, in: Jugend 2010. Eine pragmatische Jugend behauptet sich, hrsg. v. Shell Deutschland Holding, Bonn: Fischer, 2010, S 187–242.

Gernert, Johannes: Generation Porno: Jugend – Sex – Internet, Köln: Fackelträger, 2010.

Gesetz zu dem Übereinkommen der Vereinten Nationen vom 13. Dezember 2006 über die Rechte von Menschen mit Behinderungen, in: Bundesgesetzblatt, Jahrgang 2008 Teil II Nr. 35, ausgegeben zu Bonn am 31. Dezember 2008, S. 1419–1457.

Gilbers Theo/Winkler Petra: „Da müssen die Betreuer aber sehr kulant sein", Interviews zum Thema „Sexuelle Assistenz", in: Sexualbegleitung und Sexualassistenz bei Menschen mit Behinderungen, hrsg. v. Joachim Walter, Heidelberg, Edition Schindele, 2004, S. 67–75.

Glück, Gerhard/Scholten, Andrea/Strötges, Gisela: Heiße Eisen in der Sexualerziehung. Wo sie stecken und wie man sie anfasst, Weinheim: Deutscher Studienverlag, 1990.

Gnielka, Martin: Teenagerschwangerschaften, in: Handbuch Sexualpädagogik und sexuelle Bildung, hrsg. v. Renate-Berenike Schmidt und Uwe Sielert, Weinheim und München: Juventa, 2008, S. 499–506.

Goertz, Stephan/Ulonska, Herbert (Hrsg.): Sexuelle Gewalt: Fragen an Kirche und Theologie, Münster: LIT-Verlag, 2010.

Grimm, Petra/Rhein, Stefanie/Müller, Michael: Porno im Web 2.0. Die Bedeutung sexualisierter Web-Inhalte in der Lebenswelt Jugendlicher, Berlin: Vistas, 2010.

Haeberle, Erwin J.: dtv-Atlas Sexualität, München: dtv, 2005.

Hartmann, Jutta: Dynamisierung in der Triade Geschlecht-Sexualität-Lebensform: Dekonstruktive Perspektiven und alltägliches Veränderungshandeln in der Pädagogik, in: Sexualpädagogik weiter denken. Postmoderne Entgrenzungen und pädagogische Orientierungsversuche, hrsg. v. Stefan Timmermanns, Elisabeth Tuider und Uwe Sielert, Weinheim und München: Juventa, 2004, S. 59–77.

Hartmann, Jutta: Vielfältige Lebensweisen. Dynamisierungen in der Triade Geschlecht-Sexualität-Lebensform. Kritisch-dekonstruktive Perspektiven für Pädagogik, Opladen: Leske + Budrich, 2002.

Hartwig, Luise/Hensen, Gregor: Sexueller Missbrauch und Jugendhilfe, Möglichkeiten und Grenzen sozialpädagogischen Handelns im Kinderschutz; Weinheim und München: Juventa 2003.

Hartwig, Luise/Kugler, Christine/Schone, Reinhold: Praxisforschungs- und -entwicklungsprojekt: „Pädagogische Prozesse in Regelgruppen der stationären Heimerziehung – Entwicklung und Perspektiven", Diakonie, Rheinland-Westfahlen-Lippe, Evangelischer Fachverband für Erziehungshilfe in Westfalen-Lippe, Fachhochschule Münster, Institut für Praxisentwicklung und Evaluation IPE, Abruf unter: www.diakonierwl.de/cms/media//pdf/projekte/regelgruppenHeimerziehung/Zwischenbericht_Regelgruppenprojekt.pdf (20.05.2011).

Hermes, Gisela: Info – Informationsblatt der Bundesorganisationsstelle behinderte Frauen, Nr. 9 März, S. 1, 2002, Abruf unter: www.behinderte.de/frau/infobf200291.htm (20.09.2011).

Herrath, Frank: Sexualpädagogik und Medien, in: Sexualpädagogik lehren. Didaktische Grundlagen und Materialien für die Aus- und Fortbildung, hrsg. v. Uwe Sielert und Karlheinz Valtl, Weinheim und Basel: Beltz, 2000, S. 343–386.

Herrath, Frank: Sind Jugendliche gefährdet, durch Medieneinflüsse sexuell zu verwahrlosen? Ein Streifzug durch Bekanntes, Vermutetes und Ungeklärtes. Vortrag am 24. April 2008 in Kassel, Abruf unter: www.verbund-kassel.de/pdf_docs/VortragSexJugend.pdf. (21.04. 2011).

Heyden, Saskia/Jarosch, Kerstin: Missbrauchstäter. Phänomenologie – Psychodynamik –Therapie, Stuttgart, Schattauer, 2010.

Hoffmann, Dagmar: Das Wissen um Erotik, Sexualität und Pornographie im Jugendalter, in: deutsche Jugend – Zeitschrift für die Jugendarbeit, 4/2008, S. 158–165.

Hoffmann, Dagmar: Schärfen oder trüben mediale Bilder von Körpern und Sexualität den Blick auf das Sexuelle?, in: BZgA-Forum Sexualaufklärung und Familienplanung, Medien, 1/2009, S. 10–14.

Hurrelmann, Klaus/Grundmann, Matthias/Walper, Sabine (Hrsg.): Handbuch Sozialisationsforschung, Weinheim und Basel: Beltz, 2008.

Hurrelmann, Klaus: Lebensphase Jugend. Eine Einführung in die sozialwissenschaftliche Jugendforschung, 10. Auflage, Weinheim und München: Juventa, 2010.

Katz, Elihu/Foulkes, David: On the use of the mass media as ‚escape' – Clarification of a concept, in: Public Opinion Quarterly 3, 1962, S. 3773–388.

Kentler, Helmut: Sexualerziehung, Reinbek: Rowohlt, 1970.

Klee, Ernst: Behindert. Über die Enteignung von Körper und Bewusstsein, Frankfurt am Main: Fischer Taschenbuch Verlag, 1987.

Klein, Alexandra/Sager, Christin: Wandel der Jugendsexualität in der Bundesrepublik, in: Sexuelle Verwahrlosung, hrsg. v. Michael Schetsche und Renate-Berenike Schmidt, Wiesbaden: VS-Verlag 2010, S. 95–117.

Klicksafe (Hrsg.): Let's talk about Porno. Jugendsexualität, Internet und Pornografie. Arbeitsmaterialien für Schule und Jugendarbeit, 2011.

Kluge, Norbert: Handbuch der Sexualpädagogik, Band 1 und 2, Düsseldorf: Schwann, 1984.

Koch, Fritz/Lutzmann, Karl-Heinz: Stichwörter zur Sexualerziehung, Weinheim: Beltz, 1989.

Koch, Helmut H./Kruck, Marlene: „Ich werd's trotzdem weitersagen!" Prävention gegen sexuellen Missbrauch in der Schule (Klassen 1–10). Theorie, Praxisberichte, Literaturanalysen, Materialien, Münster: LIT-Verlag, 2000.

Kruck, Marlene: Das Schweigen durchbrechen – Band I: Sexueller Missbrauch in der deutschsprachigen Kinder- und Jugendliteratur, Band II: Einsatzmöglichkeiten von Kinder- und Jugendliteratur zur Thematik des sexuellen Missbrauchs im Rahmen der schulischen Präventionsarbeit, Münster: LIT-Verlag, 2006.

Kunz, Thomas: Jugend, Sex und Medien oder: Die Entdeckung der Migrantenmilieus für die Sexualaufklärung Jugendlicher, in: deutsche Jugend – Zeitschrift für die Jugendarbeit, 4/2001, S. 170–179.

Landeszentrale für Medien und Kommunikation (LMK) Rheinland-Pfalz (Hrsg.): www.klicksafe.de, Abruf unter: https://www.klicksafe.de/ (21.04.2011).

Lautmann, Rüdiger: Gesellschaftliche Normen der Sexualität, in: Handbuch Sexualpädagogik und sexuelle Bildung, hrsg. v. Renate-Berenike Schmidt und Uwe Sielert, Weinheim und München: Juventa, 2008, S. 209–223.

Leue-Käding, Susanne: Sexualität und Partnerschaft bei Jugendlichen mit einer geistigen Behinderung. Probleme und Möglichkeiten einer Enttabuisierung, Heidelberg: Edition S, 2004.

Leven, Ingo/Quenzel, Gudrun/Hurrelmann, Klaus: Familie, Schule, Freizeit: Kontinuitäten im Wandel, in: Jugend 2010. Eine pragmatische Jugend behauptet sich, hrsg. v. Shell Deutschland Holding, Bonn, Fischer, 2010, S. 53–128.

Martin, Beate: Körper- und Sexualaufklärung, in: Handbuch Sexualpädagogik und sexuelle Bildung, hrsg. v. Renate-Berenike Schmidt und Uwe Sielert, Weinheim: Juventa, 2008, S. 639–652.

Maskus, Rudi: 20 Beiträge zur Sexual- bzw. Geschlechtererziehung, St. Augustin: Academia-Verlag, 1979.

Matthiesen, Silja/Schmidt, Gunter: Jugendschwangerschaften – kein Indikator für sexuelle Verwahrlosung, in: Sexuelle Verwahrlosung, hrsg. v. Michael Schetsche und Renate-Berenike Schmidt, Wiesbaden: VS-Verlag, 2010, S. 119–143.

Matzner, Michael/Tischner, Wolfgang: Auf dem Weg zu einer Jungenpädagogik, in: Handbuch Jungen-Pädagogik, hrsg. v. Michael Matzner und Wolfgang Tischner, Weinheim und Basel: Beltz, 2008, S. 381–409.

Medienpädagogischer Forschungsverband Südwest: JIM 2007. Jugend, Information, (Multi-) Media. Basisstudie zum Medienumgang 12- bis 19-Jähriger in Deutschland, Stuttgart, 2007.

Medienpädagogischer Forschungsverbund Südwest (Hrsg.): JIM 2010. Jugend, Information, (Multi-)Media. Basisstudie zum Medienumgang 12- bis 19-Jähriger in Deutschland. Stuttgart, 2010.

Meves, Christa: Kindgerechte Sexualerziehung. Bilanz und Neuanfang, Vellmar-Kassel: Hänssler Verlag, 1992.

Milhoffer, Petra: Wie sie sich fühlen, was sie sich wünschen. Eine empirische Studie über Mädchen und Jungen auf dem Weg in die Pubertät, Weinheim und München: Juventa, 2000.

Möller, Kurt: Alles Porno, oder was? Wie(so) Erwachsenenöffentlichkeit und Pädagogik Jugendsexualität thematisieren – und thematisieren sollten, in: deutsche Jugend – Zeitschrift für die Jugendarbeit, 4/2011, S. 159–169.

Müller, Jörg/Geißler, Dagmar: Ganz schön aufgeklärt, Bindlach, Loewe, 1999.

Murakami, Haruki: Hardboiled Wonderland und das Ende der Welt, aus dem Japanischen von Annelie Ortmanns, München: btb, 2007.

Oest, Johann-Friedrich: Versuch einer Beantwortung der pädagogischen Frage, wie man Kinder und junge Leute vor dem Leib und Seele verwüstenden Laster der Unzucht überhaupt, und der Selbstschwächung insonderheit verwahren, oder wofern sie schon davon angesteckt waren, wie man sie davon heilen könne, in: Allgemeine Revision des gesammten Schul- und Erziehungswesens, sechster Theil, hrsg. von Joachim Heinrich Campe, Wolfenbüttel: Schulbuchhandlung 1787, S. 289–506.

Ortland, Barbara: Behinderung als Thema in der Sexualerziehung, Unterrichtsbausteine und -materialien, Buxtehude: Persen Verlag, 2009.

Pixa-Kettner, Ursula: (Hrsg.): Tabu oder Normalität? Eltern mit geistiger Behinderung und ihre Kinder, Heidelberg: Winter (Edition S), 2006.

Pixa-Kettner, Ursula: Begleitung von Eltern, die in ihrer geistigen Entwicklung beeinträchtigt sind – Situation und Handlungsbedarf, in: Neue Wege in der Behindertenpolitik, Vernetzte Hilfen für Eltern, die in ihrer geistigen Entwicklung beeinträchtigt sind, und ihre Kinder – Dokumentation. Mobile Selbstbestimmtes Leben Behinderter, Dortmund, 2003, S. 16–25.

Pixa-Kettner, Ursula: Konzepte der Begleitung von Müttern und Vätern mit geistiger Behinderung in der englischsprachigen Fachliteratur, in: psychosozial 22, S. 63–74, 1999.

Prengel, Annedore: Pädagogik der Vielfalt. Verschiedenheit und Gleichberechtigung in Interkultureller, Feministischer und Integrativer Pädagogik, 3. Auflage, Wiesbaden: VS-Verlag, 2006.

Preuss-Lausitz, Ulf: Kinderkörper zwischen Selbstkonstruktion und ambivalenten Modernitätsanforderungen, in: Kinder – Körper – Identitäten, hrsg. v. Heinz Hengst und Helga Kelle, Weinheim und München: Juventa, 2003, S. 15–32.

Projektgruppe Herzenssache: Schmetterlinge im Bauch. Wenn Jugendliche sich verlieben ..., hrsg. v. Archiv der Jugendkulturen Berlin, Bad Tölz, Tilsner, 2007.

Quindaeu, Ilka: Verführung und Begehren. Die psychoanalytische Sexualtheorie nach Freud, Stuttgart: Klett-Cotta, 2008.

Radtke, Dinah: Wir sind mutig, stark und schön, in: Wie l(i)ebe ich als behinderte Frau/behinderter Mann in dieser Gesellschaft, hrsg. v. Karl Finke; 1996, S. 14–17 Wiederveröffentlichung im Internet, Abruf unter: http://bidok.uibk.ac.at/library/finke-liebe.html (20.09.2011).

Rapitz-Suhr, Sabine: Dynamik von Eskalationsprozessen im Kontext von Beziehungsgewalt – Ergebnisse einer Längsschnittuntersuchung, Handreichung, Bundeskriminalamt, 2010

Reichel, Birgit: Die Arbeit mit sexuell grenzverletzenden Minderjährigen aus Sicht des Jugendamtes, in: Zeitschrift für Soziale Strafrechtspflege, Schleswig Holsteinischer Verband für soziale Strafrechtspflege; Straffälligenhilfe, Opferhilfe, 45/2009, S. 53–61

Renz, Meral: Sexualpädagogik in interkulturellen Gruppen. Infos, Methoden und Arbeitsblätter, Mülheim an der Ruhr: Verlag an der Ruhr, 2007.

Roepke, Susanne: Sexualstrafrecht und Sexualpädagogik, Vortrag im Rahmen einer § 27ff-Fachtagung, Abruf unter: www.diakonie-rwl.de/cms/media//pdf/arbeitsbereiche/junge_menschen/erziehungshilfe/Roepke_Sexualstrafrecht_und_Sexualpädagogik_Vortrag.pdf (28.01.2011)

Rohrmann, Tim: Was ist Sexen? Geschlecht, Liebe und Sexualität als Bildungsthemen im Kindergarten, in: BZgA FORUM, Sexualerziehung im Kindergarten, Heft 4/2003, S. 3–5.

Rose, Lotte: Gender Mainstreaming im Feld der Kinder- und Jugendarbeit, in: Gender Mainstreaming. Neue Perspektiven in der Jugendhilfe, hrsg. v. Gabriele von Ginsheim und Dorit Meyer, Berlin: SPI-Eigenverlag, 2001.

Rückert, Corinna: Die neue Lust der Frauen. Vom entspannten Umgang mit der Pornographie, Reinbek bei Hamburg: Rowohlt, 2004.

Saal, Ferdi: Leben kann man nur sich selber, Düsseldorf: Verlag Selbstbestimmtes Leben, 1994.

Salamanca-Erklärung: Pädagogik für besondere Bedürfnisse. Die Salamanca-Erklärung und der Aktionsrahmen zur Pädagogik für besondere Bedürfnisse. Angenommen von der Weltkonferenz „Pädagogik für besondere Bedürfnisse: Zugang und Qualität", Salamanca, Spanien, 7. –10. Juni 1994, in Deutsch, hrsg. v. d. Österreichischen UNESCO-Kommission. Linz (Domino) 1996.

Sander, Alfred: Von der integrativen zur inklusiven Bildung, Internationaler Stand und Konsequenzen für die sonderpädagogische Förderung in Deutschland, in: Perspektiven Sonderpädagogischer Förderung in Deutschland. Dokumentation der Nationalen Fachtagung vom 14.–16. November 2001 in Schwerin. Middelfart (DK), European Agency etc. 2002, hrsg. v. Hausotter/Boppel/Meschenmoser, S. 143–164, Abruf unter: http://bidok.uibk.ac.at/library/sander-inklusion.html (20.09.2011).

Scarbath, Horst: Geschlechtserziehung. Motive, Aufgaben und Wege, Heidelberg: Quelle & Meyer, 1969.

Schetsche, Michael/Schmidt, Renate-Berenike (Hrsg.): Sexuelle Verwahrlosung: empirische Befunde – gesellschaftliche Diskurse – sozialethische Reflexionen, Wiesbaden: Verlag für Sozialwissenschaften, 2010.

Schmidt, Gunter (Interview): Wie entwickelt sich Sexualität?, in: Liebevoll begleiten ... Körperwahrnehmung und körperliche Neugier kleiner Kinder. Ratgeber für Eltern, hrsg. v. d. Bundeszentrale für gesundheitliche Aufklärung, Köln: BZgA, 2010, S. 8–9.

Schmidt, Gunter: Fantasien der Jungen – Phantasmen der Alten, in: BZgA-Forum Sexualaufklärung und Familienplanung, Medien, 1/2009, S. 27–30.

Schmidt, Gunter: Kindersexualität – Konturen eines dunklen Kontinents, in: Doktorspiele. Die Sexualität des Kindes, hrsg. v. Barbara Burian-Langegger, Wien: Picus-Verlag, 2005, S. 125–128.

Schmidt, Renate-Berenike/Schetsche, Michael: Jugendsexualität und Schulalltag, Opladen: Leske + Budrich, 1998.

Schmidt, Renate-Berenike/Schetsche, Michael: Sexuelle Sozialisation. Sechs Annäherungen, Berlin: Logos, 2009.

Schnack, Dieter/ Neutzling, Rainer: Kleine Helden in Not. Jungen auf der Suche nach Männlichkeit. Reinbek bei Hamburg: Rowohlt, 2011.

Schröder, Siegfried: Sonderpädagogische Aspekte zur Sexualität geistigbehinderter Kinder und Jugendlicher, 1996, in: Sexualität und geistige Behinderung, hrsg. v. Joachim Walter, 4. Auflage, Heidelberg: Edition Schindele, 1996, S. 128–147.

Schroedter, Thomas/Vetter, Christina: Polyamory. Eine Erinnerung. Stuttgart, Schmetterling Verlag, 2010.

Schuhrke, Bettina (Interview): Kinder, Geschwister, Eltern – alle Menschen haben Grenzen, in: Liebevoll begleiten ... Körperwahrnehmung und körperliche Neugier kleiner Kinder. Ratgeber für Eltern, hrsg. v. d. Bundeszentrale für gesundheitliche Aufklärung, Köln: BZgA, 2010, S. 20–22.

Schuhrke, Bettina: Kindliche Körperscham und familiale Schamregeln, in: Forschung und Praxis der Sexualaufklärung. Wissenschaftliche Grundlagen, Teil 1 – Kinder, hrsg. v. der BZgA, BZgA: Köln, 2004, S. 103–117.

Schumacher, Sabine: Rechtliche Aspekte: Verdacht eines sexuellen Missbrauchs – Anzeigepflicht? – Strafanzeige – Strafverfahren, in: Sexuelle Gewalt gegen Kinder. Information & Prävention., hrsg. v. Patrick Schoden, Münster: LIT-Verlag, 2. erweiterte Auflage 2010, S. 49–52.

Seyffert, Sabine: Kleine Mädchen – Starke Mädchen. Spiele und Fantasiereisen, die mutig und selbstbewusst machen. München: Kösel-Verlag, 2008.

Sielert, Uwe: Einführung in die Sexualpädagogik, Weinheim und Basel: Beltz, 2005

Sielert, Uwe: Sexualpädagogik und Sexualerziehung in Theorie und Praxis, in: Handbuch Sexualpädagogik und sexuelle Bildung, hrsg. v. Renate-Berenike Schmidt und Uwe Sielert, Weinheim und München: Juventa, 2008, S. 39–52.

Sielert, Uwe: Sexuelle Verwahrlosung – Interventionsnotwendigkeiten und Möglichkeiten aus pädagogischer Perspektive; in: Sexuelle Verwahrlosung, hrsg. v. Michael Schetsche und Renate-Berenike Schmidt, Wiesbaden: VS-Verlag, 2010, S. 241–258.

Siggelkow, Bernd/Büscher, Wolfgang: Deutschlands sexuelle Tragödie: Wenn Kinder nicht mehr lernen, was Liebe ist, München: Goldmann, 2010.

Späth, Andreas/Aden, Menno : Die missbrauchte Republik. Aufklärung über die Aufklärer, London und Hamburg: Verlag Inspiration Un Limited, 2010

Starke, Kurt: Pornografie und Jugend – Jugend und Pornografie: Eine Expertise, Lengerich: Pabst Science Publishers, 2010.

Statistisches Bundesamt: Daten zur Bevölkerung, Wiesbaden, Abruf unter: www.destatis.de (20.09.2011).

Steinhage, Rosemarie: Psychodynamik sexuell missbrauchter Mädchen und Frauen, Handwörterbuch Sexueller Missbrauch, hrsg. v. Dirk Bange und Wilhelm Körner, Göttingen: Hogrefe-Verlag, 2002, S. 470–474.

Steinhage, Rosemarie: Sexueller Missbrauch an Mädchen. Ein Handbuch für Beratung und Therapie. Reinbek: Rowohlt, 1991.

Strohhalm e.V. (Hrsg.): Jedes Kind auf dieser Welt ist ein Wunder. Band 1: Interkultureller Kontext für Prävention, Elternbildung und Beratung bei sexuellem Missbrauch. Band 2: Schutz vor sexuellem Missbrauch – Konzepte und Erfahrungen interkultureller Prävention. Köln: Mebes & Noack, 2007.

Štulhofer, Aleksandar/Schmidt, Gunter/Landripet, Ivan: Pornografiekonsum in Pubertät und Adoleszenz, in: Zeitschrift für Sexualforschung 22, 1/2009, S. 13–23.

Tervooren, Anja: Im Spielraum von Geschlecht und Begehren. Ethnographie der ausgehenden Kindheit, Weinheim und Basel: Juventa-Verlag, 2006.

Tillmann, Angela: Virtuelle Erfahrungsräume. Abruf unter: http://www.sozialraum.de/virtuelle-erfahrungsraeume.php (21.04.2011).

Timmermanns, Stefan/Tuider, Elisabeth/Sielert, Uwe (2004): Sexualpädagogik weiter denken. Weinheim und München: Juventa.

Timmermanns, Stefan/Tuider, Elisabeth: Sexualpädagogik der Vielfalt. Praxismethoden zu Identitäten, Beziehungen, Körper und Prävention für Schule und Jugendarbeit, Weinheim und München: Juventa 2008.

Timmermanns, Stefan: Sexuelle Orientierung, in: Handbuch Sexualpädagogik und sexuelle Bildung, hrsg. v. Renate-Berenike Schmidt und Uwe Sielert, Weinheim und München: Juventa, 2008, S. 261–270.

Train, Alan: Ablachen, Fertigmachen, Draufstiefeln, Strategien gegen die Gewalt unter Kindern, Beust: München ,1998

Urban, Andrea: Jugendmedienschutz, in: Handbuch Sexualpädagogik und sexuelle Bildung, hrsg. v. Schmidt Renate-Berenike/Sielert, Uwe, Weinheim: Juventa, 2008, S. 475–483.

Valtl, Karlheinz: Sexuelle Bildung: Neues Paradigma einer Sexualpädagogik für alle Lebensalter, in: Handbuch Sexualpädagogik und sexuelle Bildung, hrsg. v. Renate-Berenike Schmidt und Uwe Sielert, Uwe: Weinheim: Juventa-Verlag, 2008, S. 125–140.

Vernaldi, Matthias: Zwischen sexueller Integration und Sonderbehandlung, in: Sexualbegleitung und Sexualassistenz bei Menschen mit Behinderungen, hrsg. v. Joachim Walter, Heidelberg: Edition Schindele, 2004, S. 49–58.

Volbert, Renate/Galow, Anett: Sexueller Missbrauch. Fakten und offene Fragen, Juni 2010, abzurufen unter: www.rundertisch-kindesmissbrauch.de/documents/Impulsvortrag_VolbertundGalow_000.pdf (09.11.2011)

Walter, Joachim: Grundrecht auf Sexualität? Einführende Überlegungen zum Thema „Sexualität und geistige Behinderung", in: Sexualität und geistige Behinderung, hrsg. v. Joachim Walter, 4. Auflage, Heidelberg: Edition Schindele, 1996, S. 29–37.

Waniliek, Reiner: Medienkompetenz und Jugendschutz. Überlegungen zur sexualpädagogischen Arbeit mit Pornografie, in: BZgA Forum Sexualaufklärung und Familienplanung, Medien 1/2009, S. 32–38.

Wanzeck-Sielert, Christa: „Was geht das die Schule an?" Zur Handlungskompetenz von Lehrkräften, Schulleitungen und Schulen bei sexueller Gewalt, in: Lernende Schule 51/2010, S. 8–11.

Wanzeck-Sielert, Christa: Sexualität im Kindesalter, in: Handbuch Sexualpädagogik und sexuelle Bildung, hrsg. v. Renate-Berenike Schmidt und Uwe Sielert, Weinheim und Basel: Juventa-Verlag, 2008, S. 363–370.

Weidinger, Bettina/Kostenwein, Wolfgang/ Dörfler, Daniela: Sexualität im Beratungsgespräch mit Jugendlichen, Wien und New York: Springer, 2007.

Weller, Konrad: Kindheit, Sexualität und die Rolle der Medien, in: Freiwillige Selbstkontrolle Fernsehen (FSF) (Hg.): tv diskurs. Verantwortung in audiovisuellen Medien. Nr. 1, 14. Jg., Berlin 2010, S. 54–57.

Werner, Emmy E.: Entwicklung zwischen Risiko und Resilienz, in: Was Kinder stärkt, Erziehung zwischen Risiko und Resilienz, hrsg. v. Günter Opp und Michael Fingerle, Reinhardt: München, 1999, S. 20–31.

Wetzels, Peter: Verbreitung und familiäre Hintergründe sexuellen Kindesmissbrauchs in Deutschland, in: Höfling, Siegfried/Drewes, Detlef/Epple-Waigel, Irene (Hrsg.): Auftrag Prävention. Offensive gegen sexuellen Kindesmissbrauch, München: Atwerb-Verlag, 1999, S. 104–134.

Wirtz-Weinrich, Wilma: Interventionsmöglichkeiten bei Verdacht auf sexuellen Missbrauch an Kindern in der Grundschule, in: Sexuelle Gewalt gegen Mädchen und Jungen. Ein Thema der Grundschule, hrsg. v. Herbert Ulonska und Helmut Koch, Bad Heilbrunn: Klinkhardt, 1997, S. 113–130.

Wolff-Dietz, Ingrid: Jugendliche Sexualstraftäter, Lengerich: Pabst, 2007.

Wüllenweber, Walter: Sexuelle Verwahrlosung – Voll Porno, in: Stern 06/2007, Abruf unter: http://www.stern.de/politik/deutschland/sexuelle-verwahrlosung-voll-porno-581936.html (21.04.2011)

Zentrum Bayern Familie und Soziales, Bayerisches Landesjugendamt: Fachliche Empfehlungen zur Inobhutnahme von Kindern und Jugendlichen gemäß § 42 SGB VIII, Beschluss des Landesjugendhilfeausschusses in seiner 108. Sitzung am 09.10.2007, Abruf unter: www.blja.bayern.de/themen/waechteramt/inobhutnahme/Text-office-Empfehlungen-LJHA.html, (28.03.2011)

Verwendete Internetquellen

www.apa.org Jugend-Gefährdeten-Hilfe, Caritasverband Koblenz e. V.: Ambulantes sozialpädagogisches Clearing (ASC), (29.05.2011)

www.rundertisch-kindesmissbrauch.de/documents/Impulsvortrag_VolbertundGalow_000.pdf (20.09.2011)

www.rundertisch-kindesmissbrauch.de/documents/Zwischenbericht_RTKM_fBand1_000.pdf (20.09.2011)

www.ruv.de/de/presse/r_v_infocenter/studien/aengste_kinder_2006.jsp) (19.06.2011)

www.gesetze-im-internet.de/sgb_8/_8a.html , (18.04.2011)

www.sozialgesetzbuch-sgb.de/sgbviii/42.html, (18.04.2010)

Links zur weiteren Information

www.aidshilfe.de

www.bzga.de

www.dgfpi.de (Deutsche Gesellschaft für Prävention und Intervention bei Kindesmisshandlung und -vernachlässigung)

www.dji.de (Deutsches Jugendinstitut)

www.dksb.de (Deutscher Kinderschutzbund)

www.hinsehen-handeln-helfen.de

www.nina-info.de (Nationale Infoline. Netzwerk und Anlaufstelle zu sexueller Gewalt an Mädchen und Jungen)

www.people1.de/wer_verein.html

www.profamilia.de

www.rundertisch-kindesmissbrauch.de

www.schulische-praevention.de

Bildquellenverzeichnis

- **fotolia.com:** Andrzej Tokarski S. 7/ Anton Gvozdikov S. 17/Visual Concepts S. 50/ Christian Schwier S. 62, 200 (Notebook)/toolklickit S. 65, 149/hans klein S. 75/ Sundikova S. 88/fotolia S. 90/Benny Weber S. 106/brankatekic S. 108/helix S. 109/Klaus Eppele S. 111/full image S. 114/Lisa F. Young S. 122/Maxim Malevich S. 126/Daria Miroshnikova S. 128/djma S. 135/pojoslaw S. 145/Nelos S. 156/muro S. 174, 178/Michaela Müller S. 200 (Screen)/Daria Filiminova S. 206/Gina Sanders S. 221/Martinan S. 225/st-fotograf S. 233 (rechts)/Monkey Business S. 238/Galina Barskaya S. 239
- Hanna Heinrich, Lohmar-Dalhaus: S. 10
- **picture-alliance:** akg-images S. 23/Lonely Planet Images S. 30/dpa S. 81, 120, 159, 161, 162, 188, 202, 233 (links)/Arco Images GmbH S. 125/Creasource S. 147/chromorange S. 152/ZUMAPRESS.com S. 185/Design Pics S. 203/ANP S. 212
- **ullstein bild:** Frederic S. 28/CARO_Frank Sorge S. 72/Teutopress S. 84/imagebroker.net_uwe umstätter S. 102/Knut Müller S. 132/Still Pictures_PHILIPPE HAYS S. 167/ Fishman: S. 209
- BilderBox, Thening: S. 31
- Bildungsverlag Eins, Köln/Christian Schlüter, Essen: S. 53, 54, 68 (2x), 194, 231
- Bildungsverlag Eins, Köln (nach Müller/Geißler, 1999, S. 53): S. 77
- MEV Verlag: Daniel Peter S. 85/Susanne Kracke S. 115/GW20 Foto S. 143
- **Getty Images:** Lisa Spindler Photography Inc. S. 123/Stephen Mallon: S. 150
- Bildungsverlag Eins, Köln/Nadine Nadine Dilly, Oberhausen: S. 139
- epd bild/Thomas Lohnes: S. 170
- mauritius images/CuboImages: S. 192
- © Infocenter der R+V Versicherung: S. 214
- Bildungsverlag Eins, Köln/Andrea Naumann, Aachen: S. 224, 228

Stichwortverzeichnis